KB267378

하버드 로스쿨 종신교수 석지영의
법의 재발견

하버드 로스쿨 종신교수 석지영의
법의 재발견

W미디어

차 례 | C O N T E N T S

뉴욕에 부임하고 나서 하버드 로스쿨 석지영 교수의 〈At Home in the Law〉를 만난 것은 우연한 기회였다. 그의 첫 번째 책이라는 설명에 망설임 없이 책장을 넘기기 시작했지만 시작부터 단순한 법률 서적을 넘어 범상치 않았다. 법의 경계를 허물고 우리의 삶과 사회를 치열하게 조명하는 방식이 무척이나 신선하게 다가왔기 때문이었다. 특히, 가정폭력 등 형사법 분야와 함께 프라이버시, 여성 등 민감하면서도 어려운 주제를 치밀한 법률적 분석과 함께 문학적인 필체로 넘나들면서 심도 있는 논쟁으로 우리를 이끌고 있다는 점이다. 늘 접하는 평범한 일상의 장소인 "집"을 둘러싼 법률적 문제를 새로운 시각으로 조명하면서 범죄와 형벌, 프라이버시가 어떻게 영향을 미치며 변화되어 왔는지를 이야기하고 있었다. 시대를 관통하면서 법이 추구해야 하는 정의가 무엇인지 탁월한 식견으로 파고들고 있었다.

하버드 로스쿨의 최초 아시안 여성 종신교수라는 긴 직함으로 석지영 교수는 이미 국내에 많이 알려졌다. 이 책은 그가 2006년부터 하버드에서 조교수로 학생들을 가르치면서 형사법, 가족법을 넘나

들면서 연구한 글들이 기초가 되었다. 서로 다른 분야의 법을 접목해 상호 연계성을 보여주면서 이를 통해 법의 테두리 내에서 변화하는 우리 사회의 주요 가치들을 꿰뚫어낸 보기 드문 법률 서적이다. 종신교수로 지명되기 전, 하버드에서 가장 치열한 연구와 고민의 흔적이 이 책에 그대로 담겨있는 듯하다. 실제로 하버드 로스쿨의 종신교수직을 받으려면 100명이 넘는 종신교수들의 투표를 거쳐 3분의 2 이상의 찬성을 받아야 하는데, 이 책은 그런 평가의 핵심이 된 셈이다. 실제로 이 책으로 석지영 교수는 학계의 주목을 받았고, 주요한 기여가 인정되어 2009년 가장 뛰어난 법과 사회 서적으로 선정되어 허버트 제이콥 상(Herbert Jacob Prize)을 수상하기도 했다. 그의 새로운 분야에 대한 탐구정신, 법의 경계를 넘나드는 도발적인 연구 활동, 이론과 실제를 연결하는 실천적 담론 등이 이미 세상의 주목을 받기 시작한 것이다.

더욱 기쁜 일은 우리는 이 책을 통해 석지영 교수의 앞으로의 활동에 대한 기대를 더하게 된다는 점이다. 6세에 미국으로 이민, 예일대에서 문학을 전공하고, 옥스퍼드 대학에서 불문학으로 박사학위를 받고 나서야 하버드 대학에서 법학을 공부한 그의 이력이 말해주듯, 향후 펼쳐질 연구 활동의 폭과 방향이 신선한 바람을 불러일으킬 것이기 때문이다. 특히, 미국 연방대법원에서 데이비드 수터(David H. Souter) 대법관의 로클럭(law clerk)으로, 그리고 뉴욕 맨하탄 검찰청의 검사로 근무하면서 실무 경험을 축적한 그의 글은 제대로 현실과 맞닿아 있다. 그러기에 단순한 이론의 전개나 특정 현안을 풀어내는 방식이 아니라 새로운 영역을 넘나들며 이를 접목하면서 우리 사회의 주요한 변화를 자신만의 틀에 담아낼 것으로 필자는 믿고 있다.

이 책의 후반부에 등장하는 기술의 발전과 함께 법과 사회가 변화되어 가는 과정을 분석하는 것은 상당히 흥미롭다. 새로운 기술이 등장하면서 가정의 영역에서 프라이버시 보호가 진화하는 모습을 미국 대법원 판례와 함께 살펴보면서 우리가 현재 서 있는 위치를 짐작케 해준다. 제임스 본드의 "007 영화" 소개로부터 시작되는 제5장에서 가정의 영역과 공권력을 통한 수색의 한계라는 심각한 주제를 풀어내고 있는데, 스마트폰과 SNS(Social Network Service) 등으로 인한 기술의 진보 앞에 새롭게 다가오는 법률적 문제를 해결한다는 점에서 우리에게도 시사하는 바가 크다. 집에 들어온 법이 우리 생활에 어떠한 영향을 미치면서 발전해 왔는지, 그 속에서 우리는 어떠한 미래를 그려낼 수 있을지 살펴보게 된다. 우리 사회의 가장 은밀한 사생활의 장소, 그곳에서 벌어지는 범죄와 공권력의 관계는 결코 쉬운 주제가 아니지만 그의 글은 이러한 난제들을 넘어 법이 지향해야 하는 가치의 따뜻함을 되새기게 해준다.

우리나라에도 로스쿨 졸업생들이 배출되고, 사법 개혁을 통해 다양한 변화가 논의되고 있다. 한미 FTA 등의 영향으로 조만간 법률 시장의 국경이 사라질 것이다. 글로벌 로펌들의 진출이 본격화되고, 영미 변호사들과의 경쟁도 치열해질 것이다. 이제 법률가들만의 성(城)은 존재하지 않는다. 그런 면에서 이 책은 우리 법조인들에게 새로운 도전을 안겨준다고 할 수 있다. 기존의 법 영역을 뛰어넘어 평범한 주제 속에서 시대를 관통하는 통찰력을 보여주고 있기 때문이다. 관습을 넘어선 법률가들의 다양한 분야에 대한 연구와 도전이 기대되는 대목이다. 그런 면에서 석지영 교수는 학문의 기존 경계를 넘어 법과 가정, 그리고 사회가 만나는 바로 그 지점에서 "법은 무엇인가?" 라는 근본적인 질문을 우리에게 던지고 있었다.

이제 국내에 이 책이 〈법의 재발견〉이라는 이름으로 번역되어 출간된다니 매우 반가운 일이다. 법조인들뿐만 아니라 법에 관심을 갖고 있는 많은 젊은이들이 법의 테두리 내에서 다양한 가치가 소통하며 변화되는 모습에 관심을 가질 수 있는 계기가 되었으면 한다. 석지영 교수도 대학 시절 문학을 전공하면서도 당시 예일대 법대 고홍주 교수의 글을 많이 읽었다고 한다. 그런 과정을 통해 자신의 법률가로서의 길이 시작되었다는 것이다. 석지영 교수의 이 책도 법을 통해 세상을 이해하고, 세상과 소통하며, 세상을 바꾸어내기를 희망하는 우리의 많은 젊은이들에게 좋은 자극이 되길 바란다. 그들의 법에 대한 신념이 앞으로 많은 분야에서 대한민국을 보다 정의롭게 만들어나갈 것으로 믿는다. 제약과 자유 사이의 긴장이 곧 법이며 좋은 가치들을 공정하게 누릴 수 있도록 하는 기본 틀이 법이므로, 법률가들의 역할은 자유가 규칙, 제한, 자제 없이는 얻어지지 않는다는 것을 확신시키려고 헌신하는 직업이라는 그의 설명이 우리에게 화두로 다가오는 이유다. 바로 자신의 주변에서부터 현명하고 공정한 제약을 찾으려는 노력들이 모여 우리 사회에서 정의의 담론을 더욱 발전시킬 수 있기를 기대한다.

마지막으로, 미국의 철학자 라인홀트 니부어(Reinhold Niebuhr)의 말로 추천의 말을 맺고자 한다.

“정의(justice)를 받아들이는 인간의 능력이 민주주의를 가능하게 만드는 반면, 불의(injustice)에 대한 성향이 민주주의를 필요로 하게 한다.”

김형준(유엔대표부 법무협력관/ 부장검사)

처음 이 책을 접했을 때, 나는 석지영(Jeannie Suk) 교수에 대해 잘 알지 못했다. 단지 어린 나이에 한국에서 미국으로 이민 왔으며, 하버드 로스쿨의 동양인 최초 여성 종신교수가 됐다는 정도만 알고 있었을 뿐이다. 그리고 책을 검토하면서도 그가 쓴 글의 스타일이 내가 지금까지 접해왔던 다른 법조인들의 글과 "많이 다르다, 그리고 쉽지 않다" 라고 느꼈다.

하지만 우리말로 옮기는 동안 석지영 교수의 문장과 연구 주제를 풀어가는 마력에 빠져들지 않을 수 없었다. 단순히 법에 관한 분석만을 짧고 간략 명료한 표현으로 써 놓은 것이 아니라 각각 다른 시대와 장소 그리고 그 시대에 따른 문화를 법과 접목하여 함께 고민했으며, 그 자취를 문학적 문체로 풀어나갔기 때문에 그의 논리를 이해하는 것 자체만으로도 나에게는 신선한 기쁨이 되었다.

석지영 교수가 사용하는 표현들은 굉장한 다양성을 갖고 탄생된 표현들이다. 이러한 매력은 아마 그가 예일대에서 영문학을, 영국 옥스퍼드대에서 불문학 박사 과정을 마친 탄탄한 실력이 뒷받침되었기 때문이라고 생각한다. 그는 일반 법조인들이 흔히 접할 수 없는, 그래서 더 고민하게 만드는 문장을 구성하며 논리를 전개하고 있는데, 미국 현지 법률가조차도 그의 논리 전개에 놀라는 한편, 그의 문장 구조를 이해하느라 "머리가 아프다" 고 표현했다. 그러면서도 그가 연구하고 고민한 흔적들에 대하여 칭찬을 아끼지 않았다.

석지영 교수는 이 책에서 가정폭력과 사생활 그리고 여성이라는 주제를 우리 삶에서 떼려야 뗄 수 없는 존재인 HOME(집/가정)에서의 법과, 그가 어떤 방식으로 그 법을 오가며 탐구했는지를 보여주고 있다. 헌법과 형법, 재산법 그리고 가정법 속에서 사생활 보장을 받았던 집에 여성과 가정폭력이 어떻게 들어올 수 있게 되었는지를 종(縱)으로는 시간의 흐름을 좇고, 횡(橫)으로는 많은 판례들을 넘나들면서 생동감 있게 그려내고 있다.

석지영 교수의 법적 논리는 빈틈없이 잘 메워져 있고, 그만큼 단단하다. 이러한 그의 문체를 우리말에서도 잘 나타낼 수 있도록 최대한 노력을 했고, 원문을 가능한 한 그대로 옮기는데 주력했다. 비유 문장들은 가능한 한 그가 쓴 표현을 그대로 한글로 옮겼다. 그것이 그가 나타내고자 한 뜻에 제일 가깝게 옮겨낼 수 있는 방법이라고 생각했기 때문이다. 그리고 독자의 이해를 돕기 위해 곳곳에 원문을 첨부했으며, 책의 마지막에는 참고자료(Notes)를 실었다.

세계는 점점 글로벌 지구촌이 되면서 문자 그대로 지구라는 마을이 되어가고 있다. 정치, 경제, 사회 등 모든 분야에서 우리가 예상하는 것보다 더 빠른 속도로 무한경쟁으로 치닫고 있다. 공산품의 무역을 넘어 인적 서비스 시장이 개방되고, 법률 시장 역시 빠른 시일 내에 개방될 것은 분명한 사실이다.

이 책은 여성과 가정폭력 문제에 대하여 지난 40여 년간 미국 법정과 미국 사회가 고민한 해결책의 발전 양상을 보여주고 있다. 가정폭력에 대한 법의 탐구는 사생활의 보호를 받고 있는 집 안으로 법을 이동시켰고, 그 과정 중에 일어나는 다양한 양상들을 미리 책을 통해 겪어볼 수 있는 기회를 제공한다.

우리 역시 가정폭력 및 여성학대 문제에서 자유로울 수 없기에 비판의 눈을 갖고 참고해볼 충분한 가치가 있다. 어떻게 형법이 가정 내에서 그 통제력을 회복하고 있는지에 관하여 미국이 걸어온 그리고 지금도 걸어가고 있는 길을 간접 경험함으로써 우리 문화와 정서에 맞게 적용시킬 수도 있고, 앞으로 일어날 수 있는 문제들에 대해 미리 대비할 수도 있을 것이다.

"법(法)은 순리(順理)"라고 배웠다. 법(法)은 물(水)이 흐르는 것(去)을 본떠 만들었기에 그렇다. 물은 한 가지 원칙, 즉 높은 데서 낮은 데로 흐른다. 흐르다 막히면 돌아가거나 그 자리에 멈추어 물이 차오를 때까지 기다린다. 인위적인 방법이 아니고서는 높은 곳으로 물을 흐르게 할 수는 없다. 복잡해져가는 사회 속에서, 낮은 곳을 향해 흘러가는 물의 순리가 우리 사회에 두루 통용됐으면 하는 바람이다.

이 책은 미래 법조인이 되고자 꿈꾸는 사람들이나 미국 로스쿨을 준비하는 사람들에게 논리 전개에 관한 좋은 기술법을 맛볼 수 있게 해줄 것이라고 확신한다. 다양한 법률 분야를 교차하여 분석하고 미국 대법관들의 관점과 시대에 따라 변화되는 사회 특성 및 법 문화를 함께 고려하여 논리를 전개하는 방법의 강점을 직접 경험할 수 있을 것이다. 독자들도 옮긴이의 행복했던 고민들을 기쁨으로 발견할 수 있기를 바란다.

단순히 한 명의 하버드 로스쿨 교수가 아니라 본받고 싶은 법조인 선배로 석지영 교수를 만날 수 있었던 이번 번역 작업은 나에게 있어서 미국 법조인의 삶을 살아가는데 신선한 도전을 던져 주었다. 미래 법조인을 꿈꾸고 있는 청년들에게도 내가 느꼈던 신선한 도전이 이 번역서를 통해서 전달되기를 바라는 마음이 간절하다.

마지막으로, 번역 작업에 참여해주신 모두에게 감사의 뜻을 전한다. 이렇게 좋은 번역 프로젝트를 소개해주시고, 또한 책이 마무리될 때까지 많은 조언으로 아낌없이 지원해주신 유엔 대표부 법률협력관이신 김형준 검사와, 의미를 더욱 정확히 한국어로 옮길 수 있도록 함께 고민하고 설명을 해준 이명재 뉴욕 주 검사에게 감사의 마음을 전한다.

김하나(뉴욕 주 변호사)

자선과 구타는 집에서부터 시작된다.

— 프랜시스 보몬트(Francis Beaumont) & 존 플래처(John Fletcher), 〈돈 없는 재치(Wit without Money)(1639)〉

9.11 테러가 발생한 지 열흘이 채 되지 않은 2001년 9월 20일쯤, 미국인들은 국토안보부(Department of Homeland Security)의 결연한 "국토(homeland)" 수호의지를 확인했다.1 미국 본토 안에서 공격을 당함으로써 미국인들이 세계 속에서 가지는 안전과 안도감은 완전히 바뀌었다. "우리 국토 안전하게 만들기(securing our homeland)" 라는 공식적 표현이 생길 정도였다.2 "국토" 란 이전에는 알려지지 않았던 개념이었지만, 주석자들은 그 단어가 쓰이기 시작하자마자 미국 사전에 등장한 그 용어의 특성에 대하여 이야기하기 시작했다. 그 단어는 생소하고 "약간은 게르만적인 어감(vaguely Teutonic ring)" 을 지닌다3 라고 하는 이들이 있는가 하면, 어떤 이들은 "섬뜩하다(creepy)" 라고 표현하기도 했다.4

국토(homeland)라는 신조어의 탄생이 왜 이렇게 많은 사람들의 이목을 받게 되었을까? 레이건 대통령과 부시 대통령의 연설문 작성자이자 언어학적인 날카로움으로 유명했던 페기 누난(Peggy Noonan)은 "경찰을 본업으로 하는 사람들이 이런 집이나 가정과 같은 표현을 사용할 때마다"5 그녀가 가지고 있는 불쾌감을 묘사했다. "집(home) (1)이란 사사로운 내부 공간의 개인적 자유가 재현되는 곳이다. 하지만 요즘은 국가가 긴급 명령의 최대 공개화를 합법화하는데 마치 집이란 개념이 징집된 것처럼 되었다.6 집이 가지고 있는 특별하고 정서적인 낭랑함은 정부 권력의 전력을 위해 공개적으로 사용되는 것이다.

　　보통 인간 경험에 있어서 집과 같이 편재되어(ubiquitous) 있는 개념은 별로 존재하지 않는다. 대부분의 사람들에게 있어서 집은 발달 형성에 중요한 문화적, 감성적 그리고 정신적 중대성을 지닌다.7 "가정/집(home)" 이란 세대(household) 또는 집의 물리적 구조(physical structure of the house)와 구분되어, 19세기부터 가족을 위한 정서적인 개인의 삶과 친밀하게 연계되어 있는 가정생활 및 사생활의 이상향으로 자리 잡게 되었다.8 집이란 지금도 여전히 발달되고 있는 개념으로서, 우리가 과연 누구인지 그리고 안전과 소속되어 있음에 관해 우리가 느끼는 것들에 대하여 깊게 알려준다.

　　영미(英美)에서는 전통적으로 가정(home)과 역사적 상관성을 지니고 있는 집(house)이란 개념을 오랜 세월 폭력적인 침입에 대항한 보안과 연결시켜 왔다. 집(house)을 성(城)으로 여겼던 고대의 생각을 고려해

(역주 1) 영어 단어 "home" 은 물리적 구조물보다는 정신적이고 추상적인 가정의 개념을 포함하지만 내용의 흐름에 맞도록 집 또는 가정으로 번역했으며, 집(home)/가정(home)과 집(house)을 특별히 구분해 저자가 단어를 사용했을 때에는 그에 따라 영문 표기를 옆에 같이 했다.

(역주 2) 제4장에서부터 "uncanny" 에 관한 논의가 시작되는데, 번역 흐름상 이 영어 단어를 "기괴하다" 의 한글 단어로 통일했다. '괴기스럽다, 무섭다, 괴이하다' 의 뜻을 담고 있다.

보면 집이란 한때 전체 영국 섬을 가리키는 말이기도 했으나, 역사적으로 사용된 법률적 의미는 바로 개개인의 거주지(dwelling)에 대한 안전을 뜻한다.9 에드워드 코크(Edward Coke)가 표현하기를 "개개인의 집(house)은 그에게 있어서 자신의 성(城)이자 요새일 뿐만 아니라 상해 및 폭력에 대항하는 자신의 방위 수단이다." 10 라고 했다. 윌리엄 블랙스톤(William Blackstone)은 "영국 법은 아주 특이하게도 남성의 집(house)에 대한 면책권을 고려해 왔다. 그의 성(城)을 보호해주고 형벌을 면해줌으로써 영국 법이 위반되는 일이 없도록 한다." 11 라고 말했다. 따라서 "넘쳐나는 공포(abundant terror)" 를 만들어내는 주거침입죄(절도 혹은 강도, burglary)란 "강제적인 침입일 뿐만 아니라 모든 사람들이 자연 상태에서 획득하게 되는 주거권을 방해하는 것이다." 12

이러한 공식 아래, 집(house)은 유일한 안전보장과 안심의 장소임과 동시에 테러 및 공격을 당하기 쉬운 잠재성을 지니고 있는 곳이기도 하다. 이렇게 특이한 양면성을 통해 지그문트 프로이트(Sigmund Freud)가 정신세계의 집에 관해 이야기한 유명한 토론을 상기해볼 수 있다. 독일어 *하임리히(heimlich)*라는 단어를 분석하면서 프로이트는 "한편으로 이 단어는 친밀한 상태와 편안함을 뜻하고, 다른 한편으로는 눈에 띄지 않고 숨겨진 상태를 뜻" 한다 라는 것을 알게 된다.13 특이하게도 그는 그 단어의 뜻 — 즉 소박한(제 집 같은, homelike), 친밀한(intimate), 친숙한(friendly), 편안한(comfortable), 안전한(secure) — 에 상반되는 이중적 감정의 방향을 개발해 그 뜻이 완전히 반대인 *운하임리히(unheimlich)*에 도달하게 되는데, "반대어는 문자 그대로 번역하면 언홈리(unhomely, 비가정적인)이지만 표준 영어 번역은 언캐니(uncanny, 기괴한 또는 괴기한)(2)이다." 14 "오랫동안 알고 익숙해진 것으로 다시 돌아오도록 하는 몹시 두려운 것들을 모아 놓은" 조용하면서도 공포스러운 불안함은 바로 가정적인 것이 반대의 상태로 되어버리는 것에 대한 섬뜩한 느낌을 가리킨다.15 이러한 평행선은 집에 관한 깊은 양면성을 특징짓는다. 집이 침입을 받는 것을 상상할 때마다 엄청난 공포가 엄습한다는 것을 경험하기 위해서는 우리가 남성의 집(home)이 그의 성(城)으로서 최종적으로 절대 불가침한 장소라는 것을 떠올려야만 한다.

기괴한 기분은 집이 변화되고 있을 때 생겨나는 것이다.16 미국인들이 미국 내의 안전한 집(house)을 위해 뜻했던 바가 "안전하지 못한" 상태로 되는 것에 대하여 고민하게 되면서 집에 관한 논의는 특별한 염려로 가득 차게 된다. 이러한 배경에 맞서 집이 나쁜 범죄에 연루되었음을 시사하는 법적 논의의 범위는 더욱 두드러진다.

현대적 집(home)이란 공(公)과 사(私)의 공간을 구분하는 문자 그대로의 경계선을 표시한다. 또한 집(home)은 공(公)과 사(私)의 영역 사이에 놓여 있는 비유적 경계선(metaphorical boundary)을 대표하기도 한다. 문자 그대로 공간과 비유적 영역에 있어서 집(home)이란 개개인과 정부 권력 사이의 관계에 관한 기본적인 문제들이 일어나는 장소이다. 미국 법에서는 집(home)에 관한 생각을 통해 범죄, 폭력, 섹스, 가족, 사생활, 자유 그리고 재산이라는 법적 개념들이 중요하게 형성되었다. 집이란 전통적으로 주거침입관련죄, 정당방위 및 가정폭력 관련 형법을 규정하는 역할을 했다. 비합리적인 수색과 압수(unreasonable search and seizure)로부터 보호받을 권리, 정당한 법적 절차(due process)를 보장받을 권리 및 무기를 소지할 수 있는 권리(최근)를 포함한 헌법 권리들을 표현하는 중심에 집(home)이 위치한다.

정부 및 개개인의 인간관계에 있어서 가장 중요한 영역인 집(home)은 종종 집 자체가 아주 명확하고 법적 결과들이 생성될 수 있는 확립된 원칙을 가지고 있는 것처럼 여겨진다. 하지만 집에 관한 법적 의미는 양면적이고 논쟁거리의 중심에 위치한다. 집이란 계속 발전하고 있는 우리의 법적 우주를 건설하고 틀을 만드는 가장 기본적인 개념들을 놓고 분투하는 장소이다.

이전 시대에 존재했던 미국에서의 삶 안에서 집과 관련한 가장 중요한 변화는 바로 줄곧 받아들여져 왔던 19세기 부르주아 집에 관한 이상향 — 즉 여성과 가정 공간을 연관하는 것에 대한 절정 — 에 대응한 페미니스트들의 도전에서부터 시작되었다.17 지그문트 프로이트와 마찬가지로 빅토리아 시대의 가정생활에서 자란 샬롯 퍼킨스 길먼(Charlotte Perkins Gilman)이란 작가는 1903년에 자신들의 능력을 개발하는 자유가 없이 집 안에 갇혀 지내는 여성들을 관찰했다. 길먼은 "벽, 마루, 의자, 테이블에 놓여 있는 괴상한 장신구 집합체와 특별히 조각된 가구, [여성] 자신의 몸 및 그녀의 자녀들의 미약한 몸에서부터 혐오스러운 공포감을 느꼈는데, 이는 집(house) 안에서 지나치게 먹기만 하고 충분한 일을 하지 않는 레이디에 관한 건강치 못한 반란의 표현을 뜻한다." 18 이러한 상상 속에서 대중적인 삶으로부터 여성의 사적 공간을 보호하는 것이 여성을 종속화시키는 기술로 둔갑하여 여성들을 미치도록 만들었다는 것을 알 수 있다.[19] 남성의 집(home)이 그의 성(城)인 것만큼 집은 또한 여성의 감옥이기도 했다.[20] 따라서 집 안에 종속되어 있는 여성의 이미지는 다음과 같은 법적 유사물을 만들어냈는데, 그 유사물이란 바로 유부녀 법(law of coverture)이다. 코먼로(common law) 아래, 결혼한 여성의 법적인 정체성이란 그녀의 남편에 의해 "가려" 졌던 결혼 후의 지위를 말한다. 결혼 후의 지위에 관한 법이 19세기 때 천천히 개혁되었지만, 아내와 집을 연관시키는 그 흔적은 지워질 수 없다.[21]

　　　20세기 말에 시작된 집과 관련된 획기적인 개혁 운동은 폭력 문제에 그 초점을 맞추었다. 이 법적 개혁의 표적은 바로 집 안에서 종속화된 것들 – 단순히 개인적인 영역 속에서 여성을 가부장적으로 규제하는 형태가 아니라 집 안에서 일어나는 구타, 성폭행 및 위협의 형태로 종속되어 있는 것 – 이다. 길먼을 포함한 페미니스트들이 집을 보호하는 벽에 대하여 사악한 것으로 평가한 것처럼, 20세기 말의 페미니스트들 역시 어떻게 법이 보장하는 가정 사생활 자체가 가정폭력을 공공의 중재/개입(public intervention)으로부터 숨겨주는 방패막이 역할을 했는지에 대하여 보여주었다.[22] 그 벽은 여성들이 피해를 입는 동안 경찰이 들어가지 못하도록 막아버리는 역할을 했다. 페미니스트 고전의 제목을 인용하자면, 집이란 바로 "무서운 사랑(terrifying love)" 이 일어나는 장소인 것이다.[23]

　　　집을 여성들이 성(城) 주인인 남성으로부터 보호를 받는 장소로 이해하기보다는 남성이 여성에게 폭력을 행사할 수 있는 곳으로 이해

22

하는 것은 집에 관한 법적 문화의 비전 안에서 게슈탈트적(3) 방향 전환 (gestalt shift)을 필요로 한다. 이미 블랙스톤이 이야기한 주제 — 소위 말해서 집(house)의 기반, 안전보장, 테러 및 폭력 — 를 통해 이러한 변화는 이루어진다. 안전하고 친숙함을 담고 있는 집의 의미만큼이나 폭력적이고, 공포스럽고 궁극적으로는 범죄적인 것들이 두드러지는 것으로서 그 의미를 전환하는 것보다 더 비가정적인 것이 무엇이란 말인가?

지난 40여 년간 페미니스트들은 집(home)이 법적 기관으로서 특별히 형법 정의 체제를 통해 인식되고 다루어지도록 변화를 추구했다. 이러한 운동은 큰 성공을 거두었으며, 이러한 개혁을 이루도록 만든 생각들은 법 관련자들에게 있어서 더 이상 새롭거나 급진적인 생각이 아니었다. 이러한 생각들은 법적 독트린, 법 이론 및 법 관습 안에서 법 제정과 판결, 집행 및 법적 문화와 관련하여 지적이고 관념적인 파워로 뿌리를 내렸다.24 따라서 그 생각들은 법 속에 들어가 있는 집 안에 위치하게 되었다.

집 안에 있다는 것은 완벽하게 편안한 상태로 지내는 것과 같은 것이 아니다. 이러한 생각들이 일반적인 것처럼 보이지만, 이들은 우리가 집과 법은 이러이러할 것이다 라고 상상하는 정도와 일치하지는 않는다. 사생활을 위한 침범할 수 없는 공간으로서의 집에 관한 생각들은 기본 바탕을 제공하긴 하지만 전혀 이 생각을 방어하고 지켜내지는 못했다. 집에 관한 개념을 사용해온 법 관련자들 — 판사, 변호사 및 정치 관련 학자들 — 은 페미니스트들이 지난 40여 년간 일구어온 변화를 반영하기도 하고, 반대하기도 한다. 미국 내의 가장 낮은 하위 법원 — 지방 경범죄 법정들(local misdemeanor courts) — 에서 일상적으로 실시하는 기소사실 인부절차(起訴事實認否節次, arraignment)에서부터 미국 대법원에서 진행되는 헌법 판결에 이르기까지 오늘날 집은 끊임없이 등장한다. 양면적 의미들이 법 체계 안에서 많은 시간을 들이며 변화하는 것처럼 아직까지는 집의 개념에 대한 사용은 불안정하고 불안하다.

이 책은 집에 관한 탐험(exploration of home)이다. 책의 각 장에서는 형법과 연결된 현대 문제들의 범위 내에 집이 가지고 있는 법적인 의미가 변화하는 것을 살펴볼 수 있을 것이다. 나의 목표는 바로 집에 관한 생각들이 법적 문화(legal culture) 속으로 이동되고 새겨지는 과정과 그 결과물을 독자들에게 보여주는 것이다. 각 장은 집과 경찰 사이의 관계 발전에 대한 판례 연구를 평행적으로 포함한다. 이와 관련된 최소 두 가지 관점(vision)은 집에 관한 법적 구조물이 그 바탕으로 삼고 있는 근본적인 기반을 제공할 것이다. 즉, 타인으로부터 안전을 보장 받을 수 있는 최종적 장소로서의 집에 관한 전통적인 관점은 "집은 성(城)이다" 라는 개념에 담겨 있다. 남성의 집이 그의 성(城)이라면, 오늘날 경찰은 집이 공격으로부터 안전하고 불가침한 곳으로 남도록 힘쓰고 "집이 부여받은 형벌 면책권(impunity)이 위반되지 않도록" 지켜나가기 위해 위임된 군대와 같다.25 또 다른 면을 살펴보자면, 성(城)의 비유는 정부 침입과 통제로부터 개인적 자유를 누리는 모범적 장소인 집을 일컫는다.26 정부의 권한은 집의 입구에서 멈춘다. 지금 시대를 대표하는 헌법 사건인 *로렌스(Lawrence v. Texas)* 판례에서 대법원은 "전통적으로 정부는 집 안 어디에나 존재하지 않는다." 라고 표현했다.27

　　두 관점은 모두 침입에 관한 염려를 표명하지만 각 침입과 정부의 관계 면에서는 각기 다른 장신구를 달고 있다. "경찰이 집을 보호한다." 라는 첫 번째 관점은 침입자들로부터 보호를 하는 것을 의미하는 반면, "경찰은 집에서 일어나는 일에 상관하지 않는다(집과는 거리를 유지한다)." 라는 두 번째 관점에서는 정부가 바로 침입자가 된다. 첫 번째 관점은 주로 안전보장을 중요시하고, 두 번째 관점은 자유를 중요시한다. 겉으로 볼 때에는 상황에 따라 안전보장과 자유의 원칙이 다르게 적용되어야 하는 것처럼 보일 수 있다. 예를 들면, 경찰은 폭력으로부터 집을 보호해야 하지만, 서로의 동의 하에 행하는 성행위와 같은 사생활 면에 있어서는 집에 상관해서는 안 된다.

　　그러나 법의 전체적인 풍경 속에서 집에 관한 논의들이 진행된 과정을 살펴보면 첫째 패러다임이 둘째 패러다임의 공간 속으로 들어오는 것을 볼 수 있다. 강압과 학대를 대표하는 집의 이미지는 문화적인 우월성을 점점 확보해나가고 있다. 따라서 집이 벽 안쪽에 위치하는 종속되어 있는 것들을 보호하는 방패막이가 된다는 생각은 법의 기본으로 이해되기 시작했다. 이에 수반되는 기본적인 염려는 정부의 침입에 관한 것이 아니라, 집에서 정부가 중재하기(개입하기)를 실패하는 것에 관한 염려이다. 마찬가지로 경찰이 집을 보호한다는 의무는 침입자들로부터 보호하는 것을 주로 가리키는 것이 아니라, 가족 구성원들로부터 다른 가족 구성원을 보호하는 것을 가리키게 되었다. 적어도 가난한 소수민족들이 살고 있는 집에는 불균형적으로 경찰들의 존재가 더욱 잦아진 사실을 감안한다면, 집 안에서 경찰의 존재를 기대하는 것은 점점 자연스러운 일이 되었다. 목적은 닫힌 문 뒤에서 남편, 남자 친구 및 아버지로부터 남 몰래 행해지고 일어나는 피해를 방지함으로써 집을 최종적인 안전보장 장소로 만드는 것이다.

폭력으로부터 보호해야 하는 필요성으로 인해 정부는 가정 공간을 통제(혹은 지배)하는 관행을 만들게 되었고, 이로 인하여 오히려 정부는 보호하려고 하는 사람들의 자율성과 사생활에 대하여 깊은 우려를 하게 되었다. 집의 사생활이 폭력과 같은 연장선에 놓여 있다는 것에 관한 페미니스트의 비판은 법 체제라는 직물에 조각조각 함께 짜여 있는 것이다. 사회 속에서 이 비판을 흡수한 후에도, 헌법 틀과 집에 관한 많은 사람들의 직관적인 관점 속에서 사생활이란 포기할 수 없는 가치로 남아 있다.

집의 변화와 함께 범죄가 무엇인지에 관한 개념 안에서도 그 변화에 따른 전환이 일어난다. 범죄란 경계선 — 문자 그대로인 선이든 비유적인 선이든 혹은 물리적인 선이든 아니면 법적인 선이든 간에 — 을 넘어버리는 상태를 가리키는 것으로 상상해 왔다면 현재는 범죄를 사적인 공간 안에서 다른 사람으로부터 한 사람이 종속화되는 것으로 점차 이해하기 시작했다. 그 결과, 집의 상징을 바탕으로 하는 개인적인 권리가 확장되었음에도 불구하고, 집을 둘러싸고 있는 법적인 경계선은 서서히 파괴되어 갔다.

오늘날 가장 강력하게 법을 형성시키는 집의 개념은 무엇인가? "홈 스위트 홈(home sweet home)", "마음이 가는 곳이 집이다", 또는 "집이란 당신이 그곳에 갔을 때 당신을 무조건 받아들여 주어야 하는 장소이다"[28] 와 같은 개념을 가리키는 것이 아니다. 집에 관하여 서서히 고개 드는 법적인 비전은 바로 실질적이거나 잠재적인 폭력에 관한 비전이다. 즉 집이란 범죄가 있는 곳이다.

집이란 학대를 예고하는 종속화 장소라는 생각을 중심으로 법적 독트린과 관행 및 논의는 점점 융합되고 있다. 이러한 법 관련자들의 생각의 발달로 말미암아 법은 정부와 개인 공간 사이의 관계 및 친밀성에 유념을 두어 아주 놀라운 방법으로 건설되기 시작했다. 법적 논의는 몇몇 예상치 못했던 결과와 함께 "집은 폭력(home-as-violence)" 이라는 생각을 일반화하고 강화시키는 과정을 점차 반영한다. 집에 관한 논의가 풍부해졌음에도 불구하고 법적 관행을 통해 그 어느 때보다 공(公)과 사(私)가 법적으로 더더욱 비슷한 공간으로 변하게 되었다.

이 책을 통하여 나는 법이 집의 개념을 효율적으로 사용하는데 영향을 미치고 있는 가치와 이상(理想)에 관한 해석을 제시할 것이다. 법에 관한 페미니스트의 비판이 엄청나게 실용적인(이론적인 것이 아니라) 진보를 이룬 것을 보여주고, 그 비판이 현실 세계에 미친 영향들을 일일이 확인시키는 것에 대하여 피하지 않겠다. 이렇게 확인하는 것들 중에는 어떤 여성들을 보호하는 것을 포함할 뿐만 아니라, 정부와 비교할 때 여성과 남성의 자율성이 엄청나게 감소한 사실 — 특히 정부의 불균형적인 통제 대상이 이미 되어버린 인종 및 경제에 따른 민족 공동체 내에서 자율성이 감소한 사실 — 을 포함한다. 이러한 발달사항들이 과연 여성의 이익을 더욱 발전시키는 것인지에 관하여 심각하게 고민할 때가 바로 지금이다. 폭력에 대항해 형사적으로 처벌하는 것이 집의 입구에서 멈추어서는 안 된다는 것을 확실히 하기 위한 개혁에 대해 대부분의 사람들은 찬성하겠지만, 아마도 면밀히 살펴본다면 사람들은 다음과 같은 사실도 발견하게 될 것이다. 즉, 그 개혁을 자극하는 생각들이 지속적이며 논리적으로(불변하는 것은 아니지만) 확장한다는 사실은 이미 자율성과 사생활, 그리고 안전보장과 같은 귀중한 가치들과 어떤 면에서는 충돌하고 공존할 수 없다는 법적 현실을 생성하기 시작했다는 것을 알게 되는 것이다.

내가 설명하는 발전사항들은 다른 법적 개혁과 마찬가지로 실질적이고 상징적인 권력의 분배에 영향을 미친다. "집(home)"이 무엇으로 변했는지를 살펴봄으로써 우리는 그 효과와 집들이 과연 무엇이 되었는지를 발견할 수 있게 될 것이다. 이는 또한 우리를 시민으로서 보호해주는 법적 구조물을 계속 만들어 가는데 바탕이 되는 가치와 이상향들을 이해하도록 도와준다. 집과 공적 영역 사이의 경계선은 정말 이론상으로만이 아니라 실제로 파괴되고 있다. 우리는 과연 이 현상이 지금 나아가는 방향대로 일어나는 것에 대해 만족하는가? 이 책은 우리가 이 질문에 대답하기 위해 필요한 것이 무엇인지를 알 수 있도록 이러한 현상에 대해 초점을 맞추려는 노력으로 만들어졌다.

제1장은 코먼로(common law)에서 다루고 있는 주거침입관련죄(crime of burglary)와 집 범죄의 원형에 초점을 맞추고, 어떻게 법정들이 가정폭력을 집 침입에 관한 전형적인 범죄로 변형시켜 왔는지를 보여줄 것이다. 제2장에서는 내가 소위 "정부 주도의 실질적 이혼(state-imposed de facto divorce)"이라고 이름을 붙인 현상, 즉 형법이 집 안에서 일어나는

친밀한 관계에 대하여 새로 명령하고 통제하도록 만들어준 일상 가정 폭력 경범죄를 다루는 관행을 살펴보도록 한다. 제3장은 "성(城)"에 관한 전통적 생각 자체를 폭력적 종속성으로부터 여성을 보호하는 것과 국토 안전보장에 관한 비유에 융합시키는 결과를 가져온 운동, 즉 이 운동은 전미(全美) 총포 협회(National Rifle Association)가 강력하게 시작하고 발전시켜 추진한 정당방위법을 확장토록 했는데, 바로 이 과정에 대하여 전개해나갈 것이다. 제4장에서는 재산으로서의 집에서 시작하여 정부의 재산 획득 및 정당한 법적 절차에 관한 대법원의 최근 몇 가지 판례들을 정부가 집을 몰수하는 렌즈를 통해 살펴본다. 제5장은 집의 사생활에 관한 법적 상상 속에 존재하는 여성 인물들에 대하여 생각해보고, 남성으로부터 여성을 보호하는 방패막이에 관한 생각과 연결해 사생활을 더욱 명확하게 정의하는 사법부를 해석하도록 한다.

이 5개 장의 목적은 (각 장 따로따로든지 혹은 함께 묶어서든지) 집에 관한 가능한 모든 의미를 나열하고 주의사항을 덧붙이면서 철저하게 분석하려는 것이 아니다. 다양한 자료 — 코먼로 사건들에서부터 형사법원의 일상적 관행과 개혁적 입법 및 미국 대법원 판례 의견에까지 — 를 자세히 읽어봄으로써, 법적 문화(legal culture)가 발달된 여러 기간 동안 형성된 집중적이고 그 질감이 살아있는 집에 관한 해석을 제시하는 것이다. 판례들을 통해 법적 변화를 분명히 밝혀낼 수 있는 이점을 가지고 있고, 각 판례들 역시 다루고 있는 주제가 흥미롭기 때문에 이러한 판례 연구가 진행되었다. 또한 우리의 법적 문화로부터 생겨난 뜻의 보화들을 우리의 양심에 머물고 있는 것들을 통해 수용해가는 것을 보여주기 위하여 판례 연구를 했다.

　　　마지막으로, 이 책은 법적 연구와 인류가 서로 교차되는 지점을 연구한 책이다. 책의 연구 대상은 법에 관한 문화적 담론(논의)이고, 이는 법의 합리적인 것과 정당화를 설명하고 실행하기 위해 법적 관계자들이 사용하는 계발적인 방법이다. 법적 본문 표현 중에 나타나는 생각들은 어떤 특정한 법적 결과의 원인이 되거나 그 결과가 피할 수 없는 결과임을 가리키는 것이 아니며, 예측 가능한 정치 의제와 일관되도록 일치시키는 것도 아니다. 법적 본문에는 *해석이 필요한* 인식 가능한 수사학적 인물들이 등장한다. 그리고 법적 표현과 법적 관행 속에는 우리가 누구인가, 우리가 중요하다고 여기는 것이 무엇인가, 그리고 우리는 어떻게 살아야 하는가와 같은 상징적인 개념들이 가득 차 있다. 법이 우리 삶을 규율하도록 만들어주는 이러한 생각들을 이해하는 것은 아주 중요하다. 이 생각들에 다가가는 길은 바로 법이 담고 있는 다양하고 변하기 쉬운 표현 방식들을 면밀하게 해석하는 데에 있다. 문화 생산물로서의 법이 우리 스스로를 지배할 수 있도록 해주는 구별된 생각들에 대하여, 법적 독트린의 퍼즐 또는 이데올로기적 목표의 행진을 넘어서 (물론 완전히 이와 동떨어지게는 아니지만) 우리들에게 들려줄 이야기에 대한 매력에 사로잡혀 있는 나의 모습을 이 책을 통해 독자들에게 당당하게 보여주도록 하겠다. 집이란 법의 경계선을 넘어 아주 격렬하고 상상적인 인간적 투자가 된 장소이기 때문에, 집은 법적 연구를 위한 풍부한 광맥과 같은 장소이다. 동시에 법은 집을 만든다. 집은 우리를 만든다. 물론 우리가 그 법을 만든다.

제1장

가정 범죄

Home Crime

형법은 더욱 확장되고 있다. 예전에는 형법상 규제되지 않았던 삶의 부분들을 형법의 테두리 안에 가두기 위해서, 특히 책무를 지닐 새로운 형법의 대상자를 좀 더 찾아가며 확장을 하는 것이다. 이러한 확장이 일어나는 영역이 새로운 범죄를 탄생시키는 부분에서든 혹은 예전부터 존재해온 범죄를 새로운 문맥 속에서 재해석하는 부분에서든, 또는 형사상 처벌 정도를 가중화하는 부분에서든 간에 오늘날 입법자 및 검사들은 형법을 통해 더 넓은 영역을 규율하고자 하는 경향을 띤다.[1]

이러한 확장은 외부적으로만이 아니라 내부적으로도 이루어지고 있다. 전통적으로 형법은 가정(home)의 보호 구역, 친밀한 가족 공간 내로 들어올 수 없었다.[2] 형법은 전통적으로 개인 공간을 관여하는 것을 꺼려왔고, 바로 이러한 망설임이 여성 폭력에 대한 정부의 묵인을 가능하도록 해준 요소로 해석될 수 있다.[3] 가정폭력이 형법상 저촉이 되기까지 40여 년의 시간 동안 페미니스트들은 예전에 "사적인" 문제로 여겨지던 영역을 "공적인" 문제로 재해석하기 위한 방법을 찾아 나섰다.[4] 가정 프라이버시(사생활)에 대한 도전과 가정폭력의 형법화가 바로 법적 페미니즘(Legal Feminism)의 특징적 목적이다.

이러한 목적을 이루려는 간절함은 바로 형법이 지니고 있는 벌할 수 있고 감옥에 가둘 수 있는 특유의 강제력과, 명백히 전통적으로 공익과 동일시하는 형법의 간섭이라고 할 수 있다. 즉, 공적인 부분과 사적인 부분을 구분하는 경계선을 옹호하는 주장에 맞서 공공기관 및 법은 이미 항상 사적 범위를 규율하고 있었다는 논의를 펼쳐온 것이다.5

이러한 노력은 큰 변화를 동반하는 비범한 성공을 이루어냈다. 최근 형법의 전적인 확장이 이루어진 공간이 하나 있다면 바로 가정(home)이다.6 가정폭력을 공공의 문제로 인식하기 시작한 것은 법 시행자들이 가정폭력을 범죄로 다루도록 전체적인 대응을 새롭게 하는 것을 목표로 한 법제 개혁안에 뚜렷이 나타난다.

지금까지 가장 극적인 개혁의 예는 바로 1990년대부터 대부분의 미국 주에서 가정폭력에 관한 사건일 경우, 상당한 근거(probable cause)가 존재하면 경찰이 바로 의무 체포하도록 하는 검거 의무화 법들(mandatory arrest laws)을 제정하고, 많은 검찰청 행정 방침상 피해자가 비협조적인 경우에도 형사 소추를 의무적으로 진행하도록 한 점들이다.7

그럼에도 불구하고, 가정폭력은 여전히 심각한 문제로, 배우자로부터 폭력을 당하는 미국 여성들은 매년 수백만 명에 이르는 실정이다8 (이 책에서 설명한 법적 소송 사건들이 일반적으로 통계상 지지되는 가정 하에 일어났기 때문에 전체적으로 배우자, 남성 폭행자 및 여성 피해자로 표명한다).9

가정폭력이란 더 이상 범행/범죄(crime)의 통상적 정의 밖에 머무는 개념이 아니다.10 법 집행 부분에서 계속적으로 가정폭력 범죄화의 과정을 포용 및 확대시키면서 가정과 형법의 관계는 놀랍게도 눈에 크게 띄지 않으면서도 새로운 관계 정립을 하게 된다.

이 책의 제1장과 제2장에서는 과거의 무조치 시절을 정정해나가는 보호막으로부터 서서히 그 모습을 드러낸 가정폭력 연관 경범죄(misdemeanor)를 중심으로 발전된 법 체제를 설명한다. 나는 이러한 체제가 폭력에 대한 처벌 목적을 뛰어넘어 발전되고 있음을 단언하는 바이다. 가정은 형법의 목적이 친밀한 관계를 강력하게 재정립하고 *규제하*는 것으로써 변화한 장소로 변하고 있다.

가정폭력 피의자가 가정에 들어갈 수 없도록 하는 접근금지명령(protection order)에 초점을 맞추어 위의 내용을 설명할 수 있다.11 피해자가 직접 민사법원에서 신청하고, 피의자가 위반한 경우 법정모독으로 집행할 수 있는 접근금지명령은 옹호자들이 지지하고 고려했던 민사도구였다. 접근금지명령은 현재 두 가지 방법을 통해 형법 집행의 중심적 무기로 활용되고 있다. 첫째, 형사 소추에 따라 주 정부가 직접 형법상 접근금지명령을 먼저 신청해 법원에서 발부받는다. 둘째, 민사상 접근금지명령이나 형법상 접근금지명령을 위반 시에는 형법상 소추되어 일반적으로 경범죄 처리가 된다. 이 두 가지 도구는 현 가정폭력법 체제의 주요 구성요소이다.

피해자들이 협조하는 것을 꺼리기 때문에 가정폭력의 형법 소추에는 여전히 어려움이 존재한다.12 재판에서 합리적 의심의 여지가 없는(beyond a reasonable doubt) 범행을 입증해야 하는 어려운 목표를 완전히 달성하지 못하는 경우, 검사는 피의자에게 자신의 배우자와 가정으로부터 멀리 떨어져 있을 것을 명령하고, 위반 시 피의자를 검거할 수 있는 접근금지명령을 더욱 많이 사용함으로써 가정폭력을 반대하는 공공정책에 영향을 미친다.13 따라서 가정폭력 반대 공공정책은 폭력자에 대한 형사처리만을 통해서가 아니라, 집 안 가정 내에 피고인이 머물러 있는 상태를 유죄화함으로써 정립된다.14

집 안 내에서 벌어지는 범죄 행위가 아닌 평범한 일상 행동에 관해 형법의 영향력을 발휘하기 위해서 접근금지명령은 가정 내 형법 통제권을 위한 주요 열쇠 역할을 한다. 피고인의 집 안 내 접근을 금하는 법원 명령을 시작으로, 내가 "정부 주도의 실질적 이혼(state-imposed de facto divorce)"이라고 부르는 형법 실무(criminal law practice)에 대해 궁극적으로 이야기하겠다. 명목상이 아닌 실질적으로 친밀한 가정 관계에 종지부를 찍도록 하기 위해 검사들은 가정폭력 경범죄화를 생활화하고 있다. 바로 이러한 현실이 내가 이야기하고자 하는 형법 실무이자 관행이다.

배우자(혹은 동거자, 친밀한 파트너 포함) 사이의 폭력에 대한 처벌에서부터 배우자(상대방 파트너)처럼 살려고 하는 개인적 결심을 오히려 처벌화하는 것으로 중요성의 양상이 새롭게 변화하고 있음을 보여주도록 하겠다. 정식 결혼 형태가 남아 있다고 하더라도 실질적이고 중요한 친밀 관계를 계속 유지하는 것 자체가 범죄가 되는 것이다. 그렇게 놀랄 만한 일도 아니겠지만, 이러한 현상은 사회 계급의 철저한 조건에 따르는 것으로, 많은 백인 상류층 여성들이 이론화시키고 지지해온 실제적인 형법 간섭의 대상은 바로 이미 불균형적으로 형법의 대상이 되어 왔던 가난한 사람들이다.15

사생활(privacy)을 이유로 우리 법 체제상 가정 내 불간섭/불개입은 불문율처럼 여겨져 왔다.16 새로운 체제는 가정을 길가/도로처럼 공공 통제가 필요한 곳으로 인식하기 위해 공공성(publicness) 개념에 의존한다.17 형사적 정의(正義, criminal justice) 내의 통제 목표는 공공 거리의 범죄를 줄이고 예방하기 위한 치안유지 기술과 연계되어 있다. 범죄 감소에 관한 "깨진 유리창 이론(Broken Window Theory)(1)" 에 효율성을 더해주는 "질서 유지 단속" 또는 "삶의 질" 과 같은 목표들은 응용 범죄학 정책(criminal justice policy) 내의 중심 주제가 되어 왔다.18 형법의 가정 통제를 공공장소에서 벌어지는 범죄에 대한 통제 중심의 접근 방법과 그 맥락을 연결 짓는 것은 거리(도로)와 가정을 연결하는 형사적 정의(criminal justice)를 향해 가고 있는 동향을 나타내는 것이다. 사생활의 전형적 대표인 가정은 엄청난 공공 투자의 장소가 됨으로써 가정 내 범죄를 처벌하는 것뿐만 아니라 형법이 통제를 할 수 있는 장소로 변하게 된다.19 즉, "사회에 존재하는 중포병 부대" 와 같은 역할을 하는 형법은 재산과 친밀한 관계에 대한 개인의 사적인 합의 방식을 대신하여 개인들이 체포 및 형벌 위험부담 감수 없이는 정부가 정한 법을 피하여 서로 계약을 맺을 수 없도록 하는 것이다.20

가정폭력의 범죄화가 형사적으로 법의 규제를 받아왔던 결혼과 가족에 영향을 미친다는 것은 별로 놀랄 일이 아니다.21 가정폭력

(역주 1) 미국 범죄학자 제임스 윌슨(James Q. Wilson)과 조지 켈링(George L. Kelling)이 1982년 3월 〈The Atlantic Monthly〉 잡지 기사를 통해 처음 소개한 이론. 건물 주인이 건물의 깨진 유리창을 그대로 방치해두면, 지나가는 행인들은 그 건물에 대해 관리를 포기한 건물로 판단하고 돌을 던져 나머지 유리창까지 모조리 깨뜨리게 된다. 그리고 나아가 그 건물에서는 절도나 강도 같은 강력범죄가 일어날 확률도 높아진다. 즉, '깨진 유리창 법칙' 은 깨진 유리창과 같은 사소한 일이 나중에는 도시의 무법 천지화와 같은 큰일을 발생시킬 수도 있음을 뜻한다.

개혁이란 가정 내 여성의 역할에 거의 보호를 제공하지 않았던 결혼생활 및 유부녀에 대한 관습법(2)에 기반한 전통적인 법 체제를 부분적으로 수정 검토한 것을 말한다. 검토 후 가정이란 법적 의미는 발전할 수밖에 없었고, 법적 규제의 사실들은 별로 놀랄 만한 사항들이 아니다. 하지만 실질적인 모양새를 점검해보면 이러한 재구성은 형법이 폭력에 대한 처벌을 넘어 가정 내 친밀한 관계까지도 통제 조절하는 방향으로 나아가고 있음을 알 수 있다.

나는 가정 내 형법 통제의 확대를 관장하는 법적 도구의 기능과 역할, 즉 가정폭력 접근금지명령을 설명함으로써 제1장을 시작했다. 여기서 가정폭력의 구성 요인인 "집 안에 있는 상태" 자체를 범죄로 만든 접근금지명령의 구별된 역할을 설명했다.

다음은 가정폭력 접근금지명령을 통해 가정 침해 범죄의 대명사인 주거침입관련법(law of burglary)(3)을 변환시키는 점에 초점을 맞추도록 하겠다. 가정폭력에 반대하는 현재 정책의 일환으로, 자신 또는 친인척 집에 침입을 한 이유로 주거침입관련죄 형을 선고 받는 경우가 증가함에 따라 주거침입관련법에 새로운 생명을 불어넣게 되었다. 주거침입관련과 접근금지명령 집행 수렴의 분석을 통해 나는 두 가지 관측을 하게 되었다.

(역주 2) 관습법 아래서는 여성이 결혼 후의 모든 법적 권리는 남편에게 이동한다. 따라서 재산, 유산, 이혼 등 모든 권리는 남편에게 있다.

(역주 3) 미국법상 law of burglary는 한국 형법에서 명명한 죄명과 다르고 정확히 똑같은 죄명을 찾을 수 없기 때문에 번역의 편의상 '주거침입관련법(죄)'라고 명명했으며, 한국 형법상 주거침입관련죄(주거침입강도/주거침입절도 등)와는 구성요건이 다르다는 것을 염두에 두길 바란다. 번역서에서 주거침입관련죄는 영미법 'burglary'를 번역한 것이다.

첫째, 집 안에 있는 상태 자체를 가정폭력의 대용물(프락시, proxy)로 여기는 것은 가정 내 재산의 재분배 및 형법의 강제성을 사용해 형법을 효과적으로 집행할 수 있도록 만들어 준다. 둘째, 집 안에 있는 상태를 가정폭력의 대용물(프락시)로 여김으로써 접근금지명령을 위반하는 자체가 마치 주거침입 절도를 하는 것과 같은 정도로 이론적 해석을 하는 몇몇 법정이 생기기 시작했다. 이러한 이론적인 움직임은 가정폭력 의미를 침입자로부터 가정을 침입하는 전형적 범죄로 관념적 재복원을 하는 것을 반영하는 것이다.

제2장에서는 형법의 가정 통제를 보여주는 "맨하탄 형법재판소가 발행하는 접근금지명령의 사용"을 살펴보겠다. 피고인 체포(defendant's arrest) 및 가정폭력으로 기소(prosecution for Domestic Violence)됨에 따라 발행된 접근금지명령이 유죄답변협상(plea bargaining)(4), 유죄선고(conviction) 및 형벌선고(sentencing) 내에서 하는 역할은 바로 사실상 이혼을 정부가 부과하는 것이다. 이로 인하여 현실적으로 실질적인 관계를 계속 유지하는 것 자체가 형법 제재를 받게 되는 원인이 된다. 이러한 시스템에서는 가정폭력의 해결책으로서 당사자보다는 정부가 먼저 친밀한 관계를 지적하고 관계를 정리할 것을 결정한다.

페미니스트 학자들과 여성 권리 옹호자들은 함께 가정폭력과 폭력의 희생자인 여성을 끔찍할 만큼 그냥 방치해온 우리의 법 체제에 관한 공공기관의 관심을 모으기 위해 엄청난 노력을 해왔다. 아마도 문

(역주 4) 형사 사건에서 피고인 측과 검사 측이 상호 협상하여, 피고인이 다른 중죄에 대한 가벼운 처벌을 바라고 경죄에 대해 유죄를 인정하는 것을 가리킨다.

제의 절박성과 규모 때문에 필요한 법률 개혁은 신속하게 우리가 아직까지는 완벽히 이해하지 못하는 참신함의 결과를 가져오게 된다. 이 책의 처음 두 장에서는 중요한 개념적, 실질적 그리고 규범적인 결과를 이해하기 쉽도록 하기 위해 노력을 했다.

가정의 전통적인 법적 의미는 여성에 대한 보호의 부재를 해결하기 위해 필요한 수정을 거쳤다. 현재 수정되고 있는 방향은 검토를 해야 하는 필요성이 절실하다. 검찰청 및 형사법정 감시 하에 실시되고 있는 법 실무를 포함하여 현재 "풍경"에 대한 놀라운 면모를 현실적으로 고려함으로써 우리는 법 개혁 프로젝트가 지닌 타당성(논리, logic)과 이데올로기(idealogy), 수사법(rhetoric) 및 모멘텀(힘, 타성 또는 여세)이 어떻게 사회적 통념(conventional wisdom)으로 변화되었고, 각각의 개념에 대한 심사숙고하는 고민의 과정 없이 확장이 되는지 보게 될 것이다. 그리고 가정 내 존재하는 취약성, 관심사, 권리와 자유로 이루어진 복잡하고 특별한 특징 때문에 맞게 되는 위험 부담은 특히 민감할 수밖에 없다.

1. 범죄(It's a Crime)

역사상 가정폭력은 형법이 관여할 수 없는 부분이었다.22 특히 아내들을 징벌하고 징계의 형태로 아내를 때리는 것은 공공연하게 인정되었고, 가장인 남편의 권리로서 지켜져 왔었다.23 19세기의 페미니스트 행동주의(feminist activism)의 결과, 아내를 체벌하기 위한 남편들의 권리는 공식적으로 폐지되었다.24 하지만 "체벌의 특권(chastisement prerogative)" 자리에는 결혼 사생활이라는 법적 논의가 대신하여 수정된 수사법적 관념 체계 속에서 아내 체벌을 정당화시켰다.25

1920년부터는 미국의 모든 주에서 아내 체벌은 공식적으로 불법화되었지만, 1970년대 이후 여성운동(women's movement)을 통하여 가정폭력을 공공의 문제로 제시하는 노력이 성공하게 된다.26 여성 권리 평등 운동가, 즉 페미니스트들은 가정폭력 행동을 범죄화하여 정부가 이를 기소하는 것은 가정폭력을 강력하게 반대하는 국민들의 정서를 반영하는 것이라는 이론에 바탕을 두고 범죄화의 확대를 주장했다.27 이러한 노력으로 가정폭력에 대한 형법 대응의 증가 및 경찰, 검찰 및 법정의 역할을 강조하는 법령 개혁을 이루어냈다.

폭행 및 구타(assault and battery)와 같은 전통적 코먼로(common law) (5) 범죄에 대한 법률 실행에 더불어 대부분의 주(州)에서는 새로운 형법 법률을 채택함으로써 가정 내 폭행 및 구타(domestic assault and battery)를 명백히 범죄화했고, 가정폭력과 관련된 범죄에 대해 형벌을 강화하는 법률을 채택했다.28 전통적인 법 실행자들에게 주어진 자유재량으로 인해 구타자들을 체포 또는 기소하기를 꺼려하는 것에 실망한 여성 권리 평등 옹호자들의 노력은 이러한 관계자들의 자유재량을 제한하도록 만들었다. 상당한 근거(probable cause)가 있을 때에는 경찰은 무조건 체포를 해야 하고, 경찰들의 자유재량을 더 이상 허용하지 않는 의무체포법(mandatory arrest laws)이 광범위하게 자리 잡게 된다.29 많은 검찰청에서는 피해자가

(역주 5) 보통법: 원래는 잉글랜드 전체에 공통되고 보편적인 법이라는 뜻에서 '코먼로' 라는 말이 쓰였고, 여기서는 대륙법과 대립되는 판례법 혹은 영미법 및 관습법을 포함하는 의미로 코먼로라고 번역한다.

배우자에 대한 형법 기소를 원하지 않는다고 해도 검사들이 기소를 기각할 수 없도록 하는 "노 드랍(no-drop)" 기소 정책을 도입했다.30

"가정폭력법의 최고령(grandmother of domestic violence law)"으로 불리는 민사접근금지명령(civil protection order)은 가정폭력의 범죄화를 이루는데 매우 중요한 토대가 되었다.31 1976년 펜실베이니아 폭행보호법(Pennsylvania's Protection from Abuse Act)이 통과된 이래로 모든 주(州)에서는 보호명령/접근금지명령 법안을 제정했으며, 이 법률들은 지난 30년간 개정 및 수정되었다.32 이러한 법률로 개인들은 직접 일반목적 민사법원(general-purpose civil court) 혹은 가정법원(family court)을 찾아가 배우자들로부터 보호를 받을 수 있는 명령을 신청할 수 있게 되었다.

소위 "물러나 있기(stay-away)" 또는 "연락 금지(no-contact)" 명령으로 불리는 민사접근금지명령은 피해자에게 더 이상의 폭력을 금할 뿐만 아니라 일반적으로 피의자가 피해자에게 연락조차 할 수 없도록 하며, 피의자가 설령 그 집의 법적 주인이든 공동주인이든 간에 함께 생활하던 생활 터전인 집을 떠나야 한다.33 또한 민사접근금지명령은 양육권(custody of children), 자녀 방문권(visitation rights), 자녀 양육비(child support) 및 그 외 경제적 보상까지 포함하기도 한다.34

피해자가 신청을 하면 민사법원이 명령을 내리고, 이는 주로 단기 비상사태를 이유로 하여 *일방적으로(ex parte)* 이루어져 법원에서 상대방에게 법정 발언 기회를 정해준 날짜, 즉 청문절차(hearing) 때까지 민사접근금지명령은 유효하며, 청문절차 이후에는 민사접근금지명령이 영원히 유효하게 될 수도 있다.35 대부분의 주(州)에서 "영원접근금지명령"

은 1년에서 3년까지 유효하며, 유효기간은 연장될 수 있다.36

폭력 피해 여성 운동의 시작에서부터 옹호자들은 피해자가 폭력의 계속화를 피하는 데 있어 구체적이고 실질적인 장애물에 직면하고 있다는 사실을 알고 있었다. 즉 가해자와 함께 생활 터전을 공유하고 있다는 장애물이다. 결혼 생활 터전과 가정폭력은 떼려고 해도 뗄 수 없는 관계였다. 비록 보호시설(shelter)의 발전은 폭력 피해 여성 운동 초기에 있어서 보다 중요한 발전이었지만, 옹호자들은 단기간 보호시설 수용이 부적절하다는 결론을 내리게 되었다.37 민사접근금지명령은 피해자를 가정으로부터 퇴거시키기보다는 피의자를 그 집에서 배제시켰다. 이로써 피해자의 생활이 분열되는 것을 제한하고, 그녀가 자신의 공간에서 안정감과 안전을 보장받고 자신을 폭행한 사람으로부터 자신의 자율성을 회복하며 결혼생활 마감 비용까지도 감소시킬 수 있게 되었다.

이러한 법적 구제수단은 가정폭력이 아내에 대한 통제 및 지배 형태로 존재하도록 만드는 근본적인 원인, 즉 결혼에 대하여 페미니스트들이 강하게 비난함으로써 시작되었다.38 폭력적인 결혼생활을 떠나는 것에 대한 중대하고 정신적인 어려움들의 표상인 결혼 가정(marital home)은 성별에 따른 힘에 대한 불평등이 존재하는 물리적 장소를 대표하고, 이는 폭력에서부터 나타난다. 왜냐하면 역사적으로 가정이란 남편이 통제(또는 지배)하는 영역으로서 가정에서부터 남편을 배제함으로써 그 가정을 통제할 수 있는 법적 수단을 여성에게 준다는 사실 자체가 폭력적인 상황을 해결하는 현실적인 측면을 넘어서는 중요한 뜻을 시사하는 것이다. 접근금지명령을 통해 아내의 감옥이었던 집은 그녀의 보호성역으로 변형된다. 아내를 종속화시킴으로써 폭력적 표현을 마음껏 할 수 있었던 가정 공간에 남편이 접근하지 못하도록 만드는 것이다.

오랜 세월 동안 형사정의(定義)체계(criminal justice system)는 가정폭력에 대해 소극적이었다. 이 때문에 옹호자들은 형법을 대신해 민사접근금지명령에 기대를 걸었다.39 초기 옹호자들은 여성에 대한 폭력을 묵과하고 정당화한 가부장적 사회를 주(州)에서 구체화시켰다고 믿었기 때문에 주(州) 정부와 함께 이 문제에 대응하는 것에 대하여 상당한 모순을 느꼈다.40 많은 옹호자들은 형법 체제가 이에 대하여 별다른 변화나 대응 없이 남을 것이라고 생각했다. 범죄화를 대신하여 민사접근금지명령은 과거의 행동을 벌하기보다는 미래의 폭력을 방지하도록 만들어진 미래 전망적 법적 구제 수단이었다. 옹호자들이 생각했던 것처럼, 접근금지명령은 형법 체제를 우회하고 법원에서부터 개인화된 보호를 찾도록 여성들에게 힘을 불어 넣은 것이다.41

민사접근금지명령은 전통적으로 법정모독 소송절차(contempt proceedings)를 통해 시행되었다.42 주(州) 법원은 일반적으로 법정모독을 통한 명령시행 권위를 가지고 있고, 대부분의 사법관할구역(jurisdiction)에서는 부가적으로 법정모독 제재에 대한 구체적인 권위를 부여하는 법령을 마련해 놓았다.43 민사접근금지명령은 형법절차를 대신하는 도구로 고려된 후 범죄화 전략에 포함되었다. 오늘날 접근금지명령은 원칙적으로 형법상 경범죄 책임을 물음으로써 시행되고 있다.44 거의 모든 주(州)에서 가정폭력 보호명령을 위반하는 것을 범죄로 규정했다.45 접근금지명령 위반은 일반적으로 경범죄에 해당하지만 어떤 주(州)에서

는 중범죄(felony)에 해당하기도 한다.46 거의 대부분의 주(州) 법은 보호
명령 위반 시 체포영장 없이 체포(warrantless arrest)를 할 수 있도록 하고,
무조건 의무체포규율(mandatory arrest rules)을 실행하도록 한다.47 더군다
나 어떤 경우에는 보호명령을 위반한 가정폭력범들을 주거침입관련죄
(burglary)로 기소하기도 한다. 이러한 발전사항은 아래에서 자세히 설명
하겠다.

공판전석방(公判前釋放, pretrial release) 조건을 제시할 수 있는 권위
를 가지고 있는 형사법원이 가정폭력 사건을 다루면서 형사법원 의무
실행의 일환으로 접근금지명령을 내리는 것을 점차 확대하고 있다. 오
늘날 대부분의 사법관할구역 형사법원은 가정폭력범 검거 후 공판전석
방(公判前釋放, pretrial release) 조건으로 검사의 요구에 따라 접근금지명령을
내린다.48 많은 주(州)에는 보석(保釋, bail) 또는 공판전석방(公判前釋放, pretrial
release) 조건으로 형사접근금지명령 발행의 권위를 인정하는 법안을 마
련해 놓았다.49 형사접근금지명령은 형사 소추가 진행되는 동안 그 유
효성을 잃지 않으며, 사건 판결의 한 부분으로서 그 유효성을 영원히
유지할 수도 있다.

민사접근금지명령은 피해자가 자율적으로 신청하는 반면, 형사접
근금지명령은 공익을 위해 정부가 신청하고 발부받는 것이다. 형사법원이
제안(intinated), 신청(requested), 발급(issued), 실행(enforced)하는 접근금지명령 실
무를 통해 피해자들로부터 가해자를 떨어져 있게 하기 위한 결정을 피해
자 중심에서 정부 중심으로 방향을 전환한 것이다. 형사법원이 실행하는
접근금지명령의 뜻과 기능은 제2장에서 논의하도록 하겠다.

2. 대용물(프락시, The Proxy)

접근금지명령은 가정폭력 범죄화의 주요 구성요건이라고 할 수 있는 특별한 범죄화 장치를 가동시킨다. 특별한 범죄 행동을 처벌 또는 방지하기 위해 보호명령은 평소 범죄가 아닌 행동, 소위 집 안에 있는 상태를 범죄로 지정한다.50 가정폭력의 범죄화를 위해서는 "집 안에 있는 상태(presence at home)"가 바로 프락시, 즉 범죄 대용물 또는 범죄 구성요건이 된다.51 접근금지명령은 이처럼 프락시 관계를 형성시켜준다.

집 안에 있는 상태를 범죄 대용물(프락시)로 사용하는 것의 이점은 바로 증거물 구성(evidentiary)이 될 뿐만 아니라 예방 차원에서도 찾을 수 있다. 가정폭력 기소에 관한 문제점은 잘 알려져 있다. 피해자가 일반적으로 가정폭력 기소에 협조하는 것을 꺼리고, 두려움을 가지고 있기 때문에 증거물 확보가 어려워 가해자는 무죄로 풀려날 가능성이 크다.52 가정폭력 사건 고소 각하(却下, dismissal)로 끝나는 가장 흔한 이유는 바로 피해자가 증언하기를 싫어하기 때문이다.53 피해자의 협조가 없이는 형사 사건에서 합리적 의심의 여지가 없는(beyond a reasonable doubt) 유죄를 재판 중에 증명하는 것은 어려운 일이다. 이러한 피해자의 비협조성으로 인해 "피해자 없는 기소(victimless prosecution)" 또는 "증거 바탕 기소(evidence-based prosecution)"를 추진할 수밖에 없다. 따라서 형사 재판시 검사는 전문(傳聞)증거배제법칙(hearsay)의 한 예외 규정(exception)에 해당하는 원진술자(피해자) 증언 불가능의 이유로 피해자가 진술했던 최초 문서를 증거로 제출한다.54

접근금지명령 위반에 대한 기소는 가정폭력 기소의 증거 제출

문제를 피해가는 방법으로55, 가해자들에게 유죄 판결을 내리고 처벌하는데 더욱 효율적이고 효과적인 방법이다. 가정폭력을 입증하는 것보다는 접근금지명령 위반을 입증하는 것이 훨씬 수월하다.56 왜냐하면 접근금지명령 위반을 입증하는 데에는 피해자의 증언은 상대적으로 덜 중요하고, 육체적 상해를 증명할 필요도 없기 때문이다. 접근금지명령의 유효성과 가해자 검거 경찰이 쉽게 증언할 수 있는, 집 안에 가해자가 있는 상태만 충족이 되면 접근금지명령 위반을 증명할 수가 있다. 더군다나 "연락 금지(no-contact)" 명령인 경우에는 보호 대상에게 가해자가 전화 한 통을 했다는 기록만으로도 위반을 입증하기에 충분하다. 따라서 접근금지명령의 한 기능만으로도 가정폭력 입증책임(burden of proof)을 돌아가거나 수월하게 만들 수 있는 것이다.57

한편, 집 안에 있는 상태가 가정폭력의 대용물(프락시)로 사용되는 것은 집 안에 있는 상태 자체적으로는 순수한 행동이지만 결국 목표 범죄로 변할 수 있는 행동을 예방하도록 디자인한 것이다. 예방 논리는 바로 "어떤 편리한 순간을 어떤 비도덕적인 일이 일어날 것이라는 예상으로부터 격리시키고 잘못되지 않은 행동(non-wrongful act)을 미리 예방함으로써 잘못된 행동 발생을 효과적으로 막는 것" 58 을 말한다. 즉, 집 안에 있는 상태를 금지함으로써 그가 가정폭력에 관여하게 될 기회를 줄이는 것이다.59

집 안에 있는 상태를 가정폭력의 대용물(프락시)로 사용하는 것은 소위 알 카포네 평판에서 볼 수 있는 별건 기소(pretextual prosecution (of Al Capone fame))와는 다른 것이다. 알 카포네 사건에서 검사들은 법정에서 쉽게 증명할 수 없는 특별한 범죄를 저질렀다고 의심했기 때문에 전략적으로 그 범죄와는 연관되지 않은 덜 중대한 범죄 죄목으로 기소해 유죄를 이끌어냈는데, 예를 들면 살인을 의심하면서도 탈세로 고발함으로써[60] 유죄 판결을 이끌어냈다.

첫째, 탈세가 살인과는 별개로 법으로 금지되어 있는 것과는 다르게 집 안에 있는 상태는 가정폭력 범죄와는 상관없이 독립적으로 금지되어 있는 행동이 아니다. 가정폭력범이라고 의심되는 사람이 아니고서는 한 사람이 집 안에 있는 상태는 일반적으로 유해하지 않고 불쾌감을 주는 일로 여겨지지 않는다. 반면에 탈세란 살인과 상관없이 잘못된 일이고, 살인자들을 처벌하는 목적과는 상관없이 형법상 금지되어 있는 행동이다.

둘째, 탈세와 같이 구실적 범죄행동(pretextual conduct)은 목표로 하는 범죄(target crime)와 별개인 반면, 집 안에 있는 상태는 목표 범죄 즉 가정폭력과 별개로 보기는 힘들다. 오히려 이 두 관계는 가깝게 연관이 되어 있고 자연스럽게 그 사람이 집 안에 있기 때문에 가정폭력을 휘두를 수 있다는 생각을 할 수 있다. 즉 가해자로 추정되는 사람이 집 안에 있다는 것은 실질적으로 또 다른 폭력을 저지를 가능성과 함께 연결 지을 수 있는 반면, 탈세는 살인과 꼭 연결되는 것이 아니다.

셋째, 추정되는 가해자의 존재를 집 안에 허락하지 않는다는 사실이 목표 범죄인 가정폭력을 허락하지 않기 위한 구실 또는 핑계 역할을 하는 것이 아니다. 오히려 집 안에 있는 상태와 폭력을 연관 짓고 근본화하는 것이야말로 가해자의 존재 자체를 위협적으로 만들고 그에 대한 두려움과 무서움을 생기게 한다. 따라서 접근금지명령을 통해 가해자가 집 안에 있는 상태를 접근금지명령을 통해 범죄화한 것은 폭력퇴치용 가리개가 아니라 공개적으로 진술하게 가정폭력 퇴치의 목적을 가지고 있는 것이다.61

집 안에 있는 상태를 가정폭력의 대용물(프락시)로 지정, 범죄화하는 것에 대한 합법성은 다음과 같은 가정(假定)들을 기반으로 한다. 즉, 그는 가정폭력자이다, 결혼 생활이 폭력적이다, 그가 집 안에 있다는 사실만으로도 집이 가족들에게 위험한 장소로 변화된다는 것이다.

접근금지명령은 바로 위에서 언급한 가정(假定)들 사이사이에 연결고리를 만들어주는 법적 장치이다. 접근금지명령서에는 가해자로 추정되는 피고인의 유죄 판결이 나기 전부터 그 명령서 대상에 가해자라고 미리 지정한다.62 명령의 대상자가 바로 가정폭력의 대표적 행동, 통제 및 억제적 행동을 꾸준히 하고 있다고 가정(假定)하는 것이다.63 정부의 지시 없이 피해자가 폭력적 관계에서 빠져나올 수 없을 것이라는 관점을 접근금지명령이 대표하는 것이다. "힘과 통제의 원동력"으로서 가정폭력을 포괄적으로 이해하는 관점은64 바로 여성이 폭력 자체뿐만 아니라 폭력적인 남성과의 관계 지속 여부 결정에 있어서도 억압당하고 있다는 추정을 낳는다.65 따라서 접근금지명령은 가정의 친밀한 관계를 폭력적일 뿐만 아니라 정부의 간섭 없이는 변화시킬 수 없는 것으로 낙인을 찍는 것이다.

마지막으로, 집으로부터 폭력자를 배제시키는데 있어서 접근금지명령은 집 자체를 위험한 장소로 규정한다. 왜냐하면 가해자의 집 안 실재가 피해자에게 두려움이 생겨나도록 하기 때문이다. 이는 실질적인 폭력에 의해서가 아니라 피해자를 통제하기 위한 위협적이고 일관성 없는 폭력에 대한 위협에 의해 가정폭력이 작동한다는 이론을 반영하는 것이다.[66] 폭력자가 집 안에 있지 못하도록 하는 것은 두려움 없는 집을 만들기 위한 노력의 논리적 방법인 것 같다.

접근금지명령은 위에서 언급한 모든 의미를 가지고 있다. 명령 발행 즉시 명령의 대상자인 가해자가 그 명령을 위반할 것이라고 생각하는 것은 당연시 보인다. 실질적으로 접근금지명령은 그 대상자가 위반할 것임을 미리 예상하고 발행된 것으로 대리 행동을 형법 기소하기 위해 시작하는 거점이 된다. 즉, 접근금지명령은 집 안에 있는 상태와 형사 위반의 법적 합성화가 가능하게끔 해준다. 명령서에 기재된 행동이 처음부터 불법 행동이 아님에도 불구하고 접근금지명령을 위반하는 것은 결국 범죄가 된다. 법정 발행 접근금지명령 위반죄를 중재하는 과정에서 집 안에 있는 상태를 형법적으로 금지하는 것은 형법상 가해자를 찾아내기 위한 합법적 방법으로 변화했다. 검사와 법정에게 있어 폭력자가 집 안에 있는 상태는 가정폭력과 별반 다를 것이 없는 것이다.

따라서 접근금지명령은 집 안에 머무르는 순수한 행동에서부터 범죄를 만들어냈다.[67] 이러한 장치를 통해 형법은 가정 내 감독관 역할을 할 수 있는 발판을 마련했다. 접근금지명령이 유효하게 되면 경찰은 그 장소에 있어야 한다. 이러한 감시를 통해 가정 내에서 벌어지는 여러 가지 행동들이 형법의 통제를 받게 된다.

3. 주거침입관련죄(Burglary)

범죄와 가정 사이의 가장 가까운 전통적인 연결 끈은 코먼로
(common law) 내 주거침입관련 범죄에서 찾을 수 있다. 가정폭력에 대한
정책, 특히 집 안에 있는 상태를 가정폭력 범죄의 대용물(프락시)로 여기
는 것은 범죄와 가정의 관계를 변화시켰다. 가정폭력 피의자(被疑者, those
accused or suspected of DV)가 자신의 집 또는 가까운 친분이 있는 사람의
집을 침입한 죄로 기소되는 경우가 증가하고 있다. 이러한 변화는 가
정폭력 – 가정 내부에 관한 일이었기 때문에 최근까지도 범죄로 다루
지 않았던 분야 – 을 주거 침입죄의 원형으로 다루도록 법적 상상(legal
reimagination)을 새롭게 이루어낸 것이라고 할 수 있다.

1) 범죄와 집(Crime and Home)

근대 법은 좀 더 포괄적이지만, 코먼로의 주거침입관련죄는 다
음과 같은 구성요소를 갖추어야만 범죄로 성립되었다. 즉, 밤중에 자신
이 주거하는 곳이 아닌 집에 침입하고, 침입 당시 침입자는 무단출입(무
단점유, trespass)을 넘어선 중죄(重罪, felony)를 저지를 의도를 가지고 있어야
주거침입관련죄에 해당했다.68 블랙스톤은 다음과 같이 이야기한다.

"주거침입관련죄는 아주 극악무도한 범죄로 여겨져 왔다. 주거
침입관련 죄질이 동반하는 엄청난 공포 때문만이 아니라 각 개인이 자
연 상태에서부터 획득하는 주거 권리에 대하여 힘을 이용하여 침략하
고 방해를 끼치는 것이기 때문이다." 69

자신의 집에 원하지 않는 침입자가 들어오는 것은 분명 엄청나

게 무섭고 위협적으로 느껴질 것이다. 하지만 블랙스톤이 언급했듯이, 코먼로가 주거침입관련죄를 더욱 심각하게 다루는 이유는 개인의 안전에 대한 실질적인 위협뿐만 아니라 변별적인 추상적 해(害)가 동반되기 때문이다. 주거 침입은 자연법으로부터 보장되는 기본 권리를 위배하는 것과 같다(각 개인이 자연 상태에서부터 획득하는 주거권리). 인간의 주거/집보다 "더 이상 신성불가침한(more sacred, more inviolate)" 장소가 있을 수 없기 때문에 "거주권(right of habitation)"의 침해는 근본적인 위반과 같은 것으로 취급된다. 이러한 의미에서 나는 블랙스톤이 주거침입관련죄를 원형적 범죄로 이해했다고 본다.

사람은 자신의 집에 있을 때 침입으로부터 자유로울 권리를 가지고 있고, 따라서 다른 사람이 집에 무단침입하는 행위는 범죄에 해당한다. 단순히 주거의 경계선을 넘는다거나 무단출입을 했다고 하여 주거침입관련죄가 성립이 되는 것은 아니다. 주거침입관련죄를 범하기 위해서는 침입자가 일단 침입 후 무단점유(trespass)와 구별되는 범죄를 저지르기 위한 구체적인 의도를 지닌 채로 침입을 해야 한다.

침입 후 범죄를 저지르려는 의도가 있어야 하는 점은 큰 의미를 가지고 있다. 즉 불법 침입을 법으로 금지하는 것만으로도 주거 경계선을 침해로부터 보호하는 문제는 충분히 해결될 수 있다.70 하지만 의도에 대한 부가적 구성요건은 바로 집을 침입으로부터만이 아니라 범죄로부터까지 자유로운 장소로 재구성하는 것이다.71 집이란 공간적 비유를 하자면 바로 범죄로부터의 개인 피난소 — 비범죄 지역(crime-free zone) — 이다. 집이 가지고 있는 신성불가침의 특성은 집 안 공간에 대한 경계선을 지키는 것과 집 안에서 범죄로부터 자유로워지는 것으로 구성되어 있다.

또한 코먼로의 주거침입관련죄 성립에 있어서는 침입한 집이 "다른 사람의" 집이어야 한다.[72] 침입자는 자신의 집에 침입하여 절도 행위를 할 수 없는 것이다. 자신의 집에 들어갔다는 사실은 주거침입관련죄에 대한 구성요건 해당성 조각 사유가 된다. 만약 여러 명이 한 집에 거주한다면 그들 중 아무도 공동 주거공간을 침입하여 강도죄를 범할 수 없는 것이다.[73]

근대의 주거침입관련죄 관련 법안은 주거침입관련죄의 전통적 정의를 수정했다.[74] 하지만 주거침입관련죄의 두 가지 주요한 구성요건 ─ 불법 침입(unlawful entry)[75] 과 집 안에서 범죄를 범하려는 의도(the intent to commit a crime inside) ─ 은 그대로 남아 있다. 집이라는 장소가 코먼로의 중심적 요소이긴 하지만[76] 오늘날 주거침입관련죄는 좀 더 포괄적 단어인 "구조물" 과 "건물" 을 사용하여 범죄의 범위가 집(dwelling)에만 한정되지 않는다.[77] 하지만 "주거침입관련죄를 계속 유지하고 있는 것은 거주자들을 공포의 도가니로 몰고 갈 만한 상황을 동반하는 장소 침입 행동에 대해서 역사적 전통에 대한 존중을 포함해 특별히 강력한 제재를 내리는 것이 타당하다고 내린 심사숙고한 판단을 반영하는 것이다." [78] 따라서 모델 형률(刑律, Model Penal Code) 및 많은 법안들은 집에 침입하여 강도 행각을 벌이는 경우를 다른 구조물들에 침입한 사건보다 더욱 심각한 중죄로 다루고 있다.[79]

침입한 집이 자신이 거주하고 있는 곳이 아니어야 한다는 조건이 대부분의 근대 법안에서 배제되었지만, 자신이 살고 있는 집에 들어가 강도짓을 하지 못한다는 생각은 여전히 불법 침입(unlawful entry) 범죄 구성요건에 보존되어 있다.[80] 집으로 들어간 것이 합법적이고, 강도짓을 하기 위한 것이 아니었다는 것을 보여줄 수 있는 한 가지 방법은 들어간 집이 바로 자신이 살고 있는 집이라는 것을 보여주는 것이다.[81] 따라서 모든 주거침입 강도죄 사건들은 적어도 집의 경계선 및 들어간 사람과 집의 관계에 대한 서술을 내포하고 있다.

전통적으로 주거침입 강도에 관한 형법은 사유재산의 원리에 의존해왔다. 재산에 대한 개인의 관심 및 이익은 주거침입관련죄가 범해졌는지 여부를 결정한다. 하지만 집에 대한 생각이 주거침입관련법에 생기를 불어 넣었기 때문에 주거침입관련죄는 재산에 반한 죄라고 이해하기보다는 인간의 "거주권(right of habitation)"에 반하는 죄라고 이해하는 것이 더 정확하다고 할 수 있다.[82]

거주와 재산에 대한 차이점과 함께, 집에 들어온 행위 자체가 침입 강도적 성격을 띠고 있는지 여부를 가릴 때에는 본래 집에 대한 소유권(ownership)보다는 "점유 상태(occupancy)"와 "현재 소유 상태(possession)"가 판단 기준이 되었다.[83] 주거침입관련죄 사건을 다루는 법정에서는 일반적으로 부동산의 소유권과 그 부동산에 대한 출입권을 동일시하지 않는다. 집의 임대계약서상 집 주인이 집 출입권을 보장받지 않았다면 집에 대한 법적 소유권을 갖고 있다 하더라도 집을 빌리는 사람에 대하여 주거침입 강도죄를 적용받을 수 있게 된다. 이렇게 재산 소유권보다 거주권을 위해 전통적으로 고려되어 왔던 부분을 충족시키면서 법정은 불법 침입(unlawful entry) 범죄 구성요건에 대한 문제를 다룰 때 주거침입관련죄를 저지른 피고인이 그 장소에 대하여 법적으로 그 당시 거주할 권리가 있는가를 고려함으로써 판단을 내렸다.

2) *배우자 퇴거시키기*(Ousting the Spouse)

주거침입관련법과 가정폭력 정책은 긴밀한 유대관계를 형성하게 된다. 많은 법정들이 최근 가정폭력 피고인이 자신의 아내 또는 여자 친구의 집에 들어간 경우 주거침입관련죄에 해당하는 형법 책임을 져야 하는가 여부에 관한 문제를 고민하고 있다.[84] 주거침입관련죄로 기소하는 검사 측은 분명 가정 폭행에 대한 강력한 척결의지를 기본으로 하고 있다. 하지만 우리는 가장 중대 죄로 기소하고자 하는 검사 측의 입장을 간과해서는 안 된다. 경범한 폭행(misdemeanor assault) 및 접근금지명령 위반 시 유죄를 선고받게 되면 사소한 형량을 받지만 주거침입관련 강도죄는 모든 주(州)에서 중범죄(felony) 형량을 선고받는다. 주거침입관련죄로 기소하기로 결정을 할 때에는 며칠 또는 몇 개월 형을 받아야 하는 행동에 대하여 몇 년 동안의 중범죄 형량을 부과해야 하는 위험부담을 안게 된다.[85]

때로는 피고인이 집 안에서 저지른 범죄가 극악무도하기 때문에 검사들은 살인과 같은 더욱 심각한 죄목과 더불어 주거침입관련죄로 기소한다. 주거침입관련죄의 유죄 선고는 이러한 사건들의 형량을 더욱 증가시키고, 살인자 피고인에게 사형을 선고하는데 필요한 요건이 되기도 한다.[86] 이러한 경우, 주거침입 강도죄 기소는 단지 상식적 혹은 이데올로기적으로 중요할 뿐만 아니라 검사와 피고인 모두에게 실질적으로 결정적인 중요성을 띤다.

코먼로 안에서 결혼 가정/집(marital home)에 침입 강도죄로 남편을 기소하는 것은 상상조차 할 수 없는 일이었다. 유부녀는 아내로서 재산 소유 및 폐기 권리를 제한당하고, 정식 계약을 맺거나 자신의 능력으로 소송을 하거나 소송을 당하지도 못했던 시절에 존재했던 소위 유부녀 법(law of coverture) 안에서는 남편의 재산 권리가 항상 먼저였고, 부인의 재산은 모두 남편 소유가 되었다. 따라서 남편이 결혼 가정/집에 들어가는 자체는 정의(定義)상 주거침입 강도죄의 구성요건인 타인의 집에 들어가는 상태를 만족시킬 수 없었다.

1840년대 개정되기 시작한 결혼한 여성의 재산 법률은 코먼로 내의 결혼 지위를 개혁하고 남편들과 아내들의 법적인 정체성을 구별하기 위한 취지를 담고 있었다.[87] 19세기 말, 몇몇 주(州)에서는 구체적으로 배우자를 집에서 배제시키지 못하도록 하는 법을 제정하여 통과시켰다.[88] 이러한 강제퇴거에 반대하는(anti-ousting) 법안들은 남편과 아내의 법적인 정체성(legal identities)이 구별되면서 이에 대한 직접적인 반응으로 만들어진 듯 보였다. 이러한 조항을 채택한 주(州)에서는 어떤 배우자도 상대 배우자의 재산에 아무런 권리를 가지고 있지 않다 라고 정하는 조항이 항상 동반된다. 강제퇴거반대 조항은 바로 유부녀 법이 소멸해가고 새롭게 남편과 아내의 법적인 정체성이 구별되는 국면을 맞이함에 따라 결혼 가정의 화합을 지키도록 구성된 것이었다.[89] 분명한 목적은 바로 새롭게 법적으로 독립된 아내들이 남편들을 결혼 가정/집에서 강제 퇴거시키지 않도록 — 물론 반대로도 적용이 되지만 — 하기 위한 것이었다.

결혼 가정/집에서부터 가해자를 배제시키는 것이 가정폭력 퇴치의 좋은 방안으로 인식되면서 가해자 배제를 실행하는 방법으로 주거침입관련죄 기소를 하는 경우가 증가했다. 남편들이 아내들의 집에 들어간 이유로 주거침입관련죄를 적용받는 경우, 남편들은 19세기 강제퇴거반대 법조항(anti-ousting rule)을 주장하기도 한다.90 남편들은 주거침입관련죄 기소는 강제퇴거반대 조항에 반한다고 주장해왔다. 배우자가 다른 배우자를 퇴거시킬 수 없다면 배우자가 집에 들어가는 것은 불법이 아니고, 따라서 주거침입관련죄가 성립될 수 없다는 논리이다. 이러한 주장은 재산법이 주거침입관련죄에 관련되는 법의 근거가 된다는 전통적 가설에 기반을 두고 있다. 즉 배우자가 재산법상 그 장소에 합법적으로 머무를 수 있다면 그가 있는 상태는 주거침입관련죄에 해당하는 행동이 아니다 라는 것이다.

위의 방어 변론과 직면한 사건들로 법정은 강제퇴거반대 법조항(anti-ousting rule) — 결혼 가정/집의 화합을 지키기 위해 만들어짐 — 과 현 가정폭력에 관한 정책 — 결혼 가정/집에서 한 배우자를 퇴거시키는 것은 바람직할 뿐만 아니라 형법상 실행되어야 함 — 의 조화를 구성하는데 노력했다. 두 가지 이상이 갈등 관계에 있다면 어느 한 쪽은 양보를 해야 한다.

1999년도 *릴리*(State v. Lilly)91 사건에서 오하이오 주 대법원(Ohio Supreme Court)은 남편의 아내 집에 침입한 행동에 대한 주거침입관련죄 유죄 판결과 19세기 강제퇴거반대 법조항 사이의 갈등에 직면했다. 해당 법조항은 오하이오 법률 코드(Ohio Legal Code) 내 가정법(Domestic Relations) 장에 다음과 같은 표현을 사용한다.

"남편이든 아내든 상대방의 재산에 권리를 가지고 있지 않고 (…)관할법정의 명령 또는 결정이 있을 때를 제외하고 남편이나 아내 둘 중 아무도 상대방의 집에서 퇴거될 수 없다." 92

사건의 해당 재산은 바로 결혼 가정/집으로 남편이 그 집에서 이사 후 나간 상태였고, 남편을 그 집에서 퇴거시키는 관할법정의 명령은 발행된 것이 없었다.93

아내는 다음과 같이 증언했다. 그녀와 남편이 함께 집 안 살림을 한 후 남편은 "아내의 뺨을 계속 때렸고, 담뱃불로 지졌다." "더 이상 피해 입는 것을 막기 위하여 그녀는 여러 가지 성적 행위에 응했다." 그 후 남편은 그녀를 술집으로 데리고 갔고, 거기에서 그녀는 술집 종업원에게 경찰을 불러달라고 부탁했다.94 술집에서 도망친 후 남편 피고인은 집으로 돌아가서 일부러 잠그지 않고 열어두었던 문을 통해 집 안으로 들어가 아내의 청바지 여러 벌을 찢고, 그녀의 자동차 스파크 플러그를 뽑았으며, 그녀의 지갑을 훔쳐갔다.95 그는 결국 19번의 강간(rape), 강간 미수(attempted rape), 범행도구 소유(possessing criminal tools), 유괴(kidnapping) 및 주거침입관련죄(혹은 주거침입 절도죄, burglary)로 기소되었지만, 주거침입관련죄를 제외하고 모두 무죄판결을 받았으며,96 주거침입관련죄에 대해서는 5년 실형을 선고받았다.97

항소에서 논의된 이슈는 주거 강제퇴거반대 법조항 때문에 남편을 주거침입관련죄로 기소하는 것이 배제되었어야 하는가였다.[98] 오하이오 주 대법원의 입장은 바로 형법은 주거 강제퇴거반대 조항을 인식하지 않는다 라는 것이다.[99] 강제퇴거 조항은 "결혼한 커플의 재산 소유권에 대한 지시사항으로 제정되었기에 이는 민사 성격의 조항이다. 상대방의 재산에 대한 권리는 형법상 실행되어야 하는 것이 아니며, 따라서 형법 책임에 영향을 미치지 않는다."[100] 강제퇴거반대 조항은 단순히 재산소유권과 가족 관계를 조절하는 조항으로 형법에는 적용이 되지 않는다.[101] 결과적으로, 아내의 집에 침입 후 절도한 행동에 대한 주거침입관련죄는 그대로 성립한다.[102]

여기서 주의할 점은 상대적으로 너무 쉽게 형사와 민사가 관계하는 규율로 사건을 이분화한 점이다. 만약 적용이 되었더라면, 주거 강제퇴거반대 조항은 분명히 배우자의 주거침입관련죄에 대한 유죄 판결과 모순이 되었을 것이다. 위의 법정 논리에 따른다면 형사와 민사 영역은 철저하게 분리되어 있고, 따라서 재산에 대한 권리를 규정하는 민사 주거 강제퇴거반대 조항은 주거침입관련죄를 논하는 형법에 영향을 미칠 수 없다는 것이다.

하지만 주거침입관련죄는 재산 권리 관련 부분과 완전히 구분되어 독립적으로 작용하는 것이 아니다. 오하이오 주 대법원의 주장 — 즉 재산법과 형법은 완전히 분리된 영역을 각각 대표한다 — 은 주거침입관련법과 재산법 사이의 코먼로 관계에서 벗어난 것이다. 전통적으로 주거침입관련법은 그 밑에 놓인 재산 권리의 분배에 의해 좌우되었다. 주거침입관련죄를 범했는지를 가리는 형법 문제는 재산법의 적용에 달려 있었다. 재산에 관한 권리를 기준으로 집에 들어간 것이 침입의 성격을 띠는 여부를 결정했다.

릴리(Lilly) 법정은 *릴리(Lilly)* 사건에만 한정하여 형사와 민사 영역을 완전히 분리하여 적용한다고 밝혔다.103 하지만 주거 강제퇴거반대 조항 적용을 거부함으로써 법정은 가정폭력 정책상 형법이 재산법을 실질적으로 뛰어넘도록 허락했다. 그 효과는 바로 배우자 사이의 재산권을 재분배함으로써 주거침입관련죄가 성립되도록 한 것이다.104

주거 강제퇴거반대 조항은 명확하게 배우자가 다른 배우자를 배제하는 것을 금한다. 그러나 남편이 아내에 대하여 주거침입관련죄를 범했다 라고 판단하는 것은 남편의 특권이 없는 상태에서 들어간 것에 따른 것으로, 이는 남편이 이미 배제되었다는 것을 뜻한다. 즉 주거 강제퇴거반대 조항은 더 이상 형법에 적용될 수 없게 된다. 주거 강제퇴거반대 조항의 효과를 무효화한 사실은 *릴리(Lilly)* 사건이 있기 전부터 지켜져온 재산 소유에 관한 권리를 재분배하는 것이라고 할 수 있다. 이러한 재산 재분배는 형법 내에서만 영향을 받은 것이 아니었다. 주거침입관련죄의 구성요건 ─ 아무런 특권이 없이 들어간 상태 ─ 을 만족시키기 위해 재산법에서 유효한 권리를 명백하게 무효화하는 과정에서도 재산 재분배를 찾아볼 수 있다.

릴리(Lilly) 사건은 주거침입관련법이 재산법에 의지해오던 속성을 뒤엎는 것을 시사한다. 예전에는 재산법 내 소유권이 미리 분배된 상태에 따라 주거침입관련죄를 판단했지만, 오늘날 우리는 형법이 재산법을 재산 권리에 종속화시키고 그 결과 사적인 권리들이 재분배되

는 것을 보게 된다. *릴리(Lilly)* 사건은 가정폭력의 대용물(프락시)로서 집안에 있는 상태를 취급하는 방법이 재산 권리를 재정리하는 형법과 함께 나아가는 방법을 설명해준다. *릴리(Lilly)* 법정은 과반수 이상의 다른 사법관할 주에서도 "관계가 소원해진 배우자가 다른 배우자의 집에 들어가는 것이 무단침입/잠입(trespass) 또는 주거침입관련죄 기소를 지지할 근거로서 허락 없이 들어간 상태 구성요건을 충족하는 것임을 인정"했음을 강조했다.105 인용된 사건들은 1980년대부터 1990년대의 가정폭력 관련 사건이지만106 사건이 일어난 주(州)에서는 남편이 아내 집에 들어간 것이 침입의 성격을 띠고 있다는 결론과 모순이 되는 주거 강제 퇴거반대 조항 또는 그와 비슷한 법률을 가지고 있지 않았다. *릴리(Lilly)* 법정이 강한 학술적 논리를 펼치기보다는 다른 주들의 사건들을 인용한 것은 바로 가정폭력을 반대하는 정책 확산에 대한 일반적 동정에서 비롯된 것임을 보여준다.

따라서 *릴리(Lilly)* 법정은 재산법이 금지하는 결론을 내리기 위해 주거침입관련법을 지지하면서 가정폭력 정책에 그 논리를 한정시켰다. 재산의 재정립을 위해 형법을 "파견" 하는 것은 이 책에서 다루는 분야에서 재발생하는 형법 개입 구조를 전조하는 것이다. 형법이 아무리 민사 권리를 별개의 영역으로 다룬다고 해도 공익의 목표와 형법의 강제력을 통해 개인권리를 재구성할 수 있는 비교할 수 없는 능력을 형법은 이미 갖추고 있다.

3) 침입적 성격의 출입(Burglarious Entry)

가정폭력의 대용물(프락시)로서 집 안에 있는 상태를 범죄화하는 것은 주거침입관련법에 최소한으로만 영향을 끼치는 것이 아니다. 이는 주거침입관련죄의 구성요건에 중심적이고 정확하게 영향을 끼친다. 이러한 과정에서 가장 중요한 열쇠가 바로 가정폭력사건 발단 시 발행되는 접근금지명령이다. 최근 몇 년 동안 많은 주(州)에서 검사들은 한 사람을 집으로부터 배제시키는 접근금지명령의 유효성을 사용하여 자신의 집에 들어가는 행위가 침입적 성격을 띠고 있다는 것을 증명했다. 이렇게 사용되어진 접근금지명령은 단순히 한 사람을 집에서 배제시키는 것보다는 큰 영향력을 가지고 있다. 즉 집 안에서의 법적 위치를 낯선 사람(stranger)의 위치로 바꾸고, 법적으로 배제된 사람이 집 안에 있는 상태를 낯선 사람의 침입으로 바꾸는 것이다.

보통 배우자가 관여된 주거침입관련 사건을 다룰 때 법정은 접근금지명령을 내려 남편이 아내에게 연락을 하지 못하게 하고, 그녀의 집에도 들어가지 못하도록 한다. 명령이 내려진 후, 그 집 안에서 남편의 존재가 발견된다면 남편의 접근금지명령 위반은 명백하게 되며, 그가 집에 있는 행동이 주거침입관련법에 반하는 것인지 여부가 법적 이슈로 떠오르게 된다. 방어 변론에서 피고인은 결혼한 이유 또는 그의 실질적 거주 사실, 그가 집의 법적 소유권을 지닌 주인이라는 등의 이유를 대고 그가 집에 들어간 것은 자신의 집에 들어간 것을 증명하는 것이므로 주거침입관련죄로 기소될 수 없다고 주장한다.[107]

법정이 배우자의 집에 들어간 주거침입 관련한 이슈를 다룰 때에는 결혼 관계의 이유가 주거침입관련죄를 선고할 수 없는 이유가 되지 않는다. 왜냐하면 배우자 재산 권리의 구분이 분명하기 때문이다.108 또한 주거침입관련죄는 재산에 대한 법적 주인이 누구인가보다는 그 집에 그 당시 거주할 수 있는 권리를 가지고 있는지 여부를 고려하기 때문에 피고인의 독립 혹은 합동 소유권은 해당 범죄의 유죄 판결을 내리지 못하도록 하는 이유가 될 수 없다.109 접근금지명령의 존재 자체는 다소 결정적이다.110 ― 접근금지명령 위반은 주로 주거침입관련죄의 구성요건인 불법적 입장(unlawful entry)을 만족하는데 충분하다고 보여지기 때문이다.111 법정의 허락 없이 집에 있는 상태임을 제시하는 상황이 있다고 판단되는 경우에는 접근금지명령이 부재하더라도 배우자가 집에 있는 상태가 주거침입관련죄의 구성요건을 만족한다고 판결을 내릴 수도 있다.112 하지만 배우자의 주거침입관련죄 증명에 있어서 접근금지명령의 존재 여부는 그 기소가 합법적인지 여부를 결정하는 중요한 사안이다.

집에 들어가는 것을 금지하는 법적 명령이 있다면 그 집에 들어가는 것이 불법적 행동이라고 판단하는 것은 당연해 보인다. 하지만 형식상 비허가 입장(unauthorized entry)은 주거침입관련적 입장(burglary entry)과는 구별된다. 후자는 배우자가 들어간 집이 그의 집이 아니다 라는 판단을 주로 요구하기 때문이다. 접근금지명령은 특정 장소로 들어가는 것을 금지하지만, 그 명령 자체만으로 배우자가 들어가는 장소는 그의 집이 아니다 라는 선언을 하는 것이 아니기 때문에 그는 형식적으로만 그의 집에 들어가지 못하게 된 것일 수 있다.113 하지만 주거침입관련죄의 유죄 판결은 피고인이 집에 없었다는 법적 판결과 결국 같은 것이다. 주거침입관련죄의 불법적 입장 구성요소를 만족하기 위해 접근금지명령을 사용함으로써 법적으로 피고인을 집으로부터 별거시키는 결과를 가져오기 때문이다. 결혼한 커플이 관여된 주거침입관련 사건을 다루는 법정에서는 종종 "별거 중인(estranged)" 배우자 — 가정법이나 재산법에 있어서 법적으로 별로 중요하지 않는 분류 — 에 관한 이야기를 하며 결혼한 커플을 수사학적으로 그리고 법적으로 멀리 떼어 놓는다.114

법정이 접근금지명령 위반이 주거침입적 성격을 띤다 라고 판결을 내리도록 하는 사안은 어떻게 말을 구성하는가에 달렸다. 근대 주거침입관련죄의 정의에서는 코먼로의 구성요건 중, 타인의 집에 들어가는 상태를 구성요건으로 정한 대신 불법적 입장(unlawful entry)을 구성요건으로 지정한다.115 불법적 입장 구성요건은 실질적으로 입장을 불법화시키는 접근금지명령을 통해 쉽게 만족될 수 있다. 법적 표현이 어떠하든지 간에 상관없이 가정폭력범들은 주거침입관련죄로 기소될 경우 코먼로 원리 — 장소는 타인의 집이어야 하기 때문에 자신의 집에 들어간 행동으로 인해 주거침입관련죄로 기소될 수 없다 — 를 주장한다. 법정은 이러한 주장이 시대에 맞지 않다는 이유로 코먼로 개념을 명시적으로 기각시킬 수 있다. 하지만 법정은 그렇게 기각하지는 않는다. 오히려 법정에서는 불법적 입장을 피고인의 집이 아닌 타인의 집에 들어가는 것으로 해석한다.116

가정폭력에 반대하는 정책은 접근금지명령에서부터 주거침입관련죄로의 법적인 이동을 시작했다.117 주거침입관련법을 통해 접근금지명령은 그 대상자를 실질적으로 집에서 퇴거시킬 뿐만 아니라 법적으로 그를 자신의 집에 대한 낯선 사람으로 만든다. 주거침입관련죄는 단순 접근금지명령 위반과는 다른 방법으로 위의 뜻을 실행한다. 코먼로나 근대법 내의 주거침입관련법은 타인의 집 경계선을 넘어갔다는 사실을 필요로 하기 때문이다. 따라서 가정폭력은 명백하게 전형적인 주거침해죄(crime of home invasion)로 보여지게 되었다.118

접근금지명령 위반이 불법적 입장으로 법적 성격을 변화시키는 것을 보여주는 사건을 살펴보자. 데이비스(Ex parte Davis) 사건은 헤비어스 코퍼스(haveas corpus, 인신보호영장)(6) 심사에 관한 텍사스 주 항소에 관한 것이다. 헤비어스 코퍼스는 주거침입관련죄 및 주거침입관련미수죄(attempted burglary) 범행 중 일어난 살인사건에서 보석금(bail)을 정하기 위해 시작한 심사였다.119 피고인 남편과 그의 아내는 피고인 남편과 그의 형제가 공동소유하고 있는 집에서 살고 있었다.120 계류(繫留) 중인 이혼소송(pending divorce suit)에 따라 법원은 그 집에 피고인이 들어가지 못하도록 금지했다.121 그러자 피고인 남편은 자신의 형제 동의를 얻어 집에 들어갔다.122 집 안에서 그 피고인은 아내를 포함하여 여러 명에게 상해를 입혔고, 두 명을 죽였다.123 피고인은 사형선고 판결의 주요 이유가 되었던 주거침입강도죄 기소에 이의를 제기했다. 그가 자신의 집에 들어간 것은 주거침입의 성격이 아니며, 사형선고는 주거침입관련법의 "고의적이고 기이한(wanton and freakish)" 적용 처사를 반영하는 것이라고 주장했다.124

텍사스 주의 주거침입관련법에서 "집 주인의 효력 있는 동의 없이"

사람이 "중죄나 절도를 범행하기 위한 의도를 가지고 거주지에 들어갈 때" 주거침입관련죄를 범했다고 정의한다.125 집 주인이란 "집문서를 가지고 있거나 소유권이 있거나 집에 거주하는데 있어서 거주 관계자보다 더 큰 권리를 가지고 있는 사람" 이라고 정의되어 있다.126 텍사스 형법 항소법원은 "집 소유권(ownership)" 은 주거침입관련죄 목적상 집문서를 가지고 있는 여부만을 고려하는 것이 아니라는 원칙을 설명하였다. 즉 그 집에 들어가는 것을 금지한 명령으로 인하여 그의 아내가 "거주지 점유에 대한 독점적 권리(exclusive right of possession of the residence)" 를 가지고 있기 때문에 이로써 그가 집문서상 주인이라고 할지라도 법적으로 그 집에 들어갈 수 있는 권리를 가지고 있지 않다 라는 것이다. "피고인이 소유하고 있던 집에 들어갈 수 있는 권리는 법정 접근금지명령으로 인해 무효화되었다." 127 라고 텍사스 형법 항소법원은 그 이유를 설명했다.

접근금지명령 실행으로 인해 집을 소유하고 있던 피고인은 주거침입관련죄 목적상 더 이상 집의 "주인(owner)" 이 아니고 그의 아내가 "주인" 이 되었던 것이다. 더 나아가 그 집에 대한 소유권을 공동으로 가지고 있던 피고인의 형제는 소유권을 가지고 있음에도 불구하고 피고인이 집에 들어가는 데 효력 있는 동의를 할 수 없다 라고 법정은 판단했다. 피고인의 형제가 준 동의가 효력이 있다고 한다면 접근 금지의 법적 명령이 "소송 외적 행위(extrajudicially)에 의해 저지당하는 경우가 되기 때문이다." 128 법정은 "법적 명령이 사법 절차에 의하지 않는 방법으로 그 유효성을 잃어버리는 것을 허락하는 것" 에 대하여 거부했다.129 피고인 형제가 한 동의는 "집 가까이 피고인의 접근을 금지시킨 명령으로 인하여 그 동의는 의미가 없게 되었다." 130 따라서 주거침입관련죄 유죄 판결 및 사형선고 언도의 타당성은 항소심에서 그대로 인정되었다.

그 집에 대하여 집문서상 주인이긴 했지만 주거침입관련죄 목적상 피고인은 "주인" 으로 인정되지 않았다. 부부의 결혼관계도 주거침입관련죄를 배제시키지 않았다. 따라서 *데이비스(Davis)* 사건은 주거침입관련법의 배우자 폭력 시나리오에 적용되는 일반적 사례로 볼 수 있다.

하지만 *데이비스(Davis)* 사건은 한 발 더 나아갔다. 관련 사항은 또 다른 집 주인이자 법정 접근금지명령과는 관계가 없는 피고인의 형제와 그 형제가 피고인의 "입장" 에 동의하는 사실을 포함한다.131 거주지에서 피고인의 존재를 금지하는 명령을 통해 피고인의 아내는 그 집에 대한 독점적 소유권을 가지게 되었지만, 이 접근금지명령은 피고인 형제의 실질적 소유권에 영향을 미치지는 않는다. 법정이 그 형제가 "주인" 이 아니다 라고 강력하게 이야기한 것이 아니었다. 피고인의 형제는 주거침입관련범죄 목적상 틀림없는 주인이었다. 왜냐하면 텍사스 주의 주거침입관련 법규상 그는 분명히 "관계자보다 더 큰 소유권" 을 지니고 있기 때문이다. 명백히 피고인의 형제는 법조항 정의상 소유권자였고, 피고인이 집에 들어가는 행위에 대하여 동의를 했다.

낯선 사람이 집 주인으로부터 동의를 얻어 집에 들어가는 일반적 상황에서는 집에 들어간 그 낯선 사람이 주거침입관련죄로 기소될 수 없다. 이 사건의 경우, 주거침입관련죄로 기소하기 위해서 법정은 피고인 남편은 실질적 낯선 사람보다 더욱 낯선 사람으로 만들어야 했다. 즉 법적 소유권자가 동의를 했을 때라도 그 동의가 없는 것으로 상황을 이해해야 하는 것이다. 이는 법적으로 결정해야 하는 미묘한 사항이 아니었다. 피고인에게 내려진 사형선고의 합법성 여부가 달렸기 때문이다.

집으로부터 피고인을 "최고 낯선 사람(superestrangement)" 으로 정의할 수 있었던 이유는 바로 접근금지명령 때문이었다. 일단 접근금지명령으로 남편과 아내 사이에서 아내의 소유(점유)권이 남편의 것보다 더 크게 되었기 때문에 주거침입관련법상 남편은 집문서상 소유주인 사실을 떠나 더 이상 "주인" 이 아니었다. 더군다나 접근금지명령은 더 큰 의미를 지니고 있었다. 접근금지명령에 저촉되는 관계자가 아니었던 집 주인(피고인 형제)이 자신의 재산에 관한 권리 행사(동의를 줌)의 효과를 무효화함으로써 피고인의 집에 들어온 행위를 주거침입관련법상 허락을 받지 않은 행위로 만들었던 것이다.

피고인의 주거침입관련죄 범행을 인정하기 위해 법정은 마치 접근금지명령이 주거침입관련법을 개정하여 실질적인 주인의 동의를 동반한 입장이라 하더라도 접근금지명령을 위반한 입장은 무조건 주거침입 성격의 불법적 입장으로 인정하도록 만든 것처럼 접근금지명령을 다루었다. 이러한 접근을 하면서 법정은 집에 들어오는 행위에 대하여 집 주인이 동의할 수 있는 권리를 무효화하여 주거침입관련 법조항 내의 비동의(nonconsent) 구성요건을 고쳐 썼다.

법정 명령 실행에 대한 정책적 이익에 의존하여 법정은 이러한 판결을 정당화시켰다.132 하지만 이런 정책은 명령을 위반한 자체를 벌함으로써 만족시킬 수 있다. 법정 명령 실행을 위해 접근금지명령을 위반한 자들을 훨씬 심각한 주거침입관련죄로 유죄 판결을 받도록 하는 것이 꼭 필수적인지 여부는 확실하지 않다. 더군다나 일반 살인죄 대신 사형선고 살인죄로 기소를 하고 유죄선고를 이끌어내는 것이 과연 정책적 이익을 위한 필수사항인지 확실히 알 수 없다. 차라리 배우자 주거침입관련죄와 관련하여 법정 명령을 실행하는 정책적 이익은 바로 집에 있는 상태 대용물(프락시)을 통해 가정폭력을 벌하는 것에 대한 관심이다.

폭력적 남편은 보통의 주거침입관련법과 주거침입관련죄의 법적 정의상 "최고 낯선 사람"으로 정의된 사람이 아님에도 불구하고 "최고 낯선 사람"이 되었다. 동의가 있었음에도 불구하고 가정폭력 접근금지명령에 반한 입장은 주거침입관련죄의 구성요건인 불법적 입장으로 변했다. 주거침입관련죄의 구성요건을 변화시키는 일임에도 불구하고 남편은 침입자의 탈을 쓰게 되었다.

4) 대용물(프락시)로서의 주거침입관련죄(Burglary by Proxy)

앞에서는 주거침입관련죄의 불법적 입장 구성요건에 중심을 맞추어 이야기했다. 여기에서는 두 번째 구성요건인 집 안에서 범행을 저지를 의도에 대해서 초점을 맞추어보겠다.

주거침입관련죄란 불법적 입장과 집 안에 있는 상태만으로 구성되어 있지 않다. 집 안에서 범행을 저지를 의도가 또한 있어야 한다. 코먼로에서는 피고인이 단순히 무단침입 혹은 무단잠입(trespass)과는 다른 범죄를 의도해야 한다.133 이러한 두 가지 구성요건의 차별성 때문에 주거침입관련죄가 전통적으로 구체적 의도범죄(specific intent crime)로 분류되는 것이다.

가정폭력 접근금지명령은 주거침입관련죄의 구성요건들 사이의 차이점들을 모호하게 만들기도 하고, 이의를 제기하기도 한다. 가정폭력과 관련된 주거침입관련죄 사건들은 불법적 입장과 집 안에서 범행을 저지를 의도, 이 두 가지 구성요건을 만족시키기 위해 때로는 접근금지명령에 의존하기도 한다.134 평소에는 범죄가 아닌 행동들의 영역을 금지시킬 수 있는 접근금지명령만으로도 주거침입관련죄의 기초로 사용될 수 있다. 이러한 현상은 접근금지명령 위반과 완전한 주거침입관련죄를 효과적으로 동일화시킨다.

이러한 현상을 잘 보여주는 예는 바로 1998년 콜로라도 주에서 일어난 *로러(People v. Rhorer)* 사건이다.135 콜로라도 주의 주거침입관련법에서는 2급 주거침입관련죄(second-degree burglary)를 다음과 같이 정의한다.

"피고인이 알고 있으면서(knowingly) 건물이나 구조물에 강제로 들어가거나(breaks an entrance into), 그냥 들어가거나(입장하거나, enters)), 또는 불법적으로 남아 있거나(remains unlawfully) 잠입해(occupied) 있고, 동시에 그 안에서 사람이나 재산에 대한 범죄행위를 저지를 의도를 가지고 있다." 136

이 사건에서 피고인은 연락금지명령이 유효함에도 불구하고 창문을 통해 자신의 옛 여자 친구의 집에 들어갔다.137 피고인은 주거침입관련죄(burglary)와 협박죄(menacing)로 기소가 되었고, 배심원은 협박죄 혐의에 대해서는 무죄를 선고했다.138 하지만 피고인은 연락금지명령을 위반하는 경범죄를 저지를 의도를 바탕으로 주거침입관련죄 유죄 판결을 받고 25년 형을 받았다.139

콜로라도 주 대법원은 연락금지명령을 위반하여 집에 들어간 행위 자체를 피고인이 집 안에서 범하려고 의도한 범죄행위로 이해할 수 있다고 만장일치로 결정했다.[140] 콜로라도 주의 가정폭력법(Domestic Abuse Act)에 따라 발행된 연락금지명령은 가정폭력 피해자들을 보호하도록 만들어진 것이기 때문이라고 대법원은 주장했다.[141] 연락금지명령 위반은 경범죄에 해당한다.[142] 따라서 "피해자의 집에 강제로 들어감으로써 연락금지명령을 위반하려는 의도는 '그 안에서 사람이나 재산에 대한 범죄 행위를 저지를 의도'에 해당하는 것으로 주거침입관련죄의 구성요건을 충족시킨다"라고 대법원은 결론을 내렸다.[143]

무단침입/무단점유(trespass)에 관하여 같은 맥락의 이유를 코먼로에서는 인정하지 않는다는 것을 논의하지 않는 것은 접근금지명령을 위반하면서 집으로 들어가는 상태를 주거침입관련죄로 여기고자 하는 가정폭력 대응정책과 일치한다고 법정은 판단했다. 법정의 형식주의적 이론에 따르면, 비록 입법기관에서 접근금지명령 위반을 주거침입관련죄로 여기고 심하게 벌을 내리려는 의도에 대해서 이야기한 바가 없더라도, 접근금지명령을 위반한 입장은 주거침입관련 범죄가 된다. 법정의 판결로 경범죄가 심각한 중범죄로 변하게 되었다. 배심원이 협박죄에 대해 무죄를 선고했고, 또 다른 명확한 범행 의도가 없었기 때문에 중범죄 유죄 판결의 바탕이 된 단 한 가지 비난할 만한 의도는 바로 불법적 입장이었다.[144]

2002년 콜빈(State v. Colvin) 사건에서 미네소타 주 대법원은 위와 같은 이슈, 즉 연락금지명령을 위반하여 들어간 행위가 주거침입관련죄의 독립적인 구성요건을 만족시키는지 여부에 대하여 정반대의 결론을 내렸다.[145] 피고인의 전 부인은 일방적으로 민사접근금지 비상명령(emergency ex parte civil order)을 발급받아 피고인이 그녀에게 연락하거나 그녀의 집으로 들어가는 행동을 금지시켰다.146 피고인은 잠기지 않은 창문을 통해 그녀의 집에 들어가 텔레비전을 보고, 맥주를 마시고, 그녀의 나가달라는 말에 그 집을 떠났다.147 주장되고 증명된 범죄는 바로 접근금지명령을 위반한 입장이었다.148 피고인은 1급 주거침입관련죄(first-degree burglary)로 기소되고 유죄 판결을 받았다. 미네소타 주 법에서는 "동의 없이, 그리고 범죄 행위를 저지를 의도를 가지고 다른 사람이 집에 있는 동안 그 집에 들어가는 것" 또는 "집에 들어가서 범죄 행위를 실질적으로 행동으로 옮기는 것" 149 으로 1급 주거침입관련죄(first-degree burglary)를 정의한다.

미네소타 주 대법원은 유죄 판결을 뒤집으면서 주거침입관련죄의 비동의 입장 구성요건을 충족시키는 접근금지명령 위반 입장은 독립적인 범죄 구성요건을 만족시키지 못한다 라고 결론을 내렸다.150 무단침입/무단잠입을 세 번째 저지른 경우(경범죄)와 접근금지명령을 세 번째 위반하는 경우(중범죄)에 서로 다른 형벌을 내리는 것에서 증명되듯이 대법원은 "가정폭력을 심각하고 엄하게 다루려는 입법기관의 의도를" 존중했다.151 따라서 "만약 입법기관이 단지 집에 들어가는 것을 바탕으로 하여 접근금지명령 위반을 1급 주거침입관련죄와 비슷하게 처벌하고자 한 의도를 가지고 있었다면 (…) 입법기관은 해당 조항을 개정함으로써 충분히 그렇게 할 수 있다." 152 접근금지명령 위반 입장은 주거침입관련죄의 유일한 토대가 될 수 없다.153 주거침입관련죄는 추가적으로 별개의 범죄를 실질적으로 저지르거나 저지르려는 의도를 증명해야 한다 라고 유죄 판결을 뒤집은 이유를 설명했다.154

반대 의견에서(in dissent), 앤더슨(Anderson) 판사는 피고인의 접근금지명령 위반 입장이 무단침입/무단잠입과 같은 정도라고 판단한 법원의 관점에 이의를 제기했다.155 앤더슨 판사는 피고인의 아내에 대한 과거 행동을 살펴보고 — 구체적으로 절도, 협박, 주정 및 마약 또는 술을 가지고 집에 오거나 부적절한 친구들을 집으로 데려오는 행동들156 — 피고인이 적어도 단순히 집에 들어오는 것 외의 어떤 의도를 가지고 집에 들어왔으며, 최소한 전 아내에게 연락을 하고 "위해(危害)의 두려움을 끼치고자 (cause fear of harm)" 하는 의도를 가지고 있었다고 판단했다.157 집에 전 아내가 없다는 것을 알고 난 후에도 왜 피고인이 집을 떠나지 않았는지에 대하여 — 떠나기는커녕 "맥주를 마시고 텔레비전을 보면서 두 시간 동안이나 왜 계속 있었는지158 — 앤더슨 판사는 의문을 가졌다. 피고인의 의도가 단순히 집에 들어가는 것이었다면159 집에 계속 남아 있을 필요가 없기 때문이다. "법정이 판단할 때, 해를 끼치거나 위해(危害)의 두려움을 집 주인에게 끼치려고 하는 경향이 있다고 판단되는 사람이 법정이 금지했음에도 불구하고 집으로 들어가는 행동을 하는 것은 낯선 사람이 단순히 빌딩에 무단 침입하는 행동과 같은 것이 아니다." 160 낯선 사람에 의한 입장은 주거침입관련죄에 해당하지 않는다. 하지만 가정 폭행범은 주거침입관련죄 목적상 "최고 낯선 사람(superstranger)" 이었다. 보통 낯선 사람의 의도는 추정해볼 수 없지만, 공격적 "최고 낯선 사람" 이 불법적 입장 이외의 범죄를 저지르려는 의도는 집에 그가 불법적으로 머물고 있는 상태만으로도 추정해볼 수 있다.

이 분야에서 접근금지명령 위반을 주거침입관련죄로 다시 구성하려는 의도에 동기부여를 하는 것은 과연 무엇일까? 기능적 답변은 물론 가정폭력을 엄하게 벌하고자 하는 추진력으로 법정은 접근금지명령 위반을 더욱 엄격하게 벌하게 되는 것이다. 집에 있는 상태가 가정폭력의 대용물(프락시)이라면 주거침입관련죄는 접근금지명령 위반의 경범죄보다 더더욱 심각한 형벌 결과를 동반하는 확대화된 대용물(프락시)이 된다.

로러(Rhorer) 사건과 앤더슨 판사가 제기한 콜빈(Colvin) 사건의 반대 의견은 집 안에 있는 상태와 주거침입관련죄의 구체적 의도 구성요건 사이의 관계를 둘러싸는 이데올로기적 이해관계를 드러낸다. 표면에 나타나지 않는 암시는 바로 피고인은 폭력행동을 하는 이유 외에 집에 있어야 하는 타당한 이유를 가지고 있지 않다 라는 것이다. 소위 말하는 구체적인 의도가 바로 가정폭력인 것이다.

로러(Rhorer) 사건이 주거침입관련죄의 불법 입장과 구체적 의도 구성요건의 분명한 법적 합성에 대한 극적 예시를 대표하는 반면, 법정은 접근금지명령 위반과 주거침입관련죄를 동일화시키는 목적을 이루기 위해 그렇게까지 멀리 갈 필요가 없다고 판단했다. 접근금지명령은 주로 집으로 들어가는 행동 및 피해자에게 연락하는 행동을 포함하여 여러 가지 행동을 금지한다. 그리고 피고인이 집에 있는 상태에서부터 그가 분명히 집에 있는 동안 피해자와 연락을 하려는 의도가 있다는 것을 추리해낼 수 있다. 두 가지 행동 모두 금지되어 있다면, 집에 머물러 있는 행동으로부터 피고인은 벌써 한 가지 금지행동을 어김과 동시에 적어도 다른 금지행동을 할 의도가 있다고 볼 수 있다. 따라서 접근금지명령 자체만으로도 완전한 주거침입관련죄를 확립할 수 있는 단

하나의 기본 바탕을 이룬다.[161]

　　내가 지금까지 설명한 학설상의 발달은 주거침입관련죄 — 낯선 사람이 집으로 침입하는 원형적 범죄 — 와 오랜 세월 동안 집 안에서는 범죄적 행동이 아니었던 가정폭력 사이에 존재하는 상상해볼 수 있는 등식을 제시한다. 주거침입관련죄와 접근금지명령 위반의 학설상 수렴은 가정폭력의 진화를 대표함으로써 한때는 범죄라고 여겨지지도 않았던 행동이 코먼로 상 매우 원형적 범죄 — 집의 경계선을 지나는 것 — 로 진화한 것을 보여준다. 집 안의 행동이 범죄로 심리되기 위해서는 집 안에서의 행동이 마치 집 경계선 외부에서부터 생기는 것으로 상상하는 것이 아마도 유용한 수단일 것이다. 집 안의 폭력이 범죄화됨에 따라 외부에서부터 넘어 들어오는 범죄의 법적 특징을 받아들이게 된다.

　　앞에서 살펴보았듯이, 이는 가정폭력자로 추정되는 사람을 집에서부터 법적으로 배제시킴으로써 그 사람을 낯선 사람 또는 "최고 낯선 사람(superstranger)" 으로 배정하는 과정을 필요로 한다. 그 폭력자는 사법상 그리고 창의적인 발상상 침입하는 낯선 사람으로 만들어지는 것이다. 그가 집에 있는 상태는 블랙스톤이 신성불가침하다고 여긴 가정 공간을 침범하는 기본 범죄로 발전한다. 형법 아래 가정이라는 경계선을 통해 한때 가정 폭행범은 보호를 받았지만 지금은 형법상 배제를 받게 되었다. 이로써 정부는 가정에 있는 재산을 재분배하고 이를 실행하기 위해 정부가 집에 들어와 새롭게 명명된 침입자에 의한 침입으로부터 경계선을 보호한다. 폭력범은 내쫓기고, 정부가 들어온다.

제2장

형법이 집으로 들어오다

Criminal Law Comes Home

정부가 집 안으로 들어오면 무슨 일을 하는가? 이번 장에서는 친밀한 관계(intimate relationship)에 대한 형법의 통제에 초점을 맞추도록 하겠다. "가정폭력전쟁의 선두자" 로서 지난 20년간 법집행 접근 방식에 뚜렷한 변화를 도입한 맨하탄 뉴욕지구(Manhattan New York County) 사법 관할구역을1 살펴보겠다. 맨하탄 검찰청의 가정폭력 경범죄(misdemeanor domestic violence)를 기소하는 관행은 바로 친밀한 관계의 종결을 찾는 형사법원 발행의 접근금지명령을 검찰 측에서부터 사용하는 것인데, 이는 형법의 가정 통제 확장성을 보여주는 좋은 예시이다. 가정폭력 경범죄에 대한 통상적인 기소 과정에서 접근금지명령을 사용하는 것은 결국 "정부 주도의 실질적 이혼(state-imposed de facto divorce)" 의 결과를 가져오게 된다. 여기서 논의하는 사실상 이혼은 결혼한 커플뿐만 아니라 결혼은 하지 않았지만 동거를 하면서 아이를 함께 키우고 있거나 삶을 함께 추구하는데 공동의 속성 ― 소위 말하는 개인적인 친밀한 신체 접촉 ― 을 나누는 커플들에게도 적용된다.

1. 법 집행 프로토콜(Enforcement Protocol)

맨하탄 검찰청은 가정폭력을 다음과 같이 정의한다. 가정폭력이란 "피고인이 자신의 가족(family) 또는 고용인을 포함한 집에서 함께 생활하는 사람(household)에게 행하는 범죄 또는 폭력행사" 로 "현재 함께 살고 있는 사람들 또는 예전에 가정을 꾸려 함께 살았던 사람들" 을 포함한다.2 기소사실인부절차(起訴事實認否節次, arraignment)(1) 이후 가정폭력 경범죄는 형사법원 체계 내에 있는 특별가정폭력법원(special domestic violence court)에서 형사 소추되어 사건이 진행된다.3 대부분의 가정폭력 사건은 경범죄 혹은 그 이하의 범죄로 판결된다.4 이는 "타인에게 신체적 상해를 입히는 것" 을 구성요건으로 가지고 있는 폭행(assault)(2) 경범죄를 포함한다.5 폭행 중범죄는 "심각한 신체적 상해" 를 입히는 경우에 해당한다.6

법적 정의상 경범죄는 심각한 신체적 상해를 동반하지 않는다. 많은 가정폭력 경범죄 사건에서는 신체적 상해에 대한 피해보상을 요구하지 않는다.7 오히려 정신적인 피해, 금전적인 손해 또는 재산에 대한 손해에 대한 배상을 요구할 수 있다.8 신체적 상해를 동반하지 않는 사건들은 주로 범죄성 장난(criminal mischief, 예를 들어 재산에 피해를 입히는 것), 절도죄(larceny), 형사 법정 모독(예를 들어 접근금지명령 위반) 및 괴롭힘(harassment,

---

(역주 1) Arraignment(어레인먼트)는 영미법 상의 형사소송 절차의 하나로, 법원에서 피고인에게 공소장(公訴狀)을 읽어주고, 공소 사실에 관하여 유죄 여부를 물어 피고인이 유죄임을 시인(是認)하면 증거조사 없이 즉시 유죄 판결을 내리고, 무죄임을 주장한 경우에는 증거조사를 하게 되는 제도이다. 모든 피고인들은 체포당한 후 24시간 이내 어레인먼트를 받을 수 있는 권리가 보장되어 있다.

(역주 2) 영미법(코먼로)의 assault는 미국 내 각 주마다 그 구성요건이 다르다. 일반적으로 구타 폭력(battery)과 구분하여 언어적 폭행 또는 공갈 협박, 공갈 폭행을 가리킨다. 정말 실질적으로 물질적인 폭행을 당한 상태와 비슷하게 느껴질 만큼 두려움을 가져오는 행위를 일컫는데, 번역의 편의상 '폭행' 이라고 명한다.

이는 범죄가 아니라 위반으로 취급됨)으로 형사 기소된다.9 대부분의 가정폭력 사건은 경범죄에 해당하기 때문에, 이 책에서는 심각한 신체적 상해가 문제시 되지 않는 가정폭력 경범죄에 대한 법집행에 초점을 맞추기로 한다.

맨하탄 검찰청은 가정폭력을 아주 심각하고 구별되는 범죄로 분류한다.10 가정폭력 범죄로 분류되는 사건들은 다른 사건들 — 더 폭력적이라고 하더라도 — 에는 해당하지 않는 "의무적인 가정폭력 프로토콜(mandatory domestic violence protocol)" 을 적용하도록 한다.11 가정폭력 사건에서 "폭력" 의 정의는 신체적인 폭력 행사 또는 상해가 없는 사건들을 포함하도록 했고, 특정 사건의 심각성 또는 상해 여부에 관계없이 위에서 언급한 프로토콜을 적용하게 되어 있다.12

모든 사건에 대하여 의무적 프로토콜을 일괄 적용하는 것은 가정폭력이 살인을 배제시킨 전형적 사건에 대한 검사들의 대응을 대표하는 것으로 볼 수 있다. 검사들의 세계에서는 가정폭력 경범죄 피고인은 또 다른 오제이 심슨(O. J. Simpson)이 될 수 있는 잠재성을 지니고 있다고 이야기를 한다.13 초보 검사들은 만약 자신이 맡은 가정폭력 경범죄 사건들이 심각한 폭력을 방지하는데 실패한다면 언론에 부정적으로 주목될 수 있을 것이라는 주의를 받는다. 따라서 검사들은 공익 감사 그늘 아래 결정을 하고, 가정폭력 범행의 피해자를 보호하기 위해 어떠한 수단 방법도 가리지 않겠다는 굳은 동기를 부여 받게 된다.

법 집행 프로토콜은 다음으로 구성된다. 경찰들은 접근금지명령 위반을 포함한 가정폭력 범행이 일어났다고 결론을 내릴 수 있는 합리적 근거(reasonable cause)가 있을 시에는 해당 피고인을 무조건 체포해야만 한다.14 따라서 경찰들이 피해자가 무엇을 원하는지 물어보지도 않고 가정폭력범을 체포하는 경우도 있다. 두 당사자가 모두 서로에게 경범죄를 저지른 경우에는 주된 신체적 상해를 입힌 사람을 체포할 자유재량권을 가지고 있는 경찰은 이 경우에 주로 남자를 체포한다.15 가정폭력범을 체포하면 맨하탄 검찰청에는 기소 불포기 정책(no drop prosecution policy)이 있기 때문에 고발하고 공소 제기를 하는 결정은 피해자의 협조 의지에 전적으로 달려 있지 않다. 피해자의 반대에도 불구하고 검사들은 사건을 진행하면서 피해자에게 사건의 기소 권리는 정부에게 속한 것임을 정기적으로 알려준다.16

이 분야의 의무적인 집행은 가정폭력 사건이 아닌 경우에는 일반적으로 적용되지 않는 규율들을 포함한다.17 그러한 규율 중 하나는 피고인 기소사실인부절차(起訴事實認否節次, arraignment)(3) 중에 검사가 피고인이 현재 거주하고 있는 집이라 할지라도 그 집에 들어가는 것을 금지하고, 피해자에게 연락을 하는 것을 금지하는 임시접근금지명령을 형사 법정에 신청을 한다.18 이러한 특별 기본 규율들은 폭력적인 범죄를 포함한 다른 범죄에는 적용되지 않고, 다만 경찰과 검사들이 가정폭력 사건을 아주 특별하게 다루도록 하기 위해 만들어진 것이다.

또한 특별 규율이 존재하는 데에는 증거 구성적(증거 확보) 이유(evidentiary reasons)가 존재한다. 일반적으로 검사들은 가정폭력 피해자

(역주 3) 역주 1 참고. 이후부터는 흐름을 유지하기 위해서 원어인 어레인먼트(arraignment)라고 명명하도록 한다.

들이 해당 사건 기소에 비협조적일 것이라고 예상한다.[19] 따라서 피해자가 없이 형사 소추를 하는 가설 아래 검사 측은 피해자의 참여가 없는 상태를 대비하여 사건을 전개시킬 방법을 찾아야만 하는 것이다.[20] 예를 들어, 검사들은 뼈대만 나열한 형사 소추장(bare-bones criminal complaint)을 작성하는 검찰청의 평소 방식을 사용하지 않기로 했다. 피해자가 소추장에 씌어진 전문(傳聞) 증거(hearsay)를 입증시켜주는 선언진술서(affidavit)에 사인을 하지 않는 경우가 생기더라도 형사 소추장이 무효화되어서는 안 되기 때문이다.[21] 이를 달성하기 위해서 검사들은 전문증거배제법칙의 예외조항(hearsay exceptions) — 예를 들어, 현장에서 피해자가 흥분상태 (excited utterance)에서 한 말, 피고인이 인정하는 선언 및 경찰이 사건 당시 피해자가 입은 상해 모습 및 집 안 상태에 대해 관찰한 진술 — 등을 사용하여 소추장을 작성하도록 훈련받는다.[22] 경찰들은 사건 현장에서 피해자가 입은 상해 정도를 사진으로 찍고, 피해자가 집으로 돌아간 후에 후속 사진들을 다시 찍을 것을 격려하도록 훈련받는다.[23] 목적은 바로 피해자가 비협조적이거나 피해자의 법정 증언 불가능시를 대비하여 증거가 충분한 사건을 만들어 놓는 것이다.[24]

2. 형사 법정 발효 접근금지명령(Criminal Court Orders of Protection)

　　피해자 부재 또는 증거 토대의 형사 소추를 추진하더라도 막대한 양의 사건들은 재판까지 도달하지 못하기도 하고, 막상 도달하더라도 유죄 판결을 이끌어내기가 어렵다. 왜냐하면 합리적 의심의 여지가 없는(beyond a reasonable doubt) 형사 사건 증명은 피해자의 참여 없이는 달성하기 어렵기 때문이다. 가정폭력 사건의 반이 넘는 수가 모두 기각된다. 이에 대하여 맨하탄 검찰청은 피해자가 협조하지 않는 사건들을 포함하여 가정폭력으로 기소된 거의 모든 피고인들을 검거하고 형사입건을 시도하는 검찰청 시책에 따른 결과라고 설명한다.25 형사 소추 시작에서부터 형사법원으로부터 접근금지명령을 받아내는 실무를 통해 전통적인 재판 및 형벌 외의 방법으로 가정폭력 반대정책을 실행하는 것이다.

가정폭력으로 기소된 피고인의 어레인먼트 때 맨하탄 검찰청은 보석 또는 공판전석방(公判前釋放, pretrial release)의 조건으로 형사법원에서 임시접근금지명령(temporary order of protection, 또는 약자로 TOP)을 의무적으로 발행받도록 한다.26 이 임시접근금지명령은 "가정 범죄(family offense)"에 해당하는 표준 서식에 의해 발행된 것으로 전화, 이메일, 음성, 제3자를 통한 연락을 포함하여 그 어떤 형태든지 피고인이 피해자에게 연락하는 것을 금지한다.27 아이들과의 연락도 물론 금지한다.28 또한 피고인의 집이었다 하더라도 그 집에서 피고인은 배제된다. 더불어 피해자의 학교, 사업장 및 일터에서도 피고인은 배제된다. 피해자가 과연 이러한 임시접근금지명령을 원하는지 여부는 검찰청의 임시접근금지명령 의무 시행 프로토콜에 있어서 고려사항이 아니다.29 피해자가 원하지 않는 경우에도 검사는 일반적으로 완전히 "물러나 있기 접근금지명령(full stay-away order)"을 신청한다.30

형사 법원은 피고인의 첫 번째 법정 출두인 어레인먼트 때 정기적으로 접근금지명령을 발행한다.31 간소하고 정형화된 본질적으로 간결한 어레인먼트를 통해 형사 법정에서 모든 피고인들이 체포된 후 24시간 내에 죄상의 인정 여부에 대한 법정 질문을 받도록 하는데, 이러한 어레인먼트 특징은 법정이 특별한 사안에 대한 구체적인 고려 없이 임시접근금지명령을 발행한다는 것을 뜻한다. 피고인 변호사는 일반적으로 임시접근금지명령에 반대하거나 관련 문제에 대하여 법정증언절차(hearing)를 신청하지 않는다. 왜냐하면 피고인 변호사에게 있어서 우선순위는 체포당했을 때부터 갇혀 있는 구치소에서 피고인을 빼내는 것이기 때문이다.32 가정폭력 사건 발생시 접근금지명령은 절차상 당연히 신청되고 발행되는 것이다.33

임시접근금지명령의 효력이 발생하면 피고인은 집에 갈 수 없고, 피해자(주로 피고인 아내)와 아이들에게 연락을 할 수 없게 된다. 만약 피고인이 집에 가거나 임시접근금지명령 보호 대상자들과 연락을 하게 되면, 피고인은 접근금지명령 위반으로 검거, 형사 소추되어 형사처벌을 받을 수 있다.34 설령 피해자가 연락을 먼저 하거나 집으로 피고인을 초대한 경우에도 처벌이 된다. 따라서 경찰들은 가정폭력의 선례가 있는 가정에 대해 예고 없이 방문을 실시한다.35 만약 유효한 접근금지명령의 대상자가 그 집에서 발견되면 경찰들은 그 자리에서 그를 즉시 체포한다.

따라서 피해자의 비협조성 및 증거 불충분 이유로 가정폭력 사건이 결국은 기각될 운명이라고 해도 가능한 최장 기간 사건을 유지시키려고 하는 것은 검사와 법정으로 하여금 사건이 실질적으로 기각되기 전까지 몇 달이라도 피고인을 감시할 수 있는 기회를 제공한다.36 물론 사건이 진행되는 중에도 접근금지명령의 유효성은 유지된다.37 따라서 접근금지명령의 위반은 좀 더 쉽게 증명할 수 있는 형사죄목으로 위반자를 체포하고 처벌하도록 해준다. 집에 있는 상태가 처벌대상이 되도록 할 뿐만 아니라 접근금지명령은 형사 소추 처리 목표를 처벌에서부터 가정 내 친밀한 관계를 통제하는 것으로 바꾸었다.38

한 가정폭력 피고인은 접근금지명령의 합헌성에 대한 이의를 제기했다. 즉 어레인먼트 때 발행하는 임시접근금지명령은 정당한 법적 절차(due process)에 따르지 않고 그의 집에 대한 재산권을 빼앗아 간 것이라고 주장했다.39 포만(People v. Forman) 사건에서 그의 주장이 거절되었다는 사실은 바로 피고인들을 집에서 배제시켜 왔던 정기적 관행을 반영하는 것이고, 피고인이 집에 있는 상태를 범죄화한 방법이 형법의 가정통제를 정당화시킨 방법과 잘 조화되는 것을 보여준다.

포만(Forman) 사건에서 피고인은 아내에게 주먹질을 한 후 체포되어 폭행 경범죄(misdemeanor assault)와 괴롭힘(harassment)으로 기소되었다.40 법적 논의, 증언 또는 반대입장표명(opposition) 없이 어레인먼트에서 공판전석방(公判前釋放, pretrial release)의 조건으로 검사는 임시접근금지명령을 법정에 신청했다.41 표준 서식 발행 접근금지명령은 피고인이 집에서부터 멀리 떨어져 있을 것(물러나 있기 명령서)을 명하고, 집이 "그의 아내를 보호하는 알맞은 장소로 역할을 하지 못하게 하는 행동을 금지" 했다.42 접근금지명령 위반으로 경찰이 다시 피고인을 체포했을 때, 피고인은 미국 헌법 제14조의 정당한 법적 절차를 이유로 피고인은 사전 증거 심리절차 없이 자신의 집에서 배제될 수 없다고 주장하고 어레인먼트에서 발행된 접근금지명령의 합헌성에 이의를 제기했다.43

접근금지명령서 내에 적힌 내용은 형사법원이 가정폭력 사건일 경우 발행하는 판에 박힌 문구로 이루어진다. 이러한 현실을 법원은 다음과 같이 설명했다.

"피고인의 자유와 재산권을 한정하는 단기간 동안 유효한 임시접근금지명령은 매년 몇 천 건 발행되고 앞으로도 뉴욕시 형사법원이 계속 발행할 것이다. 형사처리 실무상 형사절차연기를 신청할 때마다 새로운 임시접근금지명령이 발행된다." [44]

포만(Forman) 법원은 접근금지명령이 "피고인의 아내와 공동소유한 집에 대한 재산 권리의 사용 및 소유"에 대하여 영향을 미치는 것을 인정했다.[45] 법원은 집에 대한 개인의 강력한 권리에 특별히 주목했다. "재산으로서의 가치를 넘어 집은 개인의 안전을 보장하는 특별한 장소로서 특별한 중대성을 지니고 있으며, 사생활은 미국 헌법 제4조와 제14조에서 보장받는 권리이다. 갑자기 자신의 집에서 내쫓기는 것은 임시 동안이라 하더라도 충격적인 경험이다." [46]

위에서 언급한 중대한 개인의 권리의 반대편에는 가정폭력 근절에 대한 정부의 관심사가 놓여 있다. 가정폭력 근절은 형사 소추를 통해 "첫 번째 발행한 명령에 대한 사회적 회초리의 역할을 하는 것"으로 인식되어 왔다.[47] 만약 피해자가 가정폭력으로 인해 형사 처리 과정에 참여하는 것을 너무 두려워하게 될 경우, 가정폭력 근절에 대한 정부의 관심은 심각한 타격을 입을 것이고, 이러한 정부의 관심은 "정부기관으로서 법원이 가지고 있는 사법절차의 고결성(integrity of judicial proceeding) 보호에 대한 이해와 가깝게 연결되어" 있다. 피해자와 가정폭력범이 계속 같은 지붕 아래 살고 있다면 폭력과 두려움에 대한 엄청난 잠재성은 자명하다.48 왜냐하면 피고인이 집에 계속 있는 상태는 피해자의 소송진행과정 참여 행위와 충돌하기 때문에 형사 소송을 진행하기 위해서는 피고인을 집에서부터 배제시키는 것이 필수불가결하다.49 따라서 정부 입장은 최대한 빨리 ― 보석 또는 공판전석방을 위한 서약금의 조건으로 ― 피고인을 집에서 배제시키는데 주력하는 것이다.50 "피고인의 체포 후 빠른 사법통제의 인수를 위한 필요성은 대심(對審) 사법절차(adversary proceeding)를 통한 오류의 최소화에 대한 필요성을 뛰어넘기 때문에" 51 법원은 집에 대한 피고인의 개인적 권리가 강함에도 불구하고 접근금지명령 발행 전에 심의절차가 헌법상 필요한 것은 아니다 라고 결정했다.

포만(Forman) 법원은 피고인은 금지명령의 계속성에 대한 이의를 제기하기 위해 접근금지명령을 발행한 후에 신속재판 성격의 증거심리절차를 신청할 권리가 있다 라고 판결했다.52 증거심리절차에서 피고인은 접근금지명령으로 인해 "그의 개인 또는 재산 권리가 직접적이고 구체적으로 영향을 받을 것임을" 증명해야 하고, 법원은 "피해자에게 '상해나 협박에 대한 위험성' 이 존재하는지"를 결정해야 한다.53 실무상 이러한 증거심리절차가 실행되는 경우는 많지 않다. 검사들은(assistant district attorneys 〈A.D.A.s〉)(4) 피고인의 증거심리절차 신청이 "피해자에게 불편을 끼치고 이로 인해 사법절차상 너무 이른 시기에 피해자가 반대심문(cross-examination)에 노출되기 때문에" 이러한 신청을 받아들이지 않도

(역주 4) 뉴욕에서 검사는 prosecutor라는 명칭 대신 ADA(assistant district attorney)라고 불린다.

록 상부의 지시를 받는다.54

　　"집에 대한 사법통제는 체포된 피고인에 대한 전통적 사법통제의 필요성이 확장된 것이다" 가 바로 법원의 논리다. 형사법원의 일상 관례는 위반을 하면 더 많은 형사 죄목으로 기소됨을 조건으로 가정폭력 피고인을 집에서 배제시키는 것이었다. 따라서 집은 형사법원의 관리대상이 되었고, 이로써 피고인을 그 집에 있지 못하게 한다. 집에 대한 피고인의 개인적 권리 — 아니 사실대로 말하자면 집을 소유하고 있는 사실 자체에 대한 피고인의 권리 — 를 뛰어넘는 집 공간을 감독하는 것에 대한 공공의 관심은 아주 강했다.

　　이에 대한 공공의 관심 형성과 어레인먼트 때부터 이를 거론하는 것은 자명한 협박 위험성이 존재하기 때문에 정당화될 수 있었다. 가정폭력에 대한 배경적 이해와 가정폭력 근절에 대한 정부의 관심은 피고인 개개인이 끼치는 위험성에 대한 개별적인 심문을 대신했다. 앞에서 논의했듯이, 가정폭력범으로 추정되는 사람이 집 안에 있는 상태는 가정폭력의 대용물(프락시)로 작용되었다. 미래 폭력 및 위협에 대하여 피고인들 개개인이 각자 다르다 라고 판단한다면 피고인으로부터 집에 대한 권리를 빼앗기 전에 구체적인 사실심의 절차(detailed factual hearing)를 실행하도록 하는 강력한 이유가 있었을 것이다. 하지만 피고인의 존재와 가정폭력의 타당성을 동일시함으로써 협박에 대한 일반적 위험성을 가정하게 되었다.

　　위의 논리를 통해 피고인이 집 안에 있는 상태와 피고인의 형사 절차 진행에 대한 방해를 하나로 합치게 되었다. 가정폭력을 예방하기 위해 가정폭력범 추정자를 그의 집에서 배제시키는 것이 필수적인 것처럼, 같은 논리로 그의 배제는 가정폭력에 대한 형사 소추에 필수불가결한 요소가 되었다. 즉, 그가 집에 있는 상태는 단순한 방해물인 것이다. 형사 절차에 대한 전통적 통제는 집에 대한 사법적 통제와 같은 공간을 차지한다고 할 수 있다.

여기서 우리는 가정폭력의 형사 소송에 대한 공공의 관심과 집의 통제에 대한 형법의 관심이 합쳐지는 것을 발견하게 된다. 이는 마치 접근금지명령의 발행을 통해 집은 확장된 법원이 되는 것과 같다.

3. 사실상 이혼: 불법 관계(De Facto Divorce: II legal Relationships)

일반적으로 형사법원의 접근금지명령 발행 관행은 피해자를 폭행과 협박으로부터 보호함으로써 형사 절차의 고결성을 지키기 위함이었다. 하지만 접근금지명령을 통해 가정폭력 사건의 커플들을 별거시키는 관행은 사법절차의 필요성을 넘어서 확장되었다. 피고인이 집에 있는 상태는 폭력을 낳는 결과라는 생각으로 검사들은 별거(separation)가 전통적 사법절차와 처벌을 대체할 수 있는 중요한 대안이라고 바라보게 되었다. 법정이 지시하는 별거는 처벌 가능성을 높이기 위해 이용하는 수단(means)이기보다는 처벌을 내리는 대신 사용할 수 있는 대안(substitute)으로, 검사들의 형사 소추의 목적이 되었다. 별거라는 수단은 폭력을 방지하거나 예방하는데 좀 더 직접적이고 쉬운 방법이기 때문에 처벌의 목적은 일단 보류된다. 이러한 관행은 내가 "정부 주도의 실질적 이혼(state-imposed de facto divorce)"이라고 부르는 현상을 가져오게 된다. 이 현상은 형사법원에서 일상적으로 일어나기 때문에 쉽게 볼 수 있다.

완전 최종접근금지명령(full and final order of protection)은 임시명령에서 최종명령으로 그 성격을 정식 변형시킨다. 가정폭력 유죄 판결이 나면 법원은 최종명령을 내리고, 그 기간을 구체화할 수 있다.55 임시명령처럼 완전 최종접근금지명령 또한 집과 피해자로부터 피고인의 접근 및 연락을 완전히 금지한다. 임시명령의 위반 결과는 체포 및 형사 법정 모독 경범죄 기소이다.56

물론 검사들은 피고인이 법정에서 재판을 거쳐 유죄 판결을 받아 처벌받게 하기를 원한다. 그러나 피해자가 협조하지 않으려는 가정폭력 사건들을 재판까지 가면서 해결하는데 어려움이 있기 때문에 검사들은 구속(imprisonment) 대신 다른 대안에 피고인이 동의하도록 하는 유죄답변협상(plea bargaining)을 시도한다. 이러한 대안들에 있어서 접근금지명령은 가장 중요하다. 피고인 측과의 협상 끝에 피고인이 설령 감옥에서 보내야 하는 시간을 피하더라도 최소한 접근금지명령은 더욱 쉽게 유죄 판결을 이끌어낼 수 있는 명령위반죄에 대한 새로운 형사 책무의 토대를 마련할 수 있기 때문이다.57

어레인먼트 때부터 임시 효력을 가지고 있는 접근금지명령은 다음과 같이 사용된다: 검사는 피고인 측에 수감되는 일이 거의 없도록 혹은 완전히 없도록 하고, 중범죄에서 경범죄로 혹은 경범죄에서 위반(violation)으로 형을 감해 주겠다는 제안을 한다.58 또 다른 가능성은 사건이 기각될 것을 예상한 재판휴정(adjournment)으로, 여기서 피고인은 유죄를 인정할 필요가 없고 검사 측에서 제시한 조건들을 지킨다면 1년 후에 해당 사건은 "무효화된다." 59 이는 피고인이 집에 다시는 갈 수 없고, 피해자에게 어떠한 연락도 취하지 않을 것을 명하는 최종접근금지명령을 받아들이는 것을 조건으로 한다. 이 제안은 거의 혹은 전혀 수감되는 일이 없이 경우에 따라서는 형사 기록 또는 유죄 판결 없이 형사 사건을 마무리할 수 있는 기회를 제공한다. 특히 어레인먼트 때부터 사건이 진행되는 동안 내내 수감 시설에 갇혀 있어야 하는 피고인에게는 더욱 매력적인 제안으로, 만약 피고인이 제안을 받아들이면 그는 즉시 풀려난다.60

유죄답변협상의 내용에 따라 법원은 피고인의 낮은 형 유죄 인정이나 사건 기각을 고려한 휴정의 조건에 따른 피고인의 형량 부분으로 최종접근금지명령을 발행한다.61 피해자가 비협조적일 때는 특히 재판에서 가정폭력 유죄 판결을 이끌어낼 수 있는 증거를 확보하기가 힘들기 때문에 많은 피고인은 사건이 최종 기각되거나 무죄선고(acquittal)될 것을 예상하여 유죄답변협상에서 검사 측의 제안을 받아들이지 않는다. 하지만 피고인 상당수가 제안을 받아들이는 것도 사실이다.62

유죄답변협상에서 전문가들이 점점 인정하는 사실은, 유죄 관련 협상 내용은 증거의 충분성 및 재판에서의 예상 결과의 그림자 아래 협소하게 구성되지 않는다는 것이다.63 피고인이 유죄답변협상 내용을 받아들이는 데에는 다음과 같은 이유가 있을 수 있다. 즉, 피고인은 감옥에서 보내야 하는 시간이 완전히 혹은 거의 없이 해당 사건을 빨리 마무리하길 원하며, 피고인 측 변호사들도 법원에서 반복적으로 일어나는 많은 사건들의 양을 해결해야 할 필요가 있는 것이다.64 그리고 검사들이 피해자 부재 형사 소추(victimless prosecution)를 진행할 것이라고 위협하고 실질적으로 피해자의 증언 없이 재판으로까지 사건을 끌고 갈 수 있기 때문에, 피고인 측에게는 재판 때까지 기다릴 의지가 없을 수도 있다.65) 피고인이 재판을 기다리는 동안 수감되지 않았다고 해도, 그는 재판 때까지 반복적으로 법정 출두에 시간을 뺏기고, 직장인의 경우 결근까지 자주 해야 하므로 직장을 잃어버릴 지도 모르는 위험을 감수해야 한다. 최종 협의 내용은 바로 신속한 사건 마무리와 감옥에서 보내야 하는 시간을 없애주는 것과, 보통은 사건의 유죄 판결 대신 위반으로 감형시킴으로써 형사 범죄 기록이 남지 않도록 해주는 제안을 담고 있다. 따라서 이는 마치 사건이 기각되는 것과 아주 비슷하게 느껴지기 때문에 피고인들은 이 제안을 기꺼이 받아들일 수도 있다. "법의 그림자는 모두 사라질 수 있다." 66 라는 아이디어는 가정폭력 경범죄에 대한 특별한 정신적 효과를 가지고 있다. 특히 가정폭력 경범죄에 대한 최종접근금지명령은 아주 흔한 수단으로 마치 검사 측에서 기본적으로 취하는 입장으로 생각하기 쉽다.67

완전 최종접근금지명령은 사건 당사자들 사이에 연락을 완전히 두절시키며, 그 명령 위반은 새로운 범죄를 저지른 것과 같이 만든다. 명령 대상자인 피고인은 아내를 보고 말을 하는 것, 함께 사는 집에 가는 것을 모두 금지 당한다. 전화, 편지 및 이메일을 한다면 새로 체포가 될 수 있고, 기소를 당할 수 있는 위험이 그를 항상 따라 다닌다. 그러므로 사건 당사자들의 정식 결혼 여부를 떠나, 그 커플이 어떠한 실질적인 방법을 통해 결혼생활이나 가정생활 혹은 친밀한 관계를 유지하는 것은 범죄적 행위가 된다. 금지항목들을 통해 정부 — 검사 측과 형사법원 — 는 "사실상 이혼"을 효과적으로 부과하게 된다.

물론 사실상 이혼(de facto divorce)이 법률상 이혼(de jure divorce)은 아니다.68 최종접근금지명령이 공식적 결혼을 끝내는 결과를 가져오지는 않는다. 접근금지명령의 영향을 받는 커플 상당수는 정식으로 결혼을 하지는 않았다. 명령 내 모든 금지 목록을 지키면서 배우자들은 계속적으로 결혼 커플로 남아 있을 수 있지만 함께 살 수 없고 결혼한 커플처럼 행동할 수도 없다.69 실질적으로 그들이 어떠한 친밀한 관계에 있다 하더라도 사실상 그 관계를 유지하면서 살 수는 없게 된다.

더군다나 강요된 별거는 재산 분배, 이혼/별거 수당, 양육권 및 자녀 양육비 등에 관한 가정법 내 이혼 체제를 동반하지 않으며, 접근 금지명령은 이에 대하여 전혀 언급조차 하지 않는다.70 따라서 명령의 현실적 효과는 실질적 이혼과 같지만, 이혼에 관한 가정법 장치는 전혀 작용하지 않는 것이다.71 형사법원이 자녀 양육권, 방문권 또는 양육비에 관하여 새로운 명령을 내릴 수 있는 관할권을 가지고 있지 않다는 사실을 떠나72 검사들은 가정법을 다루는데 관심이 없고, 경험도 가지고 있지 않다.

하지만 "사실상 이혼"은 양육권, 방문권 및 양육비에 대한 기본 타협점(de facto arrangements)을 지정하는데, 그 기본 타협점이란 바로 양육권, 방문권, 양육비 모두 가질 수 없다는 것이다. 따라서 "사실상 이혼"

을 부과함에 있어서 형법은 새로운 가정법 체제가 되었다. 하지만 이는 형법 규율이기 때문에 사건 관계자들이 체포와 처벌의 위험을 감수하지 않고서는 법의 결과를 쌍방의 계약을 통해 빠져나갈 방법은 없다.

정부가 부과하는 "사실상 이혼"이 비록 결혼에 대한 공식 효력은 없지만 실질상으로는 그 관계가 끊어지도록 추구한다. 사실상 접근금지명령은 보호대상이 허락을 분명히 하더라도 어떤 연락도 할 수 없도록 금지함으로써 보통 이혼보다도 접근금지명령이 한 발자국 더 나아간다고 할 수 있다. 결혼한 배우자를 감금하는 경우에는 일시적으로 그와 그의 아내를 떼어놓음으로써 결혼생활에 부담을 주는 것은 사실이지만, 그렇다고 하여 감금 구속 조치 자체가 모든 연락을 금지시키지 않고 별거를 구체적 목표로 삼지는 않는다. 하지만 접근금지명령은 관계되어 있는 배우자들이 굳이 시작할 필요도 없다. 이는 가정폭력 피해자들이 절대로 접근금지명령을 원하지 않는다는 것을 말하는 것이 아니라, 다만 피해자가 원하지 않더라도 대부분의 경우에는 검사들이 신청을 하고 법원이 발행하는 것을 말하는 것이다. 일반적으로 자율성을 바탕으로 결혼을 한 커플 중 한 명이, 혹은 두 배우자 모두가 함께 시작을 해야 하는 일반 이혼과는 다르게 접근금지명령 관련 별거상태는 정부에 의해 강요되는 것이다.[73] 관련 배우자의 동의를 필요로 하지도 않는다. 특히 뉴욕에서는 "사실상 이혼"을 부과하는 것 자체가 놀라운 일인데, 그 이유는 뉴욕에서 배우자가 상대 배우자의 잘못을 보여주거나 아니면 상호 동의 없이는 실제로 이혼할 수가 없기 때문이다.[74]

형법은 개인적 질서에 효력을 미치려고 뜻하지 않지만 그렇다고 형법 규율 자체가 부가하는 책임을 회피하려는 계약을 맺는 관계자들을 묵인하지도 않는다. 오히려 형법은 공익을 지키기 위해 처벌을 내린다는 위협을 함으로써 개개인의 행동을 규제한다. 검찰 측은 개인의 안전을 보호하는데 물론 고민을 하지만 이 피해자에 대한 고민은 정부를 대신하는 것일 뿐이고 피해자에 대한 관점에 달린 것이 아니다. 형법이 "사실상 이혼"을 추구할 때 이 모든 것은 사실화된다. 문제는 정부와 범죄 및 형사 피고인에 관한 공적인 문제로 여겨지게 되는 사실이다. 의무적 체포(mandatory arrest)와 기소 불포기 정책(no-drop policies)으로 인해 검사들은 가정폭력 사건에 대한 결정을 할 때에는 사건에 대한 통제력을 발휘하려는 피해자의 뜻이 반영되지 않도록 하면서 일을 진행하게 되었다. 관계 종결에 대한 효과적인 결정은 정부를 대신하여 검사들에 의하여 시작되고, 형사 문제로 재정된(adjudicated as a criminal matter) 후 형법적으로 집행(criminally enforced)된다. 이는 가정폭력을 범죄로 다루기 위한 필수불가결성의 확장이라고 볼 수 있다.

그러므로 가정폭력 경범죄의 세계에서 검사들은 접근금지명령에 피고인들의 동의를 받아내기 위해 일상적으로 어레인먼트, 보석(bail), 유죄답변협상을 사용하여 배우자로부터 장기간의 별거 — 사실상 이혼(de facto divorce) — 를 강요한다. 유죄답변협상의 결과로 전통적 형사 절차나 범죄의 증명 이익이 없이 "사실상 이혼"의 효과는 시작된다. 어떤 경우에는 체포 자체가 처음부터 피해자가 원해서가 아니라 그 이웃들의 요청에 의해 이루어진 것일 수도 있다. 아니면 피해자가 그 순간에 단지 중재가 필요하여 경찰을 부른 것이 체포 결과를 불러오는 경우도 있다. 하지만 최초 체포 결과, 의무 체포(mandatory arrest) 및 기소 불포기 정책(no-drop prosecution)을 바탕으로 커플의 관계는 현실적 목표를 위해 형법의 강요로 아예 끝을 맞이하게 되는 것이다. 이 세계는 가정폭력의 폭력이 구체적으로 정의되고, 따라서 위험한 폭력군들을 다루기 위한 의무적인 프로토콜이 모든 사건에 적용되는 세계임을 기억하자. 따라서 "사실상 이혼"은 대부분 육체적 상해가 문제가 되지 않고 정의상 심각한 신체 상해가 수반되지 않는 경범죄 사건들에 적용된다.

마지막으로, 정부가 부과하는 "사실상 이혼"은 사회 계층에 따라 적용되어 이를 가난한 사람의 이혼(poor man's divorce)이라 부르기도 한다.75 사건의 결말을 지어버리는 최초의 체포는 얇은 벽으로 지어진 건물에서 살고 있는 이웃들이 쉽게 싸우는 소리를 듣게 되어 경찰에 신고를 함으로써 더욱 자주 생겨난다.76 뉴욕 지부(New York County) 형사법원에 가정폭력 범죄로 최초 어레인먼트에 불려오는 사람들은 대부분 맨하탄의 가장 가난한 동네에 살고 있는 소수민족들이다. 맨하탄에서 가정폭력으로 체포되는 대부분의 사람들은 흑인이거나 라틴아메리카 히스패닉계 사람들이다.77 맨하탄 검찰청은 가정폭력 피해자가 많이 살고 있는 맨하탄 북부에 가정폭력 사건을 전담하는 검찰청 지부를 운영하고 있다.78

아마도 많은 커플들이 실제적으로 형사접근금지명령을 위반한 채로 함께 살아가고 있다.79 이 커플들이 결혼을 했든지 혼전 동거 상태이든지 간에 서로 친밀한 관계를 계속 지속하는 것은 범죄적 행위이며, 따라서 이러한 경우 접근금지명령의 대상자는 체포되고 형사 입건될 수 있는 잠재적 그늘 아래에서 살아간다.[80] 경찰들이 기습적으로 집을 방문하여 집에 있는 상태가 금지된 사람들을 체포하기 때문에 명령 집행은 피해자가 원하는 바와는 별개로 이루어진다.[81]

이론상으로, 가정폭력을 "세련되게" 사용하는 사람들과 형사 정의(正義) 체제는 친밀한 관계를 나누는 사람들을 전략적으로 위협하기 위한 방법으로 접근금지명령을 사용할 수 있다. 체포와 형사 처벌의 그늘 아래 접근금지명령은 가정사의 구체적 사항에 대한 협상이 시작되도록 할 수도 있다.[82] 만약 보호 대상이 경찰을 불러 접근금지명령 위반 사실을 신고한다면, 의무 체포(mandatory arrest) 및 기소 불포기 정책(no-drop prosecution)으로 인하여 그 명령 위반자는 적어도 구치소에서 하룻밤을 지내야 하고, 명령 위반 형사범죄 기소로 인한 어레인먼트의 대상자가 된다.

이와 관련하여 위에서 논의한 권리의 재분배는 친밀한 관계 내에 존재하는 힘의 재분배를 동반한다. 배우자 한 명은 자신의 뜻에 따라 다른 배우자를 체포하고 감옥에서 시간을 보내도록 제재를 가할 수 있게 되었다. 하지만 이러한 제재 협박은 유연하지 못하다는 약점을 가지고 있다. 경찰에 일단 신고를 하게 되면, 신고자의 처음 의도가 무엇이었든지 간에 검찰 측의 의무집행정책(mandatory enforcement policies)에 따라 설령 명령 보호대상자가 마음을 바꾸었다고 하더라도 무조건 사건이 진행되어야 한다. 피해자가 접근금지명령을 전략적인 명령으로 사용한 것일지라도 이는 현존하는 법 체제 내에서 효과가 썩 좋지 못하며 잘 맞지 않는 방법이다.[83] 이 명령은 크고 작은 가정사 — 쓰레기를 버리는 것에서부터 가정폭력까지 — 내에서 벌어지는 상호작용을 조절할 수 있는 잠재성을 지니고 있다. 하지만 형사적 제재는 실질적으로 단계별로 진행되지 않는다. 명령위반을 고발하는 것은 접근금지명령 집행의 최대한의 결과를 부르는 방아쇠이다.

이론상으로는 전략적인 피해자가 접근금지명령 위반을 고발한 후, 위반에 대하여 증언을 거부하고 따라서 명령집행의 전체적인 결과를 초래하지 않도록 계획할 수도 있다. 경찰이 위반에 대한 충분한 증거를 가지고 있지 못하면, 위반 유죄 결정은 무효화될 수 있기 때문이다. 이를 미리 생각하여 아내는 유죄까지는 가지 않으면서, 남편이 체포당하고 어레인먼트 때까지 하루만 구치소에서 보내도록 함으로써 남편을 "훈계"하는 선택을 할 수도 있는 것이다. 하지만 이 결과는 명령위반을 증명할 수 있는 다른 증거들의 확보를 포함하여 그녀의 통제권 밖의 요소들이 개입되는 것이다. 따라서 접근금지명령의 위반 고발을 전략적으로 사용하는 것이 피고인의 행동을 규제할 수 있는 좋은 기술이 될 수 없다.

명령의 보호 대상이 이혼 절차를 이미 시작했거나 시작하려고 할 때 접근금지명령의 전략적 중요한 특징은 더욱 두드러진다. 많은 이혼 분야 변호사들은 통상적으로 이혼 절차 중의 소송 의뢰인을 위해 민사접근금지명령을 받을 것을 추천한다. 추천하는 이유는 바로 폭력의 대상이었던 여성들이 폭력에 시달렸던 사실에 대하여 솔직하지 못할 것이라고 변호사들이 짐작 가정하기 때문이기도 하고, 또한 사건이 전개된 이후에 발급받은 접근금지명령을 전략적인 영향력 수단으로 사용하기 위해서이다.84 접근금지명령은 보호대상자에게 결혼 거주공간에 대한 사실상 통제권을 쥐어주고 양육권 분쟁에 있어서는 강력한 전략적 도구로 사용될 수 있다.[85] 물론 형사접근금지명령과 관련해서는 아내가 남편의 최초 체포를 목적으로 범죄를 고발하는 것 이외에는 아내가 명령 실행에 있어서 추진할 수 있는 부분은 전혀 없다. 당사자가 직접 신청하는 민사접근금지명령과는 달리 형사접근금지명령은 그녀가 요구한다고 하여 명령이 취소될 수 없다.[86] 따라서 형사접근금지명령은 이혼 합의에 있어서 보호대상의 자유재량에 따라 유지되는 민사접근금지명령보다는 그 유용성이 떨어진다.

민사접근금지명령과 형사접근금지명령의 차이점은 이 책에서 논의하는 중요한 특성인 형사명령의 구별된 측면을 강조해준다. 즉, 경우에 따라서는 형사접근금지명령을 전략적으로 사용할 수 있지만 보호대상의 자율적 결정을 바탕으로 명령이 발행되는 것은 아닌 것이다. 접근금지명령 발행의 시작을 알리는 경찰에 고발전화를 처음부터 아내가 할 수도 있지만 싸우는 소리를 들은 이웃이 고발을 할 수도 있다. 다시 말해 아내가 접근금지명령 위반을 직접 고발할 수도 있지만 제3자가 위반을 고발할 수도 있다.[87] 더 나아가 집을 감독하고 피고인이 집에 있는지 여부를 살피기 위해 정기적으로 방문을 하는 경찰에 의해 직접 고발될 수도 있다.

제3자를 통해 명령 위반 고발이 될 가능성과 함께 경찰의 감시가 뜻하는 바는 바로 그녀에게로 힘을 이동시켜주는 전략적 도구로서의 이점을 그녀가 누리지 못한다는 점이다. 많은 명령 보호대상자들은 법 집행 프로토콜의 실행 방식에 대한 지식을 가지고 있지 못하다.

그들이 영어를 못할 수도 있다.[88] 어쩌면 그들은 정부와의 연락을 전혀 원하지 않고 두려워하며, 정부와의 연락이 오히려 그들에게 위협이 될 수 있는 불법 이민자일지도 모른다. 의무적 체포(mandatory arrest)를 과거에 이미 경험하여 경찰에 연락하는 결과를 잘 알고 있는 피해자인 경우, 오히려 그녀가 문제 해결 자체에 대해 단념하도록 만듦으로써 문제를 중대시킬 수도 있다.[89] 어떤 이들은 오히려 피고인이 자신을 연락하도록 허락한 것에 대하여 자신이 형사 제재의 대상이 될지도 모른다는 잘못된 믿음을 가지고 있을 수도 있다. 실제로 몇몇 주의 사법관할구역에서는 상호접근금지명령(mutual protection orders)을 발행하여 쌍방이 서로 연락을 취하지 못하도록 명령하기도 한다.[90] 모든 사항을 고려해본다면 접근금지명령의 궁극적인 효과는 피해자에게 힘을 부여하는 것이 아니라 바로 피해자가 친밀한 관계를 끊어야 한다는 결정을 당사자들 대신해주는 것이다.

물론 최종명령의 효력이 영원한 것은 아니며, 유효기간에 제한이 있다.[91] 최종명령이 2년 유효하다고 가정해보자. 당사자들이 실제로 명령을 지킨다면 그들은 2년 동안 제3자를 통한 연락을 포함하여 모든 연락을 두절할 것이다. 이론상으로는 당사자들이 명령을 지키고 2년 후 관계를 다시 시작할 수도 있지만, 설령 다시 관계를 시작하기 원한다고 하더라도 그 기간 동안 전혀 연락을 하지 않았던 두 사람의 관계가 사실상 깨어지지 않는다 라고 상상하기는 어렵다. 좀 더 가능성 있는 결과는 바로 관계의 종결이거나 접근금지명령의 위반으로 체포되어 중범죄 판결을 받는 것이다.

당사자들이 자의에 의해 시작한 것도 아니고 당사자들의 동의 없이 그들의 계속적 관계를 범죄화하는 것은 접근금지명령이 근본적인 결혼권리(the fundamental right to marry)를 침해하는 것이 아닌가 라는 의문을 갖도록 한다. 이 이슈에 관한 광범위한 법 소송(litigation)이 지금까지 왜 없었는지에 대해서는 여러 가지 이유를 살펴볼 수 있다. 대부분의 피고인들과 피해자들은 가난하기 때문에 세련된 법적 변호에 접근이 불가능할 가능성이 높다. 또한 많은 피고인들은 유죄답변협상 중에 접근금지명령에 동의를 했기 때문에 이로써 미래 어떠한 이의도 제기하기 어렵게 된다. 마지막으로, 법적 현상으로서의 접근금지명령에 강한 관심을 가지고 있는 가정폭력 반대 옹호자들과 평가자들은 접근금지명령을 가정폭력 범죄화의 결정적인 요소로 여기고 있으며 접근금지명령에 이의를 제기하고자 하는 그룹은 아직까지 존재하지 않기 때문이다.

적어도 한 주(州)에서 형사법원은 "정부 주도의 실질적 이혼(state-imposed de facto divorce)"에 대한 합헌성의 이슈를 언급했다. 로스(State v. Ross) 판결은 1996년 워싱턴 주에서 일어난 사건을 다룬 것으로, 피고인은 재판 후 중범죄급 괴롭힘(felony harassment)과 폭행(assault) 유죄 판결을 받음과 동시에 연락 금지 명령을 받았다.92 피고인의 재판과 사건판결(sentencing) 사이에 형사 기소가 시작되면서 발행된 임시연락금지명령을 위반하고 피고인과 피해자는 결혼을 했다.93 이 사건 판결의 일부 내용은 아내의 반대에도 불구하고 유죄 판결을 받은 중범죄자 피고인은 그의 아내와 10년 동안 연락을 금지하는 명령을 포함했다.94 피고인은 연락금지명령이 자신의 결혼을 무효화하여 그의 결혼권을 침해했다고 이

의를 제기했다.95

　　워싱턴 주 항소법원(appellate court)에서는 판결을 유지시켰다.96 법원은 연락금지명령이 근본적 결혼권(the fundamental right to marry)을 방해하는 것에 대해 인정했다.97 하지만 궁극적으로 결혼권을 지지하지 않았는데 그 이유로 법원은 정부가 가지고 있는 "미래 범죄를 예방하는 데에 대한 강력한 관심(compelling interest)" 에 대하여 신중히 고려했다.98 피고인은 폭행/협박(assault) 법률이 이미 미래 폭행을 방지한다고 주장했다.99 그러나 법원은 협박성을 가지고 있지 않는 행동까지 금지함으로써 "연락금지명령은 폭행/협박 법률보다 공격적 행동을 방지하는데 있어서 한 발 더 나아간다" 라고 이유를 언급했다.100 연락금지명령이 수반되지 않는 가정폭력 대안만으로는 같은 범죄가 다시 일어날 가능성이 훨씬 크기 때문에 침해적 성격이 적은 대안은 적합한 방법이 될 수 없다는 것이다.101 따라서 법정은 결혼에 대한 근본적 권리 침해임에도 불구하고 국가의 강력한 관심사로 연락금지명령은 합헌하다 라고 결론을 내렸다.

　　로스(Ross) 법정은 연락금지명령이 결혼권리를 침해하는 사실에 대하여 너무 냉담하게 반응했는데, 이는 법정이 가정폭력과 관련된 경우 커플을 별거시켜야 하는 필수성을 인정했기 때문이다. 사실상 이 법정의 의견은 형법, 가정법 및 헌법 분야에 관련이 있음에도 불구하고 공개되지 않았다. 법정의 간결성은 법정이 이 사건을 대부분의 법정에서 빈번히 피상적인 분석을 통해 문제를 처리하는 사건 종류와 별반 다르지 않은, 즉 거의 하찮은 주장으로 바라보았다는 것을 제시한다.

　　물론 감금은 수감자를 그의 아내 및 가족으로부터 효과적으로 분리시킨다. 하지만 이러한 분리는 형사 처분에 있어서 단 한 가지 부수적인 일일 뿐이며, 실질적으로는 더 광범위한 자유 박탈을 수반한다. 감금을 시키면서 주로 정부는 수감자의 가족 관계를 유지하는 목적을 실행하는 것이 아니다. 따라서 수감자들은 일반적으로 가족 관계를 유지할 수 있는 어떤 연락을 취할 수 있도록 허락을 받는다. 예를 들어, 수감자들은 편지를 주고받을 수 있고, 전화를 할 수 있으며, 방문자를 만날 수 있다. 그러나 이 연락을 취하는 모든 행동들은 연락금지명령 내에서는 모두 금지되어 있는 행동들이다. 즉, 가족 관계에 엄청난 짐이 되는 감금조차도 그 커플 관계의 종결을 목적으로 하지는 않는다. 이와는 반대로 연락금지명령은 형법 집행의 목적으로서 관계의 종결을 의도함에 따라 친밀한 관계를 유지하는 모든 수단을 직접적이고 전적으로 공격한다.

비록 근본적인 결혼권(the fundamental right to marry)이 "수감생활의 결과 상당한 제한을 받게 되지만" 결혼을 할 근본적인 권리는 수감자들에게 주어져 있다는 것을 인정하면서 *터너(Turner v. Safley)* 법원은 "결혼의 많은 속성은 그대로 남아 있다" 라고 언급했다.102 교도소 내의 결혼에 관한 규율이 헌법에 보장된 결혼권을 완전히 침해하고 있는지 여부를 결정하기 위해 *터너(Turner)* — 이 사건에서 법원은 감옥 감독관이 강력한(compelling) 이유를 발견하지 않는 이상 수감자들의 결혼을 금지하는 주(州) 정부의 규율을 폐지시킬 것을 결정했음 — 법정은 이러한 규율이 "교도소 관리 목표에 있어서 합리적이고 타당성이 있는지," 또 연관이 되어 있는지 여부에 대하여 다른 법원들이 살펴보도록 했다.103 *터너(Turner)*에서 미주리 주 법원이 발견한 교도소 관리상의 관심은 바로 남성들로부터 여성들을 보호하는 것이었다. 여성 수감자들은 "종종 집에서 폭력의 대상이었거나 남성에게 너무나 의지했었고," "자립 기술을 개발하는데 집중해야 할 필요가 있으며 (…) 결혼 금지는 이러한 자아 회복 목표를 성취하는데 도움이 되었다." 104 라는 것이다.

물론 *터너(Turner)* 법정은 수감생활이 부담을 주는 (연락금지명령만큼 완전하지는 않지만) 결혼 관계로 인하여 주어지는 실질적인 속성은 고려하지 않은 결혼권리, 즉 형식적 결혼에 대하여 고민했다. 하지만 *터너 (Turner)*는 개인의 수감자 파트너에 대한 선택은 아주 중요하기 때문에 자유가 지극히 제한되는 수감 중일지라도 결혼을 할 수 있는 권리는 소멸되지 않는다 라고 제시했다. 그럼에도 불구하고 "정부 주도의 실질적 이혼" 은 정확히 말하자면 개인의 파트너에 대한 선택에 부담을 부과하는 것이고, 개인 파트너의 선택이란 친밀한 관계의 자율성 한가운데 놓여 있는 것이다.105

대용물 방식(proxy method)을 통한 가정폭력 퇴치를 이루고자 하는 공공의 관심이 굉장히 높아지면서 형법이 동거 여성이든 결혼한 여성이든 어떤 여성이든지 간에 그녀와 연락을 취한 행동까지도 규제하도록 확장된 것을 우리는 확인할 수 있게 되었다. 대마초 소유에 관한 사건에서, 미 연방 제6 고등법원(the Sixth Circuit)은 연방지방법원(federal district court)이 감독 석방(supervised release)에 대한 특별조건으로 어떤 여성과도 동거를 금지한 것을 인정했다. 과거 가정폭력 기록을 가지고 있었던 피고인이 여성과 그 어떠한 "사회적 연락(social contact)" 이 있을 시에는 12시간 내로 가석방 사무관(parole officer)에게 이를 무조건 알리도록 명령받

왔다. 과연 이러한 규제가 단순히 형법을 통해 여성의 종속과 싸우기 위한 논리적인 다음 단계를 나타내는 것일까?

4. 긴장관계: 가정 사생활, 공익 및 형법의 통제(Tensions: Home Privacy, Public Interest, and Criminal Law Control)

이 책에서 설명한 형법 확장이 가지고 있는 구별되는 특징은 바로 가정 공간과, 그 공간에서 이루어지는 친밀한 관계에 대한 통제를 정당화시키기 위해 공공의 이익을 사용하는 것이다. 종종 경범죄를 바탕으로 "폭력"이 신체 상해를 입히지 않는 경우까지도 포함하도록 정의되는 세계에서 형법의 확장은 일어난다. 이 확장을 통해 정부는 집에서부터 사람들을 배제시키고, 재산에 대한 권리를 재분배하며, 친밀한 관계를 재조정할 뿐만 아니라 관련된 사람들의 동의도 얻지 않고 단지 형법의 강제력을 통해 "사실상 이혼"을 부과한다.

위에서 설명한 집에 대한 형법 통제의 확장은 지난 50년이 넘도록 형성되어온, 형법과 가정 사이의 강력한 법적 추세와 긴장 관계에 놓여 있다. 결혼에 관한 근본적인 권리와 개인의 성 관계 및 사생활에 대한 권리를 시작으로 하여 성인들이 동의 후 갖는 친밀한 관계를 범죄화한다는 생각은 헌법 아래 지지받지 못했다. *그리즈월드 (Griswold v. Connecticut)* 사건에서 더글라스(Douglas) 대법원 판사는 다음과 같이 말했다.

"우리가 과연 피임도구의 사용 여부 흔적을 찾기 위해 결혼방

106

(marriage room)의 성스러운 영역을 경찰이 들어가서 조사할 수 있도록 허락해야 하는가?" 106

바우어(Bowers v. Hardwick)107 사건을 논하면서 로렌스 트라이브(Laurence Tribe)는 "바로 문제는 하드위크(Hardwick)가 그의 방에서 개인적으로 무엇을 하고 있었는가가 아니라 조지아 주(the State of Georgia)가 그 방에서 무엇을 하고 있었는가이다" 라고 지적했다.108

너무나 유명한 이 논리는 로렌스(Lawrence v. Texas) 사건의 판결 — 즉, 개인들이 동의한 성인들 사이의 성 관계에 대하여 형법이 이를 규제할 수 없다109 — 로 발전되었다. 이러한 발전은 가정과 개인의 친밀한 관계에 대한 자율성을 놓고 이어진다.

로렌스(Lawrence) 사건에서 케네디(Kennedy) 대법관은 친밀한 관계를 자율성 공간으로 지정하기 위해 집(혹은 가정)의 개념에 의존했다.110 케네디 대법관은 처음에 집은 보호되는 공간으로 묘사를 했고, 후에 성 관계를 나누는 파트너들 사이의 "관계" 를 강조했다.112 보장이 되는 이 권리를 "개인적 인연 지속성을 위한 단 하나의 요소로, 서로 성 행위를 할 수 있는 권리" 라고 묘사했다. 이렇게 눈에 더욱 띄는 이동의 효과는 바로 정부가 — 결혼 상대자 선택 권리를 인정하는 것과는 다르게 — 성 관계 대상을 선택하는 권리행사를 금지시켜서는 안 된다는 것을 암시하는 것이었다.113

헌법의 정당한 법의 절차(constitutional due process) 의미에서 부상하고 있는 법적 예민성(legal sensibility)으로 인해 집 안에서 정해지는 아주 개인적인 선택까지도 규제하는 정부의 편재성(遍在性)은 아무에게도 환영받지 못했다.

한편, 가정폭력이란 항목 아래에서 형법은 누구와 깊은 관계를 나누며 살겠다는 어떤 개인들의 선택을 적극적으로 금지하고, 서로 상호적인 삶을 나누는 거의 모든 일상생활을 범죄화했다. 거기에다 금지를 제대로 하기 위해서 남편들의 존재 증거를 찾기 위한 경찰 감시망과 함께 정부는 집 안에 우세하게 늘 존재해야만 했다. 이러한 두 가지 동향은 형법과 가정법의 교차로에서 긴장상태로 있는 것이다.

물론 집 안에 들어온 형법의 동시적인 확장과 수축은 다음과 같이 합리화될 수 있다. 즉 사적인 공간에서 성인들끼리 동의한 성 관계는 피해를 주지 않지만 가정폭력은 비동의적인 현상으로 피해를 준다. 하지만 서로 상반되는 발전사항을 단순히 피해와 동의 원칙의 구별된 출현이라고 분리 정리하는 것은 이를 너무 단순화시키는 것이다. "정부 주도의 실질적 이혼"은 소위 폭력의 본질을 금지하고 처벌을 넘어서는 의미심장한 전진을 하고 있다. 그 중에 하나는 물론 일반적으로 친밀관계 내의 성별 강압성에 대한 강한 관점을 갖고 신체 상해가 없는 경범죄 체포로 인해 일반적으로 정부 통제가 시작되는 세계를 합리화하는 것이다. 언급된 경범죄는 가정폭력의 팽창을 조성하는 비폭력적인 행동 범주에 속하는 행동들을 가리킨다.

근접한 폭력으로부터 여성들을 보호하는 것과 여성들의 자주성을 촉진시키는 것 사이에 존재하는 긴장감에 대한 학문적 토론은 어려운 상황에 놓였을 때 자신들이 유지하고 있는 (남편과의) 관계에 대하여 자주적인 판단과 결정을 할 수 있는 여성들의 능력에 대한 근본적인 의견 차이를 포함한다.114 학문적 논의가 계속되는 동안, 검사들과 경찰 및 법원들은 형법의 구별된 관심사에 의해 자극을 받는 세계에서 일하고 있다. 판례에서 사용된 언어표현들 및 경찰과 검사들의 문화 그리고 형사 정의 체제의 이데올로기를 구성하는 것 안에는 공익이란 강력한 수사법을 통해 통제력 행사에 대한 개인 여성의 특별한 갈망을 허락하는 것을 꺼리고 있다는 것을 알 수 있다.115 우리는 공익이라는 지원을 받고 있는 정부의 통제와 개인의 자주성이 저하되는 현상 사이에 존재하는 독특한 공동작용(synergy)을 볼 수 있다.

가정폭력 집행에 대한 공공의 관심은 집에 대한 공공의 통제를 향한 관심이 되었다. 집에 있는 상태를 범죄화하는 것과 "사실상 이혼"을 부가하는 것은 범죄 조절 전략이다. 이 전략은 사생활 공간과 가족 구성을 통제하기 위해 형법을 사용 — 집에서부터 잠재적인 범인을 배제시키고 집 안에서 일어나는 비폭력적인 행동까지도 감시하도록 경찰을 배치하는 것 — 하는 관점을 반영한다. 그런 점에서 이 전략은 많은 논의가 되었던 공공 거리 범죄 조절에 대한 도시치안유지 기술, 즉 1990년대 유행했던 "깨진 유리창(broken windows)" 치안유지 방식과 유사하다. 작은 범죄와 위반들을 적극적으로 집행하는 것이 심각한 폭력 범죄들의 엄청난 감소를 가지고 왔다는 오늘날의 생각은 맨하탄과 같은 선두주자적 사법관할구역 내 검사들의 통념과 관례 및 훈련을 충분하고 확실하게 보여주는 것이다.116 공공장소의 치안유지에 대한 통제 기술이 높아지는 것을 목격함에 따라 집을 통제하는 쪽으로 법 집행이 기울어지고 있는 현상을 목격하게 되는 것은 우연이 아니다.

이 장에서 나의 목표는 현재까지 많이 인정되지 않고 여전히 개발되고 있는 법 체제의 움직임을 해석하는 것이었다. 많은 사법관할 구역의 검사들과 경찰 그리고 판사들은 오랜 세월에 걸쳐 드디어 가정폭력이 결혼 관계 내의 성별에 따른 종속에 대한 명시라는 것을 인정하는 페미니스트 이론을 받아들였다. 하지만 이 이론을 직역함으로써 "정부 주도의 실질적 이혼"의 관례를 낳았다. 즉, 가정폭력의 뿌리가 결혼이라면 가정폭력 잠재성이 높은 결혼을 끝내야 하는 것이다.

이 해결책이 강력하고 일관적이며 의무적인 가정폭력 범죄의 법 집행을 (내 생각에는 대부분의 페미니스트 옹호가들이 예상하지 못했던 집행이다) 반드시 따라야 할 필요는 없다. 물론 대체 접근방식은 비용, 즉 폭력 범죄가 처벌되지 않는 비용이 들 수도 있다. 나의 의도는 법 체제 개발의 비용과 의미를 눈에 보이도록 하기 위해 우리가 해온 법 개혁의 새로운 것들에 모양과 감촉을 입히는 것이다. 우리는 이 체제가 비용에 비해 훨씬 가치가 있다고 판단할 수도 있다. 나의 목적은 그런 판단을 내리기 전에 형법이 어떻게 현재의 가정폭력 이론과 정책을 시행했는지를 보여주는 것이다.

"정부 주도의 실질적 이혼"은 진정으로 폭력적이고 위험한 학대적인 관계에서는 아주 적절한 처사일 수 있다. 이러한 경우, 주(州) 정부는 피해자의 자주성이 이미 다 없어졌기 때문에 가부장주의가 최대한 증대될 것이다 라고 기꺼이 결론을 내릴 수 있다. 형사 체제 안으로 들어오고 있는 심각한 신체 상해 피해가 없는 많은 사건들을 해결하기 위해 가정폭력 사건들에 대한 표준 기소 수단으로 사용되는 "사실상 이혼"이 일관적이고 기계적인 해결책으로 변하기 전에 우리는 그 특별한 법적 혁신수단을 잘 검토해야 한다.

　　가정폭력 정의의 확장과 의무 체포, 기소 불포기 정책, 궁극적으로 증명할 수 있는 사건들보다 훨씬 많은 사건들의 형사 소추 및 형벌 강조의 감소는 모두 "사실상 이혼"을 가정폭력에 대한 사실상 해결책으로 만드는 데 기여하고 있는 개발품이다. "사실상 이혼"과 같은 관행이 전통적 처벌의 효과적인 대안이 되면서 우리는 가정폭력 범죄 정의의 확장과 비폭력적인 행동에 대한 기소 및 가정폭력 체포가 증가되는 것을 목격하게 되었다. 왜냐하면 법 집행 관계자는 가정 사건들을 형사 체제 안으로 가지고 오는 결과가 감금보다는 덜 가혹하다고 점점 상상할 것이기 때문이다. 따라서 가정 공간에서 일어나는 비폭력적 행동의 넓은 범위는 형법 통제의 대상이 되고, 결국 친밀한 관계 자체가 존재했는가까지도 그 통제의 범위에 들어간다.

　　여기서 뚜렷이 볼 수 있는 점은 바로 폭력을 처벌하는 목표에서부터 집 안의 친밀한 관계에 대한 정부 통제로 강조점이 바뀌는 것이다. 이러한 변화는 완벽하게 성취되지는 않았지만 점점 그 쪽을 향해 가고 있는 것은 분명하다. 물론 우리는 공공인 것과 개인적인 것의 차이점에만 종종 의지했던 과거의 잘못된 형사 정의 모델에 대한 개선을 위해 노력을 계속해야 한다.[117] 하지만 여기서 논의되었던 계속적인 변화는 가정 공간에 대한 개인적 자주성이 공공의 이익이라는 이름 하에 확장되고 있는 분명한 사실, 다시 말해 집에 대한 정부 통제력에 종속화되고 있는 현상에 대해 비판적으로 심사숙고를 해볼 수 있는 기회를 대표하는 것이라고 생각한다.

제3장

정당방위 발전 현장

Scenes of Self-Defense

정당방위(self-defense)는 획기적인 변화를 겪고 있는 중이다. 2005년 이후 과반수 이상의 주(州)에서는 정당방위라는 이름 하에 치명적인 힘(deadly force)을 사용할 수 있는 권리 확장을 의도하는 새로운 "성 안 독트린(Castle Doctrine)(1)" 법을 통과시켰거나 제안한 상태다.1 이 법의 비공식 이름은 전통적인 코먼로 성 안 원칙(common law castle doctrine)에서 비롯되는데, 이 독트린은 바로 자신의 집에서 공격을 당한 사람에게는 안전을 위해 후퇴하는 노력을 하지 않고도 치명적인 힘을 사용할 수 있는 권리를 보장하는 것이다.2 새로운 성 안 독트린 법조항은 전미(全美) 총포 협회(National Rifle Association, 또는 줄임말로 NRA)에 의해 시작되었고 지지받았다. 이 법을 통해 정당방위의 권리는 집의 경계선을 넘어 더 광범위하게 확장되었다.3 그리고 이 새로운 성 안 독트린 법은 현존하는 정당방위법에 다음 한 가지 혹은 두 가지 변화를 더한다. 첫째, 죽음이나

(역주 1) 코먼로 내에서 존재하는 castle doctrine은 성 안 원칙(castle doctrine — 모두 소문자)으로 번역을 하고, 이 원칙을 바탕으로 한 근대 정당방위법들의 별명인 Castle Doctrine은 성 안 독트린(Castle Doctrine — 첫 글자 대문자)으로 번역을 함으로써 이 둘을 구분했다. 즉 영문 소문자 표기와 대문자 표기에 따라 한국어로는 번역을 성 안 원칙과 성 안 독트린으로 한 것을 유념해주길 바란다.

심각한 신체 상해에 대한 합리적 두려움(reasonable fear)을 느꼈다는 실질적인 증거(actual proof)가 없어도 집에 있는 사람은 침입자를 죽일 수 있도록 허락한다.4 둘째, 집 안에서 뿐만 아니라 공공장소에서 후퇴가 가능할 때라도 공격으로부터 일단 후퇴해야 하는 일반적인 의무를 거부한다.5

이번 장에서는 위의 발전사항을 분석하겠다. 정당방위 개발에 있어서 세 가지 결정적인 전향점에 초점을 맞춘 해석적 가계도(interpretive genealogy)를 제시하고자 한다. 전향점 하나하나는 새로운 성 안 독트린 법에 뚜렷한 관념적인 흔적을 남겼음을 보여줄 것이다. 각 단계에서 정당방위법은 집에 관해서는 중요하면서도 다르게 그려졌고, 집에 관한 실행 가능한 아이디어는 그 집에 있는 성별에 따른 역할로 각 단계마다 구체적으로 구성되었다. 근대 정당방위법은 성별과 집 그리고 범죄의 판별적인 뜻을 모두 강력하게 내포한다.

새로운 성 안 독트린 법에 이름을 준 코먼로 성 안 원칙(common law castle doctrine) — 이 원칙 역시 사람의 집은 그의 성(城)이다 라는 오래된 속담에서 그 이름이 유래되었다6 — 으로 설명을 시작하겠다. 이 속담은 근대 헌법적 사생활 의미 내에서 종종 인용된다.7 하지만 형법 안에서 속담의 전통적 의미는 더욱 구체적으로 울려 퍼진다. 성(城)의 기능을 침략에 대비한 요새와 전쟁 때 영토 공격을 저지하는 물리적 근거 중심지로 인용하면서 성 안 원칙(castle doctrine)은 "자신의 집에서는 무력을 사용하여 나와 가족 그리고 재산을 타인의 해(害)로부터 방어할 수 있다" 라고 하는 코먼로 사상을 통합했다.8

코먼로 성 안 원칙(common law castle doctrine)은 범죄를 경계선 넘기로 바라보도록 하는 효과를 가지고 왔다. 코먼로에서는 다른 어떤 곳도 아닌 집 안에서만큼은 집에 살고 있는 사람이 — 원형적으로 남성이 그의 가족을 방어함 — 침입자를 쫓아내기 위해서 후퇴의 의무를 지지 않고 치명적인 힘(deadly force)을 사용할 권리를 인정한다. 다른 사람의 집에 침투한 침입자는 그 행동으로 인해 가정과 가족을 위험에 빠뜨림으로써 합법적인 경계선을 넘어버렸기 때문에 법의 보호가 닿지 않는 곳으로 이동된 것이고, 그곳은 폭력에 대한 제한이 정지된 범위이다. 집에 대한 옛날 아이디어는 근대 성 안 독트린 운동(Castle Doctrine movement)의 슬로건이 되었다.

코먼로 배경의 개요를 설명한 후에 정당방위법이 첫 번째 부딪친 전향점에 대하여 설명하겠다. 이는 19세기 말의 변화로 영국의 코먼로를 어기면서 과반수의 주(州) 법원들은 공공장소에서 후퇴를 해야 하는 의무(duty to retreat)를 일반적으로 없애버렸다. 미국의 판사들은 집 안에서 사용할 수 있는 치명적인 힘에 대한 전통적인 승인을 집 안에서뿐만 아니라 모든 공공장소로 확장하여 그 장소에 있을 권리를 동시에 가지고 그 장소에 있을 때에는 미리 도망칠 필요 없이 자신을 방어할 수 있는 "진정한 남성(true man)"의 권리로 변환시켰다. 후퇴하지 않을 권리의 사법적 확장은 남자다움의 자질에 대한 일반적 견해, 즉 아내와 아이들을 보호하고 그들의 필요를 공급하는 집 안에서의 구체적인 남성의 역할을 긍정적으로 그려냄으로써 성취된 것이었다.

그리고 나서 두 번째 주요 전향점을 그려보도록 하겠다. 20세기 말, 법적 페미니즘(legal feminism)은 가정폭력이 유행성 종류의 범죄임을 인정하도록 법원들에게 압박을 가했다. 폭력 대상이었던 여성들이 정당방위의 이유로 폭력자들을 죽인 사건들을 맞이하면서 중요한 개념들을 수정해가는 경험을 하게 된다. 전통의 성 안 원칙(traditional castle doctrine)을 적용하고 폭행의 피해자 여성이 그녀의 집 안에서 일어난 공격으로부터 후퇴를 해야 하는 의무를 없애는 것도 그럴 듯한 방법이지만, 페미니스트 영향을 받은 법정들은 집에 대하여 전적으로 다른 관점을 실행하게 된다. 폭력 피해자 여성이 후퇴할 필요 없이 가해자를 죽일 수 있도록 허락된 것은 그녀가 그 장소에 있을 수 있는 권리를 가지고 있기 때문이 아니라, 그녀가 후퇴를 할 수 있는 능력을 가지고 있지 못하기 때문이다. 성(城)은 침략자에 대항하는 요새(stronghold against invaders)라는 관점에서부터 여성이 성주인 남성에게 종속되었던 감옥(prison)으로 그 특징을 바꾸게 되었다. 이 때 집이란 종속의 공간이었고, 범죄는 폭력이란 형태로 종속하고 있었다.

집과 범죄의 각각 다른 구조에 대한 배경에 대응하여 현재 발전 중에 있는 세 번째 전향점 — 2005년부터 미국 전역으로 확장된 새로운 성 안 독트린 법조항 — 에 대하여 이야기하겠다. 새로운 성 안 독트린 법은 범죄자를 영토 침략자로 묘사한 그림과 더불어 코먼로의 "진정한 남성(true man)" 상을 다시 한 번 지지한다. 또한 근대 성 안 독트린 법은 정당방위의 장소와 범죄의 일반적 이해 안에서 지워지지 않는 존재로 종속될 수밖에 없었던 여성들의 제한된 과거사를 포함한다. 새로운 정당방위법의 주요 특징은 다음과 같다. 즉 가정폭력 접근금지명령을 통해 함께 살고 있는 사람에게 집에 들어가는 것을 금지한다는 것은, 그 동거자를 침략자로 대할 수 있도록 허락한다는 뜻이다. 따라서 새로운 성 안 독트린은 집 안 침입 패러다임 안에서만 볼 수 있었던 가정폭력을 포용한다. 이 독트린은 종속된 여성들에게 가정과 가족을 공격으로부터 보호하기 위한 필수성에 뿌리를 내리고 있는 정당방위에 관한 일반적 견본을 제공함으로써 힘을 더하여 준다. 이는 참 특이한 결과로 아마도 진정한 남성과 종속된 여성의 어색한 혼합을 이루도록 하는데, 나는 이를 신(新) 진정한 여성(new true woman)이라고 부른다.

폭력 범죄율이 미국 전체적으로 감소했음에도 불구하고 폭력으로부터 집을 보호하는 것을 점점 강조하는 추세의 현 주소를 반영하는 결론을 내림으로써 마무리하겠다. 테러리스트의 공격에 대한 "국토(homeland)"의 안전에 관하여 염려할 때 — 즉 무고한 여성과 아이들을 죽이기 위한 타국인들의 출동 — 미국 국민들은 집이 공격당하기 쉬운 장소라는 생각에 사로잡혀 있었던 듯하다. 이는 어쩌면 9.11 테러리즘에 대한 염려를 통해 집 안 침입에 반대하는 주택 거주자들을 버팀목으로 받쳐주는 법상의 간접적 표현을 발견한 것일 수도 있다. 집안의 공격에 대비하여 우리를 무장하고자 하는 갈망을 통해 국토를 안전하게 만들고자 하는 갈망을 표현하는 것일 수도 있고, 테러리즘에 대응한 보호를 제공하지 못하는 우리의 능력에 대한 근심거리를 반영한 것일 수도 있다. 무장하는 것과 확장된 정당방위법들의 결합은 외국과 국내의 적으로부터 가정을 보호할 수 있다는 무언의 소원을 내비치는 것이다.

1. 진정한 남성(The True Man)

영국의 코먼로 내에서는 공공장소에서 일어난 목숨을 위태롭게 할 만큼의 싸움에서 최대한 후퇴를 한 이후에나 자기의 목숨을 지키기 위하여 치명적인 힘(deadly force)을 사용할 수 있었다.9 정당방위에 의한 살인은 오직 그가 후퇴를 해야 하는 의무를 다 한 후에나 허락되었다.10 왕만이 폭력에 대한 독자적 주도권을 가졌기 때문에 개인들은 자신들의 분쟁을 평화롭게 풀어야 하는 노력을 해야만 한다는 이론을 바탕으로 후퇴를 해야 하는 의무는 시작되었다.

매튜 해일(Matthew Hale)은 1678년에 "두 국가 간에 전쟁을 하는 경우, 적으로부터 도망가는 것은 불명예이고 비겁한 것이지만, 같은 법 아래 개인들 사이에서 일어나는 공갈 협박 및 소란 행위의 경우, 법은 더 이상 체면의 문제가 아니다. 왜냐하면 왕만이 *해(害)의 보복자(vindices injuriarum)* (2)로서 해를 입은 것에 대하여 보복할 수 있고, 개인들은 서로에게 물리적인 보복을 하는 것이 허락되지 않았기 때문이다." 11 라고 했다.

한 세기가 지난 후, 블랙스톤(Blackstone)의 관점에서도 같은 논리가 반복된다. "법 아래 자신을 방어하면서 다른 사람을 죽인 사람은 자신을 공격한 상대방을 다시 공격하기 전에, 자신이 최대한 안전하게 후퇴할 수 있을 만큼 후퇴해야 한다. 가짜로 하거나 기회를 엿보기 위해서 후퇴를 하는 것이 아니라 그의 형제의 피를 흘리게 할지도 모르는 실질적인 민감함에서 진실한 후퇴를 하는 것이다. 두 독립국가의

(역주 2) 라틴어 표현. 영어로는 avangers of injuries(해(害)의 보복자) 정도로 표현할 수 있다.

전쟁 시에 적으로부터 도망을 치는 것은 어쩌면 비겁한 행동일 수도 있지만, 두 명의 동료 사이에서 법이란 더 이상 그러한 체면을 따지지 않는다. 왜냐하면 왕은 *해(害)의 보복자(vindices injuriarum)*로서, 오직 왕만이 잘못을 행한 당사자에게 마땅히 그가 받아야 할 벌을 내릴 수 있기 때문이다." 12

왕과 그의 백성에 대한 구분과, 이어서 국가들 사이의 폭력과 개인들 사이의 폭력에 대한 구분은 전쟁 시에는 존재하지 않는 의무, 즉 그 사람을 죽이기 전에 그 사람의 공격으로부터 후퇴를 해야 하는 일반적 의무를 수반토록 했다.

공공장소에서 벌어진 공격에 대하여 후퇴의 의무를 부과했던 같은 코먼로는 가정 침입에 관해서는 공공장소 침입 때와는 다르게 다루었다. 블랙스톤은 "영국의 법(코먼로)은 참 특이하여 집에 대해서는 면책권을 제공하고, 그의 집을 성(城)으로 여긴다. 그리고 부여된 면책권이 절대 위반될 수 없도록 한다." 13 고 했다. 집에 침입하는 것은 사람이 가지고 태어나는 자연적 "주거권"을 침해하는 것이다.14

코크(Coke)는 다음과 같이 표현했다. "비록 한 사람의 생명이 귀중하고 법에 의해 보호를 받지만, 만약 도둑들이 강도짓을 하거나 살인을 하기 위해 집에 침입했고, 집 주인이 자신과 집을 방어하기 위해 그 도둑 중 누구를 죽였다면 이는 중범죄가 아니며, 이로 인해 집 주인은 아무것도 잃어서는 안 된다. (…) 폭력에 대항하여 친구들과 이웃을 모아 집을 방어할 수도 있을 것이다. 하지만 집 주인 자신과 같이 행동하도록 (…) 다른 곳에서부터 폭력에 대응하는 안전망 용으로 그들을 집합시킬 수는 없다. 왜냐하면 바로 *모든 사람의 집은 그의 성(domus sua cuique est tutissimum refugium)* (3)이기 때문이다." 15

집에 있는 사람은 벌을 받지 않으면서 치명적인 힘을 사용하고, 침입자를 죽일 수도 있다. 이는 왕의 명령에 따라 사람을 사형시키는 것과 같이 정당한 행동으로 여겼다.

집 안에서는 침입자에 대항하여 치명적인 힘을 정당하게 사용할 수 있다는 규율은 코먼로에서부터 시작되었다. 코먼로 내에서는 처음에 침입자가 불법적으로 집에 들어오는 것을 막기 위해서 그 침입자를 죽일 수 있도록 허락되었다.16 동시에 성 안 원칙은 정당방위 규율로서 사람이 자기 집에서 자가방어를 위한 치명적인 힘을 사용하기 전에 침입자의 폭력으로로부터 후퇴를 해야 하는 의무를 갖지 않는다 라고 규정했다.17

블랙스톤은 자신의 집에 있는 사람의 상황은 공공장소에 있을 때와는 다른 상황이라는 것을 구체화하기 위해 애를 썼다. 그는 존 락(John Locke)의 제안, "사람과 사람의 소유품에 대한 권리가 없는 힘을 사용하는 것은 공격한 사람을 상대로 전시 상황에 들어가는 것과 마찬가지이고, 전시 상황에 놓인 결과, 그는 공격자를 죽일 수 있다" 에 주목을 했다.18 블랙스톤이 아니었다면 존 락의 제안은 당시 영국 법에 적합하지 않았을 것이다. 왜냐하면 당시 영국 법은 "법의 지배를 잘 받고 있는 다른 공동체와 마찬가지로, 논쟁거리가 될 만한 체제를 받아들이기에는 공공의 평화를 너무 존중하고, 대상의 목숨에 대하여 너무 조심

스러운 면을 가지고 있었기" 19 때문이다. 코먼로가 후퇴를 하지 않고
폭력을 사용하는 경우 개인들 간의 폭력과 국가 간의 폭력을 구분한
것처럼, 코먼로는 공공장소에서 개인의 침범 행위가 "전쟁 상태" 와 다
름 없다 라는 관점을 인정하지 않았던 것이다.20

하지만 집 안에서는 블랙스톤이 이야기했던 평화에 대한 제안
이 "집 면책에 대한 제안" 때문에 그 유효성을 잃어버리고 만다.21 법은
집 침입자를 쫓아내기 위한 치명적인 힘을 사용할 수 있는 권리를 인정
해 주었다. 사람은 자기 집에서는 전쟁 때처럼 자신의 영역 경계선을 방
위할 수 있는 권리를 가지게 되었다. 집 경계선을 넘어가는 상태는 침
입을 당한 개인에게 마치 국가가 보통 국경을 방위하는 때처럼 힘을 사
용할 수 있도록 허락해주는 것이다. 따라서 집으로의 침입은 침입자를
법의 보호 영역 밖에 밀어 놓았고, 폭력 대응에 대한 정부의 독점 권리
를 정지시켰다고 할 수 있다.

19세기 말, 미국의 정당방위법 내에 일어난 주목할 만한 변화는
바로 대다수의 주(州)에서 영국 법(코먼로)이 지지해온 공공장소에서 후
퇴할 의무를 단념한 사실이다.22 새로운 미국 기준에 따르면 집에서 뿐
만 아니라 법적으로 머무를 수 있는 모든 장소를 포함하여 자신이 있
는 곳에서 후퇴하지 않고 정당방위를 사용하여 가해자를 죽일 수 있게
되었다.23 학자들과 법정들은 많은 주(州)에서 후퇴의 의무를 없앤 것에
대하여 부연 설명을 많이 늘어 놓았다. 그 중 한 이론에 따르면, 이 변
화는 "미국 정서(the American mind)" 가 폭력으로부터 후퇴하는 영국의 전
통에 맞지 않다는 판사들의 인정을 대변한 것이다.24 다른 이론들은 미

국 남부와 서부 개척지의 특별한 변경 내에 심어져 있는 명예관(notion of honor)을 강조한다.25 후퇴의 의무를 포기한 사법적 이유에는 무기의 보급이 기여했을 수도 있다고 제시하는 사람도 있다.26

미국에서는 자신이 있는 곳을 지키기 위해 맞서는 진정한 남성에 대한 이상향(ideal of the true man)이 공격으로부터 도망치는 비겁함을 압도하고 지지를 받았다.27 자주 인용되는 1987년 판례 *어윈(Erwin v. State)*에서는 "잘못이 없는 진정한 남성은 폭력 또는 기습을 통해 악의적으로 타인의 목숨을 빼앗으려 하거나 큰 상해를 입히려는 침입자로부터 도망을 쳐야 할 필요가 없다." 28 라고 설명한다.

그렇다면 "진정한 남성" 이란 무엇인가? 다른 사람이 신체에 대하여 해(害)를 입히려고 할 때이든 혹은 다른 형태의 분쟁으로 남자 대 남자로서 대면을 할 때이든지 간에 두 경우에서 대담성을 가리키는 어감을 물론 찾아볼 수 있다.29 하지만 이는 남자다움을 넘어선 진정한 남성 수사법으로서 여러 가지 다른 사회적 의미를 지니고 있다. 가장 문자 그대로의 충실한 의미는 정직성에 "충실(true)" 하고, 그가 믿는 진실을 바탕으로 결정을 하는 남성이다.30 이러한 생각은 진정한 남성이야말로 공격으로부터 후퇴하지 말아야 한다는 관점과 쉽게 조화를 이루는데, 이 관점은 그가 공격을 먼저 자극시켰거나 그 공격을 받을 만한 잘못된 그 어떠한 잘못된 행동도 하지 않았다는 가정을 수반한다.

진정한 남성은 자신의 집과 가족을 향한 확실한 관계와 태도를 지녔다.31 진정한 남성은 자신에게 의지하고 있는 아내와 아이들을 경제적으로 부양하기 위한 필수적인 모든 일을 한다.32 그는 자신의 약

124

한 혹은 빈곤한 아내나 아이들을 위한 강력한 정신적 길잡이로서 자원이 되어준다.33 위와 같은 진정한 남성상이 일반적이던 시절, 한 뉴스 기사는 이와 같은 정서에 대한 글을 다음과 같이 썼다.

"모든 남자는 그의 마음의 친구이며 그가 사랑하고 얻으려는 여자를 부양해야 한다. 기사도란 강한 성(性)인 남성을 약한 자를 위한 자연스런 보호자로 만들었고, 이러한 기사도는 모든 진정한 남성의 피속에 흐르고 있다."34

진정한 남성이 되는 것은 여성을 부양하고 보호하는 남성이 되는 것이었다. 그는 여성의 성적 순결에 대하여 존중(respect)과 경의(reverence)를 표하고, 그녀를 소중히 대했다.35 이와 비슷하게 진정한 남성은 자신의 아이들을 보호한다. "모든 진정한 남성"은 "아이를 향한 온유함과 사랑 그리고 그들을 해(害)로부터 보호하는 추진력"을 증명해 보여야만 했다.36

진정한 남성상은 자신의 가족을 위한 것일 뿐만 아니라 국가를 위한 것으로, 이는 가정을 국가의 근본적인 기본 원칙으로 여기는 오래된 생각을 반영한 것이기도 했다.37 진정한 남성들은 애국자이고, 필요에 따라 국가를 위해 싸우는, 특히 자유에 대한 근본적 법적 권리를 지키기 위해 싸우는 국가의 보호자였다.38 그들은 법 규범을 준수해야 하는 의무와 국가 리더십의 주체인 시민으로서의 책임감을 가지고 있다.39

따라서 진정한 남성이란 수사법은 집과 가족 보호자로서의 남성 역할을 중요하게 그려냈다. 19세기의 진정한 여성상은 여성의 역할을 "경건함(piety), 순결함(purity), 순종함(submissiveness)과 가정적임(domesticity)"
의 덕목으로 정의되는 어머니와 아내로 표현한다.[40] 진정한 남성의 정의
를 바탕으로 판사들은 그의 집과 가정을 방어하는 매력적인 남성상에
집과 가정과는 관련이 없는 공공장소에서도 정당방위의 권위를 덧입히
는 개념을 지지했다. 공격에 대항하여 집 안에서 자신의 가족을 방어
하는 남성은 자신이 있을 권한을 가지고 있는 그 어떤 장소로부터 후
퇴를 하지 않고 자신을 방어할 수 있게 허락하는 정당방위법이 지지하
는 진정한 남성의 표상이었다.

이러한 진정한 남성 접근방식을 받아들이는 법정들의 의견은
특징적으로 권리에 초점을 맞춘 표현을 사용했다. 이렇게 권리에 초점
을 맞춘 표현은 바로 "권리 없는" 공격은 사람을 "전쟁의 상태"에 놓이
게 하는 것이고, 공격을 한 사람에 대항한 치명적인 힘을 사용할 수 있
는 권한을 주는 것이라는 관점의 회상이다.[41] 정당방위의 새로운 특징
은 영역 경계선을 넘는 자체가 사람의 권리를 침해하는 것이라고 재해
석한 점이다.

사람이 있을 수 있는 권리를 가지고 있는 장소의 모범적 예시
가 바로 집이었다. 1877년도 *러난(Runyan v. State)* 판례에서는 자신의 집과
가족을 보호하는 남자의 권리가 후퇴의 의무 없이 공공장소에서도 자
신을 보호할 수 있는 즉, 영역적으로 제한이 없는 권리로 변화되는 것
을 설명했다.[42] 이 법정은 다음과 같이 법을 특성화했다.

"그곳에 있을 권리를 가지고 있는 사람이 잘못이 없음에도 불
구하고 폭력적으로 폭행을 당하면, 그 장소에서 후퇴하지 않고 폭행을

힘으로 저지할 수 있으며, 만약 자신의 정당방위권을 합리적으로 사용한 결과 폭행자가 죽었다고 해도 그의 행위는 정당하다." 43

인디아나 주 대법원은 "미국인 정서의 경향"은 "폭행을 당했을 때 도망치도록 요구하는 어떠한 규정에 대해 아주 강력하게 반대" 한다라고 설명했다.44 이와 비슷하게 1876년 롱(Long v. State) 사건에서 미시시피 주 대법원은 다음과 같이 말했다.

"도망을 치는 것은 위험에서부터 벗어나기 위한 방법으로, 그가 그 장소에 있을 권리를 가지고 있고 불법 활동을 하지 않았으며 싸움을 먼저 시작한 사람이 아니고 공격자도 아니라면 도망치는 방법에 의존할 필요가 없다." 45

위의 두 판례에 나오는 "그가 있을 권리를 가지고 있는 장소" 는 집도 아니었고, 그가 재산권을 가지고 있는 곳도 아니었다. 러난(Runyan) 사건에서 싸움은 "투표 장소 근처의 도보" 에서 일어났다.46 유사하게, 롱(Long) 사건에서는 법정에서 싸움이 일어났다.47 둘 다 공공장소에서 일어난 싸움이었다. 하지만 각각의 피고인은 "자신이 있을 수 있는 권리를 가지고 있는 장소" 에 있었기 때문에 공격을 당했을 때 후퇴할 필요가 없었던 것이다. 장소에 있을 권리는 집에 한정되지 않는다. 오히려 그 권리는 개인이 어디를 가든지 따라다니는 권리이다. 후퇴의 의무가 없다는 규정은 합법적인 장소에 있을 권리에 그 근거를 둔다. 이 권리의 침해는 후퇴할 의무에서부터 사람을 자유롭게 했다.

진정한 남성 원칙을 이유로 후퇴의 의무를 모든 주(州)에서 포기한 것은 아니었다. 그러나 후퇴 의무를 유지한 주(州)인 경우, 집 침입자의 공격으로부터 후퇴 없이 치명적 힘을 사용할 수 있도록 허락하는 성 안 원칙을 유지했다. 예를 들면, 알라바마 주는 1847년 코먼로의 후퇴 의무를 유지해온 것을 볼 수 있다.[48] 그러나 다른 후퇴 의무 주(州)에서처럼 알라바마 주도 집에 대해서는 특별히 다르게 다루었다.

"물론 자신이 공격을 당한 곳이 그가 거주하는 집이라면, 그는 후퇴할 필요가 없다. 그의 '집은 그의 성(城)' 이고, 법은 그가 집의 존엄성을 모든 불법 침입으로부터 보호할 것을 허락한다."[49]

장소에 있을 수 있는 권리를 가진 사람이 그 장소에 있는 상태를 바탕으로 미국의 진정한 남성 규율이 탄생했다면, 집은 당연히 그가 있을 수 있는 권리를 가지고 있는 장소의 정수이다. 만약 사람에게 집에 있을 권리가 없다고 한다면 그가 있을 권리를 가진 장소는 한 군데도 없을 것이다.[50] 후에 그 성(城)은 새로운 진정한 남성 규율 — 집에서 시작한 정당방위의 권리를 공공장소로 확장한 규율 — 을 위한 표본을 제공했다.

1895년 미국 대법원 사건인 *비어드(Beard v. United States)*에서는 집밖의 자기 땅에서 공격을 당했을 때 후퇴할 의무가 있는가 라는 질문을 놓고 고민했다.[51] 할렌(Harlen) 대법관이 대표로 판결문을 쓰면서 후퇴할 의무가 없다고 판결내렸다. 피고인은 "그가 있을 권리를 가지고 있는 곳, 즉 그의 소유지에 있었고, 이 땅은 그의 거주지와 집의 한 부분이다."[52]

하지만 이 판결이 그가 공격을 당했던 특별한 장소, 그의 집 근처에 소유한 장소에만 국한되는 것인지에 대해서는 분명하지 않다.[53] *비어드(Beard)* 법정이 성 안 원칙 — 집에서는 후퇴해야 하는 의무 없음 —

을 따랐는지, 아니면 미국의 진정한 남성 원칙 – 그가 있을 권리를 가지고 있는 장소에서는 후퇴해야 할 의무 없음 – 을 따랐는지 여부도 불분명하다. 이러한 불명확성은 바로 정당방위 권리에서 집의 역할에 대한 것이었다. 집에 있는 상태가 과연 그가 있을 권리를 가지고 있는 장소에 있다는 결론에 필수적인 것인가, 아니면 집이란 단순히 그러한 장소에 있다는 표시일 뿐인가?

이 후에 미국 대법원에서는 *비어드(Beard)* 사건을 진정한 남성 원칙과 일맥상통하는 일반적으로 후퇴의 의무가 없다 라는 포괄적인 판결로 보았고, 소유지가 집의 일부분이다 라는 것을 기초로 한 좁은 결론을 내린 것이 아니라고 판단했다.54

하지만 *비어드(Beard)* 사건의 불명확성 내에서 우리는 집에 의한 균형을 잡는 일을 파악할 수 있다. 구체적으로 "그의 소유지에 있었고, 이 땅은 그의 거주지와 집의 한 부분이다" 라고 이야기를 하며 그가 있을 권리가 있는 장소에서는 후퇴할 의무가 없다 라고 하는 일반 원칙을 향한 몸짓을 하면서, *비어드(Beard)* 사건은 집이 그가 있을 권리가 있는 곳의 전형적인 예로 전개해 갔다.55

비어드(Beard) 법정은 장소에 있을 권리를 보장하는 전형적인 장소인 집과는 다른 장소, 즉 집 근처의 소유지 및 일반 공공장소로 확장시킬 수 있었다. 전통적으로 후퇴할 의무가 없었던 유일한 장소인 집은 후퇴 의무가 없다는 규정으로의 확장을 실행하기 위한 수단이 되었다. 집과 가족을 보호하는 진정한 남성의 역할은 진정한 남성의 포괄적인 정당방위 권리를 위한 표본이 되었다.

같은 장소에서 거주하는 사람들 사이에서 일어나는 폭력 문제로 인하여 법정은 그의 집과 가족을 외부인의 공격에서부터 방어하는 남성의 표본에 직면하고 이를 각색하기에 이르렀다. 1884년 존스(Jones v. State) 사건에서 알라바마 주 대법원은 "집에 대하여 동등한 법적 소유권(equal rights of possession)"을 가지고 있던 두 남자의 싸움에 성 안 원칙을 적용했다.56 "법은 사람의 집을 성(城)으로 여긴다"라는 원칙을 되풀이하면서 법정은 동거자에 의한 공격을 받은 사람에게 이 원칙을 적용하지 말아야 하는 근거를 발견하지 못했다.

"장소에 법적으로 있는 낯선 사람으로부터 공격을 당했을 때와는 달리, 왜 동거 파트너나 함께 살고 있는 입주자로부터 공격을 당했을 때는 자신의 집에서부터 후퇴를 해야 하는가? 어느 쪽으로 그가 도망쳐야 하고, 얼마나 멀리, 그리고 언제 그가 다시 돌아올 수 있도록 되는가? 그는 *그곳에 있으면서 머무를* 법적권리를 가지고 있고, 이 권리의 법적 본질과 가치는 다른 이와 함께 소유하고 있다는 사실 때문에 폐지되지 않는다. 법은 타인에게 해를 끼치지 않는 범위에서 그가 자신의 재산과 소유를 누릴 것을 각자에게 보장한다." 57

따라서 성 안 원칙을 적용함으로써 법정은 공격자와 방어자 모두가 "공격이 일어난 장소나 집에 대한 동등한 소유권을 가지고" 있다고 하더라도 집에 있을 권리에 대하여 더욱 강조했다.58

물론 한 집에 사는 거주자들끼리 폭력행사로부터 방어를 하는 것은 그의 집과 가족 침입자로부터 방어하는 이상적 남성상에는 맞지 않는다. 하지만 존스(Jones) 법정은 거주자 한 사람 한 사람이 그 장소에 있을 권리를 가지고 있는 사실을 강조함으로써 동거주자들의 상황에 성 안 원칙을 적용할 수 있었다. 이는 이전 사건인 *러냔(Runyan)* 판례에서 이야기한 폭행자를 포함하여 타인들도 그 장소에 있을 권리를 가지고 있는 공공장소에 피고인이 있었을 때라도 피고인의 장소에 있을 수 있는 권리를 인정한다는 입장과 같이 한다. 두 사건의 피고인들이 일정 장소에 있을 수 있는 개인적인 특별 권리를 가지고 있지 않았다는 사실로 인해 피고인들의 그 장소에 있을 권리가 손상되지는 않았다. 따라서 진정한 남성의 권리는 집 안의 다른 거주인으로부터 후퇴할 의무가 없고, 공공장소에서도 후퇴할 의무가 없다는 두 규정을 모두 지지한다.

1914년 뉴욕 톰린스*(People v. Tomlins)* 사건에서 카르도조(Cardozo) 대법관은 성 안 원칙을 처음으로 적용하면서 위와 비슷한 입장을 취했다.

"공격을 당한 남성이 그의 거주지에서부터 후퇴를 해야만 한다는 것은 현재 법이 아니고 예전에도 법으로 지켜진 적이 없었다. 집에서 공격을 당했다면 그는 자신의 땅에 꿋꿋이 서서 공격에 대항할 수 있다. 그는 자신의 집을 빠져나온 도망자로 광장이나 고속도로로 빠져나와야 할 의무를 지니지 않는다." [59]

카르도조 대법관은 성 안 원칙이 집을 최종의 성역 피난처로 여긴다고 보았다.

"그의 집에서 공격을 당한 경우, 그는 *자신을 방어해야 하는*(se defendendo) (4) 다른 경우에서처럼 자신이 도망갈 수 있을 만큼 멀리 도

(역주 4) 라틴어로 '자신을 방어함(defending himself)'의 뜻.

망갈 필요가 없다. 도망을 가지 않아도 되는 자신의 집의 보호를 받고 있으며, 도망을 가게 되면 집에 대한 소유를 포기하고 그 집을 오히려 자신의 적에게 넘겨주는 결과가 되기 때문이다. 도망침은 성역 피난처와 대피소를 찾기 위함이고, 성역 피난처가 없다면 집이 바로 그 대피소이다." 60

그리고 카르도조 대법관은 다음과 같이 판결했다. "다른 거주자로부터 공격을 받았든지 침입자로부터 공격을 받았든지 간에 규율은 같다." 61

집에 같이 산다는 사실로 인하여 거주자에게 그 집이 성역 피난처가 덜 되는 것이 아니기 때문에 함께 사는 거주자의 공격을 침입자의 공격과 다르게 다루어야 할 이유가 없는 것이다. 도망치는 것은 집에 대한 소유를 공격 거주자에게 넘겨주는 것이다 라는 생각으로 자신의 땅 위에 꿋꿋이 서서 공격자와 대면을 할 수 있어야 하는 것의 중요성을 강조했다.

존스(Jones) 사건과 톰린스(Tomlins) 사건 둘 다 진정한 남성의 권리를 유지하고 강조함으로써 성 안 원칙을 동거자에게도 적용했다. 집 안에서 외부 사람으로부터 받은 공격과, 같은 집에 살고 있는 거주자들 사이에서 일어난 공격이 집의 경계선을 넘은 침입자의 공격을 저지하고자 하는 이상향에 혼란을 초래할 분명한 가능성을 가지고 있지만, 법정들은 장소에 있을 권리를 가진 곳 — 가장 원칙적으로는 집 — 에서

(역주 5) 〈하이 눈〉은 서부의 작은마을 헤이드리빌의 보안관 윌 케인(게리 쿠퍼 분)이 5년 임기를 마치고 아내(그레이스 켈리 분)와 함께 마을을 떠나려는데, 5년 전 그에게 체포돼 투옥됐다가 재판의 형식적 절차문제로 풀려난 악당 프랭크 밀러 등 무법자들이 찾아와 벌이는 복수극을 철저히 응징하는 대표적 서부영화(1952년).

공격받으면 저지할 수 있는 진정한 남성의 권리에 동거주자 시나리오를
병합시킬 수 있었다.

2. 종속적 위치의 여성(The Subordinated Woman)

집 공간의 폭력에 대한 위와 같은 입장에도 불구하고 몇몇 성
안 원칙을 유지하고 있는 사법관할 주(jurisdiction)에서는 집에서 집 침입
자의 공격과 동거주자의 공격 사이에 차이점을 분명히 두었다.62 이러한
주(州)에서는 침입자가 동거주자일 경우, 성 안 원칙이 적용되지 않고 집
안에서 정당방위 행위를 할 때에는 먼저 후퇴를 해야 하는 의무를 부
과하고 있다.

여기서 알 수 있는 우려는 바로 성 안 원칙이 가족끼리의 분
쟁에 끼치는 함축성이다. 이를 보여주는 판례는 바로 1981년 쇼(State
v. Shaw) 사건으로, 여기에서 커네티컷 주 대법원은 커네티컷 주 정당방
위법이 동거주자에 대하여 성 안 원칙을 적용하지 않고 있다고 해석했
다.63 그 이유는 바로 "대부분의 살인사건에서 살인자와 피살자는 친
척 사이이거나 잘 아는 아주 가까운 사이다. (…) 우리는 커네티컷 주 입법
부가 정당방위법을 통해 이 주(州)에 속한 가정 주방(familial kitchens)에서
〈하이 눈(High Noon)〉(5)의 클라이맥스 장면 재현을 의도했다고 결론을 내
릴 수 없다." 64 라고 설명했다.

공교롭게도 쇼(Shaw) 사건은 배우자나 가족이 아닌 룸메이트, 즉
동거주자가 연루되어 있는 사건이었다. 이 사건에서 피고인은 폭력으로

고소된 그 집의 주인이자 그 집에 살고 있는 남자로부터 방을 하나 빌렸다.65 가족이 연관된 사건이 아님에도 불구하고 쇼(Shaw) 법정은 적극적으로 성 안 원칙이 함축하고 있는 가족에 대한 영향에 초점을 맞추었다. 이 법정의 우려는 가정폭력은 심각하고 멀리 퍼져 있는 범죄라는 것을 일반적으로 인식하는 정도가 늘어나는 현상과 일치했다. 1980년대까지 페미니스트 운동을 통해 집에서 일어나는 여성에 대한 폭력이 형법에 의해 다루어져야 할 범죄라는 강력한 주장을 만들어낼 수 있었다.66 법 집행자들은 가정폭력에 대한 태도를 서서히 바꾸기 시작했고, 가정폭력을 개인적 문제라기보다 범죄로 다루는 정도가 확장되었다.67

이 법정이 성 안 원칙을 편성한 주(州) 법을 동거주자에게 적용시키는 것을 꺼려하는 이유는, 법정의 말에 의하면 바로 가족 폭력에 대한 제재를 피하기 위한 필요성 때문이다.68 하지만 이 법정은 공격을 당한 사람이 후퇴하지 않고 자신을 방어하는 것을 허락하지 않음으로써 폭력에 대한 문제에 대응했다. 특히 가족 폭력의 비인정을 이유로 한 법정의 판결은 그 법정 스스로가 말한 — 대부분의 살인은 가족의 설정에서 일어난다 — 점을 고의적으로 부인(否認)한 것처럼 보인다.

쇼(Shaw) 법정이 전형적 서부 영화인 〈하이 눈〉을 인용한 사실은 서부 개척지 남자들 사이의 폭력 — 진정한 남성상 — 을 상기시켰다.69 반대로 "가정 주방(familial kitchens)"의 이미지는 집의 사적 영역과 연결된 여성 가사생활을 제안했다. "〈하이 눈〉을 이 주(州)에 속해 있는 가정 주방"에 집어넣는 것은 폭력의 한 장면을 다른 것과 나란히 놓는 것이었다. 개척지의 개방된 공공장소와 부엌 가사 공간의 내부를 비교

하는 것은 두 가지 폭력 사이의 뚜렷한 규정을 세우는 대조를 강조하는 것처럼 보인다. 이 법정은 "대부분의 살인이" 집에서 일어난다고 인정했지만, 가정 공간에서 진정한 남성처럼 행동하는 것은 어딘가 조금은 부절적하고 불안정한 면이 있다고 제안했다.[70]

"이 주(州)에 속해 있는 가정 주방" 이란 수사법은 특별한 성별적인 뉘앙스를 지닌다.[71] 물론 부엌이란 전통적으로 여성의 영역이고 여성이 통제하는 구역이었다. 만약 성(城)이 개척지의 개념과 비슷하게 남성적 영토를 대변한다면, 부엌은 여성적 영토를 대표한다. 남성에게 치명적인 힘을 사용할 수 있도록 허락하는 성 안 원칙 논리를 가정 주방까지 확장하는 것에 대한 고민은 바로 여성들의 폭력 — 구체적으로 아내들이 남편들을 죽이는 것 — 에 대한 염려로 표현되었다.

코먼로에서 남편과 아내 사이의 폭력에 대하여 블랙스톤은 다음과 같이 관측했다.

"남편이 아내를 죽인다면 이는 그가 낯선 사람 혹은 타인을 죽인 것과 같다. 하지만 아내가 남편을 죽였을 경우 법적으로 훨씬 극악무도한 범죄를 지은 것이다. 왜냐하면 아내가 인간애와 부부애의 신중함을 깨어버렸을 뿐만 아니라 남편의 권위에 대한 모든 종속됨을 저버렸기 때문이다. 따라서 법에 따라 그녀가 저지른 범죄는 반역의 일종으로, 그녀가 마치 왕을 죽였기 때문에 화형에 처해지는 것과 마찬가지로 처벌해야 한다." [72]

성(城)은 왕국의 작은 세계이고, 성(城) 안의 남자는 왕과 마찬가지였다. 따라서 아내가 남편을 죽이는 발상 자체는 인간생활에서 뿐만 아니라 법적 권위에 의하여 지배되는 대상이라는 개념에도 위협적인 것이었다.

남편을 죽인 것은 훨씬 죄질이 나쁜 것으로 여기는 반면, 아내를 죽인 것은 마치 낯선 사람을 죽인 것처럼 다루었다면 우리는 다음의 사실, 즉 아내가 남편을 죽이는 발상 자체가 판사들로 하여금 가족 상황에 성 안 원칙을 적용하는데 머뭇거리도록 만들었다는 것을 추론해낼 수 있다.

쇼(Shaw) 사건은 성 안 원칙이 가족 간 폭력에 관한, 그리고 가족 폭력 상황을 위한 법적 원칙이 될 수 있다는 가능성을 보여주었다. 이 사건에서는 진정한 남성상에서부터 범죄의 표상으로 바뀌는 변화를 미리 형상화했고, 이로써 집에서 남편을 죽이는 아내들에 관한 불안정한 현상을 이해하게 되었다.

페미니스트들은 특히 정당방위법이 성별 차별의 구체적인 장소가 되어 왔다고 주장했다.[73] 1980년대 말, 한 학자는 성 안 원칙에 대한 동거주자 예외 규정이 "전적으로 학대받는 여성들에게 적용되어 왔다. 법정들이 마치 어느 정도 세월에 걸쳐 특히 남편을 죽인 여성들이 '살인죄에서 빠져나갈 수 없도록' 하기 위해 새로운 규율을 개발해 놓은 것처럼 보인다." 라고 썼다.[74] 이러한 동기를 법정이 가지고 있었는지 여부를 떠나서 성 안 원칙을 동거주자들에게도 적용하여 후퇴의 의무를 강요하지 않는다는 것은 학대받는 여성들이 자신들을 때리는 자들과 정면 대치할 수 있도록 허락해주는 것이다.[75] 법정들이 언급한 것처럼, 거주자들에게 후퇴의 의무를 강요하는 것은 학대받는 여성들이 자신

을 때리는 자와 정면 대치하여 결국 죽이기까지 한 여성들에게 있어서 문제를 일으킨다.[76]

1990년대 말, 성 안 원칙의 성별에 따른 영향을 깨닫고 정당방위법 내에 변화의 조짐이 나타나기 시작했다. 예전에 동거주자들에게 후퇴의 의무를 부과했던 성 안 원칙 유지 여러 주(州)들은 과거 몇 십 년간 사법 해석을 통해 동거주자 후퇴 의무 규율에서부터 동거주자 후퇴 의무를 없앴다. 이렇게 방향을 바꾼 법정들은 이 전환의 바탕이 바로 가정폭력의 역학성과 가정폭력 피해자들을 동정적으로 이해하기 때문이었다고 설명한다.

1997년 오하이오 주 대법원 사건인 *토마스(State v. Thomas)*에서 한 여성은 그녀의 폭군적인 남자 친구와 싸우다가 그를 죽였고, 학대받는 여성 증후군(Battered Woman Syndrome)을 바탕으로 정당방위를 주장했다. 대법원은 성 안 원칙이 동거주자에게도 적용이 된다고 판결했다.[77] 이 대법원은 성 안 원칙 적용에 대하여 이미 잘 알려진 전통적 정당성을 이유로 다음과 같이 논리를 전개했다.

"자기 집에 있는 여성은 이미 '벽까지' 후퇴를 한 것이고, 그녀가 더 이상 안전하게 도망갈 곳은 없다."

또한 침입자 공격자와 동거주자 공격자 사이에 구별을 할 필요가 없다 라고 결론지었던 오래 전 판례인 *존스(Jones)* 사건과 *톰린스(Tomlins)* 사건의 관점과 비슷한 논리를 전개한 것이다.[78] 하지만 오하이오 주 대법원은 발표한 규율의 정당화를 위해 전통적인 관점이 모든 일을 다 해주는 것은 아니다 라고 분명하게 입장을 취했다.

톰린스(Tomlins) 사건에서는 학대받는 여성과 정당방위에 관한 학술 발표문 등을 인용함으로써 가정폭력에 대한 이해와 학대받는 여성들에 관한 염려를 표시했고,79 톰린스(Tomlins) 법정은 다음과 같이 이야기했다.

"가정폭력 사건인 경우 (…) 공격은 주로 시간이 지남에 따라 반복되고, 결국 개인적으로 엄청난 폭력 또는 죽음의 위험을 감수하지 않고서는 집에서 탈출하는 것 자체가 거의 불가능하다. 이러한 공격의 피해자는 이미 여러 번 '벽까지 후퇴를 한 상태(retreated to the wall)' 이기 때문에 폭력 피해자에게 안전한 곳으로 도망치는 노력을 요구해서는 안 된다." 80

이런 맥락에서 볼 때 "벽까지 후퇴를 한 상태(retreat to the wall)" 라는 표현은 새로운 뜻을 갖는다.81 후퇴란 사실 학대받는 여성이 계속 반복적으로 학대받는 중에 "여러 번 계속적으로" 할 수밖에 없었던 것이다. 후퇴는 그녀가 선택의 여지가 없다는 것을 암시한다. 따라서 이런 맥락에서 후퇴의 의무를 이야기하는 것은 부적절하다. 후퇴의 의무를 지켜야 하는 그녀의 능력은 법정이 제시하는 바에 따르면 학대받는 여성들이 학대로 인하여 어쩔 수 없는 선택을 하도록 요구하는 것이다. 더군다나 그녀에게 집을 탈출하도록 노력할 것을 요구하는 것은 그녀를 폭력과 사망에 더욱 노출시키는 것이다.

법정은 이 초점을 그녀의 정당방위 권리에서부터 그녀가 후퇴 능력이 없는 상태로 변환시켰다. 전통적 성 안 원칙은 다음의 관점에 바탕을 두었다. 즉 방어자의 자주성에 공격자가 침입한 상태는 방어자로 하여금 폭력을 저지하기 위한 힘을 사용할 수 있도록 해준다.82 학대받는 여성의 경우는 후퇴 의무의 취소는 오히려 반대로 다음과 같은 수정된 관점을 바탕으로 한다. 즉 자주성이 엄청난 제약을 받고 있는 상태의 피해자에게 후퇴란 그럴 듯한 선택이 아닌 것이다. 집에서 탈출하는 것이 "거의 가능하지 않았기" 때문에 그녀에게 후퇴의 의무를 지울 수 없다.83

1997년 *가틀랜드*(State v. Gartland) 사건에서는 싸울 때 주먹을 쥐고 돌진하는 남편을 아내가 총으로 쏘아 죽였는데, 이 법정은 자신을 학대한 자들을 죽인 학대받는 여성들에게 후퇴의 법적 의무가 적용되는지 여부에 대하여 다루었다.84 뉴저지 주 법에서는 성 안 원칙이 동거주자에게는 적용되지 않는다고 분명하게 명시되어 있다.85 뉴저지 대법원은 이에 따라 집에서 배우자가 공격을 하면 이로부터 후퇴를 해야 하는 의무를 뉴저지 주 법조항이 부과하고 있다고 말했다. 하지만 법정은 그러한 법조항을 비판했고 "자신의 집에서 학대받는 배우자의 경우, 후퇴 원칙의 적용에 대한 입법부의 고려 사항들을 권고했다." 86 뉴저지 주 대법원은 성 안 원칙이 학대받는 여성들을 오히려 형사 피고인으로 만드는데 영향을 끼쳤다고 설명하는 기회를 붙잡았다.87 "진정한 남성"과 "자신이 있을 권리가 있는 장소에 있는 상태" 의 전통적인 표현을 인용하면서 대법원은 다음과 같이 언급했다. 즉 법조항에 사용된 "남성 대명사" 들은 "남성상에서부터 시작된 정당방위의 역사를 반영한다." 88

그리고 나서 뉴저지 주 대법원은 동거주자 예외 규정이 집에서 학대받는 여성들에게는 불공평한 것임을 설명했고, 학대받는 여성에 대한 페미니스트 기고문에 나온 인용구들을 언급하며 논리를 전개시켰다.

"반복되는 과거의 학대 속에 여성은 오직 다시 붙잡히기 위해 '후퇴했었고,' 다시 집 안으로 끌려갔으며, 또 다시 혹독하게 맞았다." [89]

학대받는 여성에게 도망치는 것은 소용없는 짓일 뿐만 아니라 오히려 더 심각한 피해자가 되도록 할 뿐이었다. 뉴저지 주 대법원은 "여성들을 한 손으로 잡고 있는 남성들이 다른 한 손으로 두들겨 패는 사진, 남성들이 여성들을 바닥에서 혹은 한 쪽 코너에서 꼼짝 못하게 하거나 칼이나 장전된 총을 갖고 위협하는" 사진을 내놓았다.[90] 아마도 의식하지 못한 채 자주 인용되는 존스(Jones) 판례의 19세기 표현 — "그가 어디로 도망쳐야 하는가, 그리고 얼마나 멀리, 그리고 언제쯤 그가 돌아올 수 있게 된다는 것인가?" [91] — 을 되풀이하면서, 가틀랜드(Gartland) 사건의 대법원은 "변화를 찾고 있는 여성 권리 옹호자들에게" 다음과 같이 물음으로써 목소리를 덧입혀 주었다.[92]

"만약 그녀에게 돈도 없고, 교통수단도 없고, 그녀의 아이들은 격노한 남자의 '보살핌' 아래 남게 된다면 그녀가 과연 어디로 갈 수 있는가?" [93]

존스(Jones) 법정에서 동거주자에 대항하여 자신의 집에 정면대결을 할 수 있도록 허락해준 근거는 바로 "그는 집에 있고, 머무를 수 있는 권리를 가지고 있다." [94] 라는 것이었음을 기억하자. 이러한 이유는 성 안 원칙 범위 내에 동거주자의 공격도 완전히 포함시킨다. 가틀랜드(Gartland) 법정은 존스(Jones)와 톰린스(Tomlins)와는 다르게 접근했다. 동거주자 예외 조항의 불공평성에 대한 법정의 페미니스트 영향을 받은 *가틀랜드(Gartland)* 접근 방식은 동거주자 상황을 성 안 원칙과 접목시키는 코먼로 판례가 있음에도 불구하고 이를 제대로 활용하지 못했다. 오히려 "정당방위에 관한 전통적 코먼로" 에서는 "같은 집에 살고 있는 거주자의 경우를 제외하고 후퇴의 의무를 없앤 것" 으로 해석했다.[95]

존스(Jones) 법정은 코먼로 판례들을 바탕으로 진정한 남성의 개념, 즉 진정한 남성이 알라바마 주에서 1984년부터 동거주자를 대면할 수 있었던 것과 마찬가지로 학대받는 여성들도 원칙적으로는 공격자가 침입자이든지 친밀한 관계의 사람이든지 간에 상관없이 자신의 집에서 공격자와 정면 대결할 수 있어야 한다[96] 는 개념을 학대받는 여성에게 적용해볼 수도 있었다. 하지만 그렇게 적용하기는커녕 *가틀랜드(Gartland)*는 다른 접근 방식을 취했다. 이 접근 방식을 통해 학대받는 여성의 손상된 자주성을 강조해온 페미니스트 학자들과 옹호자들이 아무런 비판 없이 받아들였던 학대받는 여성에 관한 새로운 상황에 대해서 법정이 이야기하기 시작했다.[97] 입법부에게 성문법 내에 명시되어 있는 후퇴 의무를 재고할 것을 요청하면서 법정은 "자신의 집에서 학대받는 여성에게도" 성 안 원칙이 적용되는지 여부에 대한 구체적인 이슈를 내놓았다.[98] 법정은 해당 법을 처음 만들 때에는 "일반인들이 가정폭력이 유행할 것에 대해 완전히 알지 못했다." 라고 언급했다.[99] 몇 년 후에 뉴저지 주는 가정폭력 피해자는 후퇴의 의무를 지지 않는다고 구체적으로 언급하도록 법조항을 개정했다.[100]

진정한 남성으로부터 종속적인 여성에게로 초점이 옮겨지는 대표적 시점에 *가틀랜드(Gartland)* 사건이 있었다. 코먼로는 학대받는 여성에게 진정한 남성처럼 자기 집에서 정면 대결할 수 있도록 해주는 법적 도구를 포함했다. 하지만 *가틀랜드(Gartland)*는 오히려 코먼로의 범죄이론을 진정한 남성의 자주성에 대한 침해라며 비판했고, 가부장적 종속관계로 새로운 범죄이론을 채택했다.

이러한 발전은 1999년 플로리다 주 대법원 판례인 *웨이안드 (Weiand v. State)*에서도 찾아볼 수 있다. 집에서 격렬한 말다툼 중에 아내가 남편을 쏘아 죽인[101] 이 사건에서 *웨이안드(Weiand)* 법정은 성 안 원칙이 동거주자들 상황에는 적용이 되지 않고, 배우자들의 집에 있을 공동 권리와 서로를 내쫓을 수 없는 점을 바탕으로 정부는 후퇴를 먼저 해야 하는 의무를 부과했던 1982년도 사건의 판결을 뒤엎었다.[102] 1982년도 판결 때와는 태도를 180도 전환하여 *웨이안드(Weiand)* 법정은 다음과 같이 이야기했다.

"집에서부터 후퇴를 해야 하는 의무를 부과하기 위해 재산법과 소유권의 개념에 의지한 관점에 더 이상 우리는 동의할 수 없다." [103]

이렇게 전례를 뒤집어야 하는 필요성은 다음에서부터 비롯되었다.

"가정폭력 피해자들의 상태에 대한 인식이 높아짐으로써 주(州) 정부의 공공 정책이 많이 바뀌었다. 가정폭력 공격은 시간이 지남에 따라 종종 반복되고, 개인적인 엄청난 상해 또는 죽음의 위협 없이는 집에서 탈출하는 것이 거의 불가능하다 라는 사실이 이제는 더욱 폭넓게 인지되고 있다." [104]

이 법정은 피해자화(victimization)와 학대받는 여성들의 제한된 자주성에 대한 설명을 인용했다.105 *웨이안드*(Weiand) 법정이 인용한 문구들은 *가틀랜드*(Gartland) 법정이 사용한 몇몇 본문과 같다. 가정폭력의 유형에 관한 통계와 학대 관계를 떠나는 것이 위험수위를 높일 수 있다고 밝힌 연구들을 *웨이안드*(Weiand) 법정이 인용했던 것이다.106

웨이안드(Weiand) 법정은 구체적으로 "가정폭력의 피해자들은 언제든지 자신이 원할 때 학대 관계를 버릴 수 있다 라는 근거 없는 사회통념"을 배심원들의 마음속에 합리화시켜 버릴 가능성에 대하여 우려했다.107 이러한 사회통념에 사로잡힌 한 배심원이 왜 학대받는 여성이 그 관계를 버리지 않았는지에 대해 의문을 갖고 이 의문점과 학대자를 죽이게까지 만든 공격에서부터 왜 그녀가 떠나지 않았는가의 문제를 융합시킬 가능성에 대하여 법정은 우려한 것이었다.108

하지만 얄궂게도 이 두 가지 의문들의 융합이 바로 *웨이안드*(Weiand) 법정의 논리에 없어서는 안 되는 부분이 되었다. "학대받는 여성들은 학대 관계를 떠나는 것에 대하여 자유롭지 않다고 느낀다" 라는 전문가 증거를 인용하면서, 법정은 정당방위 사건에서 "집에서 후퇴를 해야 하는 의무를 부과한다면 학대받는 여성 증후군(Battered Woman Syndrome)에 대한 전문가 증언을 승인하는 우리의 논리를 우리 스스로 약화시키는 것이 될 것이다." 라고 말했다.109 학대받는 여성 증후군의 중심 생각은 바로 학대받는 여성들은 "학습된 무력감(learned helplessness)"으로부터 고통을 받는 결과, 학대 관계로부터 자유롭게 떠날 수 없다고 느낀다 라는 것이다.110 이 관점에서부터 그 여성들이 특정 공격에서부터 도망칠 수 없다고 느끼고 있다는 결론을 추론할 수 있다. 학대 관계를 떠날 수 없는 상태는 바로 공격으로부터 도망칠 수 없는 상태를 포함하는 것으로 보인다. 법정은 따라서 학대당하는 여성은 그녀가 그 관계를 떠날 수 없는 것과 마찬가지로 특정한 공격으로부터 도망을 칠 수 없다[111] 라는 입장을 취했다.

토마스(Thomas), *가틀랜드(Gartland)* 및 *웨이안드(Weiand)* 판례들은 1990년대 말, 정당방위 변화과정을 대표하는 사건들이다.[112] 쇼(Shaw) 법정이 "영화 〈하이 눈〉에서 그려진 가정 주방" 에 대한 우려와 함께 위의 변화를 전조한 것이라면, 언급된 세 판례에서는 "대부분의 살인 사건에서 살인자와 피해자가 친인척이거나 가까운 사이" 인 것에 대한 우려를 정면으로 맞선 것이라고 할 수 있다.[113] 이 세 판례들에서는 "침입자의 상황에서보다 가정 문제 상황에서 죽음을 초래하는 폭력이 일어날 기회가 훨씬 많음" 을 우려하게 되었다.[114] 만약 폭력이 정말 가정 내에 두드러진 측면이라면, 성 안 원칙 자체가 사실상 학대적인 남편들과 학대받는 아내들에 관한 원칙처럼 보이게 된다. 따라서 법정들이 집 안에서 일어나는 폭력은 눈여겨봐야 하는 범죄임을 인식함에 따라 근대 성 안 원칙이 다시 쓰인 것이다.

후퇴할 필요 없이 정당방위로 남성은 동거주자를 죽일 수 있다는 코먼로 관점은 집에 있을 권리가 있는 여성에게도 대등하게 적용되어 폭력적인 남편으로부터 후퇴할 필요 없이 폭력자 남편을 죽일 수 있도록 해주었다. 가장 명망 있는 1914년 카르도조(Cardozo) 대법관의 의견에 통합되어 있는 코먼로는 1990년대 말, 법정들이 만들어 내고자 했던

144

정책 결과물을 위한 보다 발전된 이유를 제공했다.[115] 카르도조 대법관 이후에 학대받는 여성이 자신의 집에서 일어나는 공격에 대하여 정면 대결할 수 있도록 힘을 불어 넣기 위하여 진정한 남성상과 성 안 원칙을 끌어내어 사용할 수 있었다.[116]

하지만 위에서 논의한 사건들에서 법정들은 다른 길을 선택했다. 그들의 입장 — 판사들의 전형적인 태도 — 을 지지하는 설명의 일환으로 코먼로를 묘사하기보다는 페미니스트 영향을 받은 법정들은 코먼로가 좋은 공공 정책의 필요성에 반대되는 규율을 제공하는 것으로 묘사했다. 이 법정들은 자신의 권리 내에서 행동하는 진정한 남성의 표본을 도망갈 수 없는 종속적인 여성 표본과 바꾸었던 것이다. 집 안의 폭력을 침입보다는 종속으로 개념화하기 위하여 페미니스트의 비판에 더욱 집중했다.

종속으로의 학설상 전환으로 인하여 학대받는 여성들은 전적으로 자주성(autonomy)을 더더욱 빼앗긴 것으로 그려졌다.[117] 학대받는 여성이 후퇴하지 않고 정당방위로 죽일 수 있게 된 이유는 가정폭력의 다이내믹 속에 갇혀 학대받는 여성은 떠날 수 있는 능력이 없어졌기 때문이다. 이러한 면에서 보면 범죄란 결혼에 관한 페미니스트의 비판에서부터 시작된 가장 기본적인 형태로 유도된 것으로, 남성들이 억압하고 고통을 주고 어떤 경우에는 여성을 죽이기까지 하는 가정환경이 만들어낸 창조물이었다.[118]

만약 진정한 남성과 성 안 원칙의 전통적인 생각이 근본적으로 사람의 권리를 지키고 자신의 집에서 자기를 위한 법을 만들어내는 자주성에 달린 것이라면, 학대받는 여성이 후퇴 없이 죽일 수 있다고 하는 근거는 바로 그녀의 자주성이 *없다* 라는 것이다.[119] 그녀가 있을 수 있는 장소에 대한 그녀의 권리를 주장하는 것이 아니다. 오히려 정부의 보호를 받는 대상자인 그녀는 자신의 생명을 지킨 것에 대한 처벌을 받지 않기 위해 자신에게는 힘이 없기에 강요된 것이었음을 증명해야 하는 탄원자였다.

3. 새로운 성 안 독트린(The New Castle Doctrine)

요 근래까지도 "간신히 과반수를 넘는" 주(州)들이 정당방위로 사람을 죽일 때 일반적으로 후퇴의 의무를 부과하지 않는다 라고 묘사되지만, 대세는 점점 이러한 규율에서 멀어지고 있다고 보였다.[120] 하지만 2005년 이래로 새로운 움직임이 생기기 시작했다.[121] 미국 전역에서 새로운 정당방위 법률을 통과시킨 것이다. 이 새로운 성 안 독트린 법률(new Castle Doctrine statutes)은 일반적 정당방위와 집 안에서의 정당방위를 다루는 현존 법규들에 여러 중요한 변화를 가져 오게 된다. 어떤 주(州)에서는 침입자를 죽인 집 거주자가 침입자가 공격을 하지 않았다고 해도 신체적 상해를 두려워하는 것은 합리적이다 라는 가정을 세웠다. 더 많은 주(州)의 새로운 법규는 공공장소 내 발생한 공격에 대해서도 후퇴를 해야 하는 일반적 의무를 거부하기 시작했다.

성 안 독트린 운동은 다음의 범죄에 대한 핵심적인 이미지, 바로 집으로 들어오는 폭력적인 침입의 이미지에서 시작되었다. 이는 평범한 사람들에게 자신들과 가족들을 보호할 수 있는 더 큰 능력을 제공하고자 하는 강력하고 직관적인 요청을 이용하는 것이다. 법 제정자들과 정치가들은 특히 집에서 범죄자들을 대항한 결백한 피해자들에게 힘을 실어줌으로써 범죄를 타도한다는 생각을 위해 성공적으로 싸워오면서 이 생각에 반대하는 일은 어려운 일임을 깨달았다.[122]

플로리다 주의 인간 보호법(Florida's Protection of Persons Law)이 통과되면서 2005년부터 새로운 성 안 독트린이 빠르게 퍼져 나가기 시작했다.[123] 이 법안 통과를 위해 정치적 노력을 해왔던 전미(全美) 총포 협회에 따르면 "성 안 독트린은 본질적으로 단순한 근본적 권리 — 정당방위 — 를 법안으로 만든 것뿐이다. 만약 그나 그녀가 자신이 있을 수 있는 권리가 있는 장소 — 앞마당, 길 가, 사무실에서 일할 때, 공원에서 산책할 때 등 — 에서 무장한 약탈자와 대면하게 된다면, 그나 그녀는 자신의 생명을 방어하기 위해 힘으로 대응할 수 있다."[124] 라고 주장했다. 전미(全美) 총포 협회는 이와 비슷한 법안들을 다른 주에서도 만들도록 하기 위해서 플로리다 주 법을 표본으로 삼고자 하는 의도를 밝혔다.[125] 전미(全美) 총포 협회는 스스로를 "미국 전체 주(州)에 성 안 독트린 법안이 만들어지도록 화실(火室)에 계속적으로 원료를 대는 단체라고 불렀다. 그리고 화실(火室) 연료 공급 단체로서 범죄자의 권리에 맞추어졌던 초점을 자신 스스로를 보호할 수밖에 없었던 선량한 시민들의 권리에 맞추도록 하는 정당방위 간이역 운동(self-defense whistle stop campaign)을 실행했다."[126]

　　플로리다 주 코먼로는 만약 안전하게 할 수 있는 경우에는 먼저 공격으로부터 후퇴할 것을 인정했다.[127] 후퇴 의무를 부과하는 다른 주(州)와 마찬가지로 플로리다 주에서도 자신의 집에서는 정당방위를 위해 힘을 사용하기 전에 후퇴를 해야 한다는 의무를 부과하지 않는 성 안 원칙을 존중한다.[128] 집에서 공격을 당하고 심각한 신체 상해 입을 것을 합리적으로 두려워한 사람은 도망치지 않고 바로 치명적인 힘을 사용할 수 있다.[129] 새로운 플로리다 주 성 안 독트린 법은 다음의 세 가지 변화 — 집 안에서 치명적인 힘을 사용할 수 있는 상황의 확장; 공공장소에서의 후퇴 의무 폐지; 정당방위를 위해 행동한 사람들에 대하여 형사 기소 및 민사 책임에 대한 면제부를 가지고 왔다.

　　첫째, 집 안에 대해서 법은 다음과 같은 추정(推定)을 만들어낸다(이후로는 "집 추정(home presumption)" 이라고 명명). 즉 집에 "불법적" 이고 "강제적" 으로 들어온 침입자와 정면 대결한 거주자는 "임박한 위험, 죽음 또는 심각한 신체 상해" 에 대한 두려움을 가지는 것은 합리적이며, 따라서 정당방위의 행위로 그 침입자를 죽일 수 있다[130] 라고 결론을 짓는 것을 집 추정(home presumption)이라고 한다. 다시 말해서 "불법적" 이고 "강제적" 인 침입자는 살인을 저지를 의도가 있었다는 가정을 하는 것이다.[131] 이러한 침입자에 대한 살인은 정당방위적 행위이고, 거주자는 그가 자신의 안전에 두려움을 느꼈다는 것을 증명할 필요가 없다. 좀 더 분명히 하자면, 예전에 플로리다 주는 거주자가 합리적으로 자신의 안전에 대하여 두려움을 느낀다면 집에서 후퇴할 필요가 없다고 정했었다.132 하지만 새로운 법은 코먼로 성 안 원칙을 뛰어 넘어 합리적 혹은 어떠한 두려움이 실질적으로 없다고 하더라도 거주자가 침입자를 죽일 수 있도록 허락한 것이다. 이 점이 바로 성 안 독트린 법의 가장 중요한 성취라고 하겠다.

둘째, 새로운 플로리다 주 법에 따르면, 자신이 있을 수 있는 권리가 있는 집 외부 공간에서 공격을 당한 사람은 만약 살인, 심각한 신체 상해 또는 강제적 흉악 범죄를 막기 위해서 필요하다고 합리적으로 믿는 경우에는 정당방위로 그 침입자를 죽이기 전에 후퇴할 의무가 없다.133 예전에는 집이 아닌 다른 공간에서 공격을 당했을 경우 후퇴가 가능하다면 안전한 곳으로 먼저 후퇴를 하도록 노력했어야 했다.134 이는 바로 "후퇴 의무 규율" 에서 "후퇴 비의무 규율" 로 변화된 것임을 알 수 있다.135

마지막으로, 새로운 법은 법에 따라 정당방위를 위한 힘을 행사한 사람들에게 형사 소추(체포(arrest), 감금(detention), 혐의 고발(charges) 포함)와 민사 소송에 대한 면제를 인정한다.136 예전에는 후퇴를 하지 않고 공격자와 정면 대결을 했다면 형사 기소되고 불법행위(tort)로 고소당할 수도 있었다.

플로리다 주(州) 법의 전문은 다음과 같이 시작한다.

"법률을 준수하는 선량한 시민들(law-abiding people)이 침입자와 공격자들로부터 자신과 가족 및 다른 사람들을 보호하는 것은 합당하다." 137

이 첫 선언 문장은 결백한 자와 범죄자, 즉 "법률을 준수하는 선량한 시민(law-abiding people)” 과 “침입자와 공격자(intruders and attackers)”
사이에 아주 분명한 경계선을 그어 놓았다.138 가정 관련 장면에서 법률
준수의 선량한 시민은 바로 집 안에 있는 가족들이고, 범죄자들은 침
입자들인 것이다.

이러한 공간적 장소는 바로 플로리다 주 법의 전문 두 번째 문
장에서 분명하게 표현되어 있다. 즉 “성 안 원칙은 사람의 집이 그/그녀
의 성(城)이다 라고 선언하는 오래된 기원의 코먼로 원칙이다.” 139 가 두
번째 문장이다. 전통적 성 안 원칙은 침입자가 범죄자라는 생각에 대한
“타당한 가계도” 를 제공해준다. 두 번째 문장의 표현은 외부의 공격으
로부터 집에 있는 가족을 보호하는 것을 강조함으로써 본래 코먼로 성
안 원칙에 대한 이데올로기의 발자취를 따라가는 것이다.

이러한 맥락 속에서 전문은 범죄의 기본 접근에서 개인 공간의
침입으로 전환시키는 논의를 포함한다. 첫째, 침입자는 사람들이 가지
고 있는 “집과 자동차 안에서 방해 없이 머무를 것을 기대할 권리” 를
침해한 것이다.140 집과 자동차 안, 이 두 장소는 우리가 특별 안전을 기
대할 수 있는 특정한 장소이다. 하지만 우리는 좀 더 일반적인 원칙으
로 방향을 전향했다. 즉 “그 어떤 사람이든 범죄 피해자이든지 간에 자
신 개인의 안전을 범죄자에게 항복하도록 요구될 수 없다.” 141 라는 원
칙인 것이다.

플로리다 주 법의 전문은 다음과 같이 본문을 마친다.

“한 사람 또는 피해자(a person or victim)는 침입이나 공격과 대면
했을 때 불필요하게 후퇴하도록 요구되어서는 안 된다.” 142

이러한 전환은 진정한 남성 이론이 집과 연결된 개념들을 공공장소에서까지 후퇴의 의무가 없다 라고 하는 규율로 확장되도록 한 것과 평행을 이루도록, 즉 같은 방향으로 나가는 것이다.

하지만 전문은 진정한 남성 이론의 자리에 이데올로기적 트위스트(관념적 꼬임)가 있을 것이라는 힌트를 미리 보여준다. 즉 전문에서 정당방위를 위한 행동을 한 사람이 "한 사람 또는 피해자(a person or victim)"로 표현되어 있다. 이러한 선택 가능한 문장 구조는(아니 피해자는 사람이 아닌가?) 법안을 처음 쓴 사람들이 정당방위를 위해 힘을 사용한 사람들에 대하여 단 한 종류의 사람으로밖에 보지 않았다는 것을 시사한다. 정당방위를 위한 힘을 사용한 사람은 아마도 진정한 남성의 자손으로 정말 평범한 사람이거나 어쩌면 "피해자" — 아마도 집 안에서 학대의 대상이었던 여성 — 였을 것이다.

"집 보호; 치명적인 힘의 사용; 죽음 또는 심한 신체 상해에 관한 두려움의 추정(home protection; use of deadly force; presumption of fear of death or great bodily harm)" 이라고 제목이 붙은 성 안 독트린 법의 조항들은 집 침입을 시작으로 하여 공공장소에서의 정당방위로 확장된다.143 이 법은 처음에 집 거주자가 불법 강제적으로 집에 들어온 침입자를 죽일 수 있도록 허락했다.144 집에 침입한 상황은 전통적으로 방어적 힘의 사용을 가능하게 했던 물리적 공격이 가해진 상황처럼 다루어졌다. 그런 후에 19세기의 진정한 남성 원칙이 변화한 것과 비슷하게, 집은 "자신이 있을 수 있는 권리를 가진 장소" 에 적용되었던 후퇴의 의무를 폐지시키는데 활용되었다.145 법 내에 진정한 남성이라고 쓰여 있는 것은 아니지만 "집 안에서의 정당방위 권리"를 "사람이 있을 권리가 있는 장소"의 정수(精髓)로 표현한 것은 공공장소에서 후퇴의 의무가 없다는 규율로 도달한 것을 보여준다.

2005년 이후로 여러 주(州)에서는 플로리다 주의 법과 비슷한 법안들을 만들었고, 그 법안에는 다음과 같은 두 가지의 구체적인 조항들이 포함되었다. 즉, 집 거주자들이나 재산 소유자들은 자신들이 신체 상해에 대한 타당한 두려움을 가지고 있었다는 것을 증명하지 않고 침입자들을 죽일 수 있다 라는 조항과, 사람이 있을 권리를 가지고 있는 그 어떠한 장소에서도 후퇴할 의무를 갖지 않는다는 일반적인 선언이다.146 다른 주(州)에서는 위와 비슷한 조항들 중 하나를 제정한 법을 채택하기도 했다.147 나머지 대다수의 주(州)에서는 관련 법규에 대한 제안들이 성공적으로 소개되었다.148

2) 새로운 성 안 독트린(The New Castle Doctrine)

새로운 성 안 독트린의 옹호자들은 집에 관한 생각을 사람이 있을 권리가 있는 장소에서 정당방위를 사용할 수 있는 권리로 발전시켰다. 공공장소에서 후퇴의 의무를 폐지시킨 것은 전통적 성 안 원칙을 함께 수반한 결과로 보여진다. 하지만 오늘날 집 거주자의 이미지는 단순히 19세기의 진정한 남성상만은 아니다. 새로운 성 안 독트린 법은 진정한 남성과 19세기 말 법적 페미니즘의 종속적 여성을 합하여 정당방위의 새로운 모델에 적용시켰다. 진정한 여성에 관한 19세기 문화는 집 안에서의 어머니와 아내로서의 여성 역할을 이상화시켰다는 것을 떠올리며, 나는 정당방위의 새로운 모델을 "신(新) 진정한 여성(new true woman)" 이라고 부른다.

성 안 독트린 법을 지지하는 사람들 가운데 사용하는 표현은 정당방위의 핵심적 상상의 장소인 집에 지속적으로 초점을 맞추었다. 전미(全美) 총포 협회는 다음과 같이 표현한다.

"이 법은 바로 당신의 집이 당신의 성(城)이라는 것을 단언해주며, 플로리다 주에서 당신은 집 안에서 절대적 안전에 대한 권리를 보장받는다." [149]

오하이오 주의 성 안 독트린 법을 지지하면서 오하이오 주의 한 상원의원은 다음과 같이 설명했다.

"당신이 집에서 포근한 잠자리에 들었다고 상상해보라. 갑자기 수상한 소리에 벌떡 일어났다. 불을 켜려고 더듬거리는 사이에 어떤 낯선 사람이 당신 집에 무단 침입한 것을 발견했다. 그는 당신이나 당신의 가족을 해칠 가능성을 가지고 있다. 이런 경우, 정말 어떤 사람이 당신과 당신 가족의 건강과 행복을 위태롭게 할 때 당신은 사랑하는 가족과 집을 지키기 위해 수단 방법을 가리지 않을 것이다. 선택한 방법이 설령 심각한 신체 상해나 죽음까지 당신 자신에게 혹은 그 침입자에게 몰고 온다고 하더라도 말이다." [150]

여기에는 그의 가정과 가족을 지키는 남자의 진정한 남성상이 철저하게 그려져 있다.

집에 침입하는 것은 정당방위의 원형으로, 이는 다른 장소에서 정면 대결을 할 수 있는 권리를 말하는 것이다.

"선량한 시민들이 불법적 침입자에 의한 공격을 대면했을 때 자신이 있을 권리를 가진 장소 및 자신이 소유한 땅에서 후퇴하지(도망가지) 않았다는 이유로 정부/법정으로부터 희생양이 되어서는 안 된다." [151]

이러한 확장의 방법은 다르게 진행되었다. 19세기의 진정한 남성상은 정당방위를 공공장소에까지 확장시키기 위해 집과 가정의 보호를 사용했다. 오늘날 이 확장을 위해 사용된 사실은 바로 종속된 여성 이론에 초점을 맞춘 피해자 상이다.

참으로 선량한 시민들은 범죄로 인해 피해자가 될 뿐만 아니라 후퇴를 강제하는 그 법에 의해 또 한 번의 피해자가 된다.

"플로리다 주 법정들은 정당방위법을 통해 범죄자들을 보호하는 방향으로 그 법을 이끌어왔다. 법이 피해자들과 선량한 시민들 대신 범죄자들을 보호한다면 이때가 정말 이에 대한 어떤 조치를 취해야 할 때이다." [152]

새로운 법들은 법이 오랫동안 "잘못된" 편을 들고 있었던 정세를 보상하는 방안으로 그려져 갔다.

"현존하는 법은 범죄자 편이고, 새로운 법은 선량한 시민 편이다." [153]

전미(全美) 총포 협회의 최초 여성 회장인 마리온 해머(Marion Hammer)는 "당신의 집은 당신의 성(城)이며, 그 안에서 절대적 안전을 누릴 권리, 고대 때부터 내려온 그 권리를 당신이 가지고 있다. 플로리다 주 법은 이제 범죄자가 아니라 선량한 시민들 편이다. 처음부터 이렇게 되었어야 한다." [154] 라고 말했다.

이렇게 폭력과 법의 피해자로 묘사되는 이중 피해자에 대한 생각이 과연 무엇인가? 법이 최종적으로 여성의 편이 될 때까지 그녀가 집 안에서 학대의 대상이 되고 있다는 것인가? 정면 대결을 하는 대신 자기 집으로부터 후퇴를 먼저 하도록 요구하는 법의 피해자란 말인가?

"남성" 법 체제에 종속되어진 여성에 대한 생각은 친숙할 뿐만 아니라 이는 법적 페미니즘을 향한 중심적 비유이기도 하다.155 여성을 법 체제의 피해자로 인식하게 됨에 따라 법을 여성 편으로 만드는 것은 페미니스트의 강력한 소망이 되었다. 성 안 독트린 지지자들은 새로운 법의 정당성을 구현하기 위해 위의 표상을 받아들인다. 즉, 만약 법이 범죄자의 "편" 에 서 있다면 여성이 후퇴할 필요 없이 자신을 방어할 수 있도록 함으로써 법을 피해자 옆에 서 있도록 만들겠다 라는 것이다.

이러한 피해자에 대한 생각으로 인해 정당방위는 유동적으로 변하게 되었다. 피해자란 피해자의 상태가 항상 그녀를 따라다니는 것으로 연상하게 되었다. 그녀가 있을 권리가 있는 곳이 어디이든지 간에 그녀의 경계선 편에 법은 서 있게 되었다. 침입자들은 위험을 각오하고 집에 들어간다 라는 전통적인 성 안 원칙의 원리는 "적들이 위험을 각오하고 개인 공간을 침입한다 라는 생각으로" 바뀌었다.156 자신의 집과 가족을 보호하는 남자에 대한 이미지를 사용하여 19세기에 후퇴할 필요가 없다는 규율이 공공장소에서도 적용이 되었던 것처럼, 보호받아야 하는 피해자에 대한 이미지가 같은 목적으로 사용되었다.

여성에 대한 폭력은 성 안 독트린 법을 둘러싼 논의에서 두드러진 역할을 했다. 새로운 법은 여성을 지키는 법으로 다음과 같이 묘사되었다. 즉, 새로운 법은 여성이 남성에 대항하여 자신들을 방어할 수 있도록 구성되었고, 구체적으로 남성 폭력으로부터 자신을 보호하는 여성 능력에 장애를 가져왔던 이전 법에 대하여 보상해준다. 새로운 정당방위법을 최초로 마음에 품었던 마리온 해머는 이 법을 다음과 같이 성별을 분명히 반영한 표현으로 홍보했다.

"한 여성이 길을 걸어가고 있는데 강간범이 공격을 했고, 골목으로 그녀를 끌고가려고 한다. 예전 플로리다 주 법에 따르면 그녀는 법적인 '후퇴의 의무' 를 지니고 있었기 때문에 공격의 피해자인 여성은 법에 따라 일단 도망치는 노력을 했어야 한다. 그러나 이제는 더 이상 그럴 필요가 없다. 오늘날 그 여성은 후퇴의 의무를 전혀 지지 않는다." [157]

마리온 해머는 범죄의 중심에 강간이 위치하고 있음을 강력하게 표현하면서 후퇴의 의무 자체가 여성에게는 해로운 것임을 다음과 같이 표현했다.

"아무도 피해자가 기다리면서 다음과 같이 질문할 것을 기대할 수는 없다. '실례지만, 범죄자씨, 저를 강간하고 죽일 건가요, 아니면 그냥 저를 구타한 후 내 텔레비전을 훔쳐갈 건가요?' " [158]

마리온 해머의 논의는 피해자로서의 여성을 보호하고 동시에 여성의 권리와 자주성에 초점을 맞추고 있다. 진정한 남성처럼 피해자가 "그녀의 땅에서 정면으로 맞서 싸울 수 있는" [159] 권리를 가지고 있음을 인정하는 것은 지금은 잘 알려진 관점, 즉 우리는 "피해자 보고 후퇴할 것을 기대할 수 없다" 라는 관점과 공존한다고 볼 수 있다.[160] 그녀의 정면 대결 권리와 종속적 지위는 함께 가는 것이다.

실제적으로 마리온 해머는 주차장에서 술에 취한 여섯 명의 남자와 맞닥뜨렸고 강간과 폭행 위협에 노출되었던 자신을 보호한 이야기를 나누었다.

"그들이 집단 강간을 계획하고 있다는 것을 단번에 알았다. (…) 그들이 술에 취한 상태였음은 분명했고, 만약 그때 나에게 총이 없었더라면 나는 분명히 강간당하고 죽임까지 당했을 것이라고 생각한다. (…) 내가 자동권총을 가지고 있었기에 그 상황에서 그들과 동등한 능력을 가질 수 있었다." 161

이 이야기는 총 소유권과 남성 폭력으로부터 자신을 보호하는 것을 연계함으로써 전미(全美) 총포 협회의 의도를 여성화하는 프로젝트의 예시이다. 이 프로젝트는 페미니스트 여성적일 뿐만 아니라 연약한 여성을 이야기하는 수사법, 즉 "당신 자신을 보호할 수 있는 여부는 정신적인 이슈이다. 강간과 살인 그리고 유괴는 모두 정신적인 이슈이다." 162 를 모두 포함한다.

전미(全美) 총포 협회의 최근 회장인 산드라 프로만(Sandra Froman)에 따르면 "총과의 연애 — 구체적으로 헌법에 보장된 총을 소유하는 권리와의 연애" 감정의 원인은 어떤 한 남자가 자신의 집에 침입하려고 했던 사건에서 시작되었다고 회상한다.163 그녀가 도움을 요청했을 때 이웃집의 사람도 경찰도 아무도 오지 않았고, 그녀는 "자신이 자기의 안전을 책임져야 한다는 것을 깨달았다." 164 "절대로 피해자가 되지 않기로 결심했다. 그 때부터 총 쏘는 방법을 배우기 시작했다." 165

산드라 프로만의 이야기에서부터 끌어낸 모럴(moral)(6)은 집 침입자들에 대한 두려움과 법적 페미니스트의 기본적 이야기 — 즉, 폭력의 피해자인 여성에 대하여 법 집행관들이 반응을 보이지 않는 것 — 를 하나로 합친다. 정부가 폭력에 대한 독점권 유지에 실패함으로써 여성은 더욱 공격의 대상이 되었고, 따라서 폭력 행사를 위해서는 여성들이 그 권리를 위임 받아야만 했다.

"많은 여성들은 자신들이 총을 소지하기에 너무 약하거나 혹은 너무 멍청하다고 믿도록 이끌려 왔다. (…) 내가 하는 일은 바로 총을 소지하는 것이 여성들에게 또 하나의 선택사항임을 알리는 것이다." 166

이 프로젝트는 여성 내부의 힘을 길러 적극적인 자신을 창출하도록 하는 여성 임파워먼트(empowerment)가 되었다. 여성에 대한 폭력에 대한 법 집행관들의 태만적 행동에 직면하여 강력한 정당방위를 통해 여성 임파워먼트로 성장할 수 있었다.167 새로운 성 안 독트린에 후퇴의 의무가 배제되었다는 것은 이 임파워먼트 프로젝트의 움직임으로 묘사된다.

후퇴 의무의 폐지로 친인척 간의 불화가 살인으로까지 이어질 수 있다는 우려의 목소리는 집 추정에 대하여 중요한 제한점을 두도록 만들었다. 마리온 해머는 이를 "타협(compromise)" 이라고 표현하는데, 법에서는 다음과 같이 명하고자 한다.

"만약 가정폭력 구타를 당하는 경우 정당방위를 사용할 수 있지만, 만약 배우자가 공동 집 소유자인 경우 집에 침입한 남편, 특히 부

158

부의 사랑이 식어버린 혹은 정이 떨어진 남편에 대하여 단순히 힘을 먼저 사용할 수는 없다. 이런 경우 힘을 사용하기 전에 먼저 공격을 받아야만 한다. 사법위원회(Justice Committee)의 몇몇 변호사들은 정당방위 권리와 집을 보호하는 권리를 회복시키면서 사람들이 좋아하지 않는 사람들을 살인한 후 '이는 법적 정당방위였다' 라고 주장하는 일이 없도록 하기 위해 노력했다." 168

이러한 우려는 남편을 죽일 수 있을 만큼 권한이 위임된 아내들에 대한 상상에서부터 생겨난 "영화 〈하이 눈〉의 가정 주방(familial kitchens)" 에 대한 염려를 상기시켜 준다.169

여성 피해자라는 사실이 후퇴 의무 폐지의 규율을 일반적으로 확장시키는데 유용한 사실이라 하더라도, 새로운 성 안 독트린은 자신의 집에서 여성이 후퇴 없이 정당방위로 치명적인 힘을 항상 사용할 수 있도록 허락하는 데까지는 미치지 못했다. 여러 주(州)들의 성 안 독트린 법은 집 안에서 일어나는 폭력 장면을 명확하게 언급한다.170 예를 들어, 플로리다 주 법에 따르면 만약 "방어적 힘을 사용하는 사람이 그 장소에 있을 권리를 가지고 있거나 그 집의 법적인 거주자이고 그녀를 *가정폭력에서부터 보호하는 접근금지명령에 대한 중지 명령이 발효되지 않은 상태라면*" 집 추정은 이 상황에서 적용되지 않는다.171

즉, 만약 두 사람이 그 집에 살고 있다면 집 추정이 적용되지 않는 것이다. 친인척 관련 상황에서는 집 안에서의 방어자를 그녀가 있을 권리가 있는 장소에 있을 때와 마찬가지 위치 — 더 나은 위치가 아니고 — 에 놓는다. 그녀가 만약 물리적 공격을 받았다면 그녀에게는 그 집에서 후퇴할 의무가 없다. 하지만 그녀는 동거주자가 그녀에게 반드시 위험을 수반한다는 것을 추정할 수도 없다. 정당방위로 동거주자를 죽인 것의 합법성을 인정받기 위해서는 죽음을 당하거나 심각한 상해를 입는 것에 대한 그녀의 두려움이 합리적이어야만 한다.

하지만 우리가 잘 알고 있듯이 집 추정을 동거주자에게 적용하지 않는 것은 가정폭력 피해자들에게는 불리한 것이다. 따라서 새로운 법은 집 추정이 어떻게 가정폭력 상황에 적용되는지를 가정폭력 접근금지명령을 통하여 구체화했다. 접근금지명령이 물러나 있을 것을 명령하는데, 그가 강제적으로 집에 들어왔을 때에는 그 어떤 두려움이나 위험 요소를 증명하지 않고서도 그를 죽일 수 있다.172 가정폭력 접근금지명령을 위반한 사람은 집에 들어온 순간 집 침입자로 여겨진다. 그를 그 자리에서 쏴 죽일 수도 있다.

3) 신(新) 진정한 여성(The New True Woman)

성 안 독트린을 지지하는 어떤 옹호자들에 의하면 가정폭력 피해자들은 "법안 제정에 환호" 해야 하며 "그 법안으로 인해 피해자들이 아주 유리해졌다는 것을 볼 수 있어야 한다." 173 하지만 일반적이고 분명한 우려는 바로 정당방위 목적이라고 해도 폭력에 더욱 관대한 법들이 가정폭력 피해자들에게 더 큰 위험을 준다는 것이다.174 구체적으로 지적하면 바로 후퇴의 의무를 완화시킴으로써 학대자들 역시 정당방위를 주장하고 유죄 판결을 피해갈 수 있다는 점이다.175 총 폭력 방지 브래디 캠페인(The Brady Campaign to Prevent Gun Violence)은 위의 우려를 다음과 같이 지적했다.

"이 법은 가정폭력을 종종 동반하는 감정적인 분노 상태일 때 상대방을 총으로 쏜 사람들을 변호하는데 남용될 것이다." 176

민주당 상원의원인 파울라 어바우드(Paula Aboud)는 아리조나 주 성 안 독트린 법에 반대했던 유일한 아리조나 주 상원의원이었는데, 그가 반대했던 이유도 바로 법이 "오히려 가정폭력 피해자의 이익에 반대로 사용될 수 있는 가능성"에 대한 염려 때문이었다.177

미시건 주에서 성 안 독트린 법을 통과시킬 때 최초 여성 미시건 주지사였던 제니퍼 그랜홈(Jennifer Granholm)은 법조항들이 "가정폭력 피해자들이 정당방위 행위로 인해 형사 기소되지 않도록" 분명히 언급할 것을 주장했다.178

법조항 내의 가정폭력의 영향력에 대한 언급은 집 추정 — 일반적으로 가정 상황에 적용되지 않는 — 이 가정폭력 집근금지명령이 발효되어 있는 경우에는 적용된다고 표현했다. 따라서 법 제정자들이 가정폭력에 대한 우려를 표현하기 위해 사용한 방법은 바로 가정폭력 접근금지명령을 형식적으로 도구화하는 것이었다. 새로운 법은 가정불화의 애매성을 고려해 친인척/가족 관련 상황에서 사람들이 폭력에 의지하지 않도록 하기 위해 노력했다. 하지만 정부가 발급하는 접근금지명령은 이러한 애매모호함을 가로질러 가정폭력을 다른 가정 논쟁과 구분하고, 불화와 범죄의 구분 및 피해자와 범죄자를 구별하는 뚜렷한 방법을 제공한다.179

접근금지명령은 모든 관련자들을 가정폭력 범주에 놓고 집에서 단 한 사람 — 즉 가정폭력 피해자 — 은 후퇴할 필요 없이 폭력자를 죽일 수 있도록 허락한다. 이는 법이 가정폭력 자체를 가정 내 논쟁 또는 불화로부터 집 침입이라고 분류함으로써 가능해졌다. 접근금지명령은 학대자를 배제시키고, 그가 집에 있는 상태를 불법화시키며, 집 안에서 그를 법적으로 낯선 사람이 되게 만든다. 그렇다면 집 추정에 따라 그가 만약 집에 들어올 경우 총에 맞을 수도 있는 것이 된다. 앞에서 논의한 것처럼 가정폭력 접근금지명령은 점점 보편화된 법적 도구로 자리 잡아 일상적으로 승인되고, 일방적으로(ex parte) 혹은 피해자의 요청 없이도 종종 발행된다.

더군다나 집 추정이 가지는 실용적 중요성은 사실 가정폭력 조항에 의하여 강화된 것이다. 성 안 독트린 운동에서 예상되었듯이 가족들 사이의 폭력은 낯선 사람에 의한 침입보다 훨씬 확대되어 있다.180 성 안 독트린 법안이 집 주인들에게 폭력적인 집 침입에 대하여 방어를 할 수 있도록 힘을 불어 넣은 것이라고 법 제정자들은 종종 해석하지만, 이 법이 가족 상황에 미치는 미래지향적 시사점에 대해서는 상술하지 않는다.

한편, 새로운 성 안 독트린 법은 다음을 재강조한다. 즉 경계선을 넘어 집으로 들어가는 것을 정통적인 범죄로 정의하고 침입자는 전형적 범죄자이며, 진정한 남성은 그의 집과 가족을 보호한다 라는 정통적 가치를 인정하는 것이다. 또 다른 한편으로는 성 안 독트린 법은 집에 종속됨과 가정 학대자를 범죄자로 그리고 여성을 남성 폭력의 피해자로 여기는 범죄에 대한 생각에 동시에 의존하기도 한다.

위의 정말 다른 두 통찰력을 하나로 합치는 것은 가정폭력 접근금지명령으로 인해 남자가 자신의 집에서 침입자로 그 위치가 변화되는 과정에서 일어난다. 그를 법적으로 낯선 사람으로 만듦으로써 접근금지명령은 우리가 다음을 상상할 수 있도록 도와준다. 즉 그의 범죄가 집 안의 종속성 구조물 안에 있으면서도 침입으로 규정할 수 있게 되었다. 그리고 그 학대자이자 침입자를 죽인 여성은 자신의 성(城)을 방어할 수 있는 코먼로 권리와 무기를 소지하는 헌법 권리를 실행 — 이는 구체적으로 진정한 남성으로서가 아니라 피해자의 신분으로 실행하는 것 — 하는 신(新) 진정한 여성으로서 자리매김을 하게 된다.

접근금지명령은 이 논의 내에 이질적인 관심사들을 위한 합의점을 찾아내는 중요한 방안이 되었다. 새로운 성 안 독트린을 지지하는 전미(全美) 총포 협회와 법 제정자들은 접근금지명령에 대한 조항이 그 법의 여성 보호 목적을 보증하는 것이라고 이야기한다. 폭력 사용의 허락을 확장하는 데에 대한 가정폭력 중심인 비판자들은 대상자들이 공식적으로 접근금지명령으로 인하여 "학대자 — 피해자" 한 쌍으로 분류가 되면, 새로운 성 안 독트린 법은 피해자가 자신을 방어할 수 있도록 하며, 학대자는 정당방위를 주장하기 어렵도록 만든다고 확신하게 되었다. 따라서 접근금지명령은 합의를 이끌어 내기 위한 유용한 도구로 사용되어졌다.181

한편으로 새로운 성 안 독트린 법은 범죄를 침입으로 재명명했다. 한 남성의 집은 그의 성(城)이고, 그는 그곳에서 가족을 방어한다. 더 나아가 진정한 남성으로서 그가 있을 권리가 있는 장소에서는 자신

을 방어할 수 있다. 또 다른 한편으로는 새로운 법과 이에 관련한 논의
는 종속적 표본인 범죄의 다른 면을 가지고 있으면서 가정폭력 의식과
의견을 같이하는 정당방위법을 개발했다. 집은 여성이 학대 받는 장소
이다. 그녀는 학대자를 마치 집 침입자처럼 대할 수 있다. 이는 진정한
남성의 반복이면서 한 가지 다른 점 — 즉, 신(新) 진정한 여성 — 을 가
지고 있다.

　　　새로운 성 안 독트린 법 내에 규정된 접근금지명령은 학대자를
단지 체포하기 위해서가 아니라 죽임의 대상이 되도록 표시하는 것이
다. 침입 범죄 표본에 대한 종속성 비판은 진정한 남성 틀 안에 포개어
졌다. 오늘날 집에 대한 초점은 집 안에서 일어나는 폭력을 침입으로
재상상함으로써 진정한 남성상을 재명명하고 수정하는 것이다. 집이
한 남자의 성(城)이다 라는 개념을 이끌어내어 근대 정당방위법 안에 들
어오게 되었으며, 집 안에서 벌어지는 폭력이 초점의 중심이 되었다. 집
에서 침입자들에 대항하여 가족들을 지킨다는 생각은 가정폭력으로부
터 여성들을 보호한다는 이야기로 여겨진다. 집이 대표하는 경계선을
강화시키려는 진지한 노력으로 인해 결국 그 경계선의 강점이 예전의
범죄 정의를 바꾸고 확장하는데 이르게 된다.

4. 집과 국토(Home and Homeland)

　　　정당방위법 내의 중요한 현대적 발전 사항들을 통해 집과 폭력
범죄 관계에 대한 굉장한 관심을 살펴볼 수 있다. 이러한 정당방위 발

전 사항들의 요점은 주장하건데 2008년 획기적 판결인 *헬러(Disctrict of Columbia v. Heller)* 사건에서 찾아볼 수 있다. 이 판례에서는 권총 소지를 일반적으로 금하는 워싱턴 D.C. 법의 합헌성 여부를 살폈다.[182] 대법원이 논의했던 합헌성 관련 문제는 바로 "사용할 수 있는 권총을 *집에서* 소지하는 것을 금지하는 것이 미국 헌법 제2조(Second Amendment to the Constitution)를 위반하는 것이 아닌가"의 여부였다.[183] 이슈가 되었던 권총 소지 금지는 일반적인 것이고, 헌법 제2조에서 집이란 단어는 언급조차 되지 않았지만, 집은 무기 소지에 관한 헌법적 권리에 대한 문젯거리를 만들어냈다. 헌법 제2조에서는 무기 소지에 관한 헌법적 권리는 "자유 국가의 안전을 위해서 훈련이 잘 되어있는 민간 군인들에게 필요하다." 라는 면에서 설명한다.[184]

　　대법원 결정을 대표하여 판결문을 쓰면서 스칼리아(Scalia) 대법관은 정당방위와 총 그리고 집과 가정생활을 보호하는 친숙한 주제로부터 결론을 명확하게 이끌어냈다. 집 안에서의 권총 소지에 대한 헌법적 문제에 초점을 맞추어 스칼리아 대법관은 다음을 강조했다.

　　"천성적으로 주어지는 정당방위의 권리는 헌법 제2조가 보장하는 권리의 중심이 되어왔다. 권총 금지는 미국 사회가 합법적인 목적을 위하여 압도적으로 선택한 모든 종류의 '무기' 를 금지하는 것과 같다. 더군다나 권총 금지는 *자신과 가족 및 재산을 방어해야 하는 필요가 가장 절실한 장소인 집에까지 확장된다.* (…) '보관' 하고 *자신의 집과 가족을 보호하는 목적을 위해 사용하는데 미국 전체가 가장 선호하는 무기를 집에서* 금지시키는 것은 헌법적인 군인 집합을 실패하도록 할

것이다." [185]

헬러(Heller) 판례에서는 헌법 제2조의 역사적 의미를 광범위하고 면밀한 분석을 한 후, 무기 소지 권리는 진정한 남성이 자신의 집과 가족을 보호하는 이미지와 잘 맞는다는 결론을 내리게 되었다. [186]

스칼리아 대법관은 다음을 추가로 덧붙였다. "미국 시민들은 권총을 정당방위에 필요한 무기 중 정수(精髓)로 꼽았다." [187] 더군다나 스칼리아 대법관은 "시민들이 집 방어를 위해 권총을 선호하는 많은 이유들에 대하여" 상세히 설명했다.

"비상사태시 쉽게 총을 가질 수 있는 장소에 보관하기가 쉽다; 공격자가 쉽게 몸싸움을 벌이거나 총구를 다른 방향으로 향하도록 할 수 없다; 장총을 들어 조준할 수 있는 충분한 상체를 가지고 있지 않더라도 쉽게 조준하여 사용할 수 있다; 한 손으로 집 안에 들어온 강도를 향해 조준을 하고, 다른 한 손으로 경찰에 전화로 신고할 수 있다. 어떤 이유에서든지 간에 권총은 미국 시민들이 집에서 정당방위에 필요한 무기로 선택한 가장 인기가 있는 무기이고, 이를 완전히 금지하는 것은 헌법에 위반된다." [188]

스칼리아 대법관의 설명을 통해 우리는 다음을 상상할 수 있다. 즉 침입자들의 공격을 격퇴하도록 준비된 집 안에 있는 미국인, 그냥 한 사람이 아니라 한 "시민"을 우리는 상상할 수 있다. 또한 공격을 격퇴하는 행동은 상체의 힘이 강하지 않더라도(여성?) 성취할 수 있어야 한다는 것을 우리가 그려볼 수 있게 해주었다. [189] 한 손에는 총을 들고 범죄자를 조준하면서 다른 한 손으로는 경찰에 신고하기 위해 전화를 하는 그림은 *헬러(Heller)* 판례가 묘사한 집 안 시민에 대한 가장 인상적인 장면이다.

　　정당방위법 내의 집에 현대적 초점을 맞추고 있다는 사실은 범죄와 집과 연결하여 개념화시키려는 노력들에 대한 가장 최근의 훼방으로 이해할 수 있다. 이는 왜 미국법 내의 집이 차지하고 있는 부분이 오늘날 단호하고 다급하게 느껴지는지에 대한 의문을 갖도록 한다. 위에서 논의했듯이 *헬러(Heller)* 판결은 "미국 사회", "국가", "미국 시민", "미국인" 그리고 "시민"으로 언급을 계속함으로써 익숙한 집에 대한 담화를 한결같이 국민적 담화로 결합시켰다.190) 무기 선택에 있어서 권총에 대한 "압도적인" 선호 — 즉 정당방위 무기의 정수(精髓)로 꼽음 — 는 우리가 미국 시민으로서의 공동적 신분으로 정한 것이었지 집에 살고 있는 개인 거주자의 신분으로 정한 것이 아니다. *헬러(Heller)* 사건은 국가의 시민권과 공격에 대항하여 집을 방어하는 것을 공개적으로 연결지었다.

　　점점 정당방위와 집을 연결하는 이유가 2001년 9월 11일 이후 힘의 사용에 대한 많은 이야기 및 생각들 — 우리가 "국토(homeland)"라고 부르는 국가를 방어하기 위한 선제 무력행사(preemptive force)를 포함 — 이 활개를 치는 것과 관련이 있는 것은 아닌지 의문을 갖는 사람이 있다. 한 시사 해설자의 말을 빌리자면, "국내 전선(the home front) (7)은 이제 정말 실질적 전선이 되었고, 우리는 이제 이 새로운 전선에서 어느 정도의 용기로 우리 자신을 무장해야 한다." 191 라고 했다. 우리 국경 외부로부터 오는 외국인들의 공격에 대항하여 우리를 지키는 것에 자

(역주 7) 전시에 국내에 남아 군대를 지원해주는 국내 시민들을 가리키는 말

신이 없을 때에 우리는 아마도 정당방위의 프로젝트를 외국 테러리스트로부터 국내 일반적인 범죄자로 이동시켜 적용했던 것이다.192 우리 국토에서 테러리즘을 멈추게 하는 것에 확신이 없다면 적어도 우리는 각자의 집에서 범죄를 퇴치하는 것에 대하여 우리의 확신을 강화시킬 수 있다.193

헬러(Heller) 대법원에서 계속 주장된 주제는 바로 국토의 안전과 집에서의 정당방위를 유대시키는 것이었다. 헬러(Heller) 주장은 "우리 국가가 범죄와 테러리즘의 계속되는 괴롭힘에 직면하고 있다는" 사정을 드러냈다.194 전미(全美) 총포 협회는 권총 금지는 "정당방위 및 다른 합법적 사유 목적을 위하여 무기를 소지하는 수천만 명의 선량한 미국 시민들에게 해를 끼칠 뿐만 아니라 가장 위험한 순간을 국가가 직면할 때 보통 남성들과 여성들 및 그들이 무기에 대하여 잘 숙지하고 있는 상태에 항상 의지하는 국가 전체에 해를 끼치는 일이다" 라고 주장했다.195 재판 구두 변론(oral argument) 시 피고인 헬러(Heller)의 변호사는 "권총 금지는 미국 군인의 준비성을 약화시키는데 사용된다." 라고 주장했다.196

물론 형법의 정당방위와 국가 정당방위 프로젝트를 연결하는 배후에는 충분한 선례들을 발견할 수 있다. 이미 이야기했듯이 코먼로 성 안 원칙은 개인 집만이 아니라 그 영역 전체를 보호하는 성 안의 방어적 기술의 중심적 상징으로 자리 잡았다. 미국의 요새가 파괴적이고 대중적인 방법으로 침입을 당한 후 사람의 집은 그의 성(城)이다 라는 주장을 하는 것에 대해서 매력적이고 아마도 통렬한 어떤 무엇인가를 우리는 느낄 수 있다.

집과 국가의 상호관계는 정당방위 정의의 중심이 되어왔다. 해일(Hale)이 "두 국가 사이의 적대심" 과 "같은 법 아래 사람들 사이의 공격 및 싸움" 을 대치시켰던 것을 우리는 떠올릴 수 있다.[197] 이와 비슷하게 "사람의 몸에 손을 댈 권리를 가지고 있지 않으면서 힘을 사용할 경우, 그 사람은 공격자와 전시 상태에 놓이게 된다." 라는 락(Locke)의 제안에 대한 블랙스톤(Blackstone)의 주석도 떠올릴 수 있다.[198] 전쟁과 외부의 영토 침입에 대한 비유는 정당방위에 대한 상상 속에 계속 머물러 있다. 한 사람이 다른 사람을 공격하는 것을 "방어자의 자주성을 일방적으로 침해하는 것" 이라고 특정 짓는 것에 대하여 조지 플레처(George Fletcher)는 다음과 같이 설명한다.

"만약 한 사람의 자주성이 침입자에 의하여 피해를 입는다면 방어자에게는 그 침입자를 내쫓고 자신만의 영역이 가지고 있는 고결성을 회복시킬 수 있는 권리가 있다. 이 설명에 바탕이 되는 이미지는 바로 전쟁 상태이다. 우리들의 권리를 공격자가 위반하는 것은 우리 국토에 외국 군대가 침입하는 것과 같다. 외국 침입자들을 내쫓을 절대적 권리가 그 어떤 사회에게라도 있다고 우리가 믿는 것처럼, 다른 사람으로부터 공격을 받은 사람에게는 그의 매우 중대한 이익에 반대되는 공격을 무효화하기 위한 절대적 권리가 있어야 한다." [199]

범죄자에 대한 정당방위와 가정폭력 및 국가 안전의 연결 관계는 최근 정치 및 법적 담화를 통해 분명하게 재구성되었다.[200] 예를 들면, 가정폭력 피해자들에게 비상용 총을 제공하도록 하는 — 페미니즘과 총에 대한 관심이 서로 이상하게 맞물리는 또 하나의 표현 — 펜실베이니아 주의 법안을 지지하는 하원의원 대릴 멧캘프(Daryle Metcalfe)는 다음을 발견했다.

"무기로 자신을 보호하는 것과 가정폭력을 방지하는 것 사이의 연결 고리뿐만 아니라 국가 안전과의 연결 고리를 찾았다." 201

대릴 멧캘프에 따르면, 정당방위란 "테러리스트가 꼭 인지해야 하는 제지적 요소(deterrents) 중의 하나이다. (…) 테러리스트들은 미국 시민들에게 피해를 입히려고 함에 따라 미국 시민들이 자신들과 가족들을 위해 제공할 수 있는 잠재적 방어를 인식해야만 한다." 202 따라서 가정폭력 피해자들에게 총으로 무장을 시켜주는 것은 "우리가 테러리즘에서 찾아볼 수 있는 국가 안전 문제에 대항하는 방어 방법이다." 203

무장된 정당방위와 가정폭력 반대 정책 사이의 관계가 전미(全美) 총포 협회의 마리온 해머와 산드라 프로만에 의해 만들어진 관계 및 *헬러(Heller)* 판례에 관한 주석에서 보여진 관계와 비슷하다는 사실을 볼 수 있다.204 또한 집과 가족을 보호하는 것과 외부 테러리스트들로부터 국가를 보호하는 것을 비교해 놓은 것도 볼 수 있다. 침입과 가정폭력은 정당방위를 위한 새로운 뜻을 만들어내기 위해 서로에 대한 틀을 세운다. 국가 안전은 집 안전이 지니고 있는 뜻의 틀을 세우는 것이다.

침입에 대한 생각이 새로운 성 안 독트린을 만들어내도록 동기부여를 한 것처럼 보임에도 불구하고, 집 안의 종속적 모델은 그 앞에 위치한다는 것을 앞에서 미리 제안했다. 또한 테러리즘의 위협과 집 침입에 관련한 우려가 일시적으로 동시에 증가하는 것 사이에 존재하는 문화적 연결 고리 역시 뚜렷이 찾아볼 수 있다. 만약 위의 주장이 맞다면, 이는 다음을 반영하는 것일 것이다.

집에서 불법적 침입자들에 대항하여 남자답게 우리를 보호하는 능력을 재선포하고자 하는 우리들의 꿈은 진정한 남성이 됨으로써 가장 공개적인 위협으로부터 가장 개인적인 위협까지, 그 위협이 외국에서부터 시작된 것이든 국내적인 것이든, 모든 위협에 대항하여 방어할 수 있다는 소망을 반영하는 것이다. 동시에 오늘날의 정당방위에 관한 법적 담론, 진정한 남성의 표현에 들어 있는 것이 아니라 섞여서 만들어진 표현인 신(新) 진정한 여성에 담겨 있는 그 법적 담론을 오늘날 우리가 물려받게 되는 것이다.

집 빼앗기

Taking the Home

　　제4장에서는 2004년 대법원이 4일을 두고 논의했던 두 가지 판례에 대하여 비교해보도록 한다. 바로 *켈로(Kelo v. City of New London)* 1 와 *캐슬락(Town of Castle Rock v. Gonzales)* 2 의 두 사건이다. 이 사건들은 각각 자신만의 방법으로 집을 잃어버리는 것이 어떤 의미인지에 대하여 고민했다. 두 사건 모두 광범위한 사회 운동과 연결된 중요한 반응들을 일으켰다. 두 판례의 의미를 제대로 해석하기 위한 주요 열쇠는 바로 집에 대한 기괴성(uncanny character)에 관한 법적 자취를 따라가는 것이다. "기괴하다" 라는 것은 문자 그대로 당신의 눈앞에서 완벽하게 친밀하고 편안한(하임리히, heimlich)(1) 상태가 전혀 친밀하지 않고 소름끼치는(운하임리히, unheimlich)(2) 상태로 변할 때 일어나는 굉장히 무섭고 간담이 서늘해지는 감정을 나타내는 단어이다.3 집에 있는 물건들에 귀신이 씌거나 헨리 제임스의 아이들(Henry James's children)(3) 또는 스티븐 킹(4)의 메인 주 전망(Stephen King's Maine landscape)과 같은 것이다. 즉, 따뜻하고 사랑스러워야

(**역주 1**) 독일어로 1) 가정에 속한, 친근한, 친밀한, 가까움, 편안한, 안전한, 상냥한, 또는 2) 비밀스러운, 사적인 이라는 뜻
(**역주 2**) 독일어로 Heimlich의 1) 그룹에 속하는 뜻의 반대말. '기괴한, 두려운, 친근하지 못한, 불편한' 이라는 뜻.
(**역주 3**) Henry James는 공포 소설가
(**역주 4**) Stephen King 역시 공포 소설가

하는 그 무엇인가가 친숙하면서도 잘못된 다른 방법을 통해 검토됨으로써 차갑고 무섭게 변하는 것을 가리킨다.4

켈로(Kelo) 사건에서 기괴한 점은 바로 집이 중간 계급이 상상하는 편안한 요새의 상태에서 빼앗길 수 있고, 다른 사람들에게 넘겨질 수 있는 재산으로 변화하는 것이다. 오코너(O'Connor) 대법관은 왜 켈로(Kelo)의 판결이 위헌이고, 경제 발전을 빼앗아 가는 문제를 구분하고 성별로 나누고 있는지 반대 의견서에 설명하면서 위에서 언급한 기괴스러운 점을 드러내었다.

캐슬락(Castle Rock) 판례에서 기괴한 점은 두 가지이다. 첫째, 사건의 사실에 관한 (성별적) 공포감이 존재한다. 이 사건에서 한 엄마가 보호를 보장하는 접근금지명령을 집행시킬 것을 경찰에 애원했음에도 불구하고 그녀의 아이들은 집에서 아빠로부터 유괴를 당한 후 죽임을 당했다. 둘째, "집은 공공의 통제와 형법의 개인적 문제에 대한 통제의 대상이다" 라는 현대적 개혁주의 가정폭력 체제가 가지고 있는 완전한 의미를 대법원에서는 받아들일 능력이 없었다. 대법원은 집과 형법의 법적 기괴한 관계 및 폭력적 가부장에 의한 사실적 기괴한 협박에 관한 협상을 했다.

만약 집이 기괴함의 원형적 장소라면, 법원의 의견은 기괴성을 반대하는 규율과 규칙에 의해 완전히 갇혀 있는 장르가 된다. 따라서 집에 관한 법적 의견들은 극도로 골치 아픈 사안이 되었다. 한편으로 (변호사들이 이야기하는) "사실들" 이 있어야 하고, 이는 일상적 표현을 무시하는 놀라운 현실 ─ 이 사건에서 대법원이 논의한 가정 집의 공격과

176

파멸, 자신의 아버지로부터 집에서 유괴를 당한 아이들 세 명의 죽음과 그 어머니에 대한 보살핌 – 을 반영한다. 또 다른 한편으로는, "법" – 법 판결문의 활력소이기도 한 본문과 분석을 통해 빽빽하게 이루어진 논의 – 은 무질서를 바로 잡기 위해 스스로 분투하고, 따라서 법의 결론은 필연적 결과로 보인다. 법정 의견 장르 안에 이 같은 노력에 대한 어려움이 잘 나타나 있다. 법정 의견은 반대 논의와 동시에 나타나기도 하고, 반론하기도 하며, 종종 해석의 대안점을 제시하는 법관들의 반대 의견서와 함께 나타나기도 한다.

기괴함은 같은 주(週, week)에 발행되었던 대법원의 집의 개념에 대하여 고심한 두 가지 의견이 포함하는 의미를 계속 따라다닌다. 혹 독자들이 잊을까 하는 염려 때문에 언급하지만, 이 의견들은 9명의 대법관들과 35명의 서기들이 위의 사건에 대하여 같은 시기에 일했다는 것을 뜻한다. 즉 이러한 사실을 염두에 둔다면, 학구적인 독자들은 이렇게 많은 법 관계자들이 본문 결과물과 생각들에 대하여 영향을 끼치지 않았다고 생각하기는 어려울 것이다. 대법관 의견들은 하급 법원에서 변론 요지서(brief)와 판결문들을 써왔던 무수한 변호사들과 판사들은 물론 서기들의 도움을 받아 대법관들이 공동 작업한 것을 나타내는 것이다. 사건 결론에 대한 의견이 가지고 있는 뜻과 함께 이 사건들에 대한 공공의 평판은 많은 논의를 할 만한 이야깃거리들을 담고 있다. 또한, 국가 강요 및 생명과 죽음, 그리고 공공적인 의미 사이의 관계를 심각하게 받아들이는 동시에 너무나 당연시하게 받아들이고 있다는 특징을 법적 의견이 가지고 있다는 것은 피해갈 수 없는 사실이다.

1. 기괴한 획득(Uncanny Takings)

1) 집과 호텔(Home and Hotel)

2005년 여름, 뉴햄프셔 주 웨어(Weare) 지방의 8,500명 주민들 앞에 예외적인 제안이 놓여졌다. 지방 정부에서 국가토지수용권(eminent domain power)을 발동해 한 지역 주민이 살고 있는 19세기의 농장 집을 빼앗고 로스트 리버티 호텔(Lost Liberty Hotel)이라고 이름 붙인 숙박업소를 짓는다는 제안이었다.[5] 이 숙박업소에는 저스트 디저트 카페(Just Desserts Café)라고 불릴 식당과 일반인들이 입장할 수 있는 박물관도 만든다는 계획이 포함돼 있다.[6] 토지 수용권 발동의 목적은 바로 "웨어(Weare) 지방에 경제 발전과 더 높은 세입을 가지고 오는 것"이었다.[7]

토지 수용권 대상 집은 멀리 떨어진 흙밭 막다른 도로 위에 세워진 금시라도 무너질 듯한 낡고 오래된 집이었지만,[8] 그 마을에서 가장 유명했던 사람이자 동네 사람들이 꽤 좋아했던 데이비드 해켓 수터(David Hackett Souter)가 그 집의 주인이었다. 그가 미국 대법원 대법관으로 지명되었을 때에도 그 지역 사람들은 그의 사생활을 보호하는 것을 자랑스럽게 여겼었다.[9] 한때 조부모에게 속해 있던 별로 남의 눈에 띄지 않던 그의 집이[10] 작은 마을 분쟁의 중심이 되어 미국 전체의 관심을 갖게 되었다.

그 이유는 수터 대법관도 과반수 의견에 동의했던 5:4로 결정된 켈로(Kelo v. City of New London) 판례로부터 비롯된다. 켈로(Kelo) 사건에서는, 경제 개발을 위한 획득은 헌법의 획득 조항(Takings Clause)의 필요

조건인 "공공 목적의 사용" 구성요건을 위반하지 않는다 라고 판결을
내렸다.11 즉, 대법원은 그 사회에 경제 이익을 가지고 오도록 하는 개
발 계획의 한 부분으로 사유 재산지를 획득하고 다른 개인 소유주에게
그 소유권을 넘길 수 있도록 하기 위해 국가토지수용권을 행사하는 것
을 헌법이 금하지 않는다 라고 결론을 내렸던 것이다. 경제 개발은 공
공 목적의 사용에 맞지 않는다 라고 주장하는 재산 소유자들은, "우리
가 지금까지 인정해온 다른 공공 목적들과 경제 개발을 구분할 수 있
는 원칙적 방법이 우리에게는 없다." 12 라고 하는 대법원의 답변을 듣게
된다. 워싱턴 D.C.를 도시 황폐화로부터 구제하고, 하와이 내의 소수 소
유주가 독점한 사유 재산을 나누는 것 등을 포함하는 다른 목적들은
뉴런던 지역에서 대두된 경제 개발 목적과 실질적으로 그렇게 다른 것
이 아니다 라고 대법원은 말했다.13

　　학설상 위의 사건은 중요했지만 그렇다고 위의 사건이 개척자
적인 사건은 아니었다.14 이전의 사건들은 이미 공공의 목적을 위한 것
이라면 사유 재산을 획득한 후 사립 소유주에게로 소유권을 이전시키
는 것이 공공 목적 사용에 부합할 수 있다 라고 판결을 내렸었다. 켈로
(Kelo) 사건은 철회시켜야 하는 도시 황폐화나 과점(寡占)의 요소가 없다
고 하더라도 경제 개발이 공공 목적일 수 있다는 것을 다시 한 번 확인
한 정도의 의미만을 지닌다. 이 결론은 이전 판례들 때문에 강요된 결
론도 아니고, 근본적인 이탈도 아니었다.15

　　하지만 대중들은 켈로(Kelo) 사건을 다르게 받아들였다. 판결 직
후, 미국 전역에서 주석자들의 비난은 유난스러웠다.16 "무섭다", "구역

질난다", "섬뜩하다"와 같은 격분한 특징들로 가득 넘쳤다.17 이 반응에 대한 실질적 밀어붙이기는 어느 정도 비슷한 경향을 띠었다. 즉 거의 대부분의 주(州)와 셀 수 없는 수많은 지방에서 두려움에 사로잡힌 시민들은 "공공 목적 사용"에 대한 규정 아래 정부가 재산을 수용 획득할 수 있는 목적들을 제한하는 법을 제정할 것을 제안했다.18 이러한 반응들 자체가 더욱 상징성을 가지고 있다.19

로스트 리버티 호텔 제안은 이 같은 법 제정에 중심이 된 운동의 기발한 변형이었다. 결국 웨어(Weare) 지역 주민들은 수터 대법관의 집을 획득하지 않도록 하는데 투표를 했고, 오히려 뉴햄프셔 주 입법부가 켈로(Kelo) 법정이 합헌이라고 규정했던 종류의 소유 획득을 금지시키는 법을 제정하도록 강력히 추진했다.20) 뿐만 아니라 현실적으로 볼 때 농장 집이 호텔로 변하는 것을 상상하기는 어렵다. (누가 웨어 지방에 간단 말인가?)21 하지만 이 사건은 대중 반응의 본질과 그 사건 자체의 문화적 의미로 향하는 매력적인 창(intriguing window)이었다.

위와 같은 책략을 꾸민 캘리포니아 주의 사업가에 따르면, "모든 미국인들을 위한 재산 권리들을 파괴하는데 큰 책임을 지고 있는 한 사람의 집이 위치한 특별한 장소였기 때문에" 로스트 리버티 호텔은 수터 대법관의 땅에 지어져야만 했던 것이다.22 라고 한다. 이 제안은 바로 그의 집에 깊은 뿌리를 가지고 있는 세속을 떠난 법관을 대상으로 한 것이었다.23 이는 수터 대법관을 켈로(Kelo) 판례가 정확하게 허락하고 있는 것에 대한 대상이 되도록 함으로써 만약 그가 자신의 집을 경제 개발 목적으로 국가가 수용한다면 그는 켈로(Kelo) 사건에서 다르게

투표를 했을 것임을 보여주려는 의도가 담겨 있다.24

　　이 제안은 분리할 수 없는 동일 자아성을 보여주기 위해 수터 대법관이 공적인 역할에서 선택한 결정에 대하여 집 소유자로서의 수터 대법관을 벌하려고 의도한 것이었다. 그의 집을 획득한 후 호텔로 만들기 위해 켈로(Kelo)를 사용할 것을 제안한 것은 공사(公私) 구분을 불안정하도록 만드는 켈로(Kelo)의 역할을 무대에 올려놓은 것이었다. 워싱턴 D.C.에서의 공직 생활로부터 멀리 떨어진 자신의 집에서 휴식을 찾고자 하는 유명한 사인(私人)이 그 개인의 휴식처를 공개적으로 빼앗기게 된다. - 비유적으로 그리고 문자 그대로 말이다.25 수터 대법관의 집을 로스트 리버티 호텔로 변형시키자 라는 제안은 개인 공간과 공적 공간 사이에 집의 대용물로 호텔을 기괴하도록 연관시키는 상태에 의지했다.26 따라서 개인적인 것도 아니고 공적인 것도 아니게 집에 대한 기괴한 생각을 실행했다.

2) 계급과 가치, 집과 가정(Class and Values, House and Home)

　　"공적 사용"과 "사적 사용"이 뚜렷하게 기술될 수 없다는 제안은 법학자들에게 있어서 별로 놀랄 일이 아니다.27 그렇다면 왜 많은 미국인들에게 켈로(Kelo)는 사회란 옷감에 뚫린 빠른 수선을 필요로 하는 심각한 구멍이라고 느껴졌을까? 켈로(Kelo)에서 시작된 실질적 격분은 미국 사회생활에서 집이 가지고 있는 뜻과 관련이 있다.28 가족생활의 보고(寶庫)이자 중심지인 집을 잃어버리는 것에 대한 기본 생각은 엄청난 위기로 다가선 확고하고 광범위하게 퍼져 있는 중산 계급의 근심

과 연관 지은 것이다.29

　　국가토지수용권 행사를 통해 집을 빼앗기는 것은 드문 일이다.30 집을 빼앗는 대상은 국가라기보다는 압류권을 행사하는 사적 기관 혹은 개인인 경우가 대부분이다. 미국인들의 꿈의 상징인 집은 중산 계층의 큰 근심거리의 중심에 있고, 압류를 통해 잃어버릴 수도 있는 대상의 중심에 위치한다.31 켈로(Kelo)의 국가토지수용권 관련 사실들은 집 압류의 기괴한 그림자로 남는데, 그 이유는 바로 집들이 결국 다른 개인들의 손에 넘어 가기 때문이다. 집을 잃어버리는 것의 사회적 의미는 바로 가정의 경제적 안정을 잃어버린다는 것이고, 또한 중산층 위치까지도 잃어버리는 것이다.32 켈로(Kelo)는 미국인들의 정신 한가운데 자리 잡고 있는 실패에 대한 공포에 가까운 두려움을 일으켰다.33) 그 공포심은 바로 이런 일들이 일어나는 것이 대법원의 승인 아래 정부가 하는 일들이었다는 데에서 비롯되었다.

　　경제 개발 획득은 공공 사용을 위한 것이다 라고 판결을 내린 스티븐(Steven) 대법관의 대다수 의견에서는 켈로(Kelo) 사건의 청원자들(petitioners)로부터 빼앗은 재산을 가리키며 "홈(home)" (5)이라고 표현하지 않고 "하우스(house)" 라는 단어를 사용했다. "홈 (home)" 이라는 단어는 의견서에 단지 두 번 사용되었다. 한 번은 워싱턴 D.C.에 위치한 엉망진

(역주 5) 영어 단어에서 홈(home)과 하우스(house)는 우리말로 집이라는 한 단어로 표현될 수도 있고, 홈(home)은 가정, 하우스(house)는 집으로 표현할 수도 있다. 하지만 홈(home)은 좀 더 정신적인 면을 강조하는 것이고, 하우스(house)는 물질적인 상태를 강조하는 것으로 생각하는 것이 좋겠다. 따라서 둘 다 집으로 표현될 수 있다. 단지 문맥에 따라 정신적 의미를 강조해야 할 때에는 홈(home)이라고 번역을 했고, 영어로 home이라고 저자가 표현을 했지만 우리말로는 집으로 번역을 하는 것이 자연스러운 경우에는 집(home)이라고 번역을 했다. 영어와 함께 읽으면서 어떤 점을 강조하려고 했는지는 살펴 주길 바란다.

창의 재산을 획득한 다음 그 후에 지어질 *새로운* 집들(homes)을 가리킬 때 사용되었고, 다른 한 번은 하와이에 있는 과점된 재산을 획득한 후 일반인들이 *새롭게* 매입한 집들(homes)을 가리키며 사용되었다.34

반대로 오코너 대법관의 반대 의견서(dissenting opinion)에서는 켈로(Kelo) 청원자들은 "열다섯 가구 집들(homes)에 살고 있는 혹은 그 집에 투자한 아홉 명의 주인들" 이었다고 표현했다.35 오코너 대법관은 빼앗긴 재산들은 몇몇 가구가 비록 투자가들이 소유한 것이었다고 하더라도 그 재산들은 집(home)이다 라고 계속적으로 반복하면서 "홈(home)" 이라는 단어를 전체적으로 여덟 번 사용했다.36 오코너 대법관은 집(home) 개념을 강조하는 수사법을 사용해 빼앗긴 재산과 청원자들을 가깝게 연결시키면서 의견을 시작했다.

"청원자 윌헬미나 데리(Wilhelmina Dery)는 왈박 가(Walbach Street)에 위치한 집(house)에 살고 있다. 이곳은 그녀의 가족들이 *백 년이 넘도록 살아온* 곳이다. 그녀는 1918년 그 집(house)에서 *태어났다.* 그녀의 남편, 청원자 찰스 데리(Charles Dery)는 그들이 1946년에 *결혼하면서* 그 집(house)으로 이사를 왔다. *그들의 아들은* 바로 옆집에서 *그의 가족들과* 함께 그가 결혼 선물로 받은 집(house)에서 살고 있다." 37

이 소송에 대한 도입부 설명에서는 가족의 여러 세대 삶을 꾸리는 인생의 큰 사건들 — 출생, 결혼, 육아, 자녀 결혼, 손자녀의 탄생 — 을 특징으로 그려냈다. 따라서 오코너 대법관이 "세 명 청원자의 집(homes)이 (…) 파괴될 때에는" 이라고 꼬집고 이 법 소송을 "자신들의 집들(homes)을 지키고자 하는" 노력이라고 표현했을 때, 마치 오코너 대법관은 집이라는 물질적 구조물이 세대를 지내며 고착된 가족을 품고 있다고 제안하는 듯하다.38 따라서 획득 또는 빼앗음이라는 뜻은 즉 가족(family)을 파괴하는 것이었다.

더군다나 빼앗음은 자신들이 태어나서 결혼했던 집, 부모님과 할아버지, 할머니가 살았던 그 집에서 사람들이 삶을 꾸려나간 순간들을 표시함으로써 나타내졌다. 오늘날 일반 미국인들은 몇 년이 채 안되어 거주지를 바꾸지만 오코너 대법관의 향수에 젖은 듯한 낭송은 뉴잉글랜드 집에서 백 년이 넘도록 살아온 데리(Dery) 가족을 중심으로 이루어졌다.39 오코너 대법관이 말한 구체적인 사항 중에는 19세기부터 미국에서 살아온 가족 이야기도 포함한다.40 이 면에 있어서 오코너 대법관이 예를 든 가족은 약간 보기 드문 가족으로, 켈로(Kelo) 이후 *메이플라워 호(Mayflower)*의 몇몇 켈로(Kelo) 승객 등을 포함한 조상들을 포함해 백 년이 넘도록 뉴잉글랜드에서 살아온 수터 대법관에게 대중들의 관심이 쏠렸던 사실과 간접적으로 연관되는 듯하다.41

오코너 대법관은 집과 가족의 덕목에 대하여 기술적으로 신화를 만들어낼 수 있는 사람으로서, 자신이 태어나 어렸을 적을 보내고 어른이 되어서 항상 찾아가 보았던 가족 목장에 대한 자서전을 남동생과 함께 최근에 펴내기도 했다.42 그 목장은 — 책의 제목이었던 목장 이름은 *레이지 비(Lazy B)* — 19세기 때부터 백 년이 넘도록 그녀 가족 삶의 터전이었다.43 그녀의 부모는 결혼하면서부터 죽을 때까지 그 집에서 살았다.44 데리(Dery) 가족에 맞춘 그녀의 초점과 사건에 대하여 자신의 의견을 피력하는 것이 옳다고 생각했던 사실을 종합해보면 그녀는 자신의 가족 목장을 현지 가족 삶의 터와 장소에 뿌리내려지고 값을 매길 수 없는 가치로 물들어 있고 과거와 이어주는 것을 배우는 곳으로 묘사했던 자신을 떠올렸다는 것을 알 수 있다. 오코너 대법관은 그 목장에 대한 "삶의 기억이 주는 힘이" 어떻게 "내 마음속에서 밀려오는지 모른다. 내 가슴은 종종 (…) 우리의 성격이 우리가 그곳에서 겪었던 경험으로 인하여 만들어진 것임을 우리는 알고 있다. (…) 우리가 배운 가치 체계는 단순하고 별로 세련되지 않았으며 삶을 꾸려나가는 필요에 의한 결과물이었다. 정말 중요한 것은 능숙함과 목장 운영을 제대로 하는데 요구되는 능력이었다. (…) 구술 기술이라는 것은 물리적 세계에서 어떻게 일들이 이루어지는지에 대하여 알고 이해하는 능력보다 별로 중요하게 여겨지지 않았다. 개인의 솔직성, 믿을 만함, 능숙함과 유머가 있는 점들이 가장 그 가치를 인정받았다." 45

오코너 대법관의 설명은 집(home)이 사람을 만드는데 — 가장 기본적이고 열심히 일하며 가식 없이 삶을 사는 것에 가치를 매기고 육체적 노동과 땅에 대한 것들을 최고의 가치로 여기는 것 — 중심적 역할을 하는 사실을 강조하고 있다는 것에 주의할 필요가 있다. 신화를 만들어내는 듯 하는 향수는 바로 집(home)이 가지고 있는 "단순하고 별로 세련되지 못한" 가치 체계를 말한다. 그 가치 체계에 따라 현실적이고 솔직하며 겸손한 좋은 성격의 미국 사람으로 아이들이 자라나는 것이다. 오코너 대법관은 이와 같이 자신의 뿌리에 깊이 배어 있는 가치들은 목장에서 "우리 부모님들이 우리를 위해 만들어준 삶"의 덕분이었고,46 이 가치들이야말로 "불확실성의 세계에서 절대 불변의 정신적

지주"47 로서 그녀가 의지할 수 있는 것으로 굳게 믿었다. 이것이 바로 집(home)이 의미하는 강력한 비전이고, 이 세계에서 집(home)이 한 사람에게 할 수 있는 일이다.

오코너 대법관은 결국 "가족 중 어느 한 사람도 가족 목장을 자신의 집으로 만들고 싶어 하지 않았을 때" 가 정말 "온 가족에게 있어서 가슴 찢어지는 순간" 이었음을 이야기한다.48 정부가 소 목장 관련 규정을 강화했기 때문에 가족 내에 목장을 계속 이어가는 것이 거의 불가능해졌다고 오코너 대법관은 제시한다.49

"우리는 항상 목장이 우리 곁에 있을 것이라고 생각했었다. 우리의 아이들도, 그 아이들의 아이들도 목장에 대하여 우리가 알고 있던 것처럼 알게 될 것이라고 믿었다. 아무리 멀리 여행을 가더라도 우리는 항상 그 목장이 반겨줄 것임을 알고 있었다. 그 목장을 포기하고 팔기로 결정한 것은 너무나 어려운 일이었고, 아직까지도 나는 목장을 직접적으로 대면하기를 피한다. 그 목장에 돌아가 그 목장이 다른 사람들 손에 넘어가 있는 것과 더불어 생겨난 다른 모든 변화를 보는 것이 나는 두렵다." 50

오코너 대법관이 자신과 가족의 집(home)이 다른 사람의 손에 넘겨져 다른 무엇인가로 변했을 모습을 대면하는 것을 강력하게 피했지만, 청원자들이 다른 사람들에 의해 사용되고 변화되는 빼앗긴 집을 되찾기 위해 싸운 켈로(Kelo) 판례에서 그녀는 최소한 간접적으로 대면했었던 것이다.

켈로*(Kelo)*에서 오코너 대법관은 청원자들이 마음에 강한 호소를 불러일으키며 주장하는 내용 — 철도를 만들기 위해 "정부가 집을 획득할 수 있지만," "단순히 새로운 주인들이 그 집터를 더욱 잘 활용할 것이라는 이유로 새로운 집주인의 개인적 사용 목적"을 위해 집을 빼앗을 수는 없다 — 을 다시 이야기했다.[51] 구체적으로 오코너 대법관은 수제트 켈로(Susette Kelo)와 윌헬미나 데리(Wilhelmina Dery) 청원자들을 가리키며 이들이 "아주 관리가 잘된 집(homes)", 즉 중산층 (황폐하지 않은) 집을 가지고 있음을 강조했다.[52] 이 여성들의 집을 좀 더 생산적인 사용자들에게 주는 처사가 잘못되었다는 것은 명확했다.

"우리 중 과연 누가 감히 그녀가 자신의 재산을 이미 충분히 잘 사용했다고 말할 수 있는가?"[53]

이렇게 말함으로써 오코너 대법관은 경제 개발 획득 비판에 있어서 성별 요소를 더했다. 오코너 대법관의 표현은 사회적 위치가 비슷비슷한 사람들이 되기 위해 노력하는 현상을 암시한 것이다. 이는 마치 부지런한 주부는 마샤 스튜어트(Martha Stewart)와 같은 이상형에 도달하는 것이 불가능하다고 단정 짓는 듯 들린다. 노력이 부족해서 도달할 수 없다고 하는 것은 아니다. 그 주부는 다만 "이미" 마샤 스튜어트 이상형에 도달하지 못했고, 그녀의 이웃들도 마찬가지였던 것이다. 오코너 대법관의 수사법적 질문에 "우리"라고 표현한 것은 바로 중산층 주부들이었고, 구체적으로는 사적인 영역을 유지시키는 여성들을 가리킨다.[54] 이러한 여성들의 집들은 대중에게 이익이 될 만한 다른 활용 방안에 비해 충분히 생산적이거나 매력적으로 보이지 않았다. 이 사건은 단지 사업에 관한 것이 아니었던 것이다. 이 사건은 지극히 개인적인 것이다.

오코너 대법관의 반대 의견은 미국 중산층 주부들과 그들의 삶의 방식을 대신해 분노를 표출한 것이라고 할 수 있다. 다른 활용 방안들이 더욱 생산적이고 혹은 매력적이다 라는 이유로 집을 빼앗는 것은 자신의 집(home)과 가족을 상당히 보살피고 염려하는 평범한 주부에 대하여 경멸을 하는 것임을 오코너 대법관은 자신의 의견을 통해 암시했다. 만약 재산이 남성의 소유권과 연계된 것이고, 하우스 집(house)은 성(城)으로서 남성과 연계되는 것이라면, 홈(home)은 여성과 연계되는 것이다. 오코너 대법관의 반대 의견에는 빼앗는 것에 대한 여성의 관점도 함축되어 있다.55 따라서 오코너 대법관의 초점은 재산에 대한 생각에서부터 집(home)에 대한 생각으로 변화했고, 집(home) 자체는 은연 중에 성별로 나누어진 것으로서 이 사실 자체가 제일 중요한 요지인 것이다.

집을 가꾸는 중산층 백인 주부들인 수제트 켈로(Susette Kelo)와 윌헬미나 데리(Wilhelmina Dery)에게 있어서 공공의 목적을 위해 자신들의 재산이 빼앗긴다는 것은 말이 안 되는 이야기였다. 토마스 대법관은 자신의 반대 의견서에서 "도시 재개발 사업은 흑인들을 쫓아내는 것과 연관이 있었다. 미국 전체 도시에서 일어나는 도시 재개발 사업은 '니그로(Negro) (6) 제거' 라고 알려져 왔다." 라는 사실을 우리에게 상기시켜 주었다.56 실질적으로 토마스 대법관은 "자신들의 집(home)에서 개인들을 철거시킴으로써 생긴 모멸감" 을 포함한 켈로(Kelo) 사건이 가지고 올

(역주 6) 흑인을 상스럽게 부르는 표현.

미래의 해로운 점들은 "체제상 자신들의 땅을 최대 최고의 사회적 사용을 위해 개발할 가능성이 적은" 가난한 소수 공동체가 제일 많이 겪을 것이라고 예상했다.57 하지만 오코너 대법관의 접근은 가난한 사람들의 재산 사용 방식이 도시를 황폐화시킴으로써 중산층의 사회적 경제적 소망에 실질적인 해를 가져오거나 부유한 과점자들이 중산층의 집을 소유하는 꿈을 방해하는 경우에는 집을 빼앗는 방법이 가능함을 인정한다.58

오코너 대법관에게 있어서 문제시되었던 점은 바로 정부가 "어떤 모텔 6(Motel 6)을 리츠 칼튼(Ritz-Carlton)으로, 어떤 집을 쇼핑몰로, 혹은 어떤 농장을 공장으로 바꿀 수 있다" 는 개념이었다.59 내쫓음의 퍼레이드 속에서 오코너 대법관이 자신의 뿌리와 연관 지은 "단순하고 세련되지 않은" 가치들은 바로 모텔 6, 집, 농장으로 표현된 잡다하게 섞인 비유 속에서60 ― 현대사회에서 그러한 가치들을 대신해버리는 것들 ― 대도시 상류층의 호화로움, 교외 주택가에서 나타나는 소비 지상주의 및 농업 과거로부터 멀리 떨어진 공업과 대조되어 나타나고, 이 대조적 가치들은 경제 개발이라고 알려진 것이다.

4) 비난에 대한 두려움(The Specter of Condemnation)

중산층의 근심거리는 재산의 특징에 따라다니는 공사(公私) 구분의 중요성을 상징하는 집에 대한 것이다. 오코너 대법관에 따르면, 켈로(Kelo)는 "재산에 대한 사적인 사용과 공적인 사용에 대한 구분을 없애버렸다." 61 오코너 대법관이 이야기하는 이유는 바로 "경제 개발을 위한 획득에 있어서 문제점은 바로 사적 이익과 부수적으로 따라다니는 공적 이익이 정의(定義)상 서로 합쳐져서 공동으로 추구되는 점이다."62 만약 개인으로부터 다른 개인으로 재산을 이전시키는 중에 공공에게 이익을 주게 되어 이 같은 재산 이전이 쉽게 공공의 목적을 가지고 있는 것처럼 새롭게 그 성격을 부여받는다면, 공사(公私) 구분의 선은 쉽게 지워질 수 있도록 조작된 것과 다름이 없게 된다. 오코너 대법관은 이에 대하여 아주 극적으로 표현했다.

"비난의 두려움은 재산에 대한 걱정이 뇌리를 떠나지 않는 것이다."63

재산 표현 내의 비난이라는 것은 두 가지 명확한 뜻을 포함한다. 첫째는 국가토지수용권 행사를 뜻한다. 둘째는 구조물이 거주지로 맞지 않다고 발표하는 것이다. 얼마나 집을 잘 유지해 왔는지와는 상관없이, 집을 있는 그대로 지켜야 할 만큼 충분하게 생산적이지 않고 혹은 매력적이지 못하다는 집에 대한 암시적 판단 자체는 위의 두 가지 뜻을 모두 포함한다. 이는 마치 중산층(부르주아) 기관인 집이 경제 생산성으로부터 자유로운 피난처임에도 불구하고 분명히 경제 생산성에 대한 고민의 대상이 되어 파괴되는 것과 같다.64

남성의 집(house)은 그의 성(城)이다 라는 속담은 중산층도 집에서는 그 어떤 부유한 남자와도 같은 위치에 있고, 왕과 비교해도 처지지 않는다는 것을 시사한다.65 왕의 점유로부터도 방파제가 되어주기 때문에 집이란 한 사람에게 있어서 중요할 때에는 왕 같이 만들어주는 장소이다.66 집이란 개념이 없이는 중산층의 권리와 위치를 상상하기 어렵다고 표현하는 것은 결코 과장된 표현이 아니다. 오코너 대법관이 집에 대하여 이야기하는 담화법은 부르주아 위치와 사적 재산의 사이에 놓여 있는 끈끈한 연줄을 이끌어내었다.

집이란 중산층과 공사(公私) 구분에 대하여 아주 가깝게 연결되어 고민거리의 발단이 되는 센터로 자리 잡게 된다. 물론 학술 논리상, 켈로(Kelo) 판결은 그 어떠한 사적 재산에도 적용되기 때문에 특정한 집에 대한 사건만은 아니었다.67 켈로(Kelo) 문제가 꼭 집을 빼앗는 것은 아니었다. 문제는 바로 재산의 원형이라고 할 수 있는 집이 공사(公私) 구분을 완전히 근본적으로 뒤집는 장소로 변화하는 것이었다. 그러나 켈로(Kelo)에 대한 대중의 반응은 비난에 대한 실질적 두려움이나 집단 이익의 시작 혹은 공사(公私) 구분에 관한 추상적 투자를 초월한 것이었다. 대중의 반응은 중산층의 생각 세계에서 거의 억압되어 있던 두려움, 즉 집을 잃어버리는 데에 관한 두려움을 분명하게 나타내었던 것이다. 이 관점에서 볼 때, 켈로(Kelo) 판례는 완전히 비가정적(unhomely)인 것이다. 다시 말해서 "비난의 두려움(specter of condemnation)"이란 바로 집에 대한 생각이 떠나지 않고 집 안에 계속 머물러 있는 중산층의 위치를 잃어버리는 데에 대한 근심을 말하는 것이다.

"두려움(specter)"이란 표현은 또 다른 의미를 지닌다. 두려움이란 단어는 따라다니는 유령을 뜻하기도 한다. 피난처가 될 수 없는 집은 바로 유령 들린 집과 마찬가지로 — 집 자체가 파괴되는 것에 대한 두려움에 의해 계속 사로잡히는 것을 뜻한다. 오코너 대법관은 켈로(Kelo) 판결 자체가 약간은 기괴하고(uncanny) 집에 나오는 유령과 같은 존재라는 것을 알아차린 듯하다. 켈로(Kelo) 판결을 뒤집고자 하는 노력은 바로 사적인 것은 사적으로, 공적인 것은 공적으로 이 둘을 분명하게 구분함으로써 집에 들린 유령을 쫓아내려는 노력이었다. 아마 무의식적으로 *공산당 선언*(The Communist Manifesto) ("유럽에 한 유령 — 공산주의의 유령 — 이 출몰하고 있다.")을 언급한 것은 바로 개인 재산의 파괴에 대한 두려운 경고를 상기시키는 것이다.68

2. 기괴한 재산(Uncanny Property)

1) 공포 소설(Horror Story)

켈로(Kelo) 판결 며칠 후, 다른 헌법 사건 하나로 인하여 대법원은 집을 둘러싼 재산 개념을 동요시키는 과정에 참여하게 된다. *캐슬락* (Town of Castle Rock v. Gonzales) 사건은 최고의 기괴한 사실들을 바탕으로 한 사건이다. 경찰이 가정 학대 관련 접근금지명령 집행에 실패하고 접근금지명령 대상자인 아버지는 자기 아이들을 살해하는 끔찍한 사실을 담고 있다.69 정부가 접근금지명령 집행을 실패한 것이 재산 박탈이었는가 하는 것이 여기서 논의되었던 법적 이슈이다.

제시카 곤잘레스(Jessica Gonzales)는 가정 학대 관련 접근금지명령을 발부받았다. 그 명령은 남편에게 자신의 아내와 아이들의 "평화를 깨거나 괴롭히지" 말 것과 가족 집에서 최소한 100야드 떨어져 있을 것을 명했다.70 또한 그 명령은 경찰이 그 명령을 "집행하기 위해서 모든

192

합리적 방법을 사용해야 할 것"을 지시했고, 만약 접근금지명령이 위반된 사실에 대한 상당한 근거(probable cause)가 있을 경우 그 남편을 "무조건 체포"하거나 체포 영장을 발급받을 것까지도 지시했다.[71]

어느 날, 제시카의 남편은 가족 집에 들어가 마당에서 놀고 있는 세 명의 딸들을 유괴했다.[72] 제시카는 경찰에 이 사실을 신고하고 접근금지명령 집행을 요구했으나 다섯 시간에 걸친 무려 다섯 번의 전화 신고 및 한 번의 경찰서 방문에도 불구하고, 경찰은 그 남편을 체포하려고 하지 않았다.[73] 첫 번째 신고 후 거의 8시간이 지난 후, 그 남편은 경찰서에 나타나 반자동 총을 쏘았고, 경찰의 대응사격에 그 자리에서 총에 맞아 죽었다.[74] 살해된 딸들은 그 남편의 픽업트럭(소형 트럭) 뒷좌석에서 발견되었다.[75]

가정폭력사로부터 이와 같이 폭력적인 아버지가 살인마가 되는 무서운 사례들은 극단적인 공포 소설에 가깝다. 지난 30여 년간 미치광이가 되어 가족을 공포에 떨게 하는 아버지의 문화적 이미지의 대표 상징은 바로 스탠리 큐브릭(Stanley Kubrick)의 영화 〈샤이닝(The Shining)〉에 나오는 잭 토랜스 역을 맡았던 잭 니콜슨(Jack Nicholson)이었다.[76] 영화 내에서 집은 오버룩(Overlook) 호텔이고, 잭은 그 호텔의 새로운 관리인으로 자신의 아내 및 아들과 함께 겨울 비수기 동안 그곳에서 격리되어 생활하게 된다. 그 전 관리인이 외딴 곳에 떨어져 있으면서 권태기가 몰려와 결국 미쳐버리고 자신의 아내와 어린 두 딸을 끔찍하게 죽이고 자살한 사건에 대하여 잭은 듣게 된다.

잭이 자신의 집 안에서 적합한 가장이라기보다는 호텔의 관리인이라는 사실은 현대 가족적 남성상의 실패와 실망감을 비유적으로 소개하는 것이다. 유령 집에 관한 고전적 장르는 미국 중산층 가족이 가지고 있는 근심거리에 대한 두려움에 가득찬 반영물이다.[77] 호텔에 대한 잊을 수 없는 기억은 — 기괴하게도 집(home)이기도 하고, 집(home)이 아니기도 하는[78] — 우리 문화의 대표적 예시인 가정 공포, 즉 가장의 폭력에 의해 가족이 파괴되어 가는 것을 영화에 수렴해 놓은 것이다.[79] 집의 안전을 보장해주어야 하는 사람이 집의 안전에 대한 가장 무서운 위협으로 된 것이다.

2) 경찰에 대한 개인의 권리(A Private right to the Police?)

내가 지금까지 주장했듯이 오늘날 가정폭력 형법에 있어서 중요한 특징은 집에 있는 학대자의 존재를 형법이 접근금지명령 발행과 집행을 통해 가정폭력의 대용물(프락시)로 다루는 것이다.[80] 현대 가정폭력 법집행에 있어서 중요한 부분은 바로 접근금지명령 위반에 대한 의무적 체포로, 이는 폭력적인 남편이 집에서 멀리 떨어져 있도록 하기 위한 경찰 감독에 대한 기대를 갖게 한다. *캐슬락*(Castle Rock) 사건에서 대법원이 설명한 주장은 바로 이 기대감을 대법원의 논리적인 결론에 대하여 펼쳐낸 것을 가리킨다. 이 사건은 제시카 곤잘레스가 캐슬락(Castle Rock) 타운을 상대로 소송을 하고 손해배상 청구를 하면서 시작되었다. 그녀의 논리는 바로 발행 받은 접근금지명령 집행을 실패한 것은 연방 헌법의 정당한 법적 절차(federal constitutional due process)를 위반한 것이라는 주장이다.[81] 궁극적으로 대법원은 가정폭력 접근금지명령을 발행받은 사람이 경찰을 통해 이 명령을 집행하는 데에 대한 헌법적으로 보장받는 재산 권리를 가지고 있는지 여부를 검토하고 해결해야만 했다.

우리가 가지고 있는 가정폭력 체제가 어떻게 위와 같은 이슈를 만들어내는지를 이해하기 위해서는 첫째, 가정폭력 접근금지명령이 집 안에서 재산을 재분배하는 것을 명령하는 사실을 상기할 필요가 있다.[82] 접근금지명령은 일반적으로 대상자의 존재가 집 안에서 발견되는 것을 금지한다. 남편을 집에서 배제시킨다는 것은 아내에게 독점적인 특별한 소유권을 수여하는 것과 같은 뜻이다.[83] 따라서 접근금지명령은 형법에 의해 실행되는 재산에 대한 이익을 수여하는 것과 같은 역할을 한다.[84]

접근금지명령 위반에 대한 상당한 근거(probable cause)가 있을 경우 경찰은 체포를 해야 하는데, 이러한 가정폭력 의무체포법(domestic violence mandatory arrest laws)은 위에서 설명한 재산 재분배의 의무적인 형법적 실행을 목적으로 하는 것이다. 그 목적은 바로 경찰이 가정폭력자를 배제시킨 상태를 유지하도록 하는 것과 폭력자가 집에 있는 상태를 범죄 이외의 것으로 여기지 못하도록 경찰의 자유재량을 없애는 것이다. 최종 목표는 바로 전통적으로 경찰들이 가정사에 끼어드는 것을 꺼려하는 점 및 자신의 남편을 범죄자로 다루고 싶어 하지 않는 가정폭력 피해자가 갖고 있는 전형적인 태도를 포함하는, 가정폭력 집행에 있어서 연관되어 있는 모든 구별된 문제점들을 뛰어넘는 것에 있다.[85] 결국 경찰이 폭력적인 남자로부터 집을 빼앗는 것을 집행하고, 그 집을 전적으로 점유할 수 있는 독점적 권리를 여자에게 수여하는 것이 필수적인 것이다. 이것이 바로 가정 공포물에 대한 정부의 해결방안이다.

따라서 *캐슬락(Castle Rock)* 사건 내용은 바로 집에 대한 소유권을 재분배하고, 그 재산의 재분배에 대한 형법 집행을 의무화시키는 가정폭력 제도에 관한 것이다. 미 연방 제10고등법원(the Tenth Circuit) 전체 판사들은 다음과 같이 판결했다. 가정폭력 접근금지명령을 발급 받은 사람은 경찰에 의한 명령 집행에 관해 법이 보장하는 재산권을 가지고 있는 것과 같고, 따라서 접근금지명령 집행을 실패한 것은 정당한 법적 절차 없이 재산을 박탈한 것과 같다.86 이로써 제시카 곤잘레스는 사실관계들이 증명이 된다면 그 타운에 대항해 손해배상 청구를 한 그녀의 법 소송에서 이길 수 있었다.

미 연방 제10고등법원은 위의 이슈를 "절차적 정당한 법적 절차(procedural due process)" 개념 안에서 풀어나가면서87 정부가 만들어낸 특정한 재산 혜택은 정당한 법적 절차 없이 빼앗을 수 없다 라고 결정한 대법원의 판례들에 그 논거의 바탕을 두었다.88 *캐슬락(Castle Rock)* 사건에서 위기를 맞은 특정한 혜택은 바로 경찰 집행으로, 제10고등법원이 생각하기에는 이 혜택 역시 대법원이 보장되는 재산권으로 인정했던 혜택들 ― 무료 교육, 끊기지 않고 공공 서비스(전기, 물 등)를 받을 수 있는 권리, 사회 보장 금액 또는 장애 관련 혜택 ― 과 비슷한 혜택이었다.89 따라서 제10고등법원에 따르면, 가정폭력 접근금지명령은 주(州) 의무 체포 법조항과 같이 경찰의 자유재량을 제한하는 강제성을 띠는 표현을 사용해 경찰 집행을 명령했다는 것이다.90

또한 제10고등법원은 "가정 학대를 대단히 중요한 사회적 아픔으로 인식하면서" 91 입법부는 "경찰이 가정 학대 접근금지명령을 제대로 집행하고 있지 않다 라는 사실을 바꾸기 위한 목적을 세웠다"92 라고 덧붙였다. 이러한 법 집행 기준을 바꾸는 것은 "가정폭력 문제 근절"을 제대로 하기 위한 수단이었고 "가해자는 (…) 자신의 행동에 대하여 책임"을 지도록 하고, "피해자는 (…) 안전하다 라고 느낄 수 있도록" 만드는 것93 을 목표로 하는 것이다. 접근금지명령과 의무 체포 법조항은 함께 경찰 집행에 관한 법이 보장하는 재산권을 생성했고, 따라서 주(州)에서는 정당한 법적 절차 없이 이를 부정할 수 없다.94

가정폭력 접근금지명령이 경찰 집행에 관한 재산권을 수여한다는 생각은 처음에는 놀랄 만한 생각이지만 가정폭력 체제가 생성시킨 기대, 즉 경찰이 집을 감독하는 것에 대한 기대와 견주어볼 때에는 그리 놀랄 만한 생각이 아니다. 접근금지명령의 재산 재분배 기능은 가정폭력 법집행에 있어서 주요 열쇠와 같은 구성요소이기 때문에 그 명령을 발급받은 사람은 집에 대한 정부가 수여한 재산 권리를 보장받은 사람인 것이다. 정부가 재산 권리를 빼앗은 사람이 이러한 재산 재분배를 따르지 않는다면, 의무체포법(mandatory arrest laws)에 따라 경찰은 그를 체포해야만 한다.

그렇다면 이 다음으로 접근금지명령을 발급받은 사람은 집을 점유할 수 있는 독점적인 권리뿐만 아니라 집 재산을 재분배한 경찰 집행에 대한 권리까지 소유하게 되는 것을 볼 수 있다. 궁극적으로 만약 명령 집행이 없다면 그 명령이 무슨 소용인가?95 이는 마치 재산에 대한 생각이 계속 전염되는 것처럼, 집 안에 있는 권리에서부터 집에 있을 수 있는 권리에 대한 경찰 집행의 권리로 움직인다. 따라서 경찰이 주(州)가

부여한 집에 관한 재산 권리를 집행할 것이라는 기대에서부터 집 안의 형법 집행이 재산 권리라는 신념으로 이동하는 것을 관찰하게 된다.

경찰이 집 안을 감독한다는 기대로부터 가정폭력 공포에 대한 궁극적인 해결책을 찾게 된다. 가정폭력 접근금지명령은 *슈퍼재산(superproperty)*, 다시 말해 주(州)로부터 보호와 체포를 의무적으로 약속을 받아 피해자에게 주어진 재산이 되었다. 이것이 바로 집의 폭력적 파괴 근심에 대한 답안이다. 그럼으로써 집행의 실패를 주(州)에서 이전에 수여해준 재산을 박탈하는 것으로 만들 수 있고, 따라서 안전한 집이 약속되는 것이다.

3) 반응(Reaction)

위에서 이야기한 모든 것은 마치 가정 공포 소설에 법적 대단원의 막을 내린 듯이 들린다. 하지만 대법원은 다른 결과를 생산하기 위해 이 영화를 새로 편집했다. 스칼리아 대법관은 일곱 명의 대법관을 대표해 판결문을 쓰면서(긴스버그Ginsburg) 대법관과 스티븐스(Stevens) 대법관은 반대 의견) 제10고등법원의 결과를 뒤집었고, 접근금지명령은 경찰 집행에 대한 재산 권리를 수여하지 않는다 라고 결정했다. 그러한 권리를 연방 헌법이 정당한 법적 절차의 문제로 다루는 것을 반대하면서 대법원은 가정폭력 의무 체포 제도를 만들어 내는데 기본 바탕이 되었던 논리, 즉 이 논리로 인하여 제10고등법원이 접근금지명령은 경찰 집행에 대한 재산 권리를 생성한다 라고 결론을 내릴 수밖에 없었던 그 논리와 힘겹게 싸워야만 했다.

대법원은 가정폭력 의무 체포 법조항(Domestic Violence(줄임말로 DV) mandatory arrest statutes)이 종종 전통적 의무 체포 조항들(traditional mandatory arrest statutes)보다 더욱 강제적인 성격을 띠고 있음을 인정했지만, 그렇다고 하더라도 경찰에게 특정한 상황에 대한 자유재량권이 여전히 남아 있음을 강조했다.96 접근금지명령서에 씌어진 표현, 즉 경찰은 "접근금지 명령 집행을 위해 모든 합리적 방법을 사용해야 한다." 라는 표현은 경찰 집행을 실질적으로 의무화시킬 정도의 강력한 표현이 아니므로 집행에 대한 헌법적인 보장 혜택을 생성하지 못한다97 라고 대법원은 논리를 전개했다.

여성 옹호자들은 *캐슬락(Castle Rock)* 사건의 대법원 판결이 폭력의 대상자인 여성들에게 있어서 위험한 법일 뿐만 아니라, 이 판결은 지난 30년간 해온 가정폭력 개혁 노력에 대한 놀랄 만큼 형편없는 배척이라고 비난했다.98 가정폭력 의무 체포 법조항은 당연히 체포를 하지 않기로 결정하는 경찰들의 자유재량을 없애야 한다. 스티븐스 대법관은 반대 의견서에서 "주(州)들은 1980년대와 1990년대에 이러한 분야에서 경찰의 재량을 없애는 것에 대한 명백한 목표를 갖고 그 법조항들을 통과시켰다." 99 라고 상세히 이야기했다. 대법원은 주요 가정폭력 개혁 목표에 대하여 광범위하게 이해되었던 논리를 거부하는 것처럼 보였다.100 *캐슬락(Castle Rock)* 대법원 판결에 따라 열린 컨퍼런스의 이름은 "어떤 자들은 유죄 — 모든 이에게 책임이 있다: 부정의 시대 안에서의 책무(Some are Guilty — All are Accountable: Accountability in the Age of Denial)" 였다. 이에 대한 광고는 대법원의 결정을 "생존자, 옹호자, 학자와 주(州) 관련자들에게 보내는 충격적 메시지는 바로 '사용해야 한다' 라는 표현이 '사용해야 한다' 라는 뜻이 전혀 아닌 것이다. (…) 의무 법을 제정한 32개 사법관할구역의 입법 역사를 대법원 과반수 법관들이 하찮게 만들어버렸고, 매 맞는 여성들의 고통과 그에 대한 운동을 보이지 않도록 만들어버렸다." [101] 라고 지적했다. *캐슬락(Castle Rock)* 판결에 대하여 학구적인 해설 역시 비슷하게 비판적이었다.[102] 그러나 *캐슬락(Castle Rock)*의 정반대 판결은 예상한 대로 가정폭력 접근금지명령의 엄격한 발행으로 이어지도록 했을 것이다. 정부가 발행한 접근금지명령이 그 안에 씌어진 표현을 바탕으로 정부가 손해 배상을 요구하는 소송의 대상이 되고, 명령을 발행할 때마다 예상할 수 없는 폭력적인 개인들의 행동에 따른 정부의 책임 정도가 달라지게 만들어버린 접근금지명령 내의 사용하는 표현에 있어서 정부는 더욱 엄격하게 발행 정도를 결정하게 된 것이다. 접근금지명령을 남용하는 피해자들은 현재보다는 더 높은 기준에 맞아야 명령을 발급받게 될 것이고, 따라서 그들이 맞게 될지도 모르는 위험성은 커져 간다. 가정폭력 의무체포법이 진실로 실질적인 의무 부과를 하는 법이 되길 바라는 소망은 가정폭력 피해자를 해(害)로부터 보호하는 것을 뛰어넘는 가정폭력 운동을 위한 상징적인 면모를 가지고 있다.

    캐슬락(Castle Rock) 사건에서 대법원은 만약 채택이 된다면 진정한 의무/강제 표현은 경찰 집행에 대한 보장되는 혜택을 만들어낼 수 있을 것이라는 가능성을 암시했다.[103] 연방 헌법적 책임을 거부한다고 해서 각 주(州)에서 새로 자신들의 구역 내의 책임을 생성하고 부과하지 못하는 것은 아니다.[104] 이 판결로 인하여 대중들은 입법자들이 행동을

취할 것을 요구하게 되었다.105

　　대법관 한 명의 의견에서는 다음을 암시했다. 주(州) 입법기관이 의무/강제 표현을 강화한다고 하더라도, 대법원은 연방 헌법적 책임을 인정할 수 있도록 준비가 안 될 수도 있다는 것이다. 즉 경찰로부터 모든 자유재량권을 완전히 없앤다고 할지라도, 경찰이 체포를 한다는 것에 대한 확실한 혜택을 개인들에게 보장하는 것이 아니다 라는 것이다.106) 이유는? 바로 *"개인보다는 공공을 우선하는 것이 형법의 통상적 표준 행로이기 때문이다."*107 형법은 공공의 목적을 가지고 있다고 그 개념을 소개하면서 대법원은 개인적 피해는 형법의 공공 목적에 종속되어야만 한다 라고 이야기했다.108 이와 같이 형사적 집행에 대한 개인의 권리 개념은 절대적으로 반대하는 개념이었다.

　　그러나 페미니스트들은 집 안의 "사적인" 영역에서 일어나는 폭력의 근절에 대한 관심은 정부가 공공장소에서 형법을 집행하는 것만큼 "공공적" 인 관심사라는 것을 대중들에게 알리기 위해 오랫동안 노력해 왔다.109 그 목표는 바로 가정폭력을 완전히 형법 영역 안에 위치시키는 것과 가정폭력을 공공의 문제로 다루도록 하는 것이다. 가정폭력이 점차적으로 공공의 위치를 확보함으로써 가정폭력이 과연 범죄인가에 대한 과거사의 의심은 거의 없어진 상태이다. 입법자, 검사, 판사 그리고 대중은 이제 가정폭력을 공공에 대한 해(害, public harm)로 보고, 형법에 의한 강제성을 바탕으로 구성된 알맞은 방법으로 다루어져야 한다는 것도 인식하고 있다.110

　　이것을 받아들임으로써 제10고등법원 전체 판사들과 대법원의 두 명의 대법관들은 가정폭력 접근금지명령의 경찰 집행에 대하여 경찰에게는 재량권이 없는 것으로 보았고, 개인에게 있어서는 주(州)가 부과해 법적으로 보호받는 혜택으로 주장할 수 있는 권리로 인식했다. 제10고등법원의 의견에 대부분 동의한 스티븐스 대법관은 가정폭력에 관한 경찰의 비집행을 오랫동안 합리화시켜온 공사(公私)의 벽을 부수려는 의무체포법의 목표에 대하여 가정폭력 운동의 원칙을 정확하게 설명했다.111

가정폭력 집행에 관한 공공 목적 개념이 역사적으로 상승한 사실은 대법원이 개인에게 경찰 집행에 대한 재산 권리를 인정하는 것을 꺼려했던 사실과 함께 연결되어야 한다. 만약 가정폭력 접근금지명령 위반이 경찰의 체포로 인하여 집행되는 것이라면, 이는 사적인 일이라기보다는 공적인 일이다. 가정폭력 집행의 공공 목적을 받아들이는 것은 가정폭력을 형법 집행의 부분으로 생각하는 것이다. 스칼리아 대법관에게 있어서, 형법 집행에 대한 실패를 이유로 하여 주(州)를 상대로 개인적인 손해 배상 소송을 시작하는 것은, 형법이란 주(州) 정부가 어떻게 공공의 이익을 밝혀내는가를 정하는데 사용하는 도구라는 생각과 분명히 충돌하는 생각인 것이다.

실질적으로 대법원은 주(州) 법이 경찰 집행에 대한 개인적인 혜택을 생성시켰다고 해도 그 혜택은 여전히 연방 헌법적 정당한 절차(federal constitutional due process) 목적에 있어서는 "재산"으로 인정이 되지 않을 것이라고 제안했다.112 이 의견에 대한 논리는 바로 개인의 이익이 분명 범죄자들을 체포하는 정부의 전통적인 역할을 실행함에 있어서 "부수적으로" 생겨날 것이라는 생각에 바탕을 둔다.113 다른 말로 하자면, 형법이 (예를 들어 거주지 무단 침입, 주거침입관련죄, 강도에 관한 형법) 일반적으로 개인 재산권을 지키는 것은 사실이지만, 그렇다고 형법이 범죄 피해자에게 슈퍼재산 권리(superproperty right) 즉 형법을 집행시키는 것에 관한 재산권을 수여한 적은 한 번도 없다.114 슈퍼재산에 대한 대법원의 반대는 가정폭력 옹호자들이 지정해왔던 똑같은 전제를 바탕으로 한다. 즉 가정폭력은 범죄이고, 형법은 사적인 이익보다는 공적인 이익을 우선하는 것이다 라는 전제를 기본으로 하는 것이다. 따라서 제시카 곤잘레스의 주장은 기괴한 사적 권리를 형법에서 경찰 집행과 같이 본질적으로 공적인 것으로 인식하는 것을 반대하는 주장에 경솔히 뛰어든 것과 마찬가지가 되었다.

4) 유령의 집(Haunted Houses)

접근금지명령을 집행하지 않는 것은 구체적인 재산을 박탈한 것이다 라는 주장은 가정폭력 접근금지명령이 오늘날 법 체제에서 갖는 의미 — 바로 주(州) 정부는 가정폭력 피해자에게 그녀의 집의 안전, 보안, 편안함과 보호를 보장해주어야만 한다 — 에 의지한 것이다. 여기에서 주(州) 정부는 접근금지명령을 통해 가족 집에 대한 그녀의 독점적 점유권을 그녀에게 주었다. 이후에는 주(州)에서 그녀가 그 집에 대한 권리를 제대로 누리고 있는지, 그녀의 남편이 멀리 떨어져 머무르고 있고 그 가족들은 안전한지를 보장해야만 한다. 마지막으로, 그녀에게 보호를 제공하는 약속 이행에 실패함으로써 주(州) 정부는 그녀로부터 그 집을 다시 빼앗는 결과를 가지고 온다. 약속된 보호를 빼앗는 것은 실질적으로 그 집을 빼앗는 것과 다름없다. 따라서 이는 재산을 박탈하는 것과 같은 것이다.

제10고등법원 전체 판사들이 의견을 통일한 것처럼, 가정폭력 접근금지명령에 대한 경찰 집행을 재산 권리라고 표현하는 것은 다음의 관점에 대한 논리적 확장이었다. 즉 가정폭력 피해자가 집 안에서 안전하게 지내기 위해서는 경찰 집행 및 다른 형법 집행만이 아니라 의무적인 집행이 꼭 필요한 요소가 된다. 그녀는 슈퍼재산 권리를 가지고 있다 라고 생각하는 것은 사유 재산의 원형인 집이 공공적 감독을 필요로 하는 장소라는 것을 반영하는 것이다. 매 맞는 여성의 집 공간은 공공에 의해 수여된 장소이고, 공공에 의해 유지되고 감독 받는 장소라고 이해할 수도 있다. 따라서 폭력적인 아버지가 미친 후 아이들을 모두 살해했을 때, 정부가 이것을 저지하지 못했다는 것은 잘못된 것이었다. 왜냐하면 주(州)에서 직접 접근금지명령을 발행했고, 폭력적인 사람이 끼칠 수 있는 해(害)에 대한 책임을 효과적으로 질 수 있다고 보았기 때문이다.

가정폭력 운동은 법과 관련된 사람들에게 개인적 폭력의 공공적인 특성을 이해시키는데 큰 성공을 거두었다. 그럼에도 불구하고 *캐슬락(Castle Rock)* 판례에서 일곱 명의 대법관들이 왜 제10고등법원 전체 판사들의 입장과 두 명의 대법관의 입장을 기쁘게 받아들이지 못했는지 의문을 가질 수밖에 없다. 답변은 바로 가정폭력 의무 집행 체제 내의 접근금지명령 논리가 얼마나 완벽하게 집을 주(州) 정부 감독의 알맞은 대상 및 공익 관련 통제 대상으로 만들었는지를 보면 알 수 있다. 집은 공공장소로 변했으나 개인 여성을 보호하는 목적을 함께 동반하는 공공장소라는 것이다. 이 체제에서 집이란 (남편으로부터) 빼앗아 공익을 위해 (아내에게) 내어줄 수 있다. 하지만 아이러니컬하게도 이러한 분배 집행은 공공적으로 실패함으로써 손해배상 청구에 대한 주장이 일어나게 되고, 이로써 공공 감독 및 통제의 목적이 본질적으로는 사적인 목적이었다는 것을 드러내게 된다.

켈로(Kelo) 판례에서 네 명의 반대 의견을 낸 대법관들은(오코너(O'Connor), 렌퀴스트(Rehnquist), 스칼리아(Scalia), 토마스(Thomas)) 개인 재산 시스템이 그 위에서 쉬고자 생각했었던 개념적인 공사(公私)의 선을 강력하게 유지시키려는 사람들이었다. 그들에게 있어서 개인 재산은 공익의 사용을 위해 획득될 수 있었다. 그러나 공공의 목적과 사적인 목적은 분명하게 구분이 되어야 했다. 이 네 명의 대법관들과 좀 더 진보적인 케네디(Kennedy), 수터(Souter), 브라이어(Breyer) 대법관들은 함께 켈로(Kelo) 판결 며칠 후 캐슬락(Castle Rock) 판결에서 과반수 이상의 의견을 조성한다. 아마도 비슷하게, 형법이 사유 재산의 상징적 요새인 집을 공공의 감독과 통제 안에서 다루는 것은, 혜택을 보장받는 개인의 목적으로 볼 때 기괴한 것이다. 사유 재산이 공공의 목적을 위해 빼앗기는 것은 마음이 충분히 편안하다고 치자. 하지만 공공 재산으로 빼앗긴 집이 사적인 목적을 위해 유지되는 것은 어떠한가? 이 역시 기괴한 것이다.

켈로(Kelo)에서 집을 유령의 집으로 만들어버린 기괴한 두려움은 집을 잃어버림이었고, 캐슬락(Castle Rock)에서는 집 안 폭력이었다. 집은 이러한 근심거리에 대항하는 안전을 위한 수원지임과 동시에 그 근심거리들의 중심이 된다. 주(州) 정부는 한때 문제 해결사이면서 동시에 문제 자체가 되기도 한다. 여기에서 상상해볼 수 있는 위기는 집과 경찰 사이의 관계 안에 놓여 있다. 주(州) 정부의 집에 대한 완전한 통제를 기대하는 자체가 과연 법적으로 받아들여질 것인가? 경찰 집행을 재산권으로 인정하는 것을 반대하는 *캐슬락(Castle Rock)*과 *켈로(Kelo)* 반대 의견에서도 보여진 근심과 입장을 같이 한다. 즉 공과 사 개념에 대한 화려한 조작을 통해 집은 공익의 대상으로 완벽하게 탈바꿈했고, 아마도 공동 도로와 같이 혹은 더욱 공공성을 지니는 장소로 변화했다. 집은 현대 법적 상상 안에서 동시에 전형적인 사적 공간 및 전형적인 공공장소로 변하는 두려움으로 인하여 유령의 집이 되고 말았다. 비난과 폭력을 통한 집을 파괴하는 기괴한 사실들에 대한 법적 대응으로 인하여 일어난 두려움을 가리킨다.

3. 결론: 기괴한 교차 대립(Conclusion: Uncanny Chiasmus)

*켈로(Kelo)*와 *캐슬락(Castle Rock)* 사건들이 나란히 병렬 상태로 있는 상태에서 한 쌍의 교차 대립이 생겨났다.115 *켈로(Kelo)* 판례는 원래 공공의 목적을 이유로 사적 재산을 빼앗는 것에 관한 사건이었다. 오코너 대법관은 반대 의견에서 공사(公私)에 관한 너무나 과시된 생략뿐만 아니라 이와 완전히 반대 상태, 즉 집이 효과적으로 "공적인" 재산이 되어 "사적인" 목적을 위해 사용되는 상태를 제시했다. 오코너 대법관은 이런 개념적 교차의 뜻을 미국인의 집들을 따라다니는 중산층 내의 성별로 나뉜 근심거리로 해석했다. *캐슬락(Castle Rock)* 판례에서 제10고등법원

전체 판사들은 폭력이 가득한 집은 정부의 감독 하에 놓여 있다 라는 뜻에서는 "공공" 장소라고 인정했고, 그럼에도 불구하고 경찰이 집을 보호하는 데에 있어서는 필연적으로 "사적" 목적을 가지고 있다고 보았다. 사적 공간인 집과 공적인 형법이 공적인 집과 사적인 형법으로 이렇게 교차하는 것은 어쨌거나 기괴한 것이고, 집을 공포에 떨게 한 매우 파괴적이고 공격적인 아버지에 대한 공포심에 대한 법적 반응으로서도 이는 참 기괴한 것이다. 대법원은 판결을 필수적으로 이를 뒤집어야 한다고 느꼈다.

두 사건에서 집은 공(公)과 사(私)의 속성이 교차되는 것에 의해 무서움이 가득한 집이 되었다. 비난에 대한 불안과 실패에 대한 두려움, 그리고 폭력적인 가부장의 유령에 의해 집이 공포가 가득한 집이 된 것이다. 만약 운하임리히(unheimlich)라는 독일어나 집의 아늑함이 없는 것을 가리키는 언홈리(unhomely)라는 영어 단어가 기괴한 장소의 원형이 바로 집이다 라고 제시하는 것이라면, 위에서 논의한 두 사건들은 함께 집은 특별하게 생산해낼 수 있다는 법적 기괴함을 나타나게 한다.116 법은 집을 만들기도 하고, 만들지 않기도 한다. 그리고 집에 대한 법은 바로 기괴한 법이다.

제5장

프라이버시는 여성인가

Is Privacy a Woman?

부드럽고 투명한 초록빛 저녁

그녀의 나신 앞에 부끄러운 듯 모두 숨죽였다.

빨갛게 충혈된 원로들의 탐욕

실핏줄마저 터뜨릴 듯 거칠어진 호흡,

호산나, 피치카토 맥박

부드럽고 투명한 초록빛 욕조에 누워

수잔나는 봄의 감촉을 찾는다.

그리고 찾은

그녀의 숨겨진 상상들

— 월리스 스티븐스(Wallace Stevens, 1879~1955), 〈건반 앞의 피터 퀸스(일부)〉

1. 섹스와 신고안 기계 장치들(Sex and Gadgets)

제임스 본드(James Bond) 영화 〈007 언리미티드(The World is Not Enough) (1999)〉의 마지막 두 번째 장면에서 M(주디 덴치, Judi Dench)과 그녀의 팀은 제임스 본드(피어스 브로스넌, Pierce Brosnan)를 찾기 위해 열 감지 위성 장치를 사용한다. 그 때 본드는 이미 상황을 모두 정리하고 핵물리학자인 크리스마스 존스 박사(드니스 리차드, Denise Richards)와 함께 있었다. 열 감지 위성장치가 본드를 찾아냈고, 그리고 그 화면에는 누워 있는 본드의 열 이미지가 드러난다. 그 이미지는 열이 계속 오르고 있다는 것을 표시하면서 더욱 빨갛게 변한다. 본의 아니게 그 장면을 엿보게 된 그들은 그 열 이미지가 본드와 존스 박사가 함께 (…) 상호 절충적인 자세(?)로 누워있는 것임을 알게 된다! M의 새침한 놀람에 Q(존 클리즈, John Cleese)는 갑자기 열 감지 스크린을 닫아 버리고 수줍어하며 "밀레니엄 버그의 비성숙한 양상" 에 대하여 비난한다.

스튜어트 대법관이 "인간 사회에 언젠가 발을 들여 놓을지도 모르는 전자시대의 경이로움을 자랑하는 놀라운 장치에 관한 미래 판타지" 1 에 대하여 무심코 조롱한 지 40년이 흘러 새천년이 시작되면서, 킬로(Kyllo v. United States) 사건을 맡은 대법원은 집에서부터 흘러나오는 열의 양을 감지하는 열 감지 장치를 정부가 사용하는 것에 대하여 고민을 하게 되었다.2 대법원은 이와 같은 장치의 사용은 헌법 제4조 내 "수색(search)" 에 해당되기 때문에 비합리적인 수색을 금지하는 조항이 적용된다고 판결 내렸다.3 대니 킬로(Danny Kyllo)가 집에서 열 장치를 사용해 대마초를 키우고 있다고 의심을 한 경찰은 도로에 차를 세우고 "비디오카메라와 같이 작동하면서 열 이미지를 보여주는" 열 감지 장치를 사용해 그의 집을 스캔했다.4 그 결과 지붕과 벽 쪽에 뜨거운 지점이 있는 이미지를 바탕으로 경찰은 그의 집을 수색할 수 있는 영장을 발부 받고 대마초를 키우는 장치를 발견했다.5

대법원의 대표 의견을 쓴 스칼리아 대법관이 생각할 때, 이 사건에서 가장 포괄적인 질문은 바로 "사생활이 보장되는 영역을 줄어들게 하는 기술의 힘 앞에 어떤 제한점을 둘 수 있는가" 였다.6 여기서 말하는 사생활 영역은 바로 "가장 원형적인" 집의 내부였다.7 물론 헌법 제4조의 핵심은 사생활 보장으로서, 비합리적으로 정부가 집에 침입하는 것으로부터 자유롭도록 보장하며 영장 없이 집을 수색하는 것은 헌법 제4조를 위반하는 것이다 라는 것은 분명히 잘 알려진 사실이다.8 그러나 이 사건에서 이슈는 바로 집에서 뿜어져 나오는 열을 탐지하는 열 감지 장치를 정부가 사용하는 행위 자체가 "수색" 에 해당되는가 라는 것이다. 대법원은 이전에 평소 있는 그대로 공개된 시야에서 집을 맨눈으로 관찰하는 것은 수색이 아니다 라고 판결했다.9 그렇지만 "감각 강화 기술" 의 도움을 받으면서 집을 관찰한 경우는 어떤가?10

위의 질문에 대면하면서 대법원은 "집 안에서 일어나는 모든 활동을 구별할 수 있는 이미지 기술을 포함하는 발전된 기술력 앞에 집주인을 속수무책으로 내버려두는 것에 대하여 두려워했다." 11 수색 영장도 없이 감시활동을 하면서 엑스레이 촬영 후 볼 수 있는 비슷한 기능의 것을 남용할 수도 있는 세계, 그리하여 집이란 장소를 완전히 투명하게 만들어버릴지도 모르는 세계에 대하여 대법원은 예상하게 되었다.

사생활 활동을 감추어주는 가장 기본적인 수단인 집을 둘러싸고 있는 물리적인 벽이 어쩌면 사라질지도 모르는 상황이 된 것이다.12 따라서 대법원은 "만약 정부가 물리적인 침범을 하지 않고서는 알 수 없는 집 안에서 일어나는 구체적인 것들을 알아보기 위해 일반적으로 대중화 되지 않은 기구를 사용한다면, 이 때 정부의 사찰은 바로 "수색" 에 해 당하며 영장 없이 집 수색을 한 것은 비합리적이다 라고 가정해야 한다." 라고 판결했다.13

2. 열 이미지로 드러나는 레이디(Lady in Heat)

잠시 생각해 보자. 킬로(Kyllo) 사건에서 사용된 장치가 구체적으 로 알아낼 수 있던 것은 겨우 집에서 나오는 열의 양이었다. 스티븐스 대법관은 반대 의견에서 "집의 외부에서 나오는 열 생성 정도가 헌법 제4조의 보호를 수반하는 사생활적 문제이다" 라는 생각을 기각했다.14 그러나 스칼리아 대법관에 따르면, "헌법 제4조에서 집의 불가침 존엄 성이란 집에서는 (…) 구체적인 모든 사항들이 전부 사적인 (은밀한) 구체 성을 띠는 것을 가리킨다. 왜냐하면 집 안의 전체 영역이 정부의 감시 망에서부터 안전한 곳으로 지정된 곳이기 때문이다. 물론 청구인 킬로 (Kyllo)가 얼마나 그의 집을 따뜻하게 불 지피고 있었는지까지도 이에 해 당한다." 15 따라서 집의 사생활이란 관측된 특별한 구체적인 사항들이 정말로 사적인 은밀한 사항들인지에 달린 것이 아니었다. "대문을 살짝 열어 현관 바닥에 놓여 있는 지금껏 본 적이 없는 발판 이외의 그 어떤 것도 살피지 않았던 경찰관" 마저 영장 없이 한 것이기 때문에 위헌적인 집 수색을 한 것과 다름이 없다.16

어쨌든 스칼리아 대법관은 열 감지 장치가 아주 은밀한 정보, "*밤 몇 시에 그 집에 살고 있는 레이디가 매일 사우나를 하고 목욕을 한다는 사실*" 같은 정보까지도 드러낼 수 있을 것이라고 추측했다.17 이런 식의 상상은 분명히 사람들이 대중의 눈으로부터 숨기려고 하는 사적인 행동들을 환기시키기 위해 의도한 표현이었다. 특정한 구체적인 사항들은 정말 시대착오적인 발상이기에 놀라움을 금할 수 없다. 오늘날 대부분의 사람들은 사우나는커녕 목욕 대신 샤워를 한다. 더군다나 스칼리아 대법관은 집 안의 그 어떤 다른 구체적인 면을 상상한 것이 아니고 다름 아닌 여성 — 특별히 "레이디" 에 대하여 상상했다. 그리고 "집 안의 레이디" 에 대한 이야기는 그녀와 대응하는 짝, "집 안의 주인" 을 내포하는 것이다.18 그러므로 이런 시대착오적인 표현은 목욕을 하고 있는 사람이 사생활에 대하여 가지고 있는 이익보다는 그 다른 무엇인가를 이야기하고자 하는 것이다. 즉 벌거벗은 집 안의 레이디를 볼 수 있는 권리를 가지고 있는 남성의 사적인 이익과 엿보는 다른 사람들로부터 그녀의 몸을 숨기는 것에 대한 그의 관심을 함께 불러일으키는 것이기도 하다. 사생활이란 것은 남성의 응시 대상인 여성으로 둔갑을 한다.

목욕하는 레이디는 옛 것과 새 것, 시대착오성과 미래적 기술을 대조시키는 것이다. 그녀는 위협 아래 놓인 옛날식 사생활에 대한 가치를 대표한다.19 사생활 자체가 여성인 것이다 — 그냥 여성이 아니라 레이디로서 아주 전통적으로 잘 정리된 결혼 가정/집에서 생활하는 가정적인 레이디를 구체적으로 가리킨다.[20] 스칼리아 대법관은 이런 레이디의 열 이미지를 "보도록" 우리를 초대했다. 우리가 초대되어 엿보는 사람들이 되는 것이다. 그녀의 쾌락적인 영상은 그녀를 보이는 곳에서부터 안 보이도록 그녀를 숨겨야 할 필요를 느끼도록 만든다.

　내가 처음 이야기했던 제임스 본드 영화에서 나온 열 이미지가 뜻하는 바 — 섹스 — 는 열 장치에 의해 감지되는 열의 양이 증가하면서 보여지게 된다. 그렇다면 킬로(Kyllo) 사건에서 구식적인 방식으로 생겨난 열을 감시한 것은 무엇을 뜻하는가? 스칼리아 대법관은 우리가 금지된 것을 바라보도록 초대했다. 그가 미래에는 언젠가 무서운 기구를 사용하여 집 안에서 섹스 행위를 하고 있는 사람들을 다 드러나도록 만들 것이다 라고 잔인하게 이야기하는 것은 아니다. 그러나 목욕하고 있는 레이디를 제시적으로 드러낸 것은 목욕탕과 근접한 사생활 공간을 빗대는 것들을 가리키는 것이다. 우리는 그리즈월드(Griswold v. Connecticut) 판례에서 "경찰이 부부 관계의 명백한 흔적을 찾기 위해 결혼 방의 신성한 구역까지 수색할 수 있도록" 허락하는 것에 대한 더글라스 대법관의 아이러니한 메아리를 듣는다.[21] 물론 "중심이 되는 생각은" 바로 "결혼 관계를 둘러싼 사생활의 개념에 대하여 아주 혐오스럽다" 라는 것이다.[22] 그리고 우리는 그러한 혐오스러운 행동(repulsive conduct)에 대한 증언자로 징집된 것이다.[23]

　또한 킬로(Kyllo) 판례가 덜 노골적으로 빗댄 점들을 통해 스탠리(Stanley v. Georgia) 사건에서 이야기되었던 사생활, 즉 집 안에서 섹스 및 누드 여성 사진들을 정부의 침해로부터 자유로운 상태로 볼 수 있는 집의 사생활 권리를 생각해볼 수 있다.24 스탠리(Stanley)에서 경찰은 책을 제작하고 있다는 증거를 수색하던 중에 "위층 침실 책상 서랍 안"에서 "8mm 영화 필름 세 통을 발견했다. 경찰들은 위층 거실에서 발견한 스크린과 프로젝터를 사용해 그 영화를 보았고," 영화를 본 후 경찰들은 "외설적이다 라고 결론을 내렸다." 결론을 내린 후 "침실을 더 조사해보니 탄원자가 그 방을 점유하고 있다는 것을 알게 되었다." 그 집에서 바로 자신을 흥분시키기 위해 자극을 주는 여성 사진들의 도움을 받으면서 성적 자극(자위 행위를 하면서)을 하는 일이 벌어지고 있었다 라는 충격적인 결론을 얻기 위해 수색 등 온갖 난리를 친 것이다.

외설적인 것과 거리는 있지만, 아름다운 여성이 목욕을 하고 있는 모습에 대한 금지된 응시는 서양 문학에서 흔히 등장하는 수사어구다. 예언자 테이레시아스는 샘에서 목욕을 하고 있는 아테나에게 다가왔다가 그 장면으로 인하여 장님이 된다.25 오비디우스는 다이아나 여신이 연못에서 목욕하는 모습을 엿보았기 때문에 사슴으로 변해버리고 자신의 사냥개에 의해 죽임을 당하는 악타이온의 이야기를 들려준다.26 성경에서는 다윗 왕이 다른 남성의 아내인 밧세바가 목욕하는 것을 훔쳐본다.27 다윗 왕은 그녀를 불러 섹스를 하고 임신을 시키게 되었으며, 그녀의 남편이 죽임을 당하도록 일을 꾸미고 마침내 그녀와 결혼을 함으로써 하나님의 벌을 받아 다윗 왕과 밧세바의 첫 아들이 죽임을 당했고, 다윗 왕가에는 저주가 머물게 된다.

서양 예술에서 아마도 가장 시각적으로 서술하는데 생기를 불어 넣은 목욕하는 여성은 바로 성서외경 이야기에 나오는 수잔나와 장로들일 것이다.28 법적 소송 절차를 위해 두 명의 판사 장로들이 어떤 부유한 남성의 집에 있을 때, 그들은 부유한 남성의 아름다운 아내가 벽으로 막혀 있는 정원에서 목욕하고 있는 것을 몰래 엿본다. 그들은 그녀가 자신들과 섹스를 하지 않을 경우 그녀의 간음죄를 세상에 공포하겠다고 으름장을 놓는다. 그 판사 장로들의 요구를 거절해 수잔나는 체포되고 재판에서 유죄 판결을 받지만 결국 죄 기소 사실이 거짓이었음이 판명된다. 거짓 기소자들은 법에 의해 사형에 처해졌고, 그녀의 정숙성은 다시 회복된다. 이것은 바로 금지된 것 — 목욕하는 여성 — 을 눈으로 관찰하는 방법으로, 결혼 가정/집에 침해를 하는 데에 대한 처벌을 부과하는 법적 이야기이다. 수잔나의 이미지는 르네상스 이후 셀 수 없을 정도의 예술 작품을 통해 우리들 눈에 소개되었다. 수잔나를 정숙한 누드에서부터 에로틱 유혹하는 여성으로까지 광범위한 묘사를 시도한 작가들 중에는 티션(Titian)(1), 틴토레토(Tintoretto)(2), 베로네세(Veronese)(3), 아니베일 카라치 (Annibale Caracci)(4), 아르테미시아 젠틸레스키(Artemisia Gentileschi)(5), 루벤스 (Rubens)(6), 반다이크(Van Dyke)(7), 구이도 레니(Guido Reni)(8), 렘브란트 (Rembrandt)(9)가 있다.29

(역주 1) 이탈리아 르네상스 화가 – 티치아노 베셀리오를 가리킴
(역주 2) 이탈리아 베니스파(派)의 화가
(역주 3) 이탈리아 베네치아 파에 속하는 화가 — 파올로 베로네세(Paolo Veronese)
(역주 4) 이탈이아 바로크 시대 화가
(역주 5) 이탈리아 바로크 시대를 대표하는 여성 화가
(역주 6) 바로크 시대 플랑드르 제일의 화가 — 페테르 루벤스(Peter Paul Rubens)
(역주 7) 플랑드르의 초상화가
(역주 8) 제2의 라파엘로로 불리는 이탈리아의 화가로 볼로냐 절충파의 대표적 화가
(역주 9) 네덜란드의 화가 — 렘브란트 판 레인(Rembrandt Harmenszoon van Rijn)

킬로(Kyllo) 사건에 등장하는 목욕하는 레이디를 통해 다음과 같은 고전적 이야기로부터 흘러나오는 복잡한 문화적 유대 관계를 생각해볼 수 있다. 즉 집의 경계선을 침입하고 한 남자의 아내를 탐내는 판사 장로들의 엿보는 눈; 여성의 정숙성에 대한 제대로 훈련된 가정성에 대한 기대와 예상, 성적으로 부정하다 혹은 간음했다 라는 제안을 하겠다는 무서운 위협, 이 모든 것이 그 여성 나체를 엿보며 생겨난 것 30 그리고 마지막에서는 엿본 자들을 벌함으로써 법 명령을 통한 가정사의 회복이 바로 고전적인 이야기라고 할 수 있다.

밤에 잠을 자려고 준비하는 여성들을 몰래 살피는 남성들 역시 이와 관련 있는 주제이다.31 헤로도토스(Herodotus)가 들려주는 귀게스(Gyges) 신화 역시 서양 문화에서 표준적으로 등장하는 비밀리에 엿보는 남성들을 보여주는 예시이다.32 엿보는 것을 금지하기보다는 오히려 칸다울레스(Candaules) 왕은 자신의 아름다운 왕비를 자신의 충복이자 믿을 수 있는 신하 귀게스(Gyges)에게 자랑하고 싶어서 그녀의 나체를 볼 수 있도록 그를 왕비의 방에 숨겨준다. 하지만 왕비에게 귀게스는 발각이 되고, 왕비는 너무나 화가 나서 그에게 왕을 죽이든지 아니면 목숨을 끊으라는 두 가지의 선택권을 준다. 귀게스는 왕을 살해해 왕좌를 차지하고 왕비와 결혼한다.

"남성의 집은 그의 성(城)이다" 라는 속담은 "우리가 (…) 미국 전체 나라의 역사를 살아왔다" 라는 생각을 대표한다.33 이 속담은 정말 수십 개의 사생활 관련 대법원 판례에서 인용되었고, "미국 헌법적 전통의 한 부분이 되었다." 34 집은 성(城)이다 라는 수사법적 힘은 평범한 남성을 왕에 비유하는 표현에서부터 나온다. 이 속담에서 만약 집이 침입에 대항하는 방패막이로 그려진 것이라면, 침입에 대한 우려는 여성의 성적 정절에 대한 우려로 표현될 수 있다는 것을 우리는 알고 있다. 여기서 남성의 집이 그의 성(城)이다 라는 것이 뜻하는 바는 그의 아내의 몸을 다른 남성들의 욕구로부터 보호해야 할 필요성이 있다는 것이다.

킬로(Kyllo) 사건에서 집을 엿보는 눈동자들에게 보여줄 수 있도록 해주는 기술(記述)은 이 성(城)의 기술(記述)에 대항해 나온 것이다. 엿보는 것에 대한 생생한 설명을 하면서 오랜 속담을 요약한35 킬로(Kyllo)의 스칼리아 대법관 의견은 그녀를 보호하는 것이 필수적이라는 것을 묘사하기 위해 목욕하는 레이디를 사용했다. 이러한 설명의 결과로 사생활이 없어진 집에 대한 생각이 드러나게 된다.

3. 집 꿰뚫어 보기(Penetrating the Home)

어쩌면 우리가 너무 앞서가는 것일 수도 있다. 궁극적으로 킬로(Kyllo)에서 열 감지 장치는 그 집 안에 있는 사람이 아니라 겨우 집 외부 벽의 열을 감지한 것일 뿐이다. 정말 현실적인 스티븐스 대법관은 이 사건에서 우리에게 다음을 상기시켜 준다. "사실상 그 장치는 집 안에 있는 레이디나 현관에 놓여 있는 발판, 혹은 집 안에 있는 그 어떤 것을 식별하지도 않았고, 식별을 할 수도 없다." 36 감지된 것은 실제로 엑스레이를 통해 보여지는 영상이 아니다. 스티븐스 대법관에게 있어서 그 열 감지 장치가 "벽을 통과하는" 감시를 할 수 없다는 사실은 아주 중요한 점이었다.37 왜냐하면 그 장치를 사용해서 알 수 있는 점은 단지 집 외부구조로부터 발생되고 있는 열 정도일 뿐이었고, 경찰은 이렇게 대중들로부터 숨겨지지 않은 정보를 가지고 집 안의 구체적인 사항들을 *추측해야만* 하는 것이다. "경찰들이 사건 청원자들은 대마초를 기르고 있었다고 (맞게) 추측을 했든지, 아니면 '집 안에서 레이디가 일상 사우나와 목욕을 하고 있었다' 고 (틀리게) 추측했든지 간에 상관없이 경찰들의 추정 과정을 '수색' 이라고 결론짓는 것은 정말 불합리한 일이다." 38 라고 스티븐스 대법관은 서술했다. 그의 생각에는 단순한 추측 또는 추정이 헌법 제4조의 수색에 해당되지 않았다.39

"수색" 과 "추측" 의 차이점은 바로 안과 밖의 차이점을 가리킨다. 만약 경찰에게 "벽과 다른 불투명한 장애물들을 통과해 '볼 수 있는' 능력이 있었더라면," 40 이는 무엇을 뜻하는가? 포스트모더니스트인 스칼리아 대법관은 수색과 추측, 안과 밖 사이의 차이점들에 대하여 인상 깊은 분석을 했다. 분석이 필요 없는 코닥 8x10 광택 인화 사진이 없는 관계로 (즉, 추측들로 구성된 것을 가리킴) "벽을 통과하는 레이더나 초음파 기술" 이라고 할지라도 집 안에서 어떤 행동들이 일어나고 있는지 결정하기 위해서는 추측을 하는 과정이 필요하다.41 감지된 열을 통해 집 내부의 구체사항들을 알아낼 수 있다 라고 주장되어야 하는 것이다. 이는 해석적 추측으로서 집을 감싸고 있는 벽을 효과적으로 꿰뚫는다.

대법원은 헌법 제4조에 해당하는 수색이 일어났는지 여부를 결정하기 위해 "물리적인 침입이 없이는 알아낼 수 없는 집 안의 구체적인 사항들" 이 과연 그 열 감지 장치로 인하여 드러났는가의 여부를 궁극적으로 살폈다.42 스티븐스 대법관은 열 감지를 사용해 " '허락되지 않은 물리적 관통' 을 성취할 수 없기" 때문에 위의 질문에 반대 입장을 취했다.43 따라서 의견 불일치의 핵심에는 바로 집 안에 관한 내용을 드러내는 해석이 과연 집 벽을 관통해 알아낸 것과 같은지에 대한 입장 차이가 존재한다.

발전된 기술로 인하여 사생활을 대표하는 "목욕을 하는 레이디"의 상징은 벽이 관통되는 것에 대한 우려를 포함하고 있다. 그녀를 위험의 최고 수치에 노출시키는 것인 마냥 스칼리아 대법관은 그녀의 일상적 밤의 사생활 속에서 그녀를 바라보도록 우리를 초대했다. 킬로(Kyllo)에서 관음증(觀淫症)을 사용하는 것은 여성을 관통하는 것과 성(城) 벽을 관통하는 것을 연결시키는 것이다. 목욕하는 레이디의 이미지가 선명해질수록 "허가되지 않은 물리적 관통" 에 대한 두려움 ─ 즉 간음 ─ 은 증가한다. 불투명한 장애물을 통해 목욕하는 레이디를 비밀스럽게 "바라보는 것" 은 ─ 물론 이는 해석적인 추측을 통하여 가능하지만 ─ 집에 대한 물리적인 관통을 제시하며, 이는 헌법 제4조의 위반 중에서 표준위반이 된다. 엿보는 것이 레이디의 신체에 대한 위반이다 라는 사생활의 상징과 평행구조를 이루는 관통의 표현은 대법원의 강력한 입장, 즉 기술의 도움을 통한 추측으로 집 내부에 대한 사실들을 알아내는 것이 실질적인 수사라는 입장을 강조한다. 여성의 몸처럼 집이 관통되면 성(城)이 침범되는 것이다.

4. 무질서한 집 또는 가정(The Disordered Home)

만약 킬로*(Kyllo)* 판례에서 등장하는 목욕하는 레이디가 집에 관한 존엄성과 정부에 의한 침입에 관한 염려 모두를 재현한다면, 사생활에 대한 개념은 집 안에서 여성을 보호하는 생각 속에 요약이 된다. 그러나 이것은 결혼생활에서 남편과 아내가 바람직한 각자의 역할을 질서정연하게 하는 가정(또는 집) (10) 상태를 전제로 하는 것이다. 그러나 만약 가정이 그렇게 질서정연하지 못한 상태라면 어떨까?

2006년 사건인 *란돌프(Georgia v. Randolph)*에서는 여성을 보호한다는 생각 자체가 헌법 제4조를 놓고 대법원이 고려하는 데에 있어서 더욱 뚜렷하고 정교 면밀한 역할을 했다.44 이 사건에서 그려진 여성은 가정 불화로 인하여 엉망이 된 집에 사는 한 아내였다. *란돌프(Randolph)* 법원이 고민한 이슈는 즉, 영장을 발부 받지 않은 상태에서 한 명의 거주자는 경찰에게 동의를 하고, 다른 한 거주자는 분명하게 집에 들어오는 것에 대한 거부 의사를 밝혔을 때, 경찰이 집에 들어와 수색한 것이 합리적인가 하는 것이었다. 법원은 그러한 집에 대한 수색이 동의를 하지 않은 거주자에게는 비합리적이다 라고 판결했다.

수색 영장 없이 집에 들어가는 것은 일단 비합리적이라는 추정의 꼬리표를 달고 다니는 것과 같은데, 물론 경찰이 권한을 갖고 있는 사람으로부터 자율적인 동의를 받아 내거나 비상사태일 경우는 제외한다. 따라서 문제는 단순해 보인다. 한 집에 살고 있는 두 사람이 경찰이

(역주 10) 여기에서 사용된 home은 가정과 집 둘 다 내포한다. 번역상 집을 더 많이 사용하지만 이번 장에서는 가정의 의미도 염두해야 한다.

집에 들어와서 수색을 할 수 있는 여부에 대하여 서로 의견을 달리한다면, 과연 두 사람 중 누구의 의견이 이기는 것인가? 예전에는 다른 거주자가 없을 때 한 사람의 동의가 있을 경우 경찰은 집에 들어갈 수 있다라고 법원은 판결을 내렸다.[45] 하지만 *란돌프(Randolph)* 사건에서는 경찰이 집에 들어오는 것을 반대하는 거주자가 실질적으로 다른 한 거주자는 동의를 할 때 그곳에 같이 있었다는 점이 다른 결과를 가져온다.

란돌프(Randolph) 법정은 판결 시 대법관들이 여섯 개의 의견서를 따로 썼고, 이 의견서들은 집에 대한 프라이버시/집의 사생활에 대한 현대적인 뜻에 포함되어 있는 과실의 원인들을 밝혀주었다. 이 사건에서는 결혼을 계속 이어나가고자 하는 의지를 가지고 있는지 여부가 분명치 않은 불화 속의 배우자들이 등장한다. 스캇 란돌프(Scott Randolph)와 자넷 란돌프(Janet Randolph) 부부의 집 안에서는 제대로 돌아가는 일이 없었다. 자넷은 남편이 둘 사이의 아들을 이웃집에 데려다 놓았다는 이유로 시작된 가정 불화 때문에 경찰에 신고를 했다.[46] 경찰이 도착했을 때, 그녀는 결혼 문제와 배우자 별거 및 아들과 캐나다로 짧은 여행을 한 후 최근 결혼집으로 다시 돌아온 이야기를 했다.[47] 스캇은 아내가 다시는 나라 밖으로 아들을 데려가지 못하도록 하기 위해 이웃에 아들을 맡겼다고 설명했다.[48] 그러자 자넷이 자신의 남편은 마약을 사용했었다고 말한다. 스캇의 반대에도 불구하고 자넷은 경찰을 그의 방으로 안내했고, 경찰들은 거기서 코카인 찌꺼기가 묻어 있는 빨대를 발견했다.[49] 경찰은 이를 바탕으로 수색 영장을 발부받았고, 더 많은 마약 증거들을 확보해 그를 코카인 소유로 기소했다.[50] 집을 수색하는 것

에 대한 동의 및 경찰에게 자신들의 갈등을 드러내고자 하는 의지에서 보여지는 그 부부의 불일치성은 그들의 집에서 일어나는 결혼 생활 분열과 무질서를 증명하는 듯 보였다.

5. 방문(Calling)

우리는 그의 사회를 알 때까지 남성을 완벽하게 알 수 없고, 사회의 예의를 알 때까지 우리는 사회를 단지 반밖에 알지 못한다.

– 헨리 제임스(Henry James) 51

란돌프(Randolph) 사건의 재판 구두 변론(oral argument)은 오코너 대법관이 조지아 주(원고)를 대변하는 검사 측에 "당신의 배우자나 동거 주자의 분명한 반대 의견"에도 불구하고 낯선 사람을 집 안에 들여놓는 것이 "사회적으로 받아들여질 수 있는가" 라는 질문을 함으로써 시작됐다.52 검사 측이 그런 일이 "흔히" 일어난다고 생각한다 라고 답하자, 오코너 대법관은 이 대답에 "흔히 일어날 수도 있지만, 그게 과연 받아들여질 만한 행동인지는 잘 모르겠다." 라고 비꼬아 반박했다.53 사회적으로 흔한 것 — 확대된 계층과 낮은 계층의 두 장식이 달려있는 — 과 사회적으로 받아들여질 수 있는 것에 대한 오코너 대법관의 재빠른 구분은 실질적으로 중요한 점임이 증명된다.

수터 대법관은 대법원 판결문을 쓰면서 헌법 제4조 내의 무엇이 과연 합리적인 것인지를 판단함에 있어 광범위하게 퍼져 있는 사회 공동체 기대치(social expectations)에 큰 중요성을 두었다는 사실을 강조했다.54 집에 함께 살고 있는 두 사람이 동의하지 못하는 상황에 이러한 사회 공동체 기대치를 적용하면서 수터 대법관은 다음을 주장했다.

"공동으로 살고 있는 건물에 간 콜러(방문자, caller) (11)에게 현관문에 서 있는 다른 공동 입주자가 '들어오지 마' 라고 말한다면, 다른 한 거주자의 초대를 받았다고 하더라도 그 초대를 받은 이유만으로 충분히 집에 들어갈 수 있다 라고 자신 있게 생각하지 못할 것이다. 정말 합당한 이유가 없이는 이런 상황에서 분별력 있는 사람이라면 적어도 안으로 들어가지는 않을 것이다." 55

여기에서 사용된 "공동으로 살고 있는 건물" 과 "공동 입주자"의 표현은 룸메이트 방식으로 살고 있는 상황을 암시하는 것으로, 랜돌프(Randolph)에서의 부부 관계와 결혼집 사실 관계와는 약간의 거리감이 있다. 그러나 집에 방문한 사람(visitor)을 콜러(caller)라고 표현한 것은 특별히 주시할 만하다. "사회 공동체 기대치" 라는 개념과 나란히 놓으면 "콜러(caller)" 라는 시대에 맞지 않는 표현은 그러한 표현이 평소에 사용이 되었던 사회적 맥락의 틀(social context)을 다시 불러일으키는 효과를 가져 온다. 이전 세대의 예의범절 혹은 매너를 편애하기로 소문난 수터 대법관은 자기 집에 다른 사람들을 부르는 데 있어 지켜야 하는 규범을 통해 서로 잘 알고 있는 에티켓 규율이 성문화됐던 미국의 도금 시대(Gilded Age) 때의 사회 세계를 상기시켰다.56 이 세계에서는 사회 매

(역주 11) 방문자(혹은 방문객)라고 번역하지 않고 영어 발음 그대로 콜러라고 한 이유는 저자가 방문자란 뜻의 visitor(비지터)와 caller(콜러)를 구분해 사용하고 있기 때문이다. 한국말로는 둘 다 방문자(방문객)의 뜻을 지니고 있지만 구분을 위해서 방문자/방문한 사람(visitor)과 콜러(caller)로 번역했다.

너와 사회 속 행동이 법 규정과 같은 규범 체계로 시작되었고, 실천되었다.57

그녀가 "집에(at home)" 있다 라고 정해진 시간에, 한 신사는 레이디의 집에 도착함으로써 방문을 한다.58 특정한 콜러(caller)를 맞이할지 안 할지는 그 집에 사는 레이디의 특권이다.59 그 콜러(caller)는 자신의 이름이 새겨진 방문 카드(calling card)를 내민다.60 이 전체 과정은 형식적인 의례로 가득하고, 문전에서 질문에 능란하게 응대할 수 있고, 도착 전갈을 전하는 하인의 존재까지도 수반한다.61 그 콜러(caller)가 받아들여지는 정도는 첫 소개를 맡아 진행하는 사람과 더불어 "신사의 방문 카드 스타일, 그가 방문한 시간 및 그의 주소" 에 따라 보장될 수 있다.62 방문을 환대받는 콜러(caller)에게는 레이디가 "집에(at home)" 있다는 전갈이 전해질 것이고, 방문 요청이 거절되는 콜러들(callers)에게는 그녀가 "집에 없다" 라는 전갈이 전해질 것이다.63

방문을 하는 것과 콜러(caller)를 받아들이는 형식적 체계는 상류층 부르주아 계급의 특권이었다.64 "뉴욕 시의 상위 계급 가정들이 가르치고 실천했던 우리의 관습에 관한 설명 또는 보고를 마련하기 위한" 65 목적을 가지고 있는 에티켓에 관한 19세기 말의 책에서는 방문 체계를 다음과 같이 설명한다.

"방문 체계는 낯설고 환영하지 않는 방문자들에 대항하는 방어벽이다. 레이디를 처음 만나보려는 노력의 결과가 얼마든지 안 좋을 수 있지만, 모든 진정한 신사들은 집의 성스러운 한계점을 지나가는 장애물의 필요성에 대하여 인정할 것이다.66 방문 체계는 "우리만의 사회

에티켓이라고 알려진 예의범절의 공통 공식" 안에 존재하는 규범이었고, 방문 체계는 "다른 사람들에게 우리의 안부를 전하는 방식으로서 철저히 이해해야 한다." 67 에티켓이란 "문제를 예의 바르게 해결하는 것을 거부하는 무뚝뚝하고 상스러운 사람들로부터 우리를 보호하도록 우리 주위에 쌓아 놓은 벽과 같은 것이다." 68 따라서 이러한 에티켓은 "집 안의 존엄성을 지키는 자이고, 보호하는 경비대로서의 역할을 한다." 69 침입에 대항한 장애물로 집을 비유함으로써 방문의 관습을 지배하는 사회 규범 자체가 "무례한 사람, 부도덕한 사람 그리고 상스러운 사람들의 침입으로부터 보호하는 방패막이 역할을 하는" 70 벽을 문자 그대로 집에 들어오는 규율의 형태를 통해 유지시키는 도구로 상상될 수 있다.

사라져버린 이 세계를 다시금 들먹거리는 것은 바로 킬로(Kyllo)의 목욕하는 레이디와 확연히 구별되는 수사적 인물을 연상해 소개하려는 것이다. 그 인물 역시 19세기 장면에 등장하는 상류 부르주아 계층의 레이디이다. 만약 스칼리아 대법관이 인용한 집 안의 레이디를 꿰뚫어보는 남자의 시선으로부터 보호해야 한다면, 수터 대법관이 인용한 인물은 "집에 있는" 레이디로서, 그녀는 방문객들, 특히 "콜러" 라는 단어가 오늘날까지도 방불케 하는 젠틀맨(신사)들을 맞이할 것인지 아니면 거절할 것인지를 정한다.71 이 레이디 역시 목욕하는 레이디만큼 사생활 대표 인물이지만 다른 종류의 집의 사생활, 즉 사회적으로 받아들일 수 없도록 보이는 자들을 배제시킬 수 있는 그녀에게 주어진 신분이 반영돼 있는 권한을 강조하는 집의 프라이버시를 상기시켜 준다.72

228

잘 지켜지는 사회 규범에 따라 집에 들어가는 것을 규제한다는 생각은 그 사회 규범에 대한 질서정연한 인식을 미리 가정한다. 19세기 에티켓 책의 저자에 따르면 "세련된 관습 및 사회 최고의 품격에 대하여 잘 아는 것은 사회생활에 있어서 조화를 이루도록 해주지만, 잘 모른다면 부조화와 혼란을 초래할 수밖에 없다. 행운아란 바로 총명한 고상함이 머무는 환경에서 태어난 사람들이다. 그들에게 있어서 실수를 저지르는 것은 불가능하기 때문이다." 73 사회 에티켓은 "불확실성에 대한 괴로움" 을 방지한다.74 수터 대법관이 확신했던 "집 안으로의 초대에 대한 엇갈린 태도" 가 있을 때에 "분별력 있는 사람은 적어도 안으로 들어가지는 않을 것" 75 이라는 사실은 사회적 확실성이 전반에 깔려 있다는 것을 뜻한다. 그러나 사회 에티켓에 대한 언급을 통해 우리는 비록 사람들이 기대치의 기준에 맞추어 행동하는 것을 기대할 수 없는 시대를 살고 있지만 "사회 공동체 기대치(social expectations)" 에 대한 불확실성에 관한 비교 관점에 관심을 가질 수 있게 되었다.76 지나가버린 세계의 사회적 규범을 회상하는 차원에서 보면 수터 대법관의 시대착오적인 확신성은 단지 무엇이 사회적으로 받아들여질 수 있는지에 대한 기준이 썩 명확하지 않은 현재를 부각시킬 뿐이다.

수터 대법관의 형식적 사회 규범이 존재했던 잃어버린 세계를 염원하는 것을 알아차린 대법원장 로버츠(Roberts)는 조금도 주어진 기회를 낭비하지 않고 (즉각), 이번 사건에 전혀 관계가 없는 접근 방식이라며 수터 대법관의 의견에 퇴짜를 놓았다. 로버츠 대법원장은, 들어오라는 허락에 대한 반대 의견이 있을 때 방문객이 집에 들어가지 않을 것이다 라는 여부에 상관없이, 수터 대법관이 암시하는 사회적 관행은 이 사건의 이슈와는 관계가 없는 것이다 라고 했다. 왜냐하면 "란돌프(Randolph) 여사는 *디저트와 커피를 함께 마시기 위해 경찰을 초대한 것이 아니었기 때문이다.*" 오히려 "경찰관이 문을 두드린 목적은 부부 사이의 불화 문제 해결에 도움을 주기 위해서였다. 불화 문제란 란돌프(Randolph)가 경찰의 보호막적인 존재가 있어야 하는 필요성을 느끼도록 만든 문제이다." 77

디저트와 커피를 이야기하면서 로버츠 대법원장은 사회 관행에 대한 신념을 축소시키는데 노력했다. 그의 주장은 단순히 초대와 콜러(caller)의 장식적인 관습이, 아내가 남편을 이유로 경찰을 불러 남편이 마약을 은닉해둔 장소를 드러나게 한 상황에 적절하지 않다는 것이 아니다. 수터 대법관이 사용한 사회 관행 모델은 헌법의 사생활 뜻을 확정함에 있어서 사용하기에는 잘못된 모델이라는 것이 로버츠 대법원장의 주장이다.

"미묘한 사회 관행의 넓은 다양성은 사생활 이외의 것들이 우리 삶에 들어오면서 우리가 어떻게 행동해야 하는지에 대한 기대감을 만들어나가는 것도 맞지만 이러한 사회 관행들이란 여러 가지 이름으로 불리는 것들이다. 즉 예의범절, 좋은 태도, 관습, 의례 및 도둑들 사이의 명예까지도 사회 관행에 포함된다고 할 수 있다. 그러나 헌법은 이러한 관행들을 보호하는 것이 아니라 프라이버시, 즉 사생활을 보호한다." 78

이렇게 주장함으로써 로버츠 대법원장은 매우 다른 사회조직의 틀 안에서 견줄 만한 사생활의 특성을 밝혀 보였다.

6. 때리기(Battering)

사생활에 대한 개념은 여성에 대한 폭력을 허락하고, 장려하며 또한 강
화한다.
　　　　　　　　　　　　　　— 엘리자베스 슈나이더(Elizabeth Schneider) 79

　　　후세대 남성인 로버츠 대법원장에게 있어 사생활, 집(home)과 여
성이 함축하는 뜻은 상류층 부르주아 여성 인물과 다른 것이었다. 집
안에 있는 부르주아 여성의 자리에 로버츠 대법원장은 우리에게 친숙한
다른 종류의 여성을 소개했다. 그 여성은 바로 매 맞는 여성, 집에 갇혀
있으면서 남편에게 억압당하는 아내이고, 남편은 시대에 뒤떨어진 사생
활이란 가면을 쓰고 정부가 방해하지 않는 동안 아내를 통제할 수 있게
되었다.80 이 여성상은 그 위치에서 친숙하고 목욕하는 레이디를 환기시
킨다. 그녀는 매 맞는 여성으로, 그녀의 상황은 학대를 결혼에 대한 가
부장적 관념을 보여주는 예시로 이해하는 법적 페미니즘의 중심 초점이
된다.81 사회적 통념에 따르면, 그녀의 곤경은 아내에 대한 남편의 법적
권한만을 인정함으로써 그 목적이 비록 겉으로는 아내를 보호하는 것이
지만 실제로는 결혼 사생활이란 감옥에 그녀를 가두어버리는 결과를 낳
게 한 코먼로의 산물이라는 것이다.82

　　　로버츠 대법원장은 반대 의견서에서 어떻게 대법원의 과반수 의
견이 가정 폭행범들을 위한 방패막이가 되고 학대받는 여성을 보호하는

데 실패했는지에 대하여 위에서 언급한 대안적 인물을 활용했다.

"대법원의 다수가 동의한 규정이 가지고 올 가장 심각한 결과는 아마도 그 규정이 이번 사건과 같은 가정폭력 상황에 적용되는 것이다. 다수 대법관들의 의견은 만약 학대자의 행동 때문에 경찰의 도움을 요청한 경우라 할지라도 그 가정불화에 관한 도움을 주기 위해 경찰이 집에 들어가는 것을 분명히 막아버리는 결과를 가지고 온다." 83

로버츠 대법원장의 매 맞는 여성 대화에 우리의 관심을 자극하는 두 가지 이유가 있다. 첫째, 사건 사실 관계상 란돌프(Randolph) 여사는 경찰을 디저트와 커피 때문에 불렀다고 한 적이 없는 것처럼, 그녀가 맞았었다고 주장한 사실 역시 없다.84 이 사실 관계에 대한 로버츠 대법원장의 주장은 분명하게 정세에 대하여 더 밝은 대법원장이라 하더라도 적어도 수터 대법관의 주장과 마찬가지로 그만큼 상징적일 뿐이다.85 란돌프(Randolph) 사건에서는 여성이 매를 맞았다든가 학대당했다라는 상황이 펼쳐지지 않았다.

다시 말해서 로버츠 대법원장이 "경찰이 집으로 들어간 것은 합리적인 것이다" 라는 결론을 지지하기 위해 매 맞는 여성 이야기를 끌어낸 것은 바로 가정폭력법을 집행에 관한 계속되고 있는 법 논의에서 찾을 수 있는 비슷한 입장을 취한 것이다. 이 법적 논의에서 "사생활"이란 남편들의 사생활을 위해 여성이 법의 보호를 못 받도록 역할을 하는 개념으로 묘사되곤 한다.86 학대받는 여성을 위한 경찰 보호 및 가정폭력법 집행에 미칠 대법원 판결의 영향을 강조함으로써 로버츠 대법원장은 헌법 제4조의 뜻에 위와 같은 입장을 동화시켰다. 즉, 사생활은 레이디로서 표현되는 것이 아니라 매 맞는 여성으로서 표현된다.

그러나 수터 대법관은 가정폭력이 "주의를 딴 데로 돌리도록 만드는 것(red herring)" 이라고 주장했다.[87] 왜냐하면 경찰은 자신들이 집에 들어오는 것 자체를 학대자가 거부한다고 해도 가정폭력 피해자를 보호하기 위해 집에 들어갈 수 있는 "의심의 여지가 없는 권리" 를 가지고 있기 때문이다.[88] "가정폭력 및 학대가 미국의 심각한 문제" [89] 라는 것을 인식하고 집 안 여성들을 향한 폭력에 관한 오랜 통계를 인용해 수터 대법관은 대법원이 정한 규율 아래 "단순히 폭력적인 입주자가 수색에 대한 동의를 거부했다고 해도 두려움에 떨고 있는 다른 거주자가 집의 닫힌 문 뒤에 갇혀 있을 위험은 없다고" 확신했다.[90]

브레이어 대법관은 동의 의견서(concurring opinion)에서 가정 학대는 특별한 상황으로서 전체 통합적 상황 아래 견주어 경찰이 집에 들어가는 것을 합리적으로 만들기 때문에, 이번 사건의 결과가 가정폭력법 집행을 방해하지 않는다 라는 것을 설명하기 위해 더욱 고심했다.[91] 브레이어 대법관은 다음과 같이 설명한다.

"학대 대상일 가능성이 있는 피해자가 신고를 받고 출동한 경찰을 집으로 초대하거나 경찰이 집에 들어오는데 동의를 한다면, 그 초대(혹은 동의) 자체가 자신의 학대자와 함께 집에 남아 있는 것을 피해자가 두려워하고 있다는 사실을 반영하는 것일 수도 있다. 또한 그녀가 즉시 이야기하려는 것을 미루어볼 때, 지금 당장이 아니면 사라져버릴지도 모르는 어떤 증거가 남아 있다는 것을 알리는 것일 수도 있다. 이런 경우 초대(혹은 동의) 자체는 경찰이 즉각적으로 집에 들어가야 하는 특별한 이유를 제공하는 것이다. 따라서 다른 사람의 반대에도 불구하고 한 사람의 초대 또는 동의에 따라 집으로 들어가는 것은 보통 합리적인 것이다." 92

"이러한 조건 내에서만" 93 대법원의 판결에 동의한 브레이어 대법관은 대법원의 판결이 가져오는 의미에 대하여 몹시 초조해하고 걱정을 한 듯이 보인다. 가정폭력이 로버츠 대법원장의 반대 의견을 만들어낸 것이라면, 이 반대의견으로 인하여 브레이어 대법관은 충분히 당황했음이 틀림없으며, 따라서 그는 대법원 판결이 강력한 가정폭력 집행과 사실상 완벽한 공존을 이루고 있음에 대한 의견서를 따로 썼다. 집의 사생활 보호와 학대받는 여성의 보호 사이에 존재하는 갈등을 고려할 수밖에 없게 된 브레이어 대법관은 끝까지 갈등이란 존재하지 않으며, 학대받는 여성은 이 대법원의 판결에 의해 제대로 보호받는다 라고 주장했다.

7. 집 분리하기(Dividing the Home)

예전 집 안의 레이디와 현대 학대받는 여성 사이의 관계는 무엇인가? 스티븐스 대법관은 동의 의견서를 통해 남편에 종속된 아내 신분의 역사적 종말과 남녀평등 주장의 상승 안에 담겨있는 관계에 관한 이야기를 한다.

"18세기 헌법 제4조가 채택되었을 때 (…) 남편의 재산 권리와 그에 비해 정말 적은 아내의 권리 사이에 존재하던 엄청난 차이점을 고려하면 오직 남편의 동의만 필요했다. '집 안의 주인' 이 동의를 했든지 반대를 했든지, 그의 결정이 통제한다." 94

유부녀 법(law of coverture) 아래에서 집 안에 있는 레이디는 남편의 권리가 그녀의 권리를 "감싸버린" 아내를 가리킨다.95 그러나 오늘날 "헌법 문제상 남성과 여성이 동등한 파트너인지 분명하지 않다." 96 남녀평등과 부부의 법 정체성이 분리된 결과는 바로 한 배우자가 다른 배우자를 대신해 헌법에 보장된 권리를 포기할 수 없다는 것이다. 오늘날 "배우자 어느 누구도 상대 배우자가 자신의 성(城)에 들어올 수 있는 헌법 권리를 무효화 할 수 있는 권리를 소유한 주인이 될 수 없다." 97 따라서 한 배우자가 집 안에서 사생활 권리를 포기하겠다고 하는 것은 그렇게 포기한 배우자에게만 효력이 있을 수 있다.

따라서 스티븐스 대법관은 현대 사생활의 내용을 결정하는데 있어 현대 남녀평등을 설명했다. 즉 헌법상 부부가 동등하기 위해서는 각자 외부인들을 배제시킬 수 있는 권리를 가지고 집 안에서 사생활을 보호할 수 있어야만 한다. 집 안의 레이디는 "남자의 집은 그의 성(城)이다 라는 속담 안에서 이야기하는 권리는 집 주인의 권리" 라고 하는 유부녀 규범을 환기시켰다. 남편과 아내의 법적인 정체성 구분 결과는 바로 집의 사생활을 분리시키는 것으로, 그 결과 한 배우자가 다른 배우자의 반대에 상관없이 경찰이 집에 들어오는 것에 대하여 동의할 수 없는 것이다.

그러나 스칼리아 대법관은 따로 반대 의견서를 쓰면서 남녀평등에 관한 자신의 생각을 굽히지 않았다. 두 배우자 모두 다른 배우자

의 동의가 있을 때에는 집에서 경찰을 배제시킬 수 없다면 배우자 서로
는 동등한 입장이기 때문에 "평등이라는 개념은 각자 배우자로 하여금
결혼집에서부터 경찰을 배제시킬 수 있도록 요구한다" 라는 생각에 스
칼리아 대법관은 동의할 의사를 가지고 있지 않았다. 스칼리아 대법관
에 따르면, 근대 재산법 아래 여성들의 동등한 권리에 대한 "스티븐스
대법관의 찬사는 그의 결론, 즉 '배우자 중 어느 누구도 상대 배우자가
자신의 성(城)에 들어올 수 있는 헌법 권리를 무효화 할 수 있는 권리를
소유한 주인이 될 수 없다.' 라는 주장을 뒷받침하지 않는다는 것이다.
(…) 남녀 둘 다 서로의 동의를 반대하여 무효화시킬 수 있다 라고 주장
하는 과반수 이상의 대법관들의 관점이 바라보는 남성과 여성의 평등
성은 그 반대로 '서로의 동의를 무효화시킬 수 없다' 라고 주장하는 반
대 의견 대법관들의 관점 속에 존재하는 남녀 평등성과 비교하여 볼
때, 그 이상으로 동등한 것이 아니다." 98 스칼리아 대법관이 스티븐스
대법관과 동의하지 않는 점의 핵심은 바로 집 안에서 결혼적 동등함이
가지는 뜻의 방향 재설정, 즉 외부 사람들을 배제시키는 권리로서 집의
사생활에 초점을 맞추는 것이 아니라 상대 배우자의 사생활을 능가하
는 동등한 권리로 그 초점을 맞추는 방향으로 나아가는 것에 서로 입
장 차이의 핵심이 놓여 있는 것이다.

　　스칼리아 대법관은 집의 사생활을 성(性) 차별을 만들어내는 도
구, 구체적으로 결혼집에서 여성에 대한 남성의 폭력을 가능하도록 하
는 도구로 사생활이 사용되는 것을 특히 비판하는 법적 페미니즘의 효
과적인 운동에 그림자를 드리웠다.

"가정폭력의 일반적 경향을 볼 때, 얼마나 자주 경찰이 남자가 집에 들어오라고 애원하고 여자는 들어오지 말라고 하는 상황을 맞게 될까? 오늘 대법원 판결의 가장 공통적이면서 현실적인 영향은 남녀 성(性) 사이의 대결을 놓고 볼 때, 바로 여성이 경찰을 집에 들일 수 있는 것을 막을 수 있는 힘을 남성에게 준다는 점이다." 99

우리는 여기서 스칼리아 대법관이 캐서린 맥키넌(Catharin MacKinnon) (12)이 이야기한 주목할 만한 관점, 즉 경찰을 배제하는 동등한 권리는 남편들이 아내들을 복종시키기 위해서 때리는 동안, 경찰들을 멀리 떼어놓을 수 있도록 만들 수 있는 세상에 필연적인 영향을 미치게 될 것이다 라는 관점을 되풀이하는 장면을 목격하게 된다.100 여기에서는 "남자의 집은 그의 성(城)이다" 라는 생각에 결혼에 대한 페미니스트의 비판 속에서 사생활이 손상을 입는 것과 같은 결점이 있는 것처럼 여겨진다.101

이러한 그림을 킬로(Kyllo) 사건에서 상상한 집에 대한 그림 — 그의 아내의 나체 모습을 볼 수 있는 집 주인으로서의 권리와 그녀를 엿보는 정부의 눈으로부터 그녀를 보호하는 권리 — 과 과연 조화를 이루도록 할 수 있을까? 아마도 할 수 있을 것이다. 란돌프(Randolph)와 킬로(Kyllo) 사건에서 스칼리아 대법관은 그녀가 벌거벗은 레이디이든지 학대받는 여성이든지 간에 자신의 아내에 대한 정부의 접근과 관련해 결혼 집 안에서 남성에 의해 주장되는 것이라고 상상했다. 집 주인과 정부는 집 안의 여성을 서로에게로부터 보호하기 위해 싸우는 요원이다.

(역주 12) 미시건대학 로스쿨 교수로, 미국 법학자/ 페미니스트로서 가장 많이 인용되는 인물 중의 한 사람.

만약 킬로(Kyllo)에서 사생활의 대상이 남자의 성(城) 안에 있는 여자였다면, 수터 대법관이 강조한 점은 오히려 그녀의 집에서 존경을 받는 여성으로서 그녀는 사회 관행에 따라 어떤 콜러(caller)가 그녀가 받아들일 만한 사람인지를 결정한다. 수터 대법관은 남녀평등이 남편과 마찬가지로 아내 역시 집에서부터 다른 사람들을 배제시킬 수 있는 권한을 가지도록 만든다는 것을 설명함으로써 자신의 강조점을 다시 새롭게 했다.

그러나 로버츠 대법원장과 스칼리아 대법관은 학대받는 여성 인물을 강조하고 품위를 지키는 사회를 논의의 틀 밖으로 빼어버린다. 법적 페미니즘의 통념에 따르면, 학대받는 여성은 그녀의 남편으로부터 통제 또는 지배받음으로써 그녀가 집 또는 그 학대적 인간관계를 떠나도록 결정할 수 있는 자율성을 제한받는다.102 따라서 학대받는 여성에게 필요한 것은 집의 사생활이 아니라 오히려 집으로부터 보호를 받는 것이다.

사생활과 긍정적으로 연결되어 있는 존경할 만함과, 사생활과 부정적으로 연결되어 있는 가정 학대 사이의 차이점은 사회적 위치의 다른 점 역시 반영한다. 상위 부르주아 여성은 사회 상류 계급 사람들과 "사회적 기대치" 생각 사이에 내포된 연관성을 잘 강조했다. 코카인(cocaine) 사용자의 아내에게도 이러한 규범이 있다고 생각하면서 수터 대법관은 몇몇 콜러(caller)는 집으로 들어오는 것을 허락하고, 다른 이들은 그녀의 집에서 배제시키는 상류층 여성의 이미지에 의존했다.

수터 대법관의 이러한 고귀한 진행 때문에 그의 의견은 로버츠 대법원장의 "자넷 란돌프(Janet Randolph)가 경찰을 부른 것은 디저트와 커피 때문이 아니었다" 라고 지적하는 비웃음을 사게 되었다. 그 대신 그녀를 매 맞는 여성 인물에 — 다시 말하지만, 이 사건에서 이러한 사실 관계를 찾아볼 수 없는 대법원장의 진행 방식이다 — 동화시키면서 은연 중에 품위 혹은 예의범절을 지키는 것이 어울리지 않아 보이고 우스꽝스럽기까지 한 낮은 사회 계층이었음을 최소한 제안했다. 로버츠 대법원장은 불쌍하고(가난하고) 학대받는 여성 — 불쌍한 혹은 가난한 둘 다를 포함한다 — 에게는 집의 사생활이 큰 관심거리가 되지 않는다고 상상했다. 오히려 그녀가 우선시하는 관심사는 바로 경찰 보호를 받는 것이다. 학대받는 여성이 되는 것은 사회적 계층이 없는 것이고, 따라서 그녀는 부르주아 집과 연관 있는 사생활의 종류를 가지고 있지도, 가질 필요도, 혹은 이를 누리는 것을 즐기지도 않는다.

이 사건에서 나 홀로 외로운 남자는 바로 브레이어 대법관인데, 재판 구두 변론(oral argument)을 글로 옮긴 기록을 보면 여성이 경찰에게 집에 들어오라고 이야기를 하고 그녀의 학대자가 이에 대하여 반대하는 가정폭력 시나리오에 대한 염려를 되풀이해 표현한 것을 발견할 수 있다. 브레이어 대법관은 경찰이 집에 들어갈 수 있도록 허락해주는 신호들이 너무 애매모호한 점을 염려했다. 재판 구두 변론(oral argument)에서 브레이어 대법관은 피고인 변호사에게 "만약 피고인 측이 이 사건에서 이긴다면, 그렇게 애매모호한 상황에서 아내는 경찰이 들어오길 원하고 경찰에게 왜 그런지 설명하기는 두렵고, 그래서 경찰을 방까지 안내할 수 있을 때까지 그 아내는 경찰이 집에 들어오길 원하지만, 피고인 측의 주장에 따르면, 경찰은 (…) 그 집에 들어갈 수 없다." 103 라며 자신이 걱정하는 바를 말했다.

브레이어 대법관의 흥분은 같은 시기에 일어난 다른 사건에서도 발견할 수 있다. 같은 시기에 대법원은 가정폭력에 관한 사실을 포함하는 사건인 *하몬*(Hammon v. Indiana) 104 사건을 다루었는데, 그 사건에서 대법원은 헌법 제6조 중인과 피고의 대면 조항(Confrontation Clause)이 과연 범죄 현장에서 경찰에게 이야기한 진술에 적용이 되는지 여부105를 살폈다. 이 사건을 통해 대법원은 점점 증가하는, 흔히 피해자 없이 진행하는 형사 기소에 대한 합헌성을 살폈다. 피해자 없이 진행하는 형사 기소란 가정폭력 피해자가 법집행 관계자들에게 말한 진술이 재판 때 소개는 되지만 정작 피해자는 검사 측에 협조하기를 거부하기 때문에 재판 때 불참하여 피해자 없이 재판을 진행하는 것이다.106

하몬(Hammon) 사건의 사실 관계는 *란돌프*(Randolph)에서 브레이어 대법관이 염려한 시나리오와 많은 부분이 비슷하게 포함되었다. 경찰은 가정 소란 신고에 대응했고, 비록 아내가 몹시 두려워하는 것처럼 보였지만 그녀는 경찰에게 문을 열어 집에 들어올 수 있도록 해주었으며, 경찰이 집에 들어왔을 때, 남편과 아내는 아무 일도 없었다고 호언장담했다.107 남편이 없는 방 안에서 경찰이 아내에게 질문을 했을 때, 아내는 남편이 자기를 난폭하게 밀쳐냈고 때렸다고 말했다.108 질의 심문(interrogation)의 목적은 진행 중에 있는 비상사태를 멈추게 하는 것이 아니라 이미 지나간 범죄 사건들을 조사하는 것으로, 대법원은 아내의 진술이 질의 심문(interrogation)시 대답한 것과 마찬가지이기 때문에 아내

의 진술은 헌법의 증인과 피고의 대면 조항(Confrontation Clause)의 적용을 받는다고 판결했다.109

브레이어 대법관은 바로 이러한 시나리오 — 경찰이 집에 들어가는 것을 합리화시켜 주는 비상사태는 존재하지 않으며, 그래도 아내는 불안에 떨며 경찰이 있어 주기를 원하지만 남편은 경찰에게 상관하지 말라고 하는 경우 — 를 염려했던 것이다.110 브레이어 대법관은 경찰이 집에 들어오는데 동의를 한 여성이 학대받는 여성인지를 각 개별 상황에서 경찰이 직접 판단할 수 있다고 제안함으로써 염려한 부분을 해결했다. 학대받는 여성일 경우 그녀의 동의는 남편의 반대에도 불구하고 경찰이 수색을 할 수 있도록 허락할 수 있는 것이다. 만약 그녀가 학대를 받지 않았다면 — 란돌프(Randolph) 사건에서처럼 — 그녀의 남편은 거부권 행사를 통해 경찰이 집에 들어오지 못하게 할 수 있다.

브레이어 대법관에게 있어서 가정 학대는 집의 중요한 요소로서 수색의 합리성을 결정한다.111 그렇다고 모든 집은 가정폭력의 장소로 봐야 하고, 학대받는 여성이 대표적인 여성이라는 로버츠 대법원장이 함축하는 뜻에 동의할 준비는 되어 있지 않았다. 또한 브레이어 대법관은 수터 대법관의 집에 존재하는 부르주아 존엄성의 아우라 — 이로 인하여 학대받는 여성은 정말 특별한 상황의 여성이 된다 — 에 완전히 만족하지도 않았다. 오히려 브레이어 대법관은 헌법 규율로 인하여 여성이 학대를 당한 여부를 살펴볼 수 있도록 되었다고 생각했다. 이 사건에서 씌어진 각각 다른 의견 사이에 놓여 있는 이슈가 무엇인지 그의 의견을 통해 알 수 있게 된다. 둘로 나뉘어진 동의에 직면하는 사생활은 집과 그 집 안에 있는 여성이 존경받을 만하기 때문에 사생활이 필요하다고 상상하는지, 아니면 집과 여성이 무질서하기 때문에 사생활로부터 경찰의 보호가 필요하다고 상상하는지에 따라 달라지게 된다.

재판 구두 변론(oral argument)시 정부의 법정 조언자(amicus curiae) (13) 즉 정부의 입장을 고문하는 법조인으로서 다음과 같이 대법관들에게 이야기했다.

"상당수의 이와 같은 사건들은 사이가 좋은 부부 사이에서 일어나는 것이 아니라 어느 정도 긴장과 갈등상태에 있는 부부 사이에서 일어나며, 이러한 상황에서 동의를 한 배우자는 그녀가 법의 보호를 요청할 수 있음을 확실히 보장받는 데에 대한 독립적인 관심을 가지고 있다." 112

란돌프(Randolph) 사건은 분리된 집을 보여주는 다양한 면을 지니고 있다. 사실 관계로 보면 남편과 아내는 집에 들어오도록 허락하는 것에 관해 분명히 반대의 입장을 취한다. 판결에는 그 부부가 결혼 생활에 문제가 있었다고 기록한다. 하지만 경찰을 부른 것은 진행 중인 가정불화 안에서 그들이 취한 또 하나의 행동이었다. 자넷(Janet)은 적극적으로 경찰을 남편의 마약이 있는 곳으로 안내했으며, 이는 남편이 그녀의 아이를 빼앗아간 것에 대한 복수였을 가능성도 꽤 있다. 이 사건은 집에 들어오게 하는 것에 대한 부부의 나뉘어진 입장 차이를 결혼 생활에 화합이 부족한 상태임을 나타내는 징후로 그려낸다. 배우자 각자의 경찰 배치에 관한 생각과 태도는 결혼 생활의 분열을 더욱 부추기

(역주 13) 사건 당사자 측을 대변하는 변호사 혹은 검사가 아니지만 법원의 결정에 영향을 주는 변호사.

는 수단이 된다.

이러한 결혼생활 분열의 면은 비밀 정보를 나누는 사람에 대한 로버츠 대법원장의 비유와 일치한다.113 비밀을 나눈 상대방이 배신하고 정부와 그 비밀을 나눈다고 해도 그 행동에 대하여 비밀을 나눈 사람으로서 반대를 할 수 없는 것처럼, 마찬가지로 집에 함께 살고 있는 거주자는 동거주자가 공동으로 사용하는 사적 공간에 경찰이 들어올 수 있도록 해줄 때 이를 반대할 수 없다114 라고 로버츠 대법원장은 설명한다. 한 사람이 언제든지 자신의 파트너에 대항해 정부와 동맹을 맺을 수 있기 때문에, 이는 바로 사생활과 사적 공간이 항상 합법적으로 정부가 존재할 수 있는 공간이 되는 경우이다.

반대쪽 배우자 증언에 반대하는 특권(privilege against adverse spousal testimony)은 증언대에 선 배우자에 의해 그 특권이 포기될 수 있다 라고 판결을 내린 *트래멀*(Trammel v. United States) 115 사건에 로버츠 대법원장이 의존하는 것은 효과적이다. *란돌프*(Randolph) 사건의 로버츠 대법원장과 마찬가지로 대법원은 *트래멀*(Trammel) 사건에서 결혼에 관한 구식의 가부장적 규율을 포기하려는 의사를 설명했다.

"세월이 흐르면서 조금씩 조금씩 구식이 된 개념들이 없어짐으로써 '여성들만 집과 가족의 뒷바라지나 하고 남성들은 아이디어의 시장과 세계를 향해 나아가는 그 운명이 정해져 있는 것이 아니다.' "116

이와 비슷하게 *트래멀*(Trammel) 판례에서 사용된 표현은 암시적으로 질서정연하지 못한 집과 잘 정돈되어 질서가 유지되는 집을 대조한다.

"형법 소송 과정에서 한 배우자가 다른 배우자에 대항한 증언을 하길 원하는 것은 (…) 그들의 관계가 거의 훼손된 상태라는 것을 뜻하고, 결혼 특권이 지켜야 하는 결혼 화합의 면모는 별로 남아 있지 않다는 것을 보여준다."

한 배우자가 기꺼이 자진해 상대 배우자에게 대항하고자 함으로써 가정에 훼손이 일단 가해지면, 남편의 강압에서 종속된 아내를 보호하는 것이 목적이 된다.

"아내의 증언에 대한 남편의 통제를 가능하도록 함으로써 아내를 위험에 처하도록 하는 것은 결혼 관계를 유지하는데 도움이 되는 일로 여겨지지 않는다." 117

무질서한 집에서 사생활이란 다른 사람이 경찰을 불러들이지 않는다는 조건에 온전히 달려 있다. 친밀한 관계에 있는 사람들에 의해 고발을 당할 수도 있기 때문에 정부는 사적인 것으로 여겨지는 것들에 대하여 언제든지 접근할 수 있다. 로버츠 대법원장의 생각에는 사생활을 타협하는 한 사람의 가능성은 무질서한 결혼으로의 당연한 귀결이다. 따라서 무질서한 결혼은 피해망상적인 상태로 배우자가 상대 배우자를 언제든지 경찰에 신고할 수 있는 상태가 된다. 그러한 가능성은 바로 정부가 결혼 속에 존재하고, 결혼집이 이미 분리되었다는 것을 뜻한다. 로버츠 대법원장의 가정폭력에 (가정폭력 안에서 부부는 정부외의 관계에서 한 사람은 범죄자로, 또 한 사람은 피해자로 설정된다) 맞춘 초점은 집에 그 분리성을 가지고 오는데, 이 초점은 페미니스트라고 주장하는 만큼 완전한 국가 통제주의자이기도 하다.118

8. 어떤 종류의 여자(What Kind of Woman?)

란돌프(Randolph) 사건에서 서서히 모습을 드러낸 집에 관한 페미니스트의 비전은 페미니즘 내에 존재하는 분할처럼 눈에 띄게 된다.[119] 배우자 각자가 서로를 배제시킬 수 있는 권리를 가져야 한다 라는 형식적인 평등주의자의 관점은 "집은 남성 지배가 시작되는 공간으로서 여성을 집주인으로부터 보호하기 위해 정부가 집에 들어와야 한다" 는 로버츠 대법원장이 이야기한 종속된 페미니즘에 의해 무시된다.

*란돌프(Randolph)*에서 헌법 제4조에 관한 법리학(法理學, jurisprudence)과 사생활 및 동의에 대한 토론은 페미니즘의 분리된 출현을 통해 재건되었다. 표면에 보이는 것은 오히려 평범한 헌법 제4조 사건으로 대법원의 진보적 대법관들이, 경찰이 집에 들어오는 것을 허락하는 보수적 대법관들의 반대 의견을 누르고 경찰을 배제시키는 것은 사실상 집에 대한 법적 생각에 관한 구별된 페미니스트 토론을 할 수 있는 무대가 된다.

사생활 – 헌법 제4조의 핵심이 되는 개념 – 은 여성의 역할을 한다. 사생활 토론이 한 단계에서는 어떤 종류의 여성을 우리 마음속에서 상상하고 있는지 – 존엄성을 지닌 여성인지 아니면 학대받는 여성인지, 상류층인지 하류층인지, 사생활이 필요한지 아니면 보호가 필요한지 – 등에 대한 토론으로 설명할 수 있다. 또 다른 단계에서 사생활 토론은 여성에 관한 어떤 페미니스트의 생각이 헌법적 원리를 만들어 나갈 것인지에 관한 것이다. 집의 사생활에 대한 동일한 권리를 강조하는 평등성이어야 하는가, 아니면 집은 폭력의 장소로서 사생활이란 남성 통제(또는 지배)를 위한 시대착오적인 방패막이가 되어버리는 것을 강조하는 종속성이어야 하는가? 란돌프(*Randolph*)의 헌법 제4조 원칙은 집에 관해 경쟁을 벌이는 비전들로 이루어진 인상적인 장면을 연출하게 된다. 여성인 사생활(14)에 관한 토론은 소위 어떤 종류의 여성인지에 대한 것으로서 남성들이 여성들을 평판하는 익숙한 남녀 차별주의자의 세계를 반영하는 듯 보인다. 하지만 나란히 이러한 토론과 함께 헌법 제4조 사생활의 의미에 대한 대법관들의 토론은 사실상 다른 종류들의 페미니즘 사이에서 일어나고 있는 토론으로, 이 토론 자체가 분리된 집이다.

9. 모범적인 여성(The Exemplary Woman?)

아내를 때리는 것을 특별히 폭력적인 개인 또는 관계의 단순한 현상으로서가 아니라 사회 문제로 정의한 것은 페미니즘이 성취한 위대한 점들 중에 하나이다.

- 린다 고튼(Linda Gordon) 120

우리 법에 페미니스트의 영향이 어느 정도 성숙한 상태로 도달함에 따라 우리는 집 안에서 여성을 보호하고자 하는 생각으로부터 차차 만들어진 헌법적 법리학(法理學, jurisprudence)이 주요 영역에서 논의가 되고 있음을 보게 된다. 헌법 제4조는, 예를 들어 헌법 제6조의 증인과

(역주 14) 위에서 계속 논의된 것을 기억한다면, 사생활이 남자가 아닌 여자다, 여성이다 라고 결론을 내리게 되는 논의를 기억할 것이다. 이와 연관되어 있는 개념을 설명하고 있는 문장이다.

피고 대면 조항(Confrontation Clause)과 제14조의 정당한 법적 절차 조항(Due Process Clause)을 포함하는 새로운 원형이 되는 분야이다. 가정폭력 집행은 특별히 중요한 법직 이슈로 인식되었을 뿐만 아니라 대법원에서 헌법 규정들을 논의하는 방식들까지도 구성해나가고 있다. 실질적으로 대법원이 *모리슨*(United States v. Morrison) 121 사건에서 헌법의 통상조항(Commerce Clause) 아래, 몇몇 페미니스트 학자들이 헌법의 틀 안에서 여성을 공개적으로 거절하는 것으로 생각했던 여성대항폭력법(Violence Against Women Act)을 폐지시킨 후122 몇 년이 채 되지 않았을 때, 여성을 향한 폭력 이슈가 헌법 안에 끼치는 영향력은 평가를 받게 된다.

대법원이 첫 번째로 배우자 학대 이슈를 철저하게 논의한 것은 사생활 권리의 발달 내에 있었던 결정적인 순간인 *케이시*(Planned Parenthood v. Casey) 123 사건에서124 였는데, 이 사건은 *웨이드*(Roe v. Wade)의 핵심 판결을 재확인했다. *케이시*(Casey) 사건의 판결 중에 하나는 바로 남편의 통지를 요구하는 펜실베이니아 주 낙태법 조항이 여성의 낙태 결정에 있어서 부당한 부담(undue burden)을 준다는 것이다. 이 맥락에서 대법원은 가정폭력과 결혼 사이에 연결고리를 명확하게 그렸고, 이 역시 *란돌프*(Randolph)의 헌법 제4조 사생활 논의에서 새롭게 나타난 것을 우리는 확인했다. 미국 내의 가정폭력에 관한 막대한 통계수치를 인용한 후 *케이시*(Casey) 대법원은 "상식선에서 결정될 것" 에 일치하도록 다음과 같이 이유를 설명했다.

"역할과 그 기능이 제대로 이루어지는 결혼 생활을 하면서 부부는 아이를 낳을 것인지 등과 같은 사사로운 중요한 결정을 의논한다.

그러나 남편의 손에 달려 있으면서 평소 신체적, 정신적으로 학대를 받는 피해자인 수백만 명의 여성들이 이 나라에 살고 있다. 이 여성들이 만약 임신을 했다면, 낙태하려는 결정을 남편들에게 통보하고 싶어 하지 않을 타당한 이유도 가지고 있을 것이다. 많은 여성들이 신체적 학대에 대한 정당한 두려움을 가질 수 있다." 125

다수의 기혼 여성들이 가정폭력을 무서워하기 때문에 남편과 낙태 결정을 의논하는 것조차 제대로 되지 못하고 "마치 미 연방국이 모든 상황에서 낙태를 금지한 것처럼" 126 그들은 낙태를 하지 못하게 된다.

남편 통보 조항의 잠재된 영향력에 대하여 학대받는 여성은 모범적 여성으로 여겨졌다. 비록 남편 통보 조항이 "낙태를 하고자 하는 대부분의 여성들에게 거의 부담을 주지 않고," 현실에서 정말 영향을 주는 정도는 "낙태를 하고자 하는 여성들의 1%보다도 적은 숫자이긴 하지만" 127 대법원은 그 조항 전체가 법적 효력이 없다고 보았다.

"법 조항에 해당하는 1% 여성에서 그 분석이 끝나는 것이 아니라 여기에서 분석은 시작된다. 법 제정은 제정한 법이 작용하는 행동들에 그 법이 영향을 미치는 정도에 따라 헌법과 일관성을 지니고 있는지 정도를 측정한다." 128

그렇다면 학대받는 여성은 낙태법의 대상이 되고, 그 법의 영향권 안에 있는 여성이었고, 따라서 여성의 자유가 위협받고 있다는 것을 예증한다.

란돌프(Randolph)에서 스티븐스 대법관의 동의 의견서와 마찬가지로, 케이시(Casey)에서는 결혼에 관한 법적 의미의 변화가 반영되었다.

아내들이 낙태를 하고자 하는 것을 "물리적인 힘이나 정신적인 압력 또는 경제적인 압박을 통해" 막는 학대적인 남편들 시나리오에서부터 논의를 펼침으로써 129 케이시(Casey) 사건에서 대법원은 헌법이 "아내에 대한 문제가 될 정도의 권위적 수치를 높여줌으로써 정부가 남편에게 힘을 주는 것을 허락" 할 것이라고 믿지 않았다.130

따라서 대법원은 케이시(Casey) 판례에서 남편 통보 조항을 폐지한 사실을 결혼에서 아내들의 평등에 관한 페미니스트적 실행으로 설명했다. 즉 정부로 하여금 "부모가 아이들을 향한 통제력을 갖춘 것처럼 남편이 아내를 상대로 그와 같은 통제력을 남성에게 주는 것은 금했다." 131 남편 통보 조항은 유부녀 법과 같이 결혼에 대한 구시대적 개념을 반영한 것이다.

"그리 오래지 않은 가정과 헌법에 대한 다른 이해 방식이 팽배했었던 시절 (…) 대법원이 '여성은 여전히 집과 가정생활의 중심으로 간주되면서' 헌법 아래 완전하고 독립적인 법적 위치를 배제시켜버리는 '특별한 책임감' 을 함께 가지고 있었다 라고 관찰한 지 한 세대가 겨우 지났다." 132

따라서 남편 통보 조항은 "결혼한 여성이 코먼로 내에서 가지고 있는 위치와 일치하는 결혼에 관한 관점과 동일하지만, 결혼에 대하여 우리가 현대적으로 이해하는 관점과는 일치하지 않으며, 헌법에 의해 보장되는 자연적 권리로서의 속성을 지닌다." 133 남편 통보 조항을 폐지한 것은 결혼에 대한 변화된 법적 이해와 여성의 위치에 효력을 주기 위해서였다.

가족과 헌법에 대한 이해를 바꾼 장본인은 바로 학대받는 여성이었다. 그녀를 모범적 예시로 표현함으로써 대법원은 여성이 남편에 의한 학대를 두려워하는 관계로서의 결혼 의미를 특히 중시했다. 유부녀 법이 형식상 폐지된 후 우리에게 남았던 여성 인물은 바로 학대받는 여성이었다. 근대 결혼 가정/집은 폭력적일 수 있는 집의 가능성의 예시가 되었다. 남편이 아내에 대하여 가지고 있는 "문제가 될 정도의 권한"은 폭력에 대한 위협으로부터 시작한다.134 이는 여성이 잠재적으로 "일상적으로 남편의 손에 달려 물리적 그리고 정신적인 학대의 대상" 이 될 수 있다는 것을 인정하는 것으로, 유부녀 법은 형식적으로 해제된 세계에서 합법적인 상상 아래 가족을 다시 구성한다.135

만약 킬로(Kyllo)의 목욕하는 여성이 코먼로 아내의 자취를 나타내는 것이라면 *케이시(Casey)* 사건에 처음으로 등장하고 그리고 후대의 사건들인 *란돌프(Randolph)* 사건 및 *하몬(Hammon)* 사건에서도 나왔던 학대받는 아내는 바로 법적 페미니즘 안에 등장한 현대 여성이다. 유부녀의 사생활은 집 주인의 사생활이다. 낙태 권리를 사적인 권리라고 개념화시킨 *웨이드(Roe v. Wade)* 에서조차 사생활이란 최소한 여성의 사생활만큼 남자 의사의 사생활을 상상한 것으로써 이 사건 역시 가부장적인 것으로 유명하다 라는 것은 결코 우연이 아니다.136 학대받는 여성은 그러한 사생활을 개조시키고 대신 남편의 강압에 대항해 정부가 여성을 보호하는 것을 위해 힘써왔다. 사생활을 대표하는 두 인물 — 집 안의 여성들 — 은 사생활 법과 집을 형성시킨다.

10. 부재 여성(The Absent Woman)

사생활은 여성(여자)이라고 가정한다. – 그렇다면 그 다음은 무엇을 기대할 수 있는가?[137]

"여성은 여전히 집과 가정생활의 중심으로 간주된다." [138] 라고 대법원이 선언한 이후 몇 십 년이 지나 헌법적 사생활은 불가피하게 여성의 신체와 관련해 생겨난 이슈들 – 섹스, 피임, 출산, 낙태 – 을 통해 그 과정이 현저하게 기록되었다.[139] 헌법 제1조 집의 사생활에 관한 대표 판례인 스탠리(*Stanley v. Georgia*)에서도 여성의 신체와 포르노 형태로 표현되는 성(性)을 지키기 위한 권리에 대하여 논의했다.[140] *케이시*(*Casey*) 판례에서 스티븐스 대법관은 따로 의견서를 준비하고 스탠리(*Stanley*) 진술을 인용해 다음과 같이 선언한다.

" '우리의 전체적 헌법 유산 아래 남성의 마음을 통제하는 힘을 정부에게 부가하는 생각 자체는 혐오의 대상이고 지지받지 못하는 생각이다.' 여성의 몸을 통제하는 힘에 관해서도 똑같이 적용한다." [141]

남성의 마음과 여성의 몸, 다시 말해 남성의 마음에 관한 정부의 통제를 거부하는 것에서부터 (남성의 마음이 고전적으로 몰두하고 있는 대상은 여성의 몸이다) 여성의 몸에 관한 정부의 통제를 거부하는 것으로 이동하는 것은 요컨대 사생활 발전에 관한 영웅적 이야기로서 헌법 아래 유부녀 법으로부터 남녀평등으로 변화한 영웅적 이야기와도 직교를 이루듯 연관되어 있다.[142]

만약 여성이 법정의 사생활 법리학(法理學, jurisprudence) 내의 결정적인 존재라면, 이를 대표하는 판례로 동성애 성교를 금지하는 법을 폐지한 *로렌스(Lawrence v. Texas)* 143 법정은 이례적 성취를 대표한다고 볼 수 있다. 다른 말로 표현하자면, 섹스와 여성이 현대 실질적 적법절차(substantive due process)의 핵심 속에 나타난다면, *로렌스(Lawrence)* 사건은 여성이 관여하지 않는 섹스의 헌법적 위치에 관한 것이다.144 물론 *로렌스(Lawrence)* 법정의 판결과 표현 및 헌법적 의미는 동성연애자들의 섹스보다 더 광범위하다.145

*로렌스(Lawrence)*에서 시작하는 말은 집을 자유와 사생활 개념을 감싸 안는 구조물로 아주 중요한 위치에 즉시 갖다 놓았다.

"자유란 정부가 영장 없이 집 또는 다른 개인적인 장소에 침입하는 것으로부터 사람을 보호한다. 전통적으로 정부는 집 안 어디에서나 존재하는 대상이 아니다." 146

케네디 대법관은 특정한 섹스 행위를 실행하는 권리보다 더 큰 무엇인가가 위험에 놓여 있다 라고 주장했다. 이런 식으로 표현하는 것은 "만약 결혼한 커플에게 결혼이란 단순히 성 행위를 할 수 있는 권리에 관한 것이라고 말하는 것이 그 결혼한 커플의 품위까지도 손상시키는 것처럼" 동성연애자 커플 주장의 "품위를 손상시키는" 일일 것이다.147 "특정한 친밀적인 성 행위(certain intimate sexual conduct)" 148 라고만 우회적으로 표현하고 법이 보호하는 행동을 구체적으로 표현하지 않으면서 그 대신 케네디 대법관은 사건의 이슈가 성적 행위에만 국한된 것은 아니며 그러한 성적 행위를 포함하는 친밀한 관계를 만들어가는 자유에 관한 것이라고 제안했다. 광범위한 권리의 개념을 구성해가는 과정은 명확하게 집을 통해 이루어졌다. 케네디 대법관은 "가장 사적인 공간, 다시 말해 집에서 일어나는 가장 개인적인 인간 행위, 즉 성적 행위에 대하여 이야기했다." 149 결코 우연치 않게 케네디 대법관은 섹스 행위를 "개인적인 관계" 안에 위치하도록 했는데, 그 섹스 행위는 바로 "자신들의 집과 각자의 개인생활 속에 국한하여 성인들이 행위하기를 선택하고, 성 행위 이후에도 여전히 그들의 존엄성은 자유로운 사람으로 남아 있게 된다. 성적 행위에 빠지는 것이 다른 사람과의 친밀적인 행동 속에서 명확한 표출을 발견할 때, 그 행동은 좀 더 지속되는 개인적인 인연 속에 존재하는 한 요소이다." 150

그렇다면 집에 대한 사생활은 대중의 눈으로부터 성적 에로틱 행동을 지켜주는 방패막이 역할을 한다. 그러나 이는 또한 친밀한 관계에 대한 가능성에 대하여 (이 사건의 사실 관계와는 무관하다)151 섹스 행위를 고상케 하고 보호할 가치가 있는 것으로 만드는 것처럼 보이는 결혼과 견주어 강조하기도 한다. 우리는 *로렌스(Lawrence)* 사건에 등장하는 집에 관한 두 가지 역할 — 실질적으로 보호되는 성 행위를 감추어주면서 개방적으로 결혼과 비교되는 관계를 가장 눈에 띄도록 위치시킨 것 — 을 사회학자 어빙 고프만(Erving Goffman)의 지형도에서 표현한 "전방 지역(front region)", "후방 지역(back region)" 과 연관시킬 수도 있을 것이다.152 "우리 사회 전역에 걸쳐 묘사되어 있는" 이 지역들은 집 안에서 공개적인 방(훌륭한 성취 정도를 전시해 놓고 사회 규범들을 지키는 응접실 혹은 거실)과 개인적인 방(예의를 갖춘 행동들을 조금 느슨하게 할 수 있는 침실이나 화장실)과 일치한다.153 결혼과 비슷한 가정에서의 행위 — *로렌스(Lawrence)* 사건에서는 "좀 더 지속되는 개인적인 인연" 154 이라고 표현했다 — 는 전방 지역(front region) 행동이고, 동성연애자 섹스는 - "특정한 친밀적인 성 행위(certain intimate sexual conduct)" 155 - 후방 지역(back region) 행동이다.

우리가 살펴왔듯이 사생활의 사회적 지형도는 목욕하는 레이디의 집을 관통하는 것으로 표현되었든지, 혹은 "집에 없는" 레이디가 콜러(방문자, caller)로부터 불손한 침입을 당하는 것으로 표현되었든지 간에 여성과 관련한 사적 공간으로의 침입에 관한 근심을 보여준다.156 그러나 *로렌스(Lawrence)* 사건에 등장하는 사생활은 성 행위를 하는 두 *남성*의 사생활이다. 하지만 침입에 대항해 집을 보호해야 하는 의무는 여전히 적용된다고 결정되었다. 사회적 교육과 분명한 규제에 관한 빅토리아 시대의 요구 속에서도 후방 지역(back region) 행위는 후방 지역(back region) 내에서 제한되어야 할 필요가 있고, 전방 지역(front region)으로 밀고 들어와서는 안 된다. 방문에 관한 주제를 잠깐 다시 살펴보면, 적절하게 숨겨진 행동을 하고 있는 집 안의 레이디를 방해하지 않기 위해서, 초청된 콜러(caller)가 전방 지역(front region)에서 예의를 갖춘 행동을 하고 후방 지역(back region)으로 침입을 하지 않는 것은 중요한 점이다.

"당신은 어쩌면 그녀가 빨래를 하고 있거나 옷을 갈아입거나 혹은 침대에 누워 있거나, 옷을 수선하고 있는 것을 발견할 수도 있고 - 또는 그 방이 매우 어지럽혀져 있거나 방 청소를 하고 있는 하인을 발견하게 될 수도 있다." 157

정리정돈이 잘 되어 있는 집에서 후방 지역(back region) 행동을 저지한다는 것은 예의 바른 콜러(caller)가 위에서 언급한 개인적인 방/공간에 들어가지 않았다는 것을 뜻한다.

바우어(Bowers v. Hardwick) 판례에서 논의한 관련된 질문은 "마이클 하드위크(Michael Hardwick)가 자신의 침실에서 무엇을 하고 있었는지가 아니라 바로 조지아 주가 그곳에서 무엇을 하고 있었는가 이다."[158]라고 로렌스 트라이브(Laurence Tribe) 교수가 말했던 것을 상기해보면, 다음과 같은 유혹이 든다. 즉 *로렌스(Lawrence)* 판례가 *바우어(Bower)* 판례를 뒤엎었던 사실을 트라이브 교수가 *바우어(Bower)* 판례에 대하여 개인 방에 정부가 침입하는 것을 허락하지 않는 판결로 비판을 한 사실에 간단히 일치시키고 싶기도 하다. 그러나 *로렌스(Lawrence)* 사건에서 너무나도 유명하게 이성 간의 사랑만 정상이라고 암시하면서 집에 관한 가정생활과 관계에 대하여 이야기하는 것은[159] 마치 결혼 비슷한 관계의 전방 지역(front region) 행위가 개인적 동성애자 섹스의 후방 지역(back region) 행위를 방해하는 것과 같았다. 차이점을 두고 트라이브 교수를 따라 한다면, 우리가 물어봐야 하는 질문은 바로 로렌스(Lawrence)가 자신의 침실에서 무엇을 하고 있었느냐가 아니라 여성이 거기서 무엇을 하고 있었는가 이다. 결국, 서로 상호 동의 하에 하는 성인들의 섹스를 포함하는 헌법 권리를 공포하면서 "동성연애자의 성교 행위"를 금지하는 법률을 폐지한 판결까지 이성 간의 섹스를 그 틀에 넣으려고 하는 데에 전념한 듯 보인다.

답을 찾기 위해 *로렌스(Lawrence)* 판례를 조사하다보니 케네디 대법관이 *케이시(Casey)*에서 사생활 권리를 가장 우수하고 정의하기 어려운 것으로 묘사한 인용문에까지 이르게 되었다.

"자유의 심장에는 자신의 존재 개념, 자신의 의미, 우주에 대한

개념 그리고 인간의 삶에 대한 신비 개념을 자신 스스로 정의할 수 있는 권리가 있다." 160

로렌스(Lawrence) 판결의 반대 의견서에서 스칼리아 대법관은 "그 유명한 삶의 지나감의 달콤한 신비" 에 대하여 조롱했고, 달콤하다 라고 부르면서 삶의 신비가 무엇인지 바로 직감으로 알아차렸다.161 케이시(Casey)는 물론 낙태에 관한 판례였고, 따라서 필수적으로 여성의 몸에 대한 사건이다. 만약 로렌스(Lawrence) 판례가 사람에게 그의 집과 사생활에서 피난처를 제공한다면, 아마도 스칼리아 대법관을 불안하게 만든 것은 바로 필수적으로 여성, 즉 집의 중심에 있는 달콤한 신비를 여성이 참여하지 않는 섹스에 대한 사건에서조차 불러일으켜야 하는 불일치였을 것이다. 로렌스(Lawrence) 사건에서 여성이 부재하는 것은 얼마나 여성이 집 자체와 뒤엉키어 밀접한 관계가 있는지를 강조한다.

집 안에서 사생활을 이론화시키는 것은 여성을 상상하는 것이고, 그녀를 상상하는 방법은 정확하게 표현된 사생활과 표현되지 않은 사생활의 둘 다를 포함하는 사생활과 밀접한 관련이 있다. 사생활은 집에서 목욕하는 레이디이고, 집에서 콜러(caller)를 맞이하는 레이디이기도 하며, 무질서한 집의 학대받는 여성이기도 하다. 그녀는 사생활에 대한 상상적 본질인 달콤한 삶의 신비를 구체화시켜 준다. 법 안의 가정에서 그녀는 애매모호한 정조를 가지고 있는 아내이기도 하고, 부르주아 사회에서의 기혼 부인이기도 하고, 또한 가정폭력의 피해자이기도 하다. 그녀는 우리의 법 전통 안과 발전되고 있는 법 현재에 존재하는 사생활의 의미와 결과를 놓고 벌이는 양면 가치를 지니는 논점을 상징한다.

2001년 9월 11일의 9.11 테러 사건으로 "특별히 기괴한 빛 안에 존재하는 집"에 관한 편재(遍在)적 개념을 불러일으켰다면, 주택 모기지로 시작되었던 2008년의 경제 위기는 미국인들의 마음속에서 주택(또는 집)에 대해서 또 다른 염려에 대한 전조가 되었다. 개인적으로 그리고 공동체적으로 추락하고 몰수당하고 쇠퇴해가는 것에 대한 두려움을 겪게 되는 것이다. 어느 정도의 사람들을 주택 소유 중산층으로 변화시키기 위한 정부의 주택소유권 장려정책은 소위 미국을 빚더미에 저당 잡히도록 만든 것처럼 보인다. 전통적 안전보장이 완전히 파괴되도록 만들어버린 9.11 사태 이후 분위기와 비교할 때 현재 세계 변화 위기에 대한 안전보장은 그보다 더 안정적이지 못하다.

주택에 대한 환상과 동경에 아주 가깝게 연결되어 있는 운명의 전환은 궁극적으로 법적기관들 내의 변화로 설명된다. 금융 및 다른 기관들에 대한 정부의 엄청난 긴급 구제 조치로 인해, 자본주의 경제 체제 내에서 이루어지는 공적 및 사적 소유권에 대하여 재구성한 아이디어들에 관하여 정부는 도전을 받고 있다. 정부가 어떻게 주택 소유자들을 구제할 것인지는 알 수 없지만, 주택에 관한 정부의 엄청나게 확장된 통제력이 광범위한 결과를 몰고 올 것은 틀림없다.

이 책에서 연구된 주택(집)에 관한 법적이고 개념적인 변형은 시민과 정부기관 사이에 존재하는 권력과 자율성의 분배에 관한 상당한 변화를 예고한다. 예를 들어, 형법의 접근금지명령에 의해 성취되는 "정부 주도의 실질적 이혼"은 단순히 이 현상이 개인의 인간관계 및 사적인 공간 개념을 분열시키기 때문이 아니라, 실질적으로 개인으로부터 검사와 같은 정부기관으로 결정권을 이동시키기 때문에 우려가 되는 현상이다. 주택 침입자들에 대항해 치명적인 힘을 사용할 수 있도록 권한을 부여해주는 정당방위법의 강화는 평화를 유지하는 정부 역할에 대한 우리들의 기대를 불안하게 할 뿐만 아니라, 사적인 목적으로 행동을 한 것이 법적으로 정당방위라는 것으로 다시 정의됨으로써 정부가 독점하던 권력을 합법적 힘을 지닌 기관에 실질적으로 위임해 주었다. 특정한 장소, 주택이 남용되었다는 이유로 사생활 보호를 보장할 필요가 없다고 설정함으로써 전우주적인 주택 이상향을 불안정하게 만들었을 뿐만 아니라, 실질적으로 집의 사생활이 방호물이 되도록 만들었다. 이 방호물을 통해 정부는 시민들이 다른 확충적 목적 또는 결과를 얻도록 하기 위하여 법적으로 다르게 분리시킬 수도 있다.

우리에게 주택이 가지고 있는 의미에 대한 변화는 주택에 대한 권리와 책임을 재분배시킨다. 이러한 변화는 어떤 경우에도 항상 움직이고 있는 공(公)과 사(私) 사이에 놓여 있는 개념적 경계선을 자연적으로 혼란케 한다. 그러나 이 변화가 가지고 오는 기괴한 돌풍은 바로 부(富)

와 권력, 그리고 위기와 대응의 순환을 특징짓는 법적 권리, 이 세 가지의 재분배를 동반한다.

주택에 관한 새로운 분수령이 되는 아이디어는 이 책에서 해석하고자 노력한 개발(발전)을 위한, 마치 책들이 쓰러지지 않도록 받쳐주는 북엔드(bookend)와 같은 역할을 한다. 이러한 발전 사항들의 여세는 바로 지난 40여 년간 법과 법적기관에 엄청난 영향을 미친 페미니즘의 기상에 놓여 있다. 그러나 이 책이 우선적으로 이해하고자 노력했던 법적 시기인 2001~2008년의 기간은 다음과 같은 이유로 인하여 특별히 구분된다고 할 수 있다. 즉 깊이 숨겨져 있는 두려움과 마음 속 동요의 초점이 주택과 범죄에 맞추어져 있으면서, 그 변화를 가지고 오는 법적 개혁이 이러한 두려움과 마음 속 동요에 의해 이루어지는 부유한 사회 안에서 일어난 많은 조기 발전사항들의 성과를 사로잡았다는 이유 때문에 구분되는 것이다. 미래에 일어날 일들은 아직도 이름 없는 기간의 유산과 완전히 이해를 하기에 아직 너무 이른 사건들에 의해 그 모습이 정해질 것이다. 그러나 이 책이 초점을 맞춘 가르침은 여전히 긴급한 여제로 남을 것이다.

주택은 인간의 경험을 구성하도록 도와주는 법적 체계 안의 중심에 자리 잡고 있다. 공(公)과 사(私) 사이에 놓여 있으면서 쉽게 변할 수 있는 경계선으로 인해 세계 속에서 권력을 재분배하게 된다. 법을 만들고, 그 법에 의해 만들어지는 사람으로서 겪게 되는 경험으로 인해 우리는 주택에 관한 생각에 대한 해석적인 참여에 함께 할 수밖에 없다. 인간 경험의 부속물과 권력 분배 속에서 일어나는 변화에 맞추는 것은 힘든 일이다. 법 안의 가정 안에 머무는 것은 이중으로 두 가지 면모, 즉 인간 경험의 면모와 기관의 권력 면모에 참여하는 것이다. 이런 방법으로 — 아마도 이 방법만을 통하여 — 인간의 삶의 관계(주제)와 법 사이의 만남이 의미가 있도록 만들어질 수 있다.

이 책이 내가 처음으로 쓴 책은 아니지만, 법조계에 발을 들여
놓은 후 처음 쓴 책이기에 지금의 내가 이 일을 할 수 있게 해준, 그리
고 이 책이 나오도록 옆에서 수고해준 많은 분들에게 감사의 말을 전
하고 싶다. 내가 문학 공부를 마친 후부터 학문적 대부(代父)가 되어주
셨던 Lani Guinier, 법학에 대한 글을 통해 나의 호기심을 불러일으켜
주고 계속적으로 길을 밝혀 주었던 Janet Halley, 내가 쓴 글을 차근차
근 교정해주고 다양한 분야에 걸쳐 상당한 본보기가 되어준 Martha
Minow, 8년 전 이 프로젝트를 함께 시작하도록 통찰력 있는 지도력
과 아낌없는 지원을 해준 Bill Stuntz, 법적 사고방식 형성 및 내가 하
는 모든 일에 특별한 영향력을 끼친 Charles Fried와 Jerry Frug, Morty
Horwitz, Frank Michelman, Larry Tribe, 인문주의자로서의 목소리를
낼 수 있도록 지도해준 내가 너무나 아끼는 Homi Bhabha, 내가 열망
하는 품격 있는 논의의 표본을 제공해준 대법관 David Souter, 조언자
가 해주는 일들을 넘어서 나를 지도해준 Harry Edwards 판사님께 감
사를 드린다.

이 책을 쓰는 동안 수많은 동료들과 친구들이 통찰력과 의견을 아낌없이 나누어 주었다. 너무 많은 숫자이기에 한 명 한 명 나열하는 것에 대하여 약간 망설임이 없지 않지만, 다음 사람들에게 감사의 마음을 전한다: Kerry Abrams, Ken Anderson, Alec Baldwin, Susan Bandes, David Barron, Gary Bass, Mary Sarah Bilder, Rachel Brewster, Al Brophy, Oscar Chase, Ed Cheng, Mary Lee Clark, Glenn Cohen, Justin Dillon, Ariela Dubler, Linda Elliott, Dick Fallon, Tali Farhadian, Jody Freeman, Barry Friedman, Jeanne Fromer, David Garland, Ivan Gaskell, Jack Goldsmith, David Gray, Kent Greenawalt, Stephen Greenblatt, Tara Grove, Aya Gruber, Bernard, Harcourt, Bruce Hay, Kevin Haynes, Scott Hemphill, Bert Huang, Howell Jackson, Jim Jacobs, Duncan Kennedy, Joseph Koerner, Adriaan Lanni, Ken Mack, Holly Maguigan, Deborah Malamud, John Manning, Dan Markel, Richard Parker, David Rosenberg, Ben Sachs, Stephen Schulhofer, Jed Shugerman, Joe Singer, David Sklansky, Carol Stack, Carol Steiker, Matt Stephenson, Simon Stern, Alan Stone, Julie Suk, Elizabeth Warren, Scott Wilkens, Katrina Wyman. 이 책의 전체 내용에 대하여 건실한 비판을 해준 여러 동료들에게 진심으로 감사를 드린다: Noah Feldman, Janet Halley, Don Herzog, Dan Meltzer, Martha Minow, Bill Stuntz. Larry Tribe의 피드백은 내가 정말 무엇을 의도했었는지에 대하여 다시 생각하도록 해주었다. 또한 많은 친구들이 정말 필요한 때 아낌없이 격려해주었다:

Lauren Breslow, Tricia Harmon, Jonathan Lewinsohn, Mira Seo, Deborah Wexler, Mark Wu. 굉장한 두 분의 학장님들은 내 연구에 대하여 큰 지지를 보내주셨는데, 뉴욕 대학(NYU) 로스쿨 학장 Ricky Revesz와 하버드 로스쿨 학장 Elena Kagan(현 미국 대법원 대법관 — 역주)께 감사드린다.

예일 대학교 출판부의 Mike O'Malley는 이 책의 시작부터 응원을 보내주었고, 약간은 다른 형태의 책이 완성되었을 때에도 계속적으로 이 책에 대한 열정을 보여주었다. 다음에 나열된 로스쿨과 컨퍼런스를 통해 프레젠테이션을 할 수 있었던 것은 이 책에 대하여 다시 생각하고 재구성해볼 수 있는 기회가 되었다: 하버드 로스쿨, 뉴욕 대학 로스쿨, 보스턴 대학 로스쿨, 알라바마 주립대학 로스쿨, 컬럼비아 로스쿨, 유타 주립대학 로스쿨, 아메리칸 대학 로스쿨, 브루클린 로스쿨, 시카고 주립대학 로스쿨, 유씨버클리 로스쿨, 버지니아 주립대학 로스쿨, 고급 연구를 위한 래드클리프 학회(the Radcliffe Institute for Advanced Study), 신생 가정법 학자 컨퍼런스(the Emerging Family Law Scholars Conference), 신참 형법 교수 미팅(the Junior Criminal Law Professors Meeting), 하버드 대학의 인도적 지원 센터(the Humanities Center at Harvard University), 하버드 로스쿨의 사회학 생각에 관한 프로그램(the Program on Social Thought at Harvard Law School). 도전을 던져준 참가자들에게 감사의 말씀을 드린다.

몇 년에 걸쳐 연구 보조를 성실히 해준 로스쿨 학생들에게도 감사의 마음을 전한다: Abigail Burger, Andrew Childers, Jonathan Cooper, Brittany Cvetanovich, Zeh Ekono, Joseph Fishman, Greta

Gao, Ilan Graff, Brett Hartman, Julianne Johnston, Adam Lawton, Katie Lovett, Amy Mendenhall, Jessica Tucker-Mohl, Ming Zhu. Janet Katz 또한 하버드 로스쿨 도서관 행정직원들과 역시 끊임없는 지원을 해주었고, 전반적으로 도움을 지원해준 Sandy Mays에게 감사의 말씀을 드린다.

이 책은 허락을 받아 다음 자료들의 내용을 인용 및 수정하고 발전시켰다: *Criminal Law Comes Home*(형법이 집으로 들어오다), 116 Yale L.J. 2 (2006); *The True Woman*(진정한 여성), 31 Harv. J.L & Gender 237 (2008); *Taking the Home*(집 빼앗기), 20 Law & Literature 291 (2008); *Is Privacy a Woman?*(프라이버시는 여성인가?), 97 Geo. L.J. 485 (2009).

마지막으로, 나의 지적 연구에 말로 표현할 수 없을 정도로 조력해준 동료이자 남편 Noah Feldman에게 감사의 마음을 전한다. 아이디어와 내용에 관해 그와 이야기하는 것은 내 인생에서 최고의 기쁨과 포상이었다.

석지영 (Jeannie Suk)

참고자료
(NOTES)

1_ 9.11 테러리스트 공격에 대한 미국의 대응에 관한 통학적 국회 회기 앞에서 한 연설 〈Address Before a Joint Session of the Congress on the United States Response to the Terrorist Attacks of September 11, 2 Pub. Papers 1140, 1142 (Sept. 20, 2001)〉; 국토안보부 제안에 관하여 미국 시민들에게 하는 연설 〈Address to the Nation on the Proposed Department of Homeland Security, 1 Pub. Papers 937 (June 6, 2002)〉; 국토안보부를 생성하기 위한 법안 제정 전달에 관하여 국회에 보내는 메시지 〈Message to the Congress Transmitting Proposed Legislation To Create the Department of Homeland Security, 1 Pub. Papers 1006 (June 18, 2002)〉 참고.

2_ 미 국토안보부의 우리 국토 안전하게 지키기: 2004년 미 국토안보부 전략 계획 〈U.S. Dep't of Homeland Sec., Securing Our Homeland: U.S. Department of Homeland Security Strategic Plan (2004)〉; 유진 라빈슨(Eugene Robinson)의 사설(Editorial) 단어들의 전쟁(*A War of Words*) Wash. Post, Sept. 12, 2006, A23면 ("국토" 란 9.11 이후 우리에게 남겨진 부담감 중의 하나).

3_ 페기 누난(Peggy Noonan), *Rudy's Duty, Plus: Homeland Ain't no American Word*, Wall St. J. Opinion J., June 14, 2002 http://www.opinionjournal.com/columnists/pnoonan/? ID=110001838 (2009년 1월 11일 마지막으로 온라인에서 저널 확인); 미국 내 "국토" 출현에 관해서는 다음 참고. Margie Burns, *The Strange Career of "Homeland Security,"* Online J., June 29, 2002, http://www.onlinejournal.com/archive/06−2902_Burns.pdf (2009년 1월 11일 마지막으로 온라인에서 저널 확인) ;William Safire, *Words at War: Every Conflict Generates its Own Lexicon,* N.Y. Times Mag., Sept. 30, 2001, 페이지 26 ; William Safire, *Homeland*, N.Y. Times Mag., Jan. 20, 2002, 페이지 12.

4_ Mickey Kaus, *The Trouble with "Homeland,"* Slate Mag., June 14, 2002, http://www.slate.com/? ID=2066978 (2009년 1월 11일 마지막으로 온라인에서 저널 확인); 위의 3번 참고, Noonan.

5_ 위의 3번 참고, Noonan.

6_ 다음과 비교 참조. Hendrik Hertzberg, *Too Much Information*(넘쳐나는 정보), The New Yorker(뉴요커 매거진), 2002년 12월 9일자, 페이지 45 (집의 존엄성과 사생활

을 파괴하는 것을 정당화시키는 "조지 오웰적인(Orwellian)" 캠페인이라고 집에 대한 청원을 설명했음); William Safire, Op-Ed (사설란), *You Are a Suspect(당신이 용의자)*, N.Y. Times, Nov. 14, 2002, A35면; 다음과 비교 참조. Richard D. Parker, *Homeland: An Essay on Patriotism*, 25 Harv. J. L. & Pub. Pol'y 407, 407-08 (2002) ("거의 200년 만에 우리 국토가 폭력적인 외부 공격을 받은 이 시기" 로스쿨 학생들에게 애국심을 가르치는 것은 "우리 민주적인 정치의 존속력에 있어서 필수적이다." 하지만 법 교육자들은 애국심을 "부적당하거나" "위험한 것" 혹은 "학생들에게 맞지 않는 것" 이라고 생각하는 경향이 있다고 주장했다.)

7_ 다음과 비교 참조. Marjorie Garber, Sex and Real Estate (2000) (문화적 상상 속에서 집(house)들의 역할을 고민함).

8_ Tamara K. Hareven, *The Home and the Family in Historical Perspective*, in Home: A Place in the World 227, 232-34 (Arien Mack ed. 1993); Nancy Cott, The Bonds of Womanhood (2d ed. 1997) 참고.

9_ Henri Estienne, The Stage of Popish Toyes 88 (George North comp., London, Henry Binneman 1581) ("자신이 세운 정부 속에서 신은 당신에 대하여 단단한 규정을 만들어 놓았다: 신은 빨리 일어나서 늦게까지 살피며 (…) 모든 위험에서부터 당신을 보호하고, 지키고, 당신을 방어한다. 다른 나라들에서처럼 삶의 부정확성으로 인해 비참하게 살 필요가 없다. *당신의 집은 당신의 성(城)이고*, 당신의 침대가 당신의 방호제이며, 당신의 소지품들이 당신의 번영을 나타내며, 당신은 아내를 공경하고 그녀로부터 위안을 얻을 것이오, 당신의 딸들은 유괴당하지 않고, 당신을 위하여 일을 하는 자들도 다른 낯선 자들의 폭군적인 기쁨을 위한 노예가 되지 않을 것이다.) (강조 부분 이탤릭체로 표기) 참고.; Richard Mulcaster, Positions 225 (London, Thomas Vautrollier 1581) ("그는 자신의 상황을 만들어가는 지시자이고, 그의 집은 그의 성(城)이다."); 3 William Blackstone, Commentaries *288 (1768) ("모든 남성들의 집은 법의 관점에서는 그의 집으로 여겨진다."); William Tudor, The Life of James Otis 67 (Boston, Wells and Lilly 1823) ("남자의 집은 그의 성(城)이다. 그리고 그가 조용히 있는 동안은 그가 그의 성(城) 안에서 잘 보호를 받고 있는 것이다.")

내가 직접 영국과 미국의 법적 자료를 살펴본 결과, "남성의 집(house)은 그의 성(城)이다(A man's house is his castle)" 라고 시작하는 속담에서 "집(home)" 이 거의 하우스 "집(house)" 을 대신하여 "남성의 집(home)은 그의 성(城)이다(A man's home is his castle)" 라고 쓰여지기 시작한 20세기가 시작되면서 하우스 "집(house)" 의 두 배 정도 많이 "집(home)" 이 사용되기 시작했음을 발견할 수 있었다. 예를 들어, 다음 판례 참고. Georgia v. Randolph, 547 U.S. 103, 115 (2006) ("결국 우리는 "남성의 집(home)은 그의 성(城)이다" 라는 고대 속담에 관한 이해와 함께 우리 전체 국가적 역사를 살아왔다.") (Miller v. United States 357 U.S. 301, 307 (1958) 판례 인용함).

10_ Semayne's Case, (1604) 77 Eng. Rep. 194, 195 (K.B.).

11_ 위 9번 자료 참고. 4 Blackstone, 페이지 *223.

12_ 위 자료 참고.

13_ Sigmund Freud, *The Uncanny,* in 17 The Standard Edition of the Complete Psychological Works of Sigmund Freud 217, 224-25 (James Strachey et al. eds. & trans., 1955) (1919).

14_ 위 자료 참고. 페이지 226.

15_ 위 자료 참고. 페이지 220.

16_ "비 가정적(unhomely)" 인 것에 관해서는 다음 참고. Homi K. Bhabha, The Location of Culture 9-11 (1994).

17_ 여성과 가정을 동일시 하는 빅토리아 시대에 관해서는 다음 참고. 위 8번 자료 참고 Cott ; Barbara Welter, *The Cult of True Womanhood 1829-1860*, 18 Am. Q. 151 (1966).

18_ Charlotte Perkins Gilman, The Home 220 (AltaMira Press 2002) (1903).

19_ 다음과 비교 참조. Charlotte Perkins Gilman, *The Yellow Wallpaper*, in The Charlotte Perkins Gilman Reader 3 (Ann. J. Lane ed., Univ. Press of Va. 1999) (1892); Susan M. Gubar & Sandra Gilbert, The Madwoman in the Attic (1984).

20_ Betty Friedan's The Feminine Mystique (1963), 여성 운동의 클래식. 나온 지 60년 이 지난 후 집이란 여성의 감옥이라는 비판을 했다.

21_ Hendrik Hartog, Man and Wife in America 193-135, 287-308 (2000). 참고.

22_ Catharine A. MacKinnon, Feminism Unmodified 93, 99-102 (1987); Reva B. Siegel, *"The Rule of Love" : Wife Beating as Prerogative and Privacy*, 105 Yale L.J. 2117 (1996). 참고.

23_ Lenore L. Walker, Terrifying Love (1989).

24_ Janet Halley, Split Decisions 20−22 (2006) ("거버넌스 페미니즘(governance feminism)"을 설명) 참고.

25_ 위 9번 자료 참고, 4 Blackstone, 페이지 *223.

26_ Miller v. United States, 357 U.S. 301, 307 (" '가장 가난한 남자가 그의 오두막 안에서는 왕의 권력에 대하여 반항할 수 있다. 오두막은 쉽게 부서질 듯하고, 지붕이 흔들릴지도 모르고, 바람이 그 오두막을 뚫고 지나갈 수도 있고, 폭풍우가 오두막 안으로 휘몰아쳐 들어올 수도 있다. 하지만 영국의 왕은 들어갈 수 없다. 왕의 군대는 무너진 그 가옥 문지방을 감히 넘어갈 수 없는 것이다!' ") (William Pitt에 대한 설명을 인용함). 참고.

27_ 539 U.S. 558, 562 (2003).

28_ Robert Frost, *The Death of the Hired Man*, in Collected Poems, Prose, & Plays 40, 43 (Richard Poirier & Mark Richardson eds., 1995) (1914) (인용문 표시 생략).

● 제1장. 가정범죄(Home Crime)

1_ 다음과 비교 참조. 예시) William J. Stuntz, *The Pathological Politics of Criminal Law*, 100 Mich. L. Rev. 505, 507 (2001) ("형법 안에서 일어나는 모든 변화는 같은 방향, 즉 더 큰 책임감을 향해 나아가는 것처럼 보인다.")

2_ 예시) State v. Black, 60 N.C. (Win.) 266, 267 (1864) ("법은 가정적 포럼을 침입하거나 커튼을 넘어서 그 법이 들어가지 않을 것이다."); Michael Grossberg, Governing the Hearth: Law and the Family in Nineteenth−Century America 6, 11 (1985); Elizabeth Pleck, Domestic Tyranny 72 (1987); Wayne A. Logan, *Criminal Law Sanctuaries*, 38 Harv. C.R.−C.L. L. Rev. 321, 338−48 (2003) 참고. 물론 성적 도덕성에 대한 규율은 제외되어 왔다. 사생활에 대한 현대적 법리학(法理學, jurisprudence)과 함께 이 규율은 *Griswold v. Connecticut*, 381 U.S. 479 (1965), 판례를 시작으로 *Lawrence v. Texas*, 539 U.S. 558 (2003)까지 서서히 부식되어졌다. 제2장에서 이야기한 이러한 발달과 형법이 집을 통제하는 것을 평행선에 놓고 비교한 논의를 참고할 것.

3_ 예시) Martha Minow, *Between Intimates and Between Nations: Can Law Stop the Violence?*, 50 Case W. Res. L. Rev. 851, 852 (2000) ("불가침의 경계선이란 개념은 공적 감시 및 참견 중재로부터 친밀한 (…) 폭력을 (…) 가려주는 방패막이 역할을 해왔다. 남편과 아내에게 있어서 불가침의 경계선은 바로 집의 경계선이었다. 집 안에서 일어나는 폭력에 대한 방패막이 역할을 하는 사적 영역은 법이 관여할 수 없는 영역이었다.") ; Elizabeth M. Schneider, *The Violence of Privacy*, 23 Conn. L. Rev. 973 (1991); Stephen J. Schulhofer, *The Feminist Challenge in Criminal Law*, 143 U. Pa. L. Rev. 2151, 2158 (1995). 참고.

4_ 예시) Catharine A. MacKinnon, Toward a Feminist Theory of the State 193–94 (1989); Elizabeth M. Schneider, Battered Women and Feminist Lawmaking 13 (2000); Cheryl Hanna, *No Right to Choose: Mandated Victim Participation in Domestic Violence Prosecutions*, 109 Harv. L. Rev. 1849, 1869 (1996) ("가정폭력에 관한 학문적 논리 및 담화의 대부분은 '사적인' 폭력이란 개념이 정부가 관여하도록 만들기 위해서는 반드시 '공적인' 것이라고 재해석되어야 한다 라는 주장을 중심으로 이루어졌다."); Carole Pateman, *Feminist Critiques of the Public/Private Dichotomy*, in Public and Private in Social Life 281, 295–97 (S. I. Benn & G. F. Gaus eds., 1983).

5_ Frances E. Olsen, *The Myth of State Intervention in the Family*, 18 U. Mich. J.L. Reform 835, 837 (1985) ("처음부터 정부란 가정의 기능과 구성에 관하여 깊게 연루되어 있었기 때문에 가정에 관한 정부의 관여/중재에 대한 생각은 불필요하다고 주장함.")

6 _ 예시) Deborah Epstein, *Procedural Justice: Tempering the State's Response to Domestic Violence*, 43 Wm. & Mary L. Rev. 1843, 1855 (2002) ("법 집행 정책에 관한 놀라운 전환" 을 이야기함.); 위 3번 자료 참고. Minow, 페이지 852 ("이 나라에서 지금 시대에 공적 감시를 피해 집을 다루고, 사생활의 베일 뒤에 숨겨진 폭력을 다룬다는 것은 특별히 구분되는 이길 수 없는 소수의 관점일 뿐이다."); Elizabeth M. Schneider, *The Dialectic of Rights and Politics: Perspectives from the Women's Movement*, 61 N.Y.U. L. Rev. 589, 645–48 (1986) (가정폭력은 공적 범죄로 인식하고 구분하는 추세를 설명함).

7_ G. Kristian Miccio, *A House Divided: Mandatory Arrest, Domestic Violence, and the Conservatization of the Battered Women's Movement*, 42 Hous. L. Rev. 237,

239 n.2 (2005) (의무적 체포 법률을 나열함); Emily J. Sack, *Battered Women and the State: The Struggle for the Future of Domestic Violence Policy*, 2004 Wis. L. Rev. 1657, 1672 & n.75 (기소 불포기 정책을 도입한 주(州)를 나열한 자료 인용함). 가정폭력을 대중적인 문제점으로 상징적으로 인식한 것은 1994년 여성 대항 폭력법(Violence Against Women Act)에 가장 축약적으로 나타나 있다. 특별히 이 법은 각 주(州)에서 가정폭력법을 더욱 엄격히 집행하도록 동기를 부여했다. Violence Against Women Act of 1994, Pub. L. No. 103−322, § 40,001−40,703, 108 Stat. 1902 (codified as amended in scattered sections of 42 U.S.C.) 참고. 2000년도 대법원은 의회가 헌법의 통상조항(Commerce Clause)과 헌법 제14조 5항이 의회에게 부여하는 권한을 넘었다고 판결함으로써 성별이 이유가 되는 폭력에 대한 연방 민사상의 법적 구제 방법을 마련했다. United States v. Morrison, 529 U.S. 598 (2000) 참고.

8_ 통계상 추정 숫자의 범위가 아주 다양하다. 예시) Family Violence Prevention Fund, Domestic Violence Is a Serious, Widespread Social Problem in America: The Facts, http://www .endabuse.org/content/action_center/detail/754 (2009년 1월 11일 마지막으로 온라인 확인) (100만 명에서 300만 명 사이로 추정). 1998~2002년에 신고되거나 신고되지 않은 폭력 중 가정폭력은 11%를 차지한다. 그 중에서 반 정도는 자신의 배우자에게 가하는 폭력이다. Matthew R. Durose et al., Bureau of Justice Statistics, Family Violence Statistics 9 (2005).

9_ 물론 가정폭력의 피해자가 항상 아내 혹은 여성으로서 이성 간의 관계에서만 일어나는 일은 아니며, 가해자들도 항상 남성만이라고 할 수 없다. 예시) Ruth Colker, Marriage *Mimicry: The Law of Domestic Violence*, 47 Wm. & Mary L. Rev. 1841 (2006); Judith A. Smith, *Battered Non−Wives and Unequal Protection−Order Coverage: A Call for Reform*, 23 Yale L. & Pol'y Rev. 93 (2005) 참고.

10_ 경찰과 검사는 가정폭력에 관해 "엄격한 형사적 중재 또는 조정할 것을 열정적으로 지지한다." 위 7번 자료 참고. Sack, 페이지 1675. Aya Gruber, *The Feminist War on Crime*, 92 Iowa L. Rev. 741 (2007). 법 집행 관습과 가정폭력에 관한 이데올로기가 합병화되는 것은 바로 Janet Halley의 "거버넌스 페미니즘(Governance Feminism)" 이 무엇인지 전형적으로 보여주는 것이다. Janet Halley, *Subversive Legal Moments?*, 12 Tex. J. Women & L. 197, 224 (2003) (정부 권력을 함께 행사하기 위하여 페미니즘과 정부가

하나로 된 (…) 순간을 이야기함) 참고; Janet Halley, Split Decisions 20 (2006) ("지하에서 활동하는 것과는 거리가 먼 방식, 즉 페미니즘이 활동을 할 수 있는 영역이 많이 있다" 는 것을 주시함) 참고.

11_ 각각의 다른 사법관할 구역에서 가정폭력 관련 명령은 접근금지명령(protection order), 보호명령(order of protection), 제지명령(restraining order), 중지명령(injunction) 등의 서로 다른 이름으로 불린다. 동일성을 유지하기 위해 이 책에서는 이와 같은 법정 명령을 "접근금지명령(protection orders)" 이라고 명명했으나, 특정 사건 판례와 사법관할 구역에 따라 그에 맞는 다른 이름을 사용하기도 했다.

12_ 예시) Tom Lininger, *Bearing the Cross*, 74 Fordham L. Rev. 1353, 1363, 1364 & n.61 (2005) ("가정폭력 피해자의 약 80%는 먼저 형사 고소를 한 후에 이를 철회하거나 검사 측에 협조하는 것을 거부한다.")

13_ 다음과 비교 참고. 위 7번 자료 참고. Minow, 페이지 851−52 ("가정폭력 개혁자들은 별거를 할 수 있게 만드는 것을 목표로 했다. 이 목표로 인해 피해자(주로 여성)들을 위한 안전한 장소로서 피난처를 마련하게 되었고, 법의 권위를 사용하여 위반자들이 더 이상 폭력 행사를 하지 못하게 하는 결과를 가져오도록 그 능력을 제거하거나 위반자들이 멀리 떨어져 지내도록 했다.")

14_ 다음과 비교 참조. Michael S. Moore, Placing Blame: A General Theory of the Criminal Law 783 (1997).

15_ 예시) Donna Coker, *Crime Control and Feminist Law Reform in Domestic Violence Law: A Critical Review*, 4 Buff. Crim. L. Rev. 801 (2001); Linda Mills, From Insult to Injury 31 (2003) 참고; 다음과 비교 참조. Devon W. Carbado, *(E)racing the Fourth Amendment*, 100 Mich. L. Rev. 946, 1044 (2002); Christopher Slobogin, *The Poverty Exception to the Fourth Amendment*, 55 Fla. L. Rev. 391, 401 (2003); William J. Stuntz, *The Distribution of Fourth Amendment Privacy*, 67 Geo. Wash. L. Rev. 1265 (1999).

16_ Reva B. Siegel, *"The Rule of Love" : Wife Beating as Prerogative and Privacy*, 105 Yale L.J. 2117 (1996) 참고.

17_ David Garland, The Culture of Control: Crime and Social Order in Contemporary Society 15 (2001) 참고. (1970년대 이후 범죄학적 전환이 "부적당한 통제" 의 문제점이

라고 범죄를 이해하는 성격을 지니고 있다고 정함.) ; Jonathan Simon, Governing through Crime 177 (2007) (사회적 행동을 만들어가기 위해 범죄에 대한 두려움에 점점 의존하는 것은 미국 법과 미국 사회의 중심적 특징이라고 주장함.)

18_ James Q. Wilson & George L. Kelling, *Broken Windows*, Atlantic Monthly, Mar. 1982, at 29; Bernard E. Harcourt, Illusion of Order: The False Promise of Broken Windows Policing (2001); Robert C. Ellickson, *Controlling Chronic Misconduct in City Spaces: Of Panhandlers, Skid Rows, and Public—Space Zoning*, 105 Yale L.J. 1165 (1996); Dan M. Kahan, *Social Infiuence, Social Meaning, and Deterrence*, 83 Va. L. Rev. 349 (1997); Debra Livingston, *Police Discretion and the Quality of Life in Public Places: Courts, Communities, and the New Policing*, 97 Colum. L. Rev. 551 (1997); Tracey L. Meares & Dan M. Kahan, *Law and (Norms of) Order in the Inner City*, 32 Law & Soc'y Rev. 805 (1998).

19_ 집(home)과 가족에 대해서는 완전한 사생활이 보장된다고 주장하는 것이 아니다. 형법이란 다른 법들과는 구분되는 방법을 통해 공공의 이익을 나타내고, 옳고 그름을 밝혀내려고 하기 때문에 이는 왜 페미니스트들이 특히 집 안에서의 형법 중재에 대하여 그들의 시간과 노력을 들였는지를 보여주는 것이다. 예시) 위 4번 자료 참고. Schneider, 페이지 94 ("형법적 구제 방법은 정부를 통한 기소이기 때문에 형법이 벌칙에 관한 더 강한 대중적 힘을 발휘한다 라고 운동가들은 주장했다.")

20_ Francis A. Allen, *The Morality of Means: Three Problems in Criminal Sanctions*, 42 U. Pitt. L. Rev. 737, 738 (1981).

21_ 예시) Nancy Cott, Public Vows (2000); 또한 위 2번 자료 참고. Grossberg.

22_ 우리 역사에서 가정폭력에 관한 법적 대응을 살펴보기 위해서는 다음 참고. Linda Gordon, Heroes of Their Own Lives 250—88 (1988); 위 2번 자료 Pleck 및 16번 자료 Siegel 참고.

23_ 위 16번 자료 참고. Siegel, 페이지 2122—29.

24_ 위 자료 참고. 페이지 2129—41.

25_ 위 자료 참고. 페이지 2150—70.

26_ 위 4번 자료 참고. Hanna, 페이지 1857; Joan Zorza, *The Criminal Law of Misdemeanor Domestic Violence, 1970—1990*, 83 J. Crim. L. & Criminology 46 (1992).

27_ 예시) 위 4번 자료 참고. Schneider, 페이지 94.

28_ Neal Miller, Inst. for Law & Justice, Domestic Violence: A Review of State Legislation Defining Police and Prosecution Duties and Powers 14–16 & nn.40–49, 17–18 (2004) (주(州)별 가정폭행과 선고 관련법을 열거하고 논의함).

29_ 대부분의 주(州)와 워싱턴 D.C.에서는 가정폭력범에 대한 의무적 체포 또는 우선하여 체포하는 법을 마련했다. 위 자료 28번 참고. Miller, 페이지 28, & n.86, 2930 (법령을 나열하고 논의함); 위 7번 자료 참고. Miccio, 페이지 239 n.2 (주(州) 법령 나열함). 여성 대항 폭력법(Violence Against Women Act)에는 주(州)와 지역 정부의 자금을 받기 위해 의무적 체포 혹은 우선한 체포 정책을 요구하는 조항이 포함되어 있다. Violence Against Women Act of 2000, Pub. L. No. 106–386, 114 Stat. 1491 (codified as amended in scattered sections of 42 U.S.C.). 의무적인 체포가 폭력을 방지하는 데 지니는 효율성에 관한 논의를 위해서는 다음 참고. Cynthia Grant Bowman, *The Arrest Experiments: A Feminist Critique*, 83 J. Crim. L. & Criminology 201 (1992); Lisa G. Lerman, *The Decontextualization of Domestic Violence*, 83 J. Crim. L. & Criminology 217 (1992); Janell D. Schmidt & Lawrence W. Sherman, *Does Arrest Deter Domestic Violence?*, in Do Arrests and Restraining Orders Work? 43 (Eve S. Buzawa & Carl G. Buzawa eds., 1996); Joan Zorza, *Must We Stop Arresting Batterers?: Analysis and Policy Implications of New Police Domestic Violence Studies*, 28 New Eng. L. Rev. 929 (1994). 피해자의 안전과 자율성에 대한 의무적 체포가 지니는 효과에 대해서는 다음 참고. 위 15번 자료 Coker, 15; Linda G. Mills, *Killing Her Softly: Intimate Abuse and the Violence of State Intervention*, 113 Harv. L. Rev. 550 (1999); Donna M. Welch, *Mandatory Arrest of Domestic Abusers: Panacea or Perpetuation of the Problem of Abuse?*, 43 DePaul L. Rev. 1133 (1994). 가난한 소수민족 공동체에 의무적 체포 정책이 끼치는 구별된 영향에 관한 논의는 다음을 참고. 위 15번 자료 Coker. Kimberlé Crenshaw, *Mapping the Margins: Intersectionality, Identity Politics, and Violence against Women of Color*, 43 Stan. L. Rev. 1241 (1991); Holly Maguigan, *Wading into Professor Schneider's "Murky Middle Ground" between Acceptance and Rejection of Criminal Justice Responses to Domestic Violence*, 11 Am. U. J. Gender Soc. Pol'y & L. 427 (2003); Jenny Rivera, *Domestic Violence against Latinas by Latino Males: An Analysis of Race, National Origin, and Gender Differentials*, 14 B.C. Third World L.J. 231 (1994).

30_ Donald J. Rebovich, Prosecution Response to Domestic Violence: Results of a Survey of Large Jurisdictions, in Do Arrests and Restraining Orders Work?, 위 29번 자료 참고, 페이지 176, 182−83 (검찰청 중 66%가 기소 불포기 정책(no−drop policy)을 운영하고 있음을 보고함). 기소 불포기 정책에 대한 토론은 전반적으로 그 정책이 피해자의 안전과 자율성에 미치는 영향에 관한 것이다. 예시) 위 15번 자료 Coker; 위 4번 자료 Hanna; 위 29번 자료 Mills 참고.

31_ Barbara J. Hart, *The Legal Road to Freedom*, in Battering and Family Therapy: A Feminist Perspective 13 (Marsali Hansen & Michèle Harway eds., 1993).

32_ Eve S. Buzawa & Carl G. Buzawa, Domestic Violence: The Criminal Justice Response 234 (3d ed. 2003); David M. Zlotnick, *Empowering the Battered Woman: The Use of Criminal Contempt Sanctions to Enforce Civil Protection Orders*, 56 Ohio St. L.J. 1153, 1190 n.169 (1995) (민사 접근금지명령 관련 법률 나열함). 민사 접근금지명령에 관한 법률이 통과되기 전에는 접근금지명령을 발부받기 위해서 일반적으로 여성이 이혼소송을 시작해야만 했다. 위 자료 참고. Buzawa & Buzawa, 페이지 234.

33_ Peter Finn & Sarah Colson, Civil Protection Orders: Legislation, Current Court Practice, and Enforcement 33 (1990) (접근금지명령 위반자들에게 가족으로부터 멀리 떨어져 지낼 것을 명령할 수 있는 판사들의 능력이야말로 "접근금지명령 법령에 담겨져 있는 아마도 가장 중요한 조항" 일 것임을 설명함); Catherine F. Klein & Leslye E. Orloff, *Providing Legal Protection for Battered Women: An Analysis of State Statutes and Case Laws*, 21 Hofstra L. Rev. 801, 910−11 (1993) (민사 접근금지명령이 제공하는 보상에 대하여 설명함). 주택에서의 퇴거는 재산 소유권에 영향을 미치지 않는다. 위 자료 참고, Finn & Colson, 페이지 14.

34_ 위 32번 자료 참고, Zlotnick, 페이지 1191.

35_ 위 자료 참고. 페이지 1191−92. 민사 접근금지명령을 발부받는 과정에 대한 논의는 다음 참고. 위 33번 자료 Finn & Colson; 위 33번 자료, Klein & Orloff; Carolyn N. Ko, *Civil Restraining Orders for Domestic Violence: The Unresolved Question of "Efficacy,"* 11S. Cal. Interdisc. L.J. 361 (2002). 대부분의 주에서 요구하는 입증 정도 기

준은 "우월한 근거(preponderance of the evidence)" 를 제시하는 것이지만 과반수가 넘는 주(州)에서 입증 기준에 대하여 법에 언급을 하지 않는다.

36_ 위 33번 자료 참고, Finn & Colson, 페이지 14.

37_ Barbara J. Hart, *State Codes on Domestic Violence: Analysis, Commentary and Recommendations,* Juv. & Fam. Ct. J., 1992, No. 4, 페이지 2, 3.

38_ R. Emerson Dobash & Russell Dobash, Violence against Wives: A Case against the Patriarchy, at ix (1979); 위 4번 자료 참고, Schneider, 페이지 20 ("결혼 관계 내에 존재하는 큰 문제인 가부장제의 부분으로 가정폭력을 바라봄").

39_ 위 33번 자료 참고, Buzawa & Buzawa, 페이지 234; Andrew R. Klein, *Re-Abuse in a Population of Court-Restrained Male Batterers: Why Restraining Orders Don't Work*, in Do Arrests and Restraining Orders Work?, 위 29번 자료 페이지 192, 211 참고.

40_ 위 4번 자료 참고, Schneider, 페이지 182.

41_ 위 39번 자료 참고, Klein, 페이지 211.

42_ 여전히 대부분의 주에서는 법정모독 처벌을 통해 접근금지명령이 집행되도록 한다. 위 32번 자료 참고, Zlotnick, 페이지 1195 & n.186; 위 자료 연결 참조, 페이지 1195-1215 (민사 접근금지명령 위반에 대한 법 구제책으로 형사기소 처리보다는 여성의 힘을 길러주는 형사 법정모독 처벌을 선호한다).

43_ 위 자료 참고. 페이지 1195-96.

44_ Elizabeth M. Schneider, Cheryl Hanna, Judith G. Greenberg, & Clare Dalton, Domestic Violence and the Law: Theory and Practice 263 (2008); Office for Victims of Crimes, U.S. Dep't of Justice, Enforcement of Protective Orders 2 (2002) [이하 Enforcement of Protective Orders]; 위 32번 자료 참고, Zlotnick, 페이지 1153 ("몇 명의 학대받은 여성 권익 옹호자들에 의하여 생성된 현재 동향은 접근금지명령의 어떠한 위반이라도 모두 형사처벌하는 것이다."). 하지만 "이 방향을 향해 가고 있는 동향은 가정폭력 개혁자들의 양심적이고 통일된 결정이라기보다는 아마도 정책적으로 자연스럽게 생성된 결과일 것이다." 위 32번 자료 참고, Zlotnick, 페이지 1207 n.239.

45_ 위 44번 자료 참고, Enforcement of Protective Orders, 페이지 5; 위 6번 자료 참고, Epstein, 페이지 1860 & n.68 (법률 인용함); 위 28번 자료 참고, Miller, 페이지 24 & n.64 (법률 인용 동일).

46_ 위 28번 자료 참고, Miller, 페이지 24 & n.67 (법률을 나열하고 논의함).

47_ 위 자료 참고. 페이지 31 & nn.103-07 (체포영장없이 체포할 수 있도록 하는 법률을 나열하고 논의함) ; 위 자료 참고. 페이지 31 & n.104 (의무 체포관련 법률을 나열하고 논의함).

48_ Christopher R. Frank, *Criminal Protection Orders in Domestic Violence Cases: Getting Rid of Rats with Snakes*, 50 U. Miami L. Rev. 919, 922 (1996); Christine O' Connor, *Domestic Violence No-Contact Orders and the Autonomy Rights of Victims*, 40 B.C. L. Rev. 937, 946-47 (1999).

49_ 접근금지명령을 발부하는 기준을 정하지 않은 법률들이 존재하긴 하지만 다른 법률들은 예를 들어, "피해자임을 주장하는 사람을 보호하기 위해서 합리적으로 필요한 경우, 조건없이 석방시키는 상태가 공공의 안전에 해로운 경우, 청원자의 안전과 보호가 약화되는 경우, 피해자라고 가정되는 사람 혹은 다른 사람에게 위험 또는 협박의 가능성이 있는 경우에는 법정이 접근금지명령을 발부할 수 있도록 했다." 위 48번 자료 참고, Frank, 페이지 929 (법률 인용함) (법률 참고 번호는 생략).

50_ 다음과 비교 참조. Randy Frances Kandel, *Squabbling in the Shadows: What the Law Can Learn from the Way Divorcing Couples Use Protective Orders as Bargaining Chips in Domestic Spats and Child Custody Mediation*, 48 S.C. L. Rev. 441, 447 (1997) ("접근금지명령을 발부받은 사람은 경찰을 부를 수 있고, 최소한 평소 상호 대화/행동이라고 여겨질 수 있는 말과 행동을 경찰이 막아줄 것이라고 기대할 수 있다.").

51_ 위 14번 자료 참고, Moore, 페이지 783-84 ("우리는 형법 안에서 때때로 도덕적으로 무해한 행동을 '도덕적으로 잘못된 행동 혹은 잘못된 정신적 상태' 의 대용물로서 활용한다."); Zachary Price, *The Rule of Lenity as a Rule of Structure*, 72 Fordham L. Rev. 885, 912 (2004) ("대용물적 범죄(proxy crimes)" 란 "자체로는 비난할 만한 위법 행동이 아니지만 더욱 과실의 책임을 물어야 하는 행동을 대신한다." 라고 정의함); Stephen Fogdall, Comment, *Exclusive Union Control of Pension Funds: Taft-Hartley's Ill-Considered Prohibition*, 4 U. Pa. J. Lab. & Emp. L. 215, 226 (2001) ("대용물적 범죄(proxy crimes)" 란 "위법적 행동을 하기 위한 수단이라는 이유로 악의없는 행동을 금지시키는 것" 이라고 정의함). 대용물적 범죄(proxy crimes)의 예로는 강도들의 도구를

소유하고 있는 것, 마약을 하기 위한 용품을 수중에 가지고 있는 것 등을 포함하는데, 아마도 전자는 스크루드라이버를 가지고 있는 것과 같은 정도일 것이고, 후자는 그릇과 수저를 소지하고 있는 정도일 것이다. 위 1번 자료 참고, Stuntz, 페이지 516 (법률 인용함).

52_ 예시) 위 12번 자료 참고, Lininger, 페이지 1363, 1364 & n.61 (가정폭력 피해자의 약 80%는 처음에 형사 고소를 한 후에 이를 철회하거나 검사 측에 협조하는 것을 거부한다는 사실을 지적함.) 가정폭력 피해자들이 왜 검사 측에게 협조하는 것을 꺼려하는지에 대한 논의를 살펴보기 위해서는 다음 참고. Thomas L. Kirsch II, Problems in Domestic Violence: Should Victims Be Forced to Participate in the *Prosecution of Their Abusers?*, 7 Wm. & Mary J. Women & L. 383, 392−99 (2001) (재정에 관한 근심, 피해자에 대한 가해자의 통제(혹은 지배), 보복에 대한 두려움, 낮은 자존감, 그리고 가해자를 향한 사랑과 동정심에 대하여 논의함).

53_ Robert C. Davis et al., *Increasing Convictions in Domestic Violence Cases: A Field Test in Milwaukee*, 22 Just. Sys. J. 61, 62 (2001).

54_ Mary E. Asmus et al., *Prosecuting Domestic Abuse Cases in Duluth: Developing Effective Prosecution Strategies from Understanding the Dynamics of Abusive Relationships*, 15 Hamline L. Rev. 115, 141−43 (1991). Crawford v. Washington, 541 U.S. 36 (2004) 판례가 나온 이후, 증인과 피고 대면 관련 조항 아래 이 집행 관행의 합헌성에 대하여 의문을 가지기 시작했다. Tom Lininger, *Prosecuting Batterers after Crawford*, 91 Va. L. Rev. 747 (2005) (새로운 헌법적 요구사항에 맞추고 가정폭력 기소를 촉진하기 위한 증거법을 받아들여 적용할 것을 제시함).

55_ 위 14번 자료 참고, Moore, 페이지 784.

56_ 위 32번 자료 참고, Buzawa & Buzawa, 페이지 236 (교육을 잘 받은 관계자의 경우, 접근금지명령 위반(주로 단순 연락을 한 상태)에 대한 "반증이 없을 시 승소가 되는 사건(prima facie case)"을 증명하는 것이 실질적 범죄를 저지른 상당한 근거(probable cause)를 결정하는 것보다 쉽다; 다음과 비교 참조. 위 14번 자료 참고, Moore, 페이지 783 ("정부에게 있어서 강도짓을 하기 위한 도구를 알면서 소유하고 있는 상태를 증명하는 것이 강도짓을 하려고 한 의도를 증명하는 것보다 쉽다.").

57_ 위 14번 자료 참고, Moore, 페이지 783−84 ("대용물적 작용(proxying function)이

란 "우리가 일반적으로 요구하는 합리적 의심의 여지가 없는 정도로 증명하는 것을 침해하는 것" 이다 라고 그 특징을 정했다.)

58_ 위 자료 참고. 페이지 784.

59_ 위 자료 비교 참조. ("예를 들어, 경찰들에게 관련자 체포를 위해 강도 관련 도구 소유자가 실질적으로 침입 목적으로 도구를 사용할 때까지 기다리는 것보다 강도짓을 하기 위한 도구를 소유했다는 이유로 사람들을 체포를 할 수 있다면 경찰들은 더욱 쉽게 주거침입관련죄를 방지할 수 있을 것이다."); Carol S. Steiker, *Foreword: The Limits of the Preventive State*, 88 J. Crim. L. & Criminology 771, 774 (1998) (*"방지(예방) 상태(the preventive state*)란 개인의 자유를 여러 방법으로 제한함으로써 범죄를 저지르기 전에 미리 위험한 개개인들을 분간하고 제압하려는 정부의 노력" 을 설명하기 위해 새로 만들어낸 표현이라고 하면서 이 목표를 이루기 위해 정부는 종종 주로 형법 정의 체제와 관련이 있는 기관들의 기능을 확장시킬 것이다 라는 것을 언급함.)

60_ Harry Litman, *Pretextual Prosecution*, 92 Geo. L.J. 1135 (2004); Daniel C. Richman & William J. Stuntz, *Al Capone's Revenge: An Essay on the Political Economy of Pretextual Prosecution*, 105 Colum. L. Rev. 583, 584 (2005).

61_ Richman과 Stuntz에 따르면, 구실(핑계)적인 기소는 입법자들과 유권자들에게 "흐릿한 신호" 를 보냄으로써 범죄를 타도하려는 법 집행자들의 노력에 대한 국가적인 책임감을 약화시키게 된다. 위 60번 자료 참고, Richman & Stuntz, 페이지 586-87. 반대로, 가정폭력 접근금지명령 위반으로 유죄 선고를 하는 것은 가정폭력에 접근하는 체제적인 수단으로서 입법자들이 의도한 것이고, 그들의 폭넓은 이해를 받는다.

62_ 다음과 비교 참조. Cheryl Hanna, *The Paradox of Hope: The Crime and Punishment of Domestic Violence*, 39 Wm. & Mary L. Rev. 1505, 1516 (1998) ("범죄화 운동 관련 대표적 염려는 바로 학대를 증명하는 입증 기준이 너무 낮아져서 고발된 남성은 무조건 유죄라고 여겨지는 점이다.")

63_ 다음과 비교 참조. Karla Fischer et al., Procedural *Justice Implications of ADR in Specialized Contexts: The Culture of Battering and the Role of Mediation in Domestic Violence Cases*, 146 SMU L. Rev. 2117, 2120 (1993) ("학대가 분쟁/갈등을 나타내는 것이라는 관점을 받아들이지 않고 분쟁/갈등이란 통제(지배)하려는 의도의 표현일 뿐이라고 주장함.").

64_ Mary Ann Dutton, *Understanding Women's Responses to Domestic Violence: A Redefinition of Battered Woman Syndrome*, 21 Hofstra L. Rev. 1191, 1204 (1993); Martha R. Mahoney, *Legal Images of Battered Women: Redefining the Issue of Separation,* 90 Mich. L. Rev. 1, 5 (1991); 다음과 비교 참조. Lenore E. Walker, Terrifying Love: Why Battered Women Kill and How Society Responds 42-45 (1989) (학대에 해당하는 "폭력 사이클" 을 설명함).

65_ 이 관점을 보여주는 중요한 지적 연구는 Lenore E. Walker의 The Battered Woman (1979)(학대받는 여성)에서 찾아볼 수 있다. 학대받는 것은 피해자가 학습된 무력감(learned helpless)의 상태로 되게 하여 피해자는 소극적이 되고 그 학대적 관계를 떠나려고 노력하지 않는다 라고 이 책에서는 주장한다. 학대받는 여성이 관계를 떠나지 않으려고 하는 이유에 대한 논의는 다음 참고. 위 64번 자료 참고, Dutton, 페이지 1232-40, 여기서는 특별히 보복에 관한 두려움, 경제적 의존도, 자녀들에 대한 걱정과 감정적으로 애착을 확인했다. 다음과 비교 참조. Ruth Jones, *Guardianship for Coercively Controlled Battered Women: Breaking the Control of the Abuser*, 88 Geo. L.J. 605 (2000) (폭력적 관계를 강제적으로 끊게 하기 위해서 강압적으로 통제당하고 학대받는 여성을 위해서 법적 후견인을 세우자고 제안함).

66_ 예시) Evan Stark, *Re-Presenting Woman Battering: From Battered Woman Syndrome to Coercive Control,* 58 Alb. L. Rev. 973, 986 (1995) (가정 학대라는 것은 "여성 인생에 있어서 성 생활, 결혼에 관련한 필수성, 가족과 자녀 및 친구들과의 관계, 일을 포함한 모든 분야로 확장되어 있는 끊임없는 전략으로, 이 전략은 협박, 고립, 통제의 전략" 이라고 특징을 지었다. 다음과 비교 참조. 위 63번 자료 참고, Fischer et al., 페이지 2120 ("관찰자에게는 악의없이 보이는 몸짓이 학대 피해자에게는 위협의 상징으로 순간적 변화를 하게 된다.").

67_ 이 관행을 다음—주택 건물에서 발견된 의심스런 마약업자를 체포하기 위해서 형사적으로 무단 침입한 사실을 사용하는 것과 지정된 동네에 이미 낙인찍힌 마약업자들이 나타날 수 없도록 "물러나 있기" 접근금지명령을 사용하는 것—과 비교해볼 것. Walter J. Dickey & Peggy A. Mc Garry, *The Search for Justice and Safety through Community Engagement: Community Justice and Community Prosecution*, 42 Idaho L. Rev. 313, 364 (2006); Kimberly E. O'Leary, *Dialogue, Perspective and Point of View as Lawyering Method: A New Approach to Evaluating Anti-Crime Measures in Subsidized Housing*, 49 Wash U. J. Urb. & Contemp. L. 133, 138-41 (1996).

68_ 4 William Blackstone, Commentaries *227; 3 E. Coke, Institutes of the Laws of England 63 (photo. reprint 1979) (1644); 2 Edward Hyde East, A Treatise of the Pleas of the Crown 484 (photo. reprint 2004) (1803); 1 Matthew Hale, The History of the Pleas of the Crown 549 (photo. reprint 2003) (1736).

69_ 위 68번 자료 참고, 4 Blackstone, 페이지 *223.

70_ 다음과 비교 참조. Joshua Dressler, Understanding Criminal Law 351 (2d ed. 2000) ("주거침입관련법의 목적이 거주 집에 무단침입하는 것을 방지하고 집 침입으로 인한 정신적 피해에서부터 거주자를 보호하는 것일 경우에는 그 범죄가 성립되기 위한 구성요건 중, 주거지 안에서 중범죄를 저지를 의도는 불필요하다고 할 수 있다.").

71_ 다음과 비교 참조. C. S. Parnell, Annotation, Burglary: Outbuildings or the Like as Part of "Dwelling House," 43 A.L.R.2d 831, 833 (1955) ("어떤 사람의 불법 행위에 대항하여 자신의 집에서는 신성한 보호를 받아야 한다는 것은 코먼로의 근본적 원칙의 하나이다.").

72_ 위 68번 자료 참고, 4 Blackstone, 페이지 *227.

73_ 예시) People v. Gauze, 542 P.2d 1365, 1366 (Cal. 1975).

74_ 3 Wayne R. LaFave, Substantive Criminal Law § 21.1 (2d ed. 2003) (주거침입관련 죄의 예전 구성요건은 시간이 지남에 따라 "보통 주거침입죄라고 불리는 근대 범죄는 그 조상이라고 할 수 있는 코먼로와 별로 관계가 없게 되었다." 라고 말할 수 있을 정도까지 수정되었다.) 현재 형법에서 참고 기준으로 삼고 있는 Model Penal Code에서 주거침입죄(burglary)란 "건물이나 누군가 거주하고 있는 구조물" 에 "허가 또는 특권" 이 없이 "그 안에서 범죄를 저지를 목적" 을 가지고 들어가는 것으로 정의되어 있다. Model Penal Code § 221.1(1) (1985).

75_ 오늘날 대부분 형법에서 주거침입관련 범죄구성요건에서 무엇인가를 부수고 침입하는 것 혹은 밤에 침입을 하는 것의 구성요건은 포함되지 않는다. 주거침입관련 범죄가 구성되기 위해서 필요한 정도는 그 구조물에 들어가는 자체가 "불법(unlawful)" 하다는 것이고, "독단으로(unauthorized)" 또는 "허가없이(without authority)" , "동의없이(without consent)" , "무단출입 또는 무단잠입(trespass)" 이라고 표현하기도 한다. 위 74

번 자료 참고, 3 LaFave, § 21.1(c).

76_ 위 자료 참고. § 21.1(a) ("코먼로 주거침입관련죄의 이론적 기반은 바로 남성의 거주권을 보호하는 것에 놓여 있다.").

77_ 위 자료 참고. 페이지 nn.83—87 (법률 및 판례 인용).

78_ Model Penal Code §§ 221.1—.2 explanatory note (1985).

79_ 위 자료 참고. § 221.1(2) (밤에 거주지를 침입하는 것은 2급 중범죄이고, 다른 구조물 또는 거주지에 낮에 침입하는 것은 3급 중범죄이다.); 예시) N.Y. Penal Law §§ 140.20, 140.25 (McKinney 1999) ("건물" 침입은 3급 중범죄로 취급하고, "거주지" 침입은 2급 중범죄로 취급한다.) 이 책에서 진행되고 있는 나의 논의는 구조물이 집이라는 것을 바탕으로 한다.

80_ 위 74번 자료 참고, 3 LaFave, § 21.1(c).

81_ 예시) Mitchell v. State, 720 So. 2d 492, 495 (Miss. Ct. App. 1998) ("자신이 자기 집을 부수고 침입할 수 없으며, 자신의 집이 다른 사람의 거주지가 될 수 없다.")

82_ 위 74번 자료 참고, 3 LaFave, § 21.1(c); 위 71번 자료 참고, Parnell, 페이지 834—35 ("코먼로 주거침입관련 범죄는 재산보다는 거주지 안전을 목표로 한 것임이 분명하다. 즉, 성역적 피난처와도 같은 집에 평화로이 머물고 있는 남성 및 그의 가족을 향한 한밤중의 테러라는 상황으로 인해 처벌이 가해지는 것이며, 의도했던 중범죄를 성공시켰기 때문에 처벌하는 것이 아니다.")

83_ 예시) Commonwealth v. Majeed, 694 A.2d 336, 338 n.2 (Pa. 1997).

84_ Violence against Women 31—5 to 31—11, 31—22 to 31—24 (Joan Zorza ed., 2002). 배우자들의 주거침입관련 범죄에 관한 해석을 위해서는 다음 참고. Marc M. Schifalacqua, *Criminal Law — The Restraint of Common Sense, Not Violent Abusers: The Minnesota Supreme Court's Misguided Analysis* in State v. Colvin, 30 Wm. Mitchell L. Rev. 699 (2003); Jane M. Keenan, Comment, *The End of an Era: A Review of the Changing Law of Spousal Burglary*, 39 Duq. L. Rev. 567 (2001); Marjorie Ann McKeithen, Note, State v. Woods: *Interspousal Burglary in Louisiana — Too Many Doors Left Open?*, 51 La. L. Rev. 161 (1990).

85_ 예시) State v. Evenson, 554 N.W.2d 409, 412 (Minn. Ct. App. 1996) ("접근금지명령서에 구체적으로 이 명령 위반은 경범죄에 해당한다 라고 명시되어 있음에도 불구하

고 주거침입관련 중범죄로 유죄판결을 내린 것은 근본적으로 불공평한 처사이다" 라고 주장한 피고인의 주장을 받아들이지 않음). 피고인들은 종종 접근금지명령 위반 경범죄 판결에 필요한 증거보다 적은 증거만으로도 주거침입관련 중범죄 유죄판결을 받는다. 예시) People v. Smith, 943 P.2d 31, 32-33 (Colo. Ct. App. 1996) ("피해자가 구두로 접근금지명령을 발부받았다 라고 피고인에게 주의를 준 사실 자체는 접근금지명령 위반 경범죄를 구성하는데 있어서 불충분하지만, 피해자가 그러한 주의를 준 사실 자체가 주거침입관련죄 구성요건에 해당하는 '피고인은 집에 들어가는 것이 불법인 것을 알고 있었다' 라는 것을 입증하기에 충분하다." 라고 판결내림). 피고인이 접근금지명령을 위반하고 거주지에 들어간 사실로 인하여 형사 법정 모독으로 유죄판결을 받았다고 하더라도 헌법이 보장하는 일사부재리(一事不再理, double jeopardy)의 원칙은 피고인을 주거침입관련 중범죄로 형사 소추하는 것을 금지하지 않는다 라고 여러 주(州)에서 판결내렸다. 예시) People v. Allen, 868 P.2d 379 (Colo. 1994) (en banc); Commonwealth v. Burge, 947 S.W.2d 805 (Ky. 1996), *modified on denial of reh'g* 947 S.W.2d 805 (Ky. 1997).

86_ Model Penal Code는 많은 주(州)의 사형 선고 법률에 반영되어 있는데, 그 중 하나는 사형 유죄판결에 있어서 주거침입관련 범죄가 관련되어 있다면 참작할 여지가 없는 정상으로 다룬다. Model Penal Code § 210.6(3)(e) (1985).

87_ 결혼한 여성의 재산 법률이 통과된 이후에도 결혼한 여성의 법적 정체성은 결혼 지위에 의하여 제한되었다. Nancy F. Cott, Public Vows: A History of Marriage and the Nation 156-79 (2000); 위 2번 자료 참고. Grossberg; Reva B. Siegel, *Home as Work: The First Woman's Rights Claims Concerning Wives' Household Labor, 1850-1880*, 103 Yale L.J. 1073, 1084-85 (1994).

88_ 예시) Cal. Fam. Code §§ 752-53 (West 2004); Guam Code Ann. tit. 19, § 6101(h) (1995); Mont. Code Ann. § 40-2-201 (2005); N.D. Cent. Code § 14-0704 (2004); Ohio Rev. Code Ann. § 3103.04 (LexisNexis 2003); Okla. Stat. Ann. tit. 43, § 203 (West 2001); S.D. Codified Laws § 25-2-4 (1999).

89_ State v. Lilly, 717 N.E.2d 322, 326 (Ohio 1999) ("배우자 퇴거 뒤에 숨겨진 기본 바탕에는 바로 결혼집에서부터 상대 배우자를 퇴거시킬 수도 있다는 두려움이 놓여 있다는 결론을 누구나 합리적으로 쉽게 내릴 수 있다.").

90_ 예시) People v. Davenport, 268 Cal. Rptr. 501, 503 (Ct. App. 1990); State v. O'Neal, 721 N.E.2d 73, 81 (Ohio 2000); Lilly, 717 N.E.2d at 325; State v. Shinn, No. 99CA29, 2000 WL 781106, 페이지 *5 (Ohio Ct. App. June 14, 2000); State v. Allen, No. L98-1383, 1999 WL 1101849, 페이지 *1 (Ohio Ct. App. Dec. 3, 1999); State v. Brooks, 655 N.E.2d 418, 423 (Ohio Ct. App. 1995); State v. Middleton, 619 N.E.2d 1113, 1116 (Ohio Ct. App. 1993); 다음과 비교 참조. State v. Herder, 415 N.E.2d 1000, 1003-04 (Ohio Ct. App. 1979) (강제퇴거반대 법조항을 형사적 무단침입(또는 무단거주) 상황에 적용시키는 것에 대하여 고민함).

91_ 717 N.E.2d 322.

92_ 위 자료 참고. 페이지 326 (quoting Ohio Rev. Code Ann. § 3103.04 (West 1996)) (내용에 기재된 인용부호는 생략).

93_ State v. Lilly, 744 N.E.2d 1222, 1223 (Ohio Ct. App. 2000) (수정 후 항소).

94_ Lilly, 717 N.E.2d 페이지 324.

95_ 위 자료 참고.

96_ 위 자료 참고. 페이지 323, 325.

97_ Lilly, 744 N.E.2d 페이지 1223.

98_ Lilly, 717 N.E.2d 페이지 325.

99_ 위 자료 참고. 페이지 327.

100_ 위 자료 참고. 페이지 326.

101_ 위 자료 참고.

102_ 위 자료 참고. 페이지 327-28.

103_ 위 자료 참고. 페이지 326.

104_ 여기서 이야기하는 재산권리의 재분배는 당시 그 집에 있을 수 있는/혹은 집을 사용할 수 있는 소유권(possessory rights)을 가리키는 것이고, 법적 주인 또는 진정한 집의 주인됨을 가리키는 것이 아니다.

105_ Lilly, 717 N.E.2d 페이지 327.

106_ 위 자료 참고.

107_ 예시) State v. Suarez-Mesa, 662 So. 2d 735, 735-36 (Fla. Dist. Ct. App. 1995); State v. Peck, 539 N.W.2d 170, 173 (Iowa 1995); State v. Bishop, 574 P.2d 1386, 1391

(Kan. 1978); People v. Szpara, 492 N.W.2d 804, 805 (Mich. Ct. App. 1992); State v. Evenson, 554 N.W.2d 409, 410 (Minn. Ct. App. 1996); Calhoun v. State, 820 P.2d 819, 821 (Okla. Crim. App. 1991).

108_ 예시) Folsom v. State, 668 So. 2d 114, 116 (Ala. Crim. App. 1995); Cladd v. State, 398 So. 2d 442, 443−44 (Fla. 1981); State v. Dively, 431 N.E.2d 540, 543 (Ind. Ct. App. 1982); State v. Hagedorn, 679 N.W.2d 666, 670−71 (Iowa 2004); State v. Woods, 526 So. 2d 443, 445 (La. Ct. App. 1988); Parham v. State, 556 A.2d 280, 284− 85 (Md. Ct. Spec. App. 1989); State v. Cox, 326 S.E.2d 100, 102−03 (N.C. 1985); State v. Herrin, 453 N.E.2d 1104, 1106 (Ohio Ct. App. 1982); Stanley v. State, 631 S.W.2d 751, 753−54 (Tex. Crim. App. 1982).

109_ 예시) People v. Williams, 582 N.E.2d 1158, 1161−62 (Ill. App. Ct. 1991) ("일리노이 주 가정폭력법(Illinois Domestic Violence Act)에서는 다음과 같이 분명하게 표현되어 있다. 즉, 그 거주장소에 대하여 보호대상이 독점적인 사용/소유 권리를 가지고 있다면 집의 실질적인 법적 주인은 그 집에 들어가지 못한다."); Evenson, 554 N.W.2d at 412 (소유권에 대하여 고려하지 않고 주거침입관련 범죄의 정의가 정해졌다고 판결함); Calhoun, 820 P.2d at 822 (접근금지명령은 남편으로부터 그가 가지고 있는 집에 대한 소유권리를 박탈한다고 판결함); Commonwealth v. Majeed, 694 A.2d 336, 338 (Pa. 1997) ("법적 소유권(legal ownership)은 자격증(license) 또는 특권(privilege)과는 다른 말이다; 재산의 법적 주인은 그 장소에 들어갈 수 있는 자격 또는 특권을 단념해야 할 수도 있다."); *Ex parte* Davis, 542 S.W.2d 192, 195−96 (Tex. Crim. App. 1976) (피고인의 법적 소유에 관한 이익에도 불구하고, 그의 아내에게 부여된 독점적 거주권(소유권)이 남편의 법적 소유권을 통해 부여할 수 있는 입장 허가 권리를 능가한다 라고 결론을 내림).

110_ See Violence against Women, 위 자료 참고. note 84, at 31−35; see, 예시) Fortes v. Sacramento Mun. Court, 113 Cal. App. 3d 704, 704−05 (1980) (집에 들어갔을 당시 접근제한명령의 효력이 없다면, 피고인에게 주거침입관련죄에 대한 유죄판결을 내릴 수 없다 라고 판결함); Mitchell v. State, 720 So. 2d 492, 494 (Miss. Ct. App. 1998) (Mitchell이 자신의 집 문을 여는 행동을 금지하는 제한명령 혹은 법적 명령이 부재할 경우 "피고인의 주거침입관련죄 유죄판결을 뒤집음."); *Calhoun*, 820 P.2d 페이지 822 (접근금지명

령 자체는 주거침입한 피고인이 다른 사람의 거주지에 들어갔다는 진술에 있어서 결정적인 역할을 한다 라고 판결함).

111_ 예시) *Suarez-Mesa*, 662 So. 2d 페이지 736; *Williams*, 582 N.E.2d 페이지 1161; *Peck*, 539 N.W.2d 페이지 173; *Szpara*, 492 N.W.2d 페이지 805-06; *Evenson*, 554 N.W.2d 페이지 411-12; *Calhoun*, 820 P.2d 페이지 822; *Majeed*, 694 A.2d 페이지 338-39; *Davis*, 542 S.W.2d 페이지 195-96.

112_ 예시) *Folsom*, 668 So. 2d 페이지 116; People v. Davenport, 219 Cal. App. 3d 885, 892 (1990) (피고인이 다른 곳에서 살고 있었고, 열쇠를 포기했으며, 자신 개인의 재산 일부를 소유하고 있었다 라는 증거를 특별히 고려함); State v. Johnson, 906 P.2d 122, 126 (Colo. 1995) (현재 살고 있는 아파트가 피고인의 이름이 아니라 아내 이름으로 임대한 것이고, 아내가 이혼 신청을 했다는 증거를 고려함); Ellyson v. State, 603 N.E.2d 1369, 1372-73 (Ind. Ct. App. 1992) (남편은 집을 나갔고, 그의 아내가 집에 들어가는 것에 대하여 통제했다 라는 증거를 고려함); *Hagedorn*, 679 N.W.2d 페이지 671 (피고인의 "개인 물품들이 박스에 싸인 채 그가 가져갈 수 있도록 현관에 놓여 있었다는 점" 과 "피고인이 집에 나타나는 것은 더 이상 환영받지 못하고 멀리 떨어져 있어야 한다 라고 단호하게 피고인에게 이야기했다는 사실" 및 "초대받지 않은 채로 집에 들어왔던 사건이 있은 후에 그의 아내가 열쇠를 바꾸었다" 는 증거들을 고려함); *Stanley*, 631 S.W.2d 페이지 753 (커플이 별거하는 것과 아내가 이혼 신청한 것을 고려함).

113_ 예시) *Peck*, 539 N.W.2d 페이지 172 ("어떤 경우에는 자신이 집을 법적으로 소유했다고 하더라도 그 집에 들어갈 권한이 없다." 라고 피고인이 인정한 것을 언급함); People v. Pohl, 507 N.W.2d 819, 820-21 (Mich. Ct. App. 1993) ("접근금지명령을 위반하면서 상대방의 집에 들어갈 수 있는 권리는 없다"); *Mitchell*, 720 So. 2d 페이지 494 (피고인이 집에 들어가지 못하도록 금지하는 접근금지명령은 없다 라고 언급함).

114_ 예시) Cladd v. State, 398 So. 2d 442, 443 (Fla. 1981); Hedges v. Commonwealth, 937 S.W.2d 703, 704 (Ky.1996); State v. Lilly, 717 N.E.2d 322, 325 (Ohio 1999); *Calhoun*, 820 P.2d 페이지 821.

115_ 위 74번 자료 참고, 3 LaFave, § 21.1(a).

116_ 예시) *Ellyson*, 603 N.E.2d 페이지 1373 ("집에 침입했을 당시 침입자가 집에 관한 공동 법적 소유권을 가지고 있었다고 하더라도 출입이 허가되지 않았다는 증거가 있다

면 그 거주지가 '다른 사람의 거주지' 여야 한다는 주거침입관련죄 구성요건이 충족된
다.").

117_ 예시) *Peck*, 539 N.W.2d 페이지 173 ("이러한 상황에서 우리가 가지고 있는 주거침
입관련법을 적용하는 것은 가정폭력을 약화시키고 집안의 안전을 도모하는 효과를 가
지고 있다."); Commonwealth v. Majeed, 694 A.2d 336, 340 n.6 (Pa. 1997) ("접근금지
명령을 위반하는 것은 법을 위반한 것이고, 이는 공공적 잘못이다. (…) 국가는 접근금지
명령을 집행하는 것에 대한 관심을 가지고 있음에도 불구하고, 국가가 접근금지명령 위
반사항을 사용하여 주거침입관련죄의 구성요건을 충족시키는 것으로부터 배제되어야
한다는 항소자의 주장은 일리가 없다.").

118_ 예시) *Majeed*, 694 A.2d 페이지 339 ("주거침입관련법 적용은 (…) 가정폭력과 허
가받지 않은 집 출입을 저하시킨다."); 위 84번 자료 참고, McKeithen, 페이지 175 ("주
거관련법은 다른 배우자로부터 예상밖의 허가하지 않은 침입을 받음으로써 잠재적 위
험성을 지니고 있는 상황 속에 놓이게 되는 것에서부터 배우자를 보호하려는 것이다.").

119_ 542 S.W.2d 192, 194 (Tex. Crim. App. 1976).

120_ 위 자료 참고. 페이지 195.

121_ 위 자료 참고.

122_ 위 자료 참고. 페이지 195 & n.1.

123_ 위 자료 참고. 페이지 195.

124_ 위 자료 참고.

125_ Tex. Penal Code Ann. § 30.02(a) (Vernon 2006).

126_ 위 자료 참고. § 1.07(a)(35).

127_ *데이비스(Davis)*, 542 S.W.2d 페이지 196.

128_ 위 자료 참고.

129_ 위 자료 참고.

130_ 위 자료 참고. 페이지 195 n.1.

131_ 위 자료 참고. 페이지 195 & n.1.

132_ 위 자료 참고. 페이지 195—96.

133_ 위 68번 자료 참고, 4 Blackstone, 페이지 *227; 위 68번 자료 참고, 3 Coke, 페이지
63; 위 68번 자료 참고, 2 East, 페이지 484; 위 68번 자료 참고, 1 Hale, 페이지 549; 위

74번 자료 참고, 3 LaFave, § 21.1(e).

134_ 예시) People v. Rhorer, 967 P.2d 147 (Colo. 1998) (en banc); People v. Widhalm, 991 P.2d 291, 293−94 (Colo. Ct. App. 1999); People v. Lewis, 840 N.E.2d 1014, 1018 (N.Y. 2005); People v. Tillman, 709 N.Y.S.2d 765, 766 (N.Y. App. Div. 2000); State v. Knight, 981 P.2d 819, 821 (Or. Ct. App. 1999); State v. Hahn, No. 23072−4−III, 2005 WL 2234757, 페이지 *2 (Wash. Ct. App. Sept. 15, 2005); State v. Forsythe, No. 22819III, 2005 WL 1041194, 페이지 *1−2 (Wash. Ct. App. May 5, 2005); State v. Spencer, 114 P.3d 1222, 1225−26 (Wash. Ct. App. 2005); State v. Stinton, 89 P.3d 717, 720−21 (Wash. Ct. App. 2004); State v. Ayler, No. 23400−9−II, 2000 WL 132796, 페이지 *2 (Wash. Ct. App. Feb. 4, 2000).

135_ 967 P.2d 147.

136_ Colo. Rev. Stat. § 18−4−203 (1998), *로러(Rhorer)에서 인용함; Rhorer*, 967 P.2d 페이지 149.

137_ *Rhorer,* 967 P.2d 페이지 148.

138_ 위 자료 참고. 페이지 148.

139_ 위 자료 참고. 페이지 149. 피고인이 습관성 범죄자에 대한 유죄 인정을 두 번 한 사실을 참조하여 형량이 결정되었다. 위 자료 참고. 페이지 148. 항소 법원에서는 거주침입관련 유죄판결을 무효화했다.

140_ 위 자료 참고. 페이지 150.

141_ 위 자료 참고.

142_ 위 자료 참고.

143_ 위 자료 참고. 페이지 151 (인용부호 생략함).

144_ 물론 불법적으로 집에 들어가는 것 자체는 법정과 배심원에게 다음 사항, 즉 피고인은 선한 의도를 전혀 가지고 있지 않았고 단지 옛 여자 친구에게 폭력 행사를 하려는 의도만을 가지고 있었다 라는 사항을 보여줄 수도 있고, 따라서 피고인은 유죄판결을 받고, 법정의 판결이 다시 검토되고 있는 것일 수도 있다. 내가 이에 반대하는 것은 아니다. 하지만 *로러(Rohrer)* 사건에서 구체적으로 논의되고 결정된 법적 이슈는 바로 접근금지명령을 위반하여 집으로 들어가려고 했던 의도만으로 주거침입관련죄를 저지르려고 했다고 단정할 수 있는가의 여부였다. 배심원이 협박죄(menacing)에 관하여 무죄선

고를 했다는 것을 제외하면 폭력적인 범죄를 저지를 의도가 있었는지 여부는 이 사건에서 이슈가 되지 않았다.

145_ 645 N.W.2d 449 (Minn. 2002); 또한 다음 사건 참고. Hedges v. Commonwealth, 937 S.W.2d 703, 706 (Ky. 1996) (독립적 범죄를 따로 저지르려는 의도 없이 접근금지명령을 위반하고 집에 들어간 것만으로 주거침입관련죄 구성요건을 충족시키지 못한다 라고 판결내림); People v. Lewis, 840 N.E.2d 1014, 1017 (N.Y. 2005) (불법 입장 자체만으로 주거침입관련죄의 구성요건의 하나인 "들어간 집 안에서 범죄를 저지를 의도" 를 충족시킬 수 없다 라고 판결함).

146_ *Colvin*, 645 N.W.2d 페이지 450-51.

147_ 위 자료 참고. 페이지 451.

148_ 위 자료 참고. 페이지 452.

149_ Minn. Stat. § 609.582(1) (2006), *Colvin*에서 인용됨, 645 N.W.2d 페이지 452.

150_ *Colvin*, 645 N.W.2d 페이지 453-54.

151_ 위 자료 참고. 페이지 455.

152_ 위 자료 참고.

153_ 위 자료 참고. 페이지 456.

154_ 위 자료 참고.

155_ 위 자료 참고. (법관 앤더슨(Anderson), J., 반대 의견(dissenting)).

156_ 위 자료 참고. 페이지 457 ("단순 무단침입/무단점유(trespass)에 관하여 Michelle 은 "나는 두렵다." 라고 말했다.").

157_ 위 자료 참고. 페이지 457-58.

158_ 위 자료 참고. 페이지 457 n.2, 458.

159_ 위 자료 참고. 페이지 457 n.2.

160_ 위 자료 참고. 페이지 458.

161_ 위 134번 자료 참고, 정보 열거된 자료. 예를 들어, 뉴욕에서는 접근금지명령을 위반하고 집에 들어간 것 자체만으로 주거침입관련죄의 "들어감" 과 "의도" 구성요건을 충족할 수 없다. People v. Lewis, 840 N.E.2d 1014, 1017 (N.Y. 2005) 참고. 그러나 피고인이 그 안에서 구체적으로 어떤 범죄를 저지르려고 했는지 정부가 완전하게 명시할 필요는 없다. 바로 전에 인용된 자료 참고. 페이지 1018. 불법 입장을 넘어서 접근금지명령을

위반하려고 했다는 의도를 추정할 수 있도록 검사는 과거 가정폭력 행동 및 상황들을 지적할 수 있다. 바로 전에 인용된 자료 참고. 페이지 1017-18.

● 제2장. 형법이 집으로 들어오다(Criminal Law Comes Home)

1_ Richard R. Peterson, N.Y. City Criminal Justice Agency, The Impact of Manhattan's Specialized Domestic Violence Court 1 (2004).

2_ 2004 Criminal Court Crimes Manual 18 (2004) [이후로는 Manual로 표기] (요구 시 저자가 직접 자료 제공). 가정폭력의 정의는 "법적으로 같은 가정 또는 세대 내 가족들 사이에서 저지르는" 무질서한 행동, 괴롭힘, 가중 괴롭힘, 협박, 무모하게 위험에 빠뜨림, 폭력, 폭력 미수, 형사적 나쁜 짓 및 스토킹의 범죄를 뜻하는 가족 범죄(family offenses)를 포함하긴 하지만 더 큰 의미를 가리킨다. N.Y. Crim. Proc. Law § 530.11(1) (McKinney Supp. 2008). "같은 가정 또는 세대 내 가족들" 이란 "(a) 혈족 또는 인척 관계로 이루어진 사람들; (b) 법적으로 결혼을 한 사람들; (c) 한때 서로 결혼했던 사람들; (d) 어느 시기에 동거를 했거나 결혼을 해서 지냈는지 여부에 관계없이 함께 자녀를 낳은 사람들" 을 가리킨다. 바로 전에 인용된 자료 참고.

3_ 맨하탄 경범죄 가정폭력 법원은 2000년도에 생겼다. 위 1번 자료 참고, Peterson, 페이지 2. 중범죄 사건들은 고등법원(supreme courts)에서 진행된다. 위 자료 참고. 페이지 12.

4_ 예를 들어, 2000년도 맨하탄에서는 약 96%의 가정폭력 사건들이 형사법원에서 다루어졌다. 형사법원에서는 경범죄 또는 그보다 약한 범죄만 해결되는 곳이다. 위 자료 참고.

5_ N.Y. Penal Law § 120.00 (McKinney 2004) (3급 폭력(assault in the third degree)을 다음과 같이 정의함. 즉, 치명적 무기 또는 위험한 도구를 가지고 의도하거나 무모하게 행동한 결과 혹은 형법적으로 부주의한 결과로 육체적 상해를 입힌 것을 가리킨다).

6_ 위 자료 참고. § 120.10; N.Y. Penal Law § 120.05 (McKinney Supp. 2008).

7_ Richard R. Peterson, N.Y. City Criminal Justice Agency, Comparing the Processing of Domestic Violence Cases to Non-Domestic Violence Cases in New

York City Criminal Courts 28 (2001) (2001년도 1/4분기 맨하탄 내의 가정폭력 사건의 63%는 폭력(assault)으로 기소되었고, 15%는 형사 법정 모독으로 기소되었음); 다음도 함께 참고할 것. Chandra Gavin & Nora K. Puffett, Ctr. for Court Innovation, Criminal Domestic Violence Case Processing: A Case Study of the Five Boroughs of New York City 35 (2005) (가정폭력 사건들은 "비록 폭력 요소가 있었다고 하더라도 심각한 힘의 불균형에 연관되어 있는 주기적인 폭력이라고 정의된 가정폭력의 의미에는 행당되지 않는다" 라는 관점을 언급함).

8_ 위 7번 자료 참고, Peterson, 페이지 11, 17 (현대 가정폭력은 재정적 혹은 정신적 피해를 일으키는 행동까지도 포함한다는 것을 언급함).

9_ 위.7번 자료 참고, Gavin & Puffett, 페이지 35 (가정폭력 분류 내에서 "옛 여자 친구에게 전화를 걸어 협박을 했다고 추정되는 옛 남자 친구" 를 "10년 동안 결혼 생활을 하고 자녀를 키운 결혼한 부부 중 아내를 때려서 병원에 실려가도록 한 남편" 과 동급화시키는 것은 부적당한 처사라고 주장하는 반론 변호사의 관점을 언급함).

10_ 뉴욕시 내 가정폭력 집행 실무에 관한 전체적 개관을 살펴보기 위해서는 다음 참고. Richard R. Peterson, N.Y. City Criminal Justice Agency, Combating Domestic Violence in New York City: A Study of DV Cases in the Criminal Courts (2003); 위 7번 자료 참고, Peterson; 위 1번 자료 참고, Peterson.

11_ 위 2번 자료 참고, Manual, 페이지 19.

12_ Symposium, *Women, Children and Domestic Violence: Current Tensions and Emerging Issues*, 27 Fordham Urb. L.J. 565, 663 (2000) [이후로는 *Women, Children and Domestic Violence*라고 표기] (Carol Stokinger의 소견) ("피해자가 필요없다고 할 때와 육체적 폭력 행사가 없는 장소에 우리는 참견하고 체포한다. (…) 이러한 사건들이 요즘 형사 정의 체제 안으로 쏟아져 들어오고 있다.").

13_ 다음과 비교 참조. Elaine Chiu, *Confronting the Agency in Battered Mothers*, 74 S. Cal. L. Rev. 1223, 1223 n.1 (2001) ("가정폭력에 관한 대중적 근심이 가장 상승한 시기는 오제이 심슨(O.J. Simpson) 재판이 '가정폭력 이슈에 관한 국가적 토론회' 가 되었던 1994년 여름이었다. (인용부호 생략함); G. Kristian Miccio, *A House Divided: Mandatory Arrest, Domestic Violence, and the Conservatization of the Battered Women's Movement*, 42 Hous. L. Rev. 237, 238 (2005) (오제이 심슨(O.J. Simpson) 사

건 이후, "제로 관용 정책(역주 — 범법자를 대단히 엄격하게 처벌하는 정책) 시류(時流)를 탄 움직임과 함께 가정폭력 법을 발동시키기 위해 정치인들은 각 주 의회로 돌진했다.").

14_ N.Y. Crim. Proc. Law § 140.10(4)(a)—(b) (McKinney Supp. 2008) ("가족 구성원에 대한 중범죄를 저지른 경우 및 접근금지명령 위반의 경우 경찰은 범죄자를 체포해야만 하고, 해당 관계자들의 문제를 해결하거나 그 관계를 화해시키려고 노력해서는 안된다." 라고 지정함. (2009년 9월 1일 기한 만료). 유효한 접근금지명령이 발부된 것이 없을 때 가정 경범죄에 대해 "피해자가 반대 요구를 하지 않는 경우에는" 의무적으로 체포를 해야 하며, 이 때 "경찰은 경찰의 개입을 반대하는 요구를 비활성화시키기 위해서 피해자에게 가해자가 체포되는 것을 원하는지 여부를 절대로 물어보지 말아야 한다." 위 자료 참고. § 140.10(4)(c) (2009년 9월 1일 기한 만료). 왜냐하면 폭력경범죄로 기소할지 아니면 중범죄로 기소할지는 검찰 측이 결정하는 것이고, 경범죄 및 중범죄 의무체포 조항 사이에 존재하는 법적 차이점이 경찰 체포 관행에 있어서 실질적인 차이점을 가지고 오는지에 대하여 의문을 가지고 조사하는 것도 검찰 측에서 결정할 수 있는 것이기 때문이다.

15_ 위 7번 자료 참고, Gavin & Puffett, 페이지 34.

16_ 위 10번 자료 참고, Peterson, 페이지 4. ("피해자가 원하지 않는다고 하더라도 실질적으로 모든 가정폭력 사건들은 형사 기소된다. 아주 드문 경우를 제외하고 피해자가 요청한다고 해도 형사 소추된 사건은 포기될 수 없다.").

17_ 위 2번 자료 참고, Manual, 페이지 55. (검사들이 지켜야 하는 "가정폭력 사건 관련 의무조항 체크리스트"를 나열함).

18_ 위 2번 자료 참고, Manual, 페이지 55. 접근금지명령 발행은 N.Y. Crim. Proc. Law § 530.12 (McKinney Supp. 2008)에 의해 권한을 부여받았고, 이 법령은 다음과 같이 지시한다. "배우자들 사이나 옛 배우자들 사이, 혹은 부모와 자녀 사이 또는 가족/세대 구성원들 사이에서 일어나는 그 어떠한 범죄나 위반에 관련된 형사 사건을 다룰 때 법정은 피고인을 법정 유치소에 감금시키는 명령 또는 보석금, 법정 출두의 조건을 명령하는 법정 명령과 연관하여 임시 접근금지명령을 발부할 수 있다." 이런 명령으로 인해 "가족/세대 구성원 또는 지정된 증인의 집, 학교, 사업장, 혹은 회사로부터 피고인이 멀리 떨어져 있을 것을" 요구할 수 있다. 바로 전에 인용된 자료 참고.

19_ 위 2번 자료 참고, Manual, 페이지 19.

20_ 위 자료 참고. ("검사들은 피해자 없이도 사건 기소를 하고 진행할 수 있도록 충분히 정확한 증거를 확보하도록 항상 노력해야 한다."); 다음 자료도 참고. Cheryl Hanna, *No Right to Choose: Mandated Victim Participation in Domestic Violence Prosecutions*, 109 Harv. L. Rev. 1849, 1899—1905 (1996) (가정폭력 사건을 맡은 검사들은 피해자의 증언 의존도를 낮추어야 하고, 물적 증거와 911(역주 - 한국의 112에 해당) 기록 녹음, 의료 기록 및 법정외 진술에 대하여 더욱 강조해야 한다 라고 주장함).

21_ 위 2번 자료 참고, Manual, 페이지 19—20.

22_ 위 2번 자료 참고, Manual, 페이지 20, 26, 55. 판례 *Crawford v. Washington*, 541 U.S. 36 (2004)가 결정된 이후 피해자가 범죄 현장에서 직접 말한 진술은 "증명의 성격을 띠는" 특징을 지니기 때문에 법정에서는 그 진술이 사용될 수 없게 되었다. 하지만 범죄 현장은 위협적인 상황을 즉시 마무리짓기 위한 목적으로 이야기한 "증명의 성격을 띠지 않는 진술" 을 만들어낼 수도 있고, 이러한 진술은 법정에서 사용될 수 있다. 다음 두 판례 참고. Davis v. Washington, 547 U.S. 813 (2006). Thomas Lininger, *Prosecuting Batterers after Crawford*, 91 Va. L. Rev. 747 (2005).

23_ 위 자료 참고. 페이지 23.

24_ 위 7번 자료와 비교 참조, Gavin & Puffett, 페이지 16 ("증거가 불충분한 경우 해당 사건 검사는 그 사건의 고소자를 적의(敵意)를 가진 증인(hostile witness) (역주 - 자기를 증인으로 세운 쪽에 고의로 불리한 증언을 하는 사람)이라고 주장하여 사건을 진행할 수 있다.").

25_ Leslie Eaton, *Violence in the Home Is Issue in Race for Prosecuto*r, N.Y. Times, Aug. 21, 2005, at N29; see also Gavin & Puffett, 위 7번 자료 참고, 페이지 21 (2002년 가족폭력 사건 중 47.8%가 소송 기각되었고, 33.5%는 유죄판결 받았으며, 1%를 겨우 넘긴 숫자가 재판까지 도달했고, 13.3%는 기각을 시킬 계획 아래 재판 휴정을 받았다는 사실을 알림).

26_ 위 2번 자료 참고, Manual, 페이지 55 (접근금지명령은 "무조건 각 사건마다 신청되어야 한다" 라는 지시 사항인 "가정폭력사건 관련 의무조항 체크리스트" 를 포함함).

27_ 위 자료 참고, Manual, 페이지 32 (전화나 편지 또는 제3자를 통해 피해자에게 연락을 해서는 안 된다는 지시를 검사가 꼭 표시하도록 하도록 해야 한다. (…) 피고인이

감옥에 수감되어 있는 여부를 떠나 무조건 적용되어야 하는 지시 사항이다).

28_ 위 자료 참고. ("아이들과 그 세대에 함께 있는 위험에 노출된 다른 사람들은 무조건 TOP(임시 접근금지명령)에 포함되어야 한다.").

29_ 위 자료 참고. 페이지 21 (검사들은 피해자에게 "피고인 기소사실인부절차(起訴事實認否節次, arraignment) 때 접근금지명령을 신청할 것"이라고만 간단히 이야기하도록 지시받는다).

30_ 위 7번 자료 참고, Gavin & Puffett, 페이지 10 ("고소자가 원하는지 여부에 관계없이 검사는 일반적으로 완전한 접근금지명령을 신청할 것이다.").

31_ 위 자료 참고. ("모든 가정폭력관련 사건에서는 기소사실인부절차(起訴事實認否節次, arraignment) 때 접근금지명령을 발부받는다. 접근금지명령은 다음 법정에 출두할 때 그 기한을 연장할 수 있고, 최종 명령은 주로 사건 최종 결말을 내릴 때나 사건 형량 판결시 발행된다."); 위 자료 참고. 페이지 4 ("종종 고소자 의사와 반대로 형사 명령은 검사의 요청에 따라 부가된다."); 위 자료 참고. 페이지 24 ("법정은 그들의 접근금지명령 관련 정책과 실무 관행에 있어서 아주 일관된 모습을 보인다. 모든 법정에서는 일상적으로 모든 사건에 해당하도록 완전한 접근금지명령을 주로 형량 판결시 또는 판결 후 발행하고, 제한된 접근금지명령을 발행하는 경우는 거의 없다."); Richard R. Peterson, N.Y. City Criminal Justice Agency, The Impact of Case Processing on Re–Arrests among Domestic Violence Offenders in New York City 21 (2003) ("실질적으로 뉴욕 시의 모든 가정폭력 피고인은 접근금지명령을 받는 대상이고, 위반시 '재구속' 될 수 있는 원인으로 작용한다."). 위 7번 자료 참고, Gavin & Puffett, 페이지 36 (반론 변호사들 사이에 믿고 있는 사실, 즉 기소사실인부절차(起訴事實認否節次, arraignment) 때 발행되는 접근금지명령은 "체포시 이미 유죄라는 추정이 가능하다."라는 사실을 뜻한다. ("접근금지명령에 있어서 적용되는 증거규정이 완화된 사실은 고소자들을 향한 체계적인 편견이 존재한다는 증거라고 비판하는 사람들도 있다. 완전한 접근금지명령을 발행함으로써 판사는 유죄판결이 나기 전에, 그리고 법적 증언 절차도 있기 전부터 피고인을 자신의 집에서부터 강제퇴거시키는 것이 된다."). 2005년 6,660건의 가정폭력 대응 임시 접근금지명령 중 5,469건은 완전한 연락 금지 명령(full no–contact orders)으로 맨하탄 형사법원에서 발행되었다. E–mail from Karen Kane, N.Y. State Office of Court Admin., to author (Sept. 15, 2006, 16:29:56 EST) (요구시 저자가 직접 자료 제공).

32_ 위 7번 자료 참고, Gavin & Puffett, 페이지 36 (법적 증언 기회를 얻는 것은 "불가능하고" 피고인 변호사들은 접근금지명령 발행에 대한 법적 증언 절차를 밟기보다는 "피고인에게 즉각적인 자유를 보장하는 길"을 선택한다).

33_ 가정이 관련되지 않은 범죄에 대한 최종 판결이 나오기 전에 접근금지명령을 발행하는 것에 관한 권한을 부여하는 법률에 따르면, 법원은 "좋은(적당한) 이유가 있는 경우(for good cause shown)" 접근금지명령을 발행할 수 있다. N.Y. Crim. Proc. Law § 530.13 (McKinney Supp. 2008). 그러나 가정 관련 범죄인 경우 접근금지명령을 발행하는데 있어서 "좋은(적당한) 이유"를 증명하지 않아도 된다. 같은 법률 § 530.12.

34_ 위 2번 자료 참고, Manual, 페이지 32 ("만약 피고인이 피해자에게 연락을 할 경우, 검사는 1급 또는 2급 형사 법정 모독으로 기소할 수 있다."); 위 자료 참고. 페이지 38-39 (접근금지명령 위반으로 피고인이 체포된 경우 검사는 형사 법정 모독으로 기소장을 쓰면서 "단순 가정폭력 사건일 때보다 더 높은 보석금을 요구할 것"을 지시받음). 접근금지명령 위반은 경범죄급 형사 법정 모독에 해당하거나 N.Y. Penal Law § 215.50 (McKinney 1999), 피고인이 지난 5년간 같은 범죄에 대해 유죄판결 받은 경위가 있는 경우에는 중범죄급 형사 법정 모독에 해당한다. N.Y. Penal Law § 215.51(c) (McKinney Supp. 2008). 보통 피해자를 향한 행동이 경범죄에 해당하는 행동이라고 할지라도 접근금지명령이 유효한 경우 범한 동일 행동은 중범죄급 형사 법정 모독으로 기소된다. 같은 법률 § 215.51(b). 가정폭력 사건 중 약 15%가 형사 법정 모독으로 기소된다. 위 1번 자료 참고, Peterson, 페이지 28.

35_ 뉴욕 경찰청 가정폭력부에서는 2007년에 76,602건의 가정 방문을 실시했는데, 이는 2002년에 비해 98% 증가한 수치이다. City of New York, Domestic Violence Fact Sheet Calendar Year 2007, http://www.nyc.gov/html/ocdv/down loads/pdf/ FactSheet2007_Update.pdf (2009년 1월 11일 마지막으로 온라인 확인). 다음 자료도 참고. Alison Gendar, *Domestic Murders Drop Again; Credit Law's Helping Hand and Visits to Troubled Homes*, N.Y. Daily News, Jan. 10, 2005, 26면 ("큰소리로 가족 간에 논쟁하는 것만으로도 경찰이 주시하고 그 가정에 예고 없이 방문할 수 있다."). 경찰은 "범죄가 일어날 때까지 기다리지 않는다. 예방 차원에서의 방문을 실시한다." 앞에 인용한 자료 참고. (뉴욕 경찰청(NYPD) 가정폭력부 국장, Deputy Chief Kathy Ryan의 말을 인용함).

36_ 위 10번 자료 참고, Peterson, 페이지 4.

37_ 위 25번 자료 참고, Eaton, (최종 기각되는 많은 사건들을 기소하는 것으로 인해 접근금지명령을 발부받는 것이 가능해졌다 라는 검찰청의 관점을 보고함).

38_ 위 10번 자료 참고, Peterson, 페이지 10 (증명할 가능성이 약한 가정폭력 사건을 진행하는 목적은 "일정 기간 동안 피고인의 행동에 대한 통제력을 갖기 위함" 이라는 검사 및 법정 관계자들의 관점을 보고함).

39_ People v. Forman, 546 N.Y.S.2d 755 (Crim. Ct. 1989).

40_ 위 자료 참고. 페이지 758.

41_ 위 자료 참고. 명령은 다음 법률에 따라 발행되었다: N.Y. Crim. Proc. Law § 530.12 (McKinney Supp. 2008).

42_ Forman, 546 N.Y.S.2d 페이지 758.

43_ 위 자료 참고. 페이지 763.

44_ 위 자료 참고. 페이지 761.

45_ 위 자료 참고. 페이지 764.

46_ 위 자료 참고. (문서상 인용부호 생략함) (다음 판례 인용함: Payton v. New York, 445 U.S. 573, 588– 90, 601 (1980); Stanley v. Georgia, 394 U.S. 557, 566 (1969); Griswold v. Connecticut, 381 U.S. 479, 486 (1965)).

47_ 위 자료 참고.

48_ 위 자료 참고.

49_ 위 자료 참고. 페이지 764–65.

50_ 위 자료 참고. 페이지 765.

51_ 위 자료 참고. (다음 판례 인용함: Gerstein v. Pugh, 420 U.S. 103, 119–23 (1975); Williams v. Ward, 845 F.2d 374 (2d Cir. 1988)).

52_ 위 자료 참고. 페이지 766.

53_ 위 자료 참고. 페이지 760 (내용에 기재된 인용부호 생략함), 762 (People ex rel. Klein v. Krueger, 25 N.Y.2d 497, 499 (1969)를 인용함).

54_ 위 2번 자료 참고, Manual, 페이지 38.

55_ 중범죄는 8년까지 형을 받을 수 있다. A급 경범죄는 5년까지 형을 받는다. 그 외 범죄는 2년까지 형이 선고된다. N.Y. Crim. Proc. Law § 530.12(5) (McKinney Supp. 2008)

(2009년 9월 1일까지 유효함). 최종 접근금지명령의 유효기간을 10년까지 만들 수 있고, 필요시 갱신할 수 있도록 정하는 권한을 판사들에게 부여하기 위해 입법부 주도 계획을 맨하탄 검찰청이 발표했다. Press Release, Robert M. Morgenthau, Manhattan Dist. Attorney (Mar. 10, 2005) ("가정폭력 분야는 법집행자들이 더 큰 영향력을 끼칠 수 있는 분야일 뿐만 아니라 그 영향력을 끼쳐야만 하는 문제이다.") 그리고 이 효과에 대한 입법부의 제안이 있었다. Assem. 4710, 230th Leg., Reg. Sess. (N.Y. 2007).

56_ N.Y. Penal Law §§ 215.50−.51 (McKinney 1999 & Supp. 2008); 같은 자료. §§ 70.00.2(e), 70.15.1 (McKinney 2004 & Supp. 2008) (경범죄는 최대 1년 형을 받을 수 있고, 반복되는 위반을 이유로 중범죄급 형사 법정 모독으로 기소될 경우 최대 4년 형을 받을 수 있음).

57_ 위 7번 자료 참고, Gavin & Puffett, 페이지 26 ("접근금지명령 위반 사실을 알게 될 경우, 모든 검사들은 법정에서 그 문제를 제기할 것이다."); 위 자료 참고. 페이지 30 (고소자(피해자)가 협조하기를 거부할 경우, 폭행 또는 괴롭힘(assault and harassment)으로 유죄판결을 이끌어내는 것보다는 형사 법정 모독으로 유죄판결을 받아내어 사건을 처리하는 것이 더 쉽다. 왜냐하면 "물러나 있기 명령이 유효한 때 피해자의 집에 피고인이 있었다 라는 것을 경찰 또는 그 장소에 함께 있었던 증인이 증언할 수 있는 것만으로도 유죄를 이끌어낼 수 있기 때문" 이다 라는 검사 측의 관점을 언급함).

58_ 위반(violation)이란 범죄와는 다르며 최대 15일까지 구속된다. N.Y. Penal Law §§ 10.00.3, 10.00.6 (McKinney Supp. 2008). 가정폭력 사건 중 가장 흔한 위반 주상은 바로 무질서한 행동(disorderly conduct)과 N.Y. Penal Law § 240.20 (McKinney 2000), 2급 괴롭힘(harassment in the second degree)이다. 같은 자료. § 240.26. 또한 위 2번 자료 참고, Manual, 페이지 49.

59_ N.Y. Crim. Proc. Law § 170.55 (McKinney 2007). 피고인이 조건을 위반하는 경우 검사에게 있어서 이 조건 위반에 대한 사건을 다시 법정에서 다루어지도록 스케줄을 잡는 것은 너무나 어려운 일일 뿐만 아니라 몇 달이나 지난 후에 그 사건을 증명하는 것은 더더욱 힘들다. 따라서 소송을 기각시키는 것을 고려한 재판 연기는 "즉시 기각하는 것보다 더 나은 선택이 될 수 없고" 즉시 기각과 비슷하다고 볼 수 있다. 위 2번 자료 참고, Manual, 페이지 50.

60_ 위 7번 자료 참고, Gavin & Puffett, 페이지 36 ("피고인 변론 변호사들에 따르면

(…) 가정폭력 피고인들은 기소사실인부절차(起訴事實認否節次, arraignment) 때 감금되기 마련이다. 이는 피고인 변론 변호사들에게 있어서 협상하는 능력을 약화시키는 결과를 가져오는데, 왜냐하면 피고인들이 감옥(구치소)에서 나오기 위해서 거의 어떤 조건에든지 수긍할 것이기 때문이다.").

61_ 위 자료 참고. 페이지 10 ("최종 명령은 주로 최종 결론 때 또는 형량 선고시 결정된다."); U.S. Attorney's Office, W. Dist. of N.Y., Obtaining and Enforcing VALID Orders of Protection in New York State 20 ("판사들이 영원한 접근금지명령을 발행할 수 있다. (…) 이러한 영원한 접근금지명령은 공판전석방(公判前釋放), 보석금, 소송 기각을 고려하는 재판 임시 연기 또는 선고되는 형량을 낮춤 등의 결과를 얻어내기 위한 선제 조건이다."). 감옥에서 형을 보내야 하는 피고인들 역시 일반적으로 완전 연락 금지 명령의 대상이다; 감옥에 있는 동안 피해자에게 전화를 하거나 편지를 보내는 경우 피고인들은 새로운 죄명으로 다시 구속되고 형사 기소될 수 있다. 위 31번 자료 참고, Peterson, 페이지 21. 2005년 맨하탄 형사법원에서는 945건의 가정폭력 최종 접근금지명령이 발행되었고, 그 중 688건은 완전 연락 금지 명령이었다. E-mail from Karen Kane, N.Y. State Offce of Court Admin., to author (Sept. 15, 2006, 16:29:56 EST) (요구 시 저자가 자료 직접 제공 가능).

62_ 경범죄급 가정폭력 피고인들 중 1/3 정도는 유죄 인정을 하고, 약 15% 이상은 소송 기각 고려를 한 재판 연기를 선택한다. 위 25번 자료 참고. 가정폭력 유죄 선고된 피고인들의 약 1/3만이 감옥 실형을 받는다; 대부분은 학대자 조정 중재 프로그램과 같은 요청사항 등을 포함한 조건부 유죄 판결을 받는다. 위 7번 자료 참고, Gavin & Puffett, 페이지 15; 위 1번 자료 참고, Peterson, 페이지 23-24.

63_ 다음 자료 참고. Stephanos Bibas, *Plea Bargaining outside the Shadow of Trial*, 117 Harv. L. Rev. 2463 (2004) (유죄답변협상(plea bargaining)에 대하여 "재판의 그림자" 표본이라고 하는 것은 그 특징을 너무나 단순화시킨 것이라고 주장함); William J. Stuntz, *Plea Bargaining and Criminal Law's Disappearing Shadow*, 117 Harv. L. Rev. 2548, 2550 (2004) (많은 경우 "유죄답변협상(plea bargaining)은 검사 측 입맛에 따라, 그리고 투표자들의 입맛, 한정된 예산 및 다른 영향력의 그림자 뒤에서 진행되며, 법의 그림자 안에서 진행되지 않는다고 주장함).

64_ 위 63번 자료 참고, Bibas, 페이지 2479 (국선변호사가 맡는 사건들의 엄청난 양

으로 인해 유죄답변을 하는 것이 일반적이고 재판까지 가는 것은 유죄답변협상(plea bargaining)에 있어서 현실성이 좀 더 떨어지는 위협일 뿐이다).

65_ *Davis v. Washington*, 547 U.S. 813 (2006) 판결 후, 검사들은 물적 증거 및 경찰 관찰을 더욱 중요시하고 피해자없이 진행해야 하는 위협적인 기소에서 피해자의 진술을 덜 중요시하게 된다. 재판 때 제출될 수 있는 피해자 진술의 수치가 감소한 것은 접근금지명령을 더욱 확실히 실행하는 검사들의 열정이 증가한 사실에 영향을 미쳤을 것이다. 일반적인 가정폭력 사건에 비해 접근금지명령 위반은 피해자의 진술 없이도 비교적 쉽게 증명할 수 있기 때문이다.

66_ 위 63번 자료 참고, Stuntz, 페이지 2549.

67_ 다음과 비교 참조. Gerard E. Lynch, *Screening versus Plea Bargaining: Exactly What Are We Trading Off?*, 55 Stan. L. Rev. 1399, 1401 (2003) ("90% 이상의 사건이 협상으로 결론을 짓게 되는 체제 속에서, 과연 왜 그 90% 이상 사건에서 부가된 '고려되고 있지 않는' 처벌이 전형적 표준 기준으로 여겨져서는 안 되는지 분명하지 못하다.").

68_ 코먼로 결혼 중 이혼 영역에 해당하는 부분을 우리 법체제는 갖추고 있지 못하다. 즉 법적인 결혼을 끝내고 싶은 부부는 자신들이 마치 이혼한 것처럼 살아간다고 해서 법적 유효한 이혼을 할 수 있지 않다. 부부는 정식 법적 이혼 절차를 밟아야 한다. 다음 자료 참고. Mary Ann Glendon, The Transformation of Family Law 148 n.2 (1989); Theodore F. Haas, *The Rationality and Enforceability of Contractual Restrictions on Divorce*, 66 N.C. L. Rev. 879, 881 n.13 (1988).

69_ 다음과 비교 참조. Ariela R. Dubler, *Wifely Behavior: A Legal History of Acting Married,* 100 Colum. L. Rev. 957 (2000) (코먼로 결혼의 감소는 마치 결혼한 듯 행동하는 것이 갖는 법적인 중요성 내에 일어나고 있는 전환를 보여주는 것이라고 주장함).

70_ 다음과 비교 참조. Reva B. Siegel, *"The Rule of Love"* : *Wife Beating as Prerogative and Privacy,* 105 Yale L.J. 2117, 2132 (1996) (1879년 매사추세츠 주 입법부는 남편이 가중 폭행 범행자인 경우, 원하지 않는 방문을 금지시키고 양육권과 부양권을 아내에게 인정하는 법정 명령을 아내가 신청할 수 있도록 하는 법안을 거부했다는 사실을 인용함. 법안 거부 이유는 만약 허락을 할 경우 "이는 경찰과 지방법원에게 이혼을 선언할 수 있는 권한을 부가하는 것" 이기 때문이다. (내용에 기재된 인용부호는 생략).

71_ "규정으로서 형사법원은 양육권과 방문권의 문제를 결정하는데 적합하지 않다"
라고 지시함으로써, 위 2번 자료 참고, Manual, 페이지 31에 따르면, 검사들은 "가정법원
이 명령하여 허락하는 경우를 제외하고는 가정폭력 피고인들이 자신의 아이들과 연락
하는 것을 금지시켜야 한다. 그러나 피고인이 자신의 아이들에게 해를 가하거나 위협적
으로 대하거나 혹은 적합치 않은 영향을 미칠 위험이 있는 경우, 법정에게 있어서 그 어
떤 연락도 피고인이 할 수 없도록 금지시키는 것이 적당한 처사이다." 위 자료 참고. 페이
지 31-32. 따라서 특정 형사법원 명령을 수정하는 가정법원 명령이 없을 경우에는 아
이들과의 연락은 무조건 금지한다가 규정이다.

이론상 "가정 범죄" 피해자는 형사법원을 대신하여 혹은 형사법원에 더불어 가정법
원에서도 사건을 진행시킬 수 있지만, N.Y. Crim. Proc. Law § 530.11(2)(i) (McKinney
Supp. 2008), 실제로는 경찰이 체포하여 검찰청에 데리고 오기 때문에 사건은 형사법
원에서 거의 자동으로 시작된다. 검찰청에서는 피해자에게 그들의 법적 권리를 가르
쳐주고, 위 자료 참고. § 530.11(6), 팜플렛 꾸러미를 함께 제공한다. 위 2번 자료 참고,
Manual, 페이지 46.

뉴욕의 퀸즈(Queens) 지구와 브롱크스(Bronx) 지구에서는 통합 가정폭력법원
(Integrated Domestic Violence (IDV) courts)들이 세워졌는데, 이 한 법원에서 가정폭
력, 혼인, 이혼, 양육권 및 방문 관련 문제를 포함하는 가정과 관련된 모든 사건들을 맡
고 있다. 맨하탄(Manhattan) 지구와 뉴욕 주 전체적으로 통합 가정폭력법원(IDV)을 세
우기 위한 계획이 진행 중에 있다. 위 1번 자료 참고, Peterson, 페이지 2; Ctr. for Court
Innovation, Integrated Domestic Violence Courts, http://www.courtinnovation.org/
index.cfm?fuseaction=Page.View Page&PageID=604¤tTopTier2=true (2009년
1월 11일 마지막으로 온라인 확인). 통합 가정폭력법원 판사들은 형법 및 가정법 문제들
을 한꺼번에 다루어야 하기 때문에 가정법 관련 문제를 자동으로 혹은 말없이 형사 사
건 속에서 해결하려는 상황을 좀 더 발전시킬 수 있는 잠재성을 지니고 있다. 그러나 다
른 법정에서 동시에 사건들이 진행되는 경우에만 통합 가정폭력법원(IDV)은 가족들을
위해 그 사건들을 맡을 수 있기 때문에 대부분의 가정폭력 사건들은 단순히 경범죄 사
건만 진행될 가능성을 지니고 있으므로 이미 가정폭력 경범죄를 다루고 있었던 법원에
서 계속적으로 사건을 진행할 것이다. 위 1번 자료 참고, Peterson, 페이지 2.

72_ 다음 두 가지 법 (뉴욕 형사법과 뉴욕 가정법원법)을 비교. N.Y. Crim. Proc. Law

§ 530.12(1)(a)−(e) (McKinney Supp. 2008); N.Y. Fam. Ct. Act § 842(a−j) (McKinney Supp. 2008).

73_ 법체제는 "정부가 주도하는 사실상 이혼"을 혐오한다. 최근 이집트 법 내에서 일어난 정부 주도 이혼이 논쟁의 화제가 되었다. 한 배우자가 배신 또는 변절을 할 경우 자동적으로 결혼이 소멸되게 만든 이집트 법으로 인해 카이로 대학의 이슬람학 교수인 Nasr Hamid Abu Zayd는 이집트 가정법원이 그의 글은 이단적이다 라고 판결함에 따라 강제로 이혼을 당했다. 이 사건에 대한 논의는 다음을 참고. Ann Elizabeth Mayer, Islam and Human Rights 154−56 (3d ed. 1999); and Kristen A. Stilt, *Islamic Law and the Making and Remaking of the Iraqi Legal System*, 36 Geo. Wash. Int'l L. Rev. 695, 734−39 (2004).

74_ N.Y. Dom. Rel. Law § 170 (McKinney Supp. 2008) (이혼할 수 있는 사유를 나열함과 동시에 이혼 대체 방법으로 이혼 신청을 하기 전 합의서에 따라 일 년 동안 별거할 것을 요구함); Leslie Eaton, *A New Push To Loosen New York's Divorce Law*, N.Y. Times, Nov. 30, 2004, A1면 (과실을 증명하는데 실패한 부부의 이혼 신청을 뉴욕 법원이 거절한 사건에 대해 논의함). 한 배우자의 생사를 5년간 알 수 없는 경우 결혼을 소멸시키는 절차가 뉴욕에는 존재한다. N.Y. Dom. Rel. Law §§ 220−21 (McKinney 1999).

75_ 다음과 비교 참조. 위 68번 자료 참고, Glendon, 페이지 148 ("미국에서 사용하는 '가난한 사람의 이혼(poor man's divorce)'이란 비용 문제로 많은 사람들에게 법정을 포함한 법적 체제로 통하는 문이 닫혀 있다고 보이던 시기에 단순히 배우자에게게서 떠남으로써 결혼 상태를 소멸시켰던 관행을 묘사하는 표현이다."). 가난한 소수민족 공동체에 미치는 가정폭력 의무 집행 정책이 가지고 있는 본질적으로 다른 영향에 대한 논의를 위해서는 다음 참고. Donna Coker, *Crime Control and Feminist Law Reform in Domestic Violence Law: A Critical Review*, 4 Buff. Crim. L. Rev. 801, 808−12 (2001); Jenny Rivera, *Domestic Violence against Latinas by Latino Males: An Analysis of Race, National Origin, and Gender Differentials*, 14 B.C. Third World L.J. 231, 245−46 (1994); Laureen Snider, *Towards Safer Societies: Punishment, Masculinities and Violence against Women*, 38 Brit. J. Criminology 1, 9−10 (1998). 아내 구타자들에 대한 계층 및 인종에 따른 19세기 차별적 형사 기소 관행에 대한 흥미진진한 논의를 위해서는 다음 참고. 위 70번 자료 참고, Siegel, 페이지 2134−41 & 페이지 2140 ("1890년대까지

아내 구타자들에 대한 개념은 어떤 주(州) 헌법이 시민권/참정권 박탈의 결과를 몰고 오는 범죄들 중의 하나로 인지할 정도로 충분히 인종차별적으로 구성되었음" 을 관찰함).

76_ 위 31번 자료 참고, Peterson, 페이지 18; Jennifer Nou & Christopher Timmins, *How Do Changes in Welfare Law Affect Domestic Violence?: An Analysis of Connecticut Towns, 1990–2000*, 34 J. Legal Stud. 445, 449 n.4 (2005); Wendy Boka, Note, *Domestic Violence in Farming Communities: Overcoming the Unique Problems Posed by the Rural Setting*, 9 Drake J. Agric. L. 389, 396 (2004).

77_ 위 31번 자료 참고, Peterson, 페이지 30 (80% 넘게).

78_ 위 25번 자료 참고, Eaton, (맨하탄 북부 지역 사무실에서 다루는 사건 중 70%가 가정폭력에 관련한 사건이라고 보고한 검찰청 공식 성명을 보고함); 위 55번 자료 참고, Press Release, Robert M. Morgenthau ("가정폭력 부서의 대부분의 일은 검찰청의 북부 맨하탄 사무실을 통해 강화되었다.").

79_ Randy Frances Kandel, *Squabbling in the Shadows: What the Law Can Learn from the Way Divorcing Couples Use Protective Orders as Bargaining Chips in Domestic Spats and Child Custody Mediation*, 48 S.C. L. Rev. 441, 449 (1997) (접근금지명령은 "배우자들을 서로 단순하고 순수하게 떼어놓는 것" 만이 아니라 오히려 "싸움의 조건과 힘의 증표를 상대방의 몸에 대한 직접적 통제(지배)에서부터 중요한 공간에 대한 통제로 바꿈으로써 접근금지명령에 의해 만들어진 상호적 경계선이 논쟁의 요점이 되었다." 라고 설명함). 각 공동체마다 접근금지명령에도 불구하고 함께 생활하는 부부/커플들의 숫자는 다양하고 경찰 및 형사 정의 체제와 각각 다른 관계를 맺게 되는 것은 틀림없다.

80_ 다음과 비교 참조. Robert H. Mnookin & Lewis Kornhauser, *Bargaining in the Shadow of the Law: The Case of Divorce*, 88 Yale L.J. 950, 951 (1979) ("분쟁 처리를 위해 법정에서 사용하는 절차 및 규정은 법정 밖에서 이혼하는 배우자 사이에서 일어나는 협상 절차에 영향을 미친다.").

81_ 위 35번 자료 참고. Gendar.

82_ 위 79번 자료 참고, Kandel, 페이지 446 (접근금지명령은 부부/커플로 하여금 "그 선을 넘는 자체가 불법이거나 범죄가 되는 고정된 경계선에 맞추어 그들의 관계를 재교섭" 하도록 강요한다 라고 설명함); 다음과 비교 참조. Duncan Kennedy, *Sexual Abuse,*

Sexy Dressing and the Eroticization of Domination, 26 New Eng. L. Rev. 1309, 1327 (1992) ("서로가 상반된 이해관계에 놓이게 되는 협상의 기반이 없는 결혼은 없다."); 위 자료 참고. 페이지 1328 ("성적 학대로부터 보호를 강화시키는 것은 가정 및 직장 모두에서 남성이 잠재적으로 학대적인 사람인지 아닌지 여부를 떠나 그 남성에 대한 여성의 협상 능력을 증강시키게 된다. 반면에 보호 정도를 줄이게 되면 학대하지 않는 남성에게 여성들은 더욱 의존하게 되고, 따라서 그 관계를 떠나는 자체가 위험하게 되기 때문에 여성들은 좀 더 양보를 할 용의가 생기게 된다.").

83_ 다음과 비교 참조. *Women, Children and Domestic Violence*, 위 자료 참고 note 12, at 663 (Carol Stokinger의 소견) ("일단 체포가 되면 형사 정의 체제는 뭉툭한 도구와 마찬가지로 그렇게 효과적이지 못한 방법이 된다.").

84_ 위 79번 자료 참고, Kandel, 페이지 448 ("접근금지명령은 이혼 전략에 있어서 단정적인 요소라고 묘사함. 이 명령의 사용은 어울리고 적합하며 조정 중재 과정 때 자유롭게 의논된다.").

85_ 위 자료 참고. (자녀 양육권 분쟁에 있어서 이점을 확보하기 위해 부모가 가정폭력 접근금지명령을 전략적으로 사용하는 것에 대하여 설명함).

86_ 대부분의 사법관할 구역에서 고소자는 민사접근금지명령을 무효화시킬 수 있다. Elizabeth M. Schneider, Cheryl Hanna, Judith G. Greenberg, & Clare Dalton, Domestic Violence and the Law: Theory and Practice 253 (2008).

87_ 피해자 집으로부터 가해자를 배제시키는 것과 더불어 제로 관용 정책과 접근금지명령의 합류는 공동 건물에 살고 있는 다른 거주자들의 이익을 지키기 위해 피해자 역시 공동 건물로부터 퇴거시키는 결과를 가져왔다. 왜냐하면 피해자가 가해자를 다시 집에 들이는 일이 흔하기 때문이다. "전체 가족 구성원을 퇴거시키는 것은 폭력적인 방해를 가하는 주기를 완전히 없애고 거주지의 평화로움을 유지해준다." Tara M. Vrettos, Note, *Victimizing the Victim: Evicting Domestic Violence Victims from Public Housing Based on the Zero-Tolerance Policy*, 9 Cardozo Women's L.J. 97, 99 (2002).

88_ 다음과 비교 참조. 위 1번 자료 참고, Peterson, 페이지 30 (가정폭력 피고자의 40%가 라틴계 민족인 것을 지적함).

89_ Linda L. Ammons, *Dealing with the Nastiness: Mixing Feminism and Criminal Law in the Review of Cases of Battered Incarcerated Women—A Tenth-Year*

Reflection, 4 Buff. Crim. L. Rev. 891, 915 (2001) ("법 집행 관계자들이 사건을 형사 기소하는데 있어서 필요 이상으로 너무 열광적인 것이 두렵기 때문에" 흑인 여성들은 911(역주 – 한국의 112에 해당)에 신고하는 것을 망설이게 된다고 설명함.); 위 75번 자료 참고, Rivera, 페이지 245–46 (역사적으로 존재해온 인종차별주의 때문에 라틴계 사람들은 형사 정의 체제 속에서 일을 해결하는 것을 꺼려한다고 주장함).

90_ Elizabeth Topliffe, Note, *Why Civil Protection Orders Are Effective Remedies for Domestic Violence but Mutual Protective Orders Are Not*, 67 Ind. L.J. 1039, 1054 (1992).

91_ 위 자료 참고, note 55 (가능성 있는 기간을 설명함).

92_ No. 35448–5–I, 1996 WL 524116, 페이지 *2 (Wash. Ct. App. Sept. 16, 1996).

93_ 위 자료 참고.

94_ 위 자료 참고. 페이지 *2, *4.

95_ 위 자료 참고. 페이지 *3.

96_ 위 자료 참고. 페이지 *4.

97_ 위 자료 참고. 페이지 *3.

98_ 위 자료 참고. 페이지 *4.

99_ 위 자료 참고.

100_ 위 자료 참고.

101_ 위 자료 참고.

102_ 482 U.S. 78, 95–96 (1987).

103_ 위 자료 참고. 페이지 99.

104_ 위 자료 참고. 페이지 97 (인용부호 생략).

105_ United States v. Brandenburg, 157 F. App'x 875 (6th Cir. 2005) (헌법 제14조의 정당한 법적 절차조항(Due Process Clause) 위반에 있어서 "사회적 연락(social contact)" 통보조항은 부당할 정도로 애매한 조항이 아니고, 동거금지가 헌법 제1조 친밀한 관계를 맺을 수 있는 권리를 위반한 것이 아니라고 판결을 내림).

106_ 381 U.S. 479, 485–86 (1965).

107_ 478 U.S. 186 (1986).

108_ Laurence H. Tribe, American Constitutional Law § 15–21, 페이지 1428 (2d ed.

1988).

109_ 539 U.S. 558 (2003).

110_ 위 자료 참고. 페이지 562 ("자유란 집이나 개인 공간으로 정부가 부당하게 침입하는 것으로부터 개인들을 보호한다. 역사적으로 정부는 집 안 어디에서든지 존재하지 않는다. (…) 그리고 집 외부에서도 우리의 삶과 존재 영역에 있어서 정부의 독재적인 존재가 발견되어서는 안 되는 곳들이 있다. 자유란 공간적 한계를 넘어서까지 확장한다. 자유란 특정적인 친밀 행동을 포함하는 인간적 자율성을 가정한다.").

111_ 위 자료 참고. 페이지 567, 573, 580.

112_ 위 자료 참고. 페이지 567. *로렌스(Lawrence)* 사건 및 이 사건이 합법적인 섹스/비합법적인 섹스와 결혼/결혼이 아닌 것의 사이에 존재하는 관계를 풀어나감을 살펴보기 위해서는 다음을 참고. Ariela R. Dubler, *Immoral Purposes: Marriage and the Genus of Illicit Sex*, 115 Yale. L.J. 756 (2006).

113_ 대법원이 선택한 방향이 가져온 결과는 바로 스칼리아(Scalia) 대법관으로 하여금 "대법원을 대표하는 케네디(Kennedy) 대법관의 의견은 동성결혼에 대한 헌법적 보호를 지지하는 굽힐 수 없는 논리를 이미 포함하는 것" 이라고 반대 의견에서 주장하도록 한 것이다. Lawrence, 539 U.S. at 604 (Scalia, J., 반대 의견(dissenting)).

114 _ 예시) 위 20번 자료 참고, Hanna; Linda G. Mills, *Killing Her Softly: Intimate Abuse and the Violence of State Intervention*, 113 Harv. L. Rev. 550 (1999); Emily J. Sack, *Battered Women and the State: The Struggle for the Future of Domestic Violence Policy*, 2004 Wis. L. Rev. 1657; Jessica Dayton, Note, *The Silencing of a Woman's Choice: Mandatory Arrest and No Drop Prosecution Policies in Domestic Violence Cases*, 9 Cardozo Women's L.J. 281 (2003).

115_ 다음과 비교 참조. Anne M. Coughlin, *Excusing Women*, 82 Cal. L. Rev. 1, 6 (1994) (학대받는 여성 증후군(battered woman syndrome)은 "합리적인 자기 통제에 관한 여성의 능력을 불공평하게 이해하는 사실을 재확인하고, 남성들이 가지고 있는 자기 통치(관리)에 관한 동등한 능력을 여성들도 가지고 있다 라는 것을 부정하며 (…) 따라서 남성이 안전한 상태에 대항하는 방식에 여성을 노출시킨다." 라고 다른 맥락에서 주장함).

116_ 예시) Manhattan Dist. Attorney's Office, Orientation Program, Quality of Life

Crimes 1-13 (2004) (featuring the original article by James Q. Wilson & George L. Kelling, *Broken Windows*, Atlantic Monthly, Mar. 1982, 페이지 29, in training materials for A.D.A.s) (요구시 저자가 자료 직접 제공 가능); 위 2번 자료 참고, Manual, 페이지 757 ("폭력적 범죄나 마약 밀매와 같이 심각한 범죄를 타도하기 위해 뉴욕 경찰은 종종 삶의 질 법집행을 추구하는데" 이는 무단잠입자들을 체포하기 위해 공원을 청소하면서 순찰을 돌고 공공장소에서 술을 마시는 사람들을 목표로 하기도 한다. "뉴욕시 내에서 심각하고 폭력적인 범죄 수치가 크게 낮아진 결과는 이렇게 경미한 범죄에 주목한 덕분이었다.").

117_ 다음과 비교 참조. *Duncan Kennedy, The Stages of the Decline of the Public/Private Distinction*, 130 U. Pa. L. Rev. 1349, 1349 (1982) (20세기의 법 생각 발전 역사를 공(公)과 사(私)를 구분함과 같은 자유적인 차이점이 쇠퇴한 역사라고 특징지음).

● 제3장. 정당방위 발전 현장(Scenes of Self-Defense)

1_ 예시) Fla. Stat. Ann. § 776.013 (West 2005 & Supp. 2008); 아래 145-48번 자료 참고 (법안 인용함).

2_ 성 안 원칙(castle doctrine)은 일반적으로 후퇴 의무가 있는 주(州)에서는 "보편적으로 인정된다." Joshua Dressler, Understanding Criminal Law § 18.02[C][3], 페이지 245 (4th ed. 2006). 제3장에서 "castle doctrine" (역주 – 성 안 원칙이라고 번역함)이란 코먼로 규율을 나타내는 것이고, "Castle Doctrine" (역주 – 성 안 독트린이라고 번역함)이란 2005년 이후에 통과된 새로운 법안을 가리키는 표현이다.

3_ Manuel Roig-Franzia, *Fla. Gun Law to Expand Leeway for Self-Defense*, Wash. Post, Apr. 26, 2005, A1면.

4_ 예를 들어, 플로리다 주 법은 다음과 같이 지정한다: "상대방을 죽음에 이르게 하거나 심각한 신체 상해를 입힐 가능성이 있는 혹은 그렇게 의도한 방어적 힘을 사용했을 때, 다음과 같은 경우, 즉, (a) 방어적 힘 사용의 대상이 (…) 불법적이고 강제적으로 집이나 거주지 또는 사람이 타고 있는 자동차에 들어왔고 (…) (b)불법적이고 강제적으로 그 장소에 입장하는 것 혹은 불법적이고 강제적인 행동을 이미 했거나 하고 있다는 것

을 방어적 힘을 사용한 사람이 알고 있었던지 아니면 그렇게 믿을 만한 이유가 있었을"
경우, 방어적 힘을 사용한 사람은 죽음 직면의 위험에 대한 합리적인 두려움을 느꼈다
고 추정한다. Fla. Stat. Ann. § 776.013(1) (West 2005 & Supp. 2008). 이 조항은 캘리포
니아 주가 이미 가지고 있던 법조항과 비슷하다. Cal. Penal Code § 198.5.

5_ 이 부분에 있어서 플로리다 주 법은 다음과 같이 규정한다: "남성 또는 여성이 어떤
장소에 있을 권리를 가지고 있고 불법적 행위를 하지 않았음에도 불구하고 공격을 받
은 경우, 그 사람은 그 장소에서부터 후퇴할 의무를 지니지 않으며 힘을 사용하여 자신
이 있는 곳을 지키기 위해 그 공격에 맞서 싸울 수 있다. 만약 그/그녀가 자신 또는 다
른 사람을 향한 죽음 또는 심각한 신체 상해를 피하거나 폭력적 중범죄가 일어나는 것
을 막기 위해서 치명적인 힘(deadly force) 사용이 불가피하다고 합리적으로 믿는 경우
에는 치명적인 힘까지도 사용할 수 있다." 위와 같은 법률. § 776.013(3).

6_ 3 William Blackstone, Commentaries *288 ("법은 모든 남성의 집(house)을 그의
성(城)으로 여긴다."); 3 Edward Coke, The Institutes of the Laws of England *162 ("남
성의 집은 그의 성(城)이다. 자신의 집에서가 아니라면 과연 어떤 장소에서 안전할 수 있
단 말인가?").

7_ 예시) Georgia v. Randolph, 547 U.S. 103, 115 (2006); Hudson v. Michigan, 547 U.S.
586, 620−21 (2006) (Breyer, J., 반대 의견(dissenting)); Wilson v. Layne, 526 U.S. 603,
609−10 (1999); Minnesota v. Carter, 525 U.S. 83, 94 (1998) (Scalia, J., 보충〈동의〉 의
견(concurring)); 위 자료 참고. 페이지 100 (Kennedy, J., 보충〈동의〉의견(concurring));
Wilson v. Arkansas, 514 U.S. 927, 931 (1995); Bowers v. Hardwick, 478 U.S. 186, 207−
08 (1986) (Blackmun, J., 반대 의견(dissenting)); Payton v. New York, 445 U.S. 573,
596−97 (1980); Paris Adult Theater I v. Slaton, 413 U.S. 49, 66 (1973); Lombard v.
Louisiana, 373 U.S. 267, 275 (1963); Miller v. United States, 357 U.S. 301, 307 (1958);
Weeks v. United States, 232 U.S. 383, 390 (1914).

8_ Semayne's Case, (1604) 77 Eng. Rep. 194, 195 (K.B.) ("모든 사람의 집은 그에게 있
어서 (…) 성(城) 및 요새와 다름없고 그의 평온함을 위하여 상해와 폭력에 대항하는 그
의 방어와도 같은 것이 그의 집이다.").

9_ 코먼로 상의 후퇴 의무에 관해서는 다음 참고. R v. Bull, (1839) 173 Eng. Rep. 723
(K.B.); R v. Smith, (1837) 173 Eng. Rep. 441 (K.B.).

10_ Richard Maxwell Brown, No Duty to Retreat 4 (Oxford Univ. Press 1991).

11_ 1 Matthew Hale, The History of the Pleas of the Crown 481 (photo. reprint 2003) (1736).

12_ 위 6번 자료 참고, 4 Blackstone, 페이지 *184–85.

13_ 위 자료 참고. 페이지 *223.

14_ 위 자료 참고. 페이지 *223–24.

15_ Semayne's Case, (1604) 77 Eng. Rep. 194, 195 (K.B.).

16_ 이 원칙은 "거주지 방어(defense of habitation)", "주거지 방어(defense of dwelling)" 또는 건물이 세워진 부지 방어(defense of premises)라고도 불린다. 예시) 1 B.E. Witkin et al., California Criminal Law Defenses § 78, 페이지 121 (3d ed. Supp. 2007) (거주지 방어(defense of habitation)); 2 Wayne R. LaFave, Substantive Criminal Law § 10.6(b), 페이지 167–69 (2d ed. 2003) (주거지 방어(defense of dwelling)와 건물이 세워진 부지 방어(defense of premises)). 이렇게 광범위한 규정(broad rule)이 보편적인 것은 아니다. 어떤 주(州)에서는 규정의 범위를 다음과 같은 경우로 한정시키기도 한다. 즉 침입자가 상해를 입히거나 중범죄를 저지르려는 의도를 가지고 있고, 이를 저지하기 위해서 치명적인 힘(deadly force)의 사용이 불가피하다 라고 주택 거주자가 합리적으로 믿는 경우에만 치명적인 힘(deadly force)을 사용할 수 있다. 위 2번 자료 참고, Dressler, § 20.03[B], 페이지 283–85.

17_ 전통적인 성 안 개념으로부터 시작된 주거지 방어(defense of dwelling) 및 집 안에서의 정당 방어(self–defense in the home) 원칙에 대한 분명한 근거에 대한 논의는 다음 자료 참고. Stuart P. Green, *Castles and Carjackers: Proportionality and the Use of Deadly Force in Defense of Dwellings and Vehicles*, 1999 U. Ill. L. Rev. 1; Catherine L. Carpenter, *Of the Enemy Within, the Castle Doctrine, and Self–Defense*, 86 Marq. L. Rev. 653 (2003); Daniel Michael, *Florida's Protection of Persons Bill*, 43 Harv. J. on Legis. 199, 205–08 (2006). 다음과 비교. 위 2번 자료 참고, Dressler, § 20.03, 페이지 282–87, 같은 자료 참고. § 18.02[C][3], 페이지 245–46.

18_ 위 6번 자료 참고, 4 Blackstone, 페이지 *181 (락(Locke)의 말을 인용함, 아래 41번 참고).

19_ 위 6번 자료 참고, 4 Blackstone, 페이지 *181–82.

20_ 위 자료 참고. 페이지 *181 (락(Locke)의 말을 인용함, 아래 41번 자료 참고).

21_ 위 6번 자료 참고, 4 Blackstone, 페이지 *223.

22_ 위 10번 자료 참고, Brown, 페이지 5; Garrett Epps, *Any Which Way but Loose, Interpretive Strategies and Attitudes toward Violence in the Evolution of the Anglo—American "Retreat Rule,"* 55 Law & Contemp. Probs. 303, 311—13 (1992).

23_ Beard v. United States, 158 U.S. 550, 561—62 (1895) (Runyan v. State, 57 Ind. 80, 83 (1877) 인용) (만약 그 사람이 "자신이 있을 수 있는 권리를 가지고 있는 곳에서" 공격을 받았을 경우, 그 남성은 "힘에는 힘으로 대응(repel force by force)" 할 권리를 가지고 있다는 것을 승인함); Cooper v. United States, 512 A.2d 1002, 1005 (D.C. 1986) ("미국 규율" 을 따르는 사법관할 주에서는 "사람이 어느 곳에서 공격을 당했든지 간에 상관없이 그 공격에 맞서 싸울 수 있다" 라는 것을 언급함).

24_ 위 10번 자료 참고, Brown, 페이지 17 (Runyan, 57 Ind. 페이지 84 인용("공격을 받았을 때 피해자가 도망을 쳐야 한다 라고 규정하는 것에 대하여 미국 정서는 이를 아주 반대하는 경향을 띠고 있다."). 다른 해석자는 이 19세기 변화를 "정당 방위(우발적) 살인(chance—medley)" 으로부터 멀어지는 것으로 묘사했다. 즉, 후퇴의 의무를 동반하며 양 당사자들의 잘못을 수반하는 자발적이고 상호적인 싸움에서부터 " '피해자나 공격자(aggressor)가 모든 폭력에 대하여 책임이 있다' 라고 내포하는 잘못에 대한 새롭고 아주 개인적 관점" 으로 방향을 전환한 것이라고 보는 것이다. 위 22번 자료 참고, Epps, 페이지 314.

25_ 예시) Joseph H. Beale Jr., *Retreat from a Murderous Assault,* 16 Harv. L. Rev. 567, 577 (1903).

26_ David B. Kopel, *The Self—Defense Cases: How the United States Supreme Court Confronted a Hanging Judge in the Nineteenth Century and Taught Some Lessons for Jurisprudence in the Twenty—First,* 27 Am. J. Crim. L. 293, 307 (2000) ("보호소에서 나와 살인을 저지르거나 심각한 상해를 입힐 의도를 품은 채 자동 라이플(repeating rifle)을 가지고 있는 경험이 풍부한 남성과 공개된 장소에서 마주했을 때, 탈출 시도를 해야 한다는 의무를 법적으로 정하는 것은 어리석은 짓임이 틀림없다.") (State v. Gardner, 104 N.W. 971, 975 (Minn. 1905) 인용함).

27_ Erwin v. State, 29 Ohio St. 186, 199—200 (1876); 위 10번 자료 참고, Brown, 페이

지 5; Wayne R. LaFave & Austin W. Scott, Jr., Criminal Law § 5.7(f) (2d ed. 1986) ("물러서지 않기" 원칙("no retreat" doctrine)은 "한 사람이 비겁하고 굴욕적인 역할을 하도록 만드는 것을 반대하는 정책" 을 반영한다는 것을 언급함).

28_ Erwin, 29 Ohio St. 페이지 199−200.

29_ 다음과 비교 참조., 예시) Wilson v. Jordan, 33 S.E. 139, 147 (N.C. 1899) (Douglas, J., 보충〈동의〉 의견(concurring)) (Bayard v. Singleton, 1 N.C. (Mart.) 48 (1787)에 대하여 설명한 Junius Davis의 말을 인용).

30_ 예시) People v. News−Times Pub. Co., 84 P. 912, 957 (Colo. 1906) (Steele, J., 반대 의견(dissenting)); Mangold v. Bacon, 130 S.W. 23, 34 (Mo. 1910) (Lamm, J., 반대 의견(dissenting)) ("만약 도둑을 만난다면 당신은 그 도둑이 진정한 남성(true man)이 아닐 것이라고 가정할 것이고, 그런 종류의 사람들과 함께 하는 것을 줄일수록 당신의 정직성이 높아진다.") (William Shakespeare(윌리엄 셰익스피어), Much Ado about Nothing(공연한 법석), 3막 3장 인용함); 다음 자료도 참고. 예시) Springfield Republican, A Singular Case, N.Y. Daily Times, June 16, 1852, 페이지 4. 이 시대의 많은 판례에서는 배심원을 "훌륭하고 진정한 남성(good and true men)" 이라고 표현한다. 예시) State v. Williams, 14 S.E. 819, 820 (S.C. 1892) ("훌륭하고 진정한 남성(good and true men)들이 우리 나라의 배심원 역할을 할 때 법의 요건이 완전히 충족된다.").

31_ 예시) *Many at Funeral of Mr. Guggenheimer*, N.Y. Times, Sept. 16, 1907, 9면 ("그는 진정한 남성이었고, 친구들에게 충실했고, 그의 원수들에게는 관대했으며, 그의 가족을 위해 헌신했다.")(Rabbi Dr. Joseph Silverman의 찬사를 인용함);*Webster's Biography*, N.Y. Daily Times, Nov. 3, 1852, 페이지 4 ("집에 대한 애착(보살핌) (home affection)의 표현만큼이나 강직하고 고독한 남성이 향하는 마음을 빼앗는 무엇인가는 존재하지 않는다. (…) 집 안에는 진정한 남성의 마음이 들어 있다.").

32_ 예시) Hunter v. State, 134 P. 1134, 1138 (Okla. Crim. App. 1913) ("자신이 하고 싶은 종류의 일을 할 수 없을 때, 진정한 남성은 자기 스스로와 자신을 의지하는 부양가족들을 돌볼 수 있는데 필요한 어떤 종류의 일이든지 할 것이다. 만약 그가 어떤 일도 하지 않는다면, 그는 대중의 동정과 존경을 받을 자격이 없다.").

33_ 예시) Kuster v. Kuster, 74 N.Y.S. 853, 854 (Sup. Ct. 1902) ("남편은 자신의 아내가 가지고 있는 별난 변덕스러움과 몽상에 비위를 맞추었고, 정말 하기 어려운 상황에

서도 진정한 남성이 할 수 있는 모든 일을 했다."); Glass v. Bennett, 14 S.W. 1085, 1086 (Tenn. 1891) (아버지가 딸에게 "그 딸이 잘되기 위한 정직한 조언과 상담을 해주었고 (…) 그의 집에서 딸을 보살펴준 것은 (…) 진정한 남성의 정신을 가지고 있는 솔직하고 좋은 아버지가 항상 해주어야 하는 일을 한 것일 뿐이다.").

34_ Theodore Tilton, *Practical Female Education*, N.Y. Times, Aug. 6, 1871, at 1.

35_ 예시) Brown v. State, 132 P. 359, 372 (Okla. Crim. App. 1913) ("순결한 여성은 하나님의 창조물의 최고 절정이고 최고 걸작품이기 때문에 진정한 남성들은 경의감과 접해 있는 존경심의 감정을 갖고 그녀를 대한다.").

36_ Erickson v. Great N. Ry. Co., 84 N.W. 462, 463 (Minn. 1900).

37_ *Topics of the Times: Nature and Its First Law*, N.Y. Times, July 22, 1905, 6면 ("우리는 모두 진정한 남성이라면 자신의 국가 또는 가족을 위해 필요한 경우 자신의 목숨까지 희생할 것을 기대한다."); Aristotle, Politics 9−10 (Ernest Barker trans., R. F. Stalley rev., Oxford Univ. Press 1995) (c. 335−322 B.C.E.).

38_ 예시) Pope v. Phifer, 50 Tenn. (3 Heisk.) 682, 704 (1871) ("대담하고 진정한 남성, 즉 애국자들과 자유 수호자들로부터 이어져 내려오고 모든 사람들의 힘으로 이끌어낸 삶과 자유 및 재산에 대한 법적 보장" 에 대하여 논의함).

39_ 예시) State v. Staten, 46 Tenn. (6 Cold.) 233, 271 (1869) (Shackelford, J.) ("모든 진정한 남성은 법률 우위성(supremacy of the law)을 회복시켜야 하는 필요성을 느꼈으며, 이는 오직 주(州) 정부 조직을 실시하고 비어 있던 여러 정부 기관 사무실 자리를 채우며 국가 법정을 공개함으로써 실행할 수 있다.").

40_ Barbara Welter, *The Cult of True Womanhood: 1820−1860*, 18 Am. Q. 151, 152 (1966).

41_ John Locke, Two Treatises of Government 296−98 (Peter Laslett ed., Cambridge Univ. Press 1967) (1690).

42_ 57 Ind. 80.

43_ 위 자료 참고. 페이지 84.

44_ 위 자료 참고.

45_ 52 Miss. 23, 35.

46_ Runyan, 57 Ind. 페이지 81.

47_ Long, 52 Miss. 페이지 31.

48_ Pierson v. State, 12 Ala. 149 (1847).

49_ Storey v. State, 71 Ala. 329, 337 (1882) (문서상 인용부호 생략함). 예시) Jones v. State, 76 Ala. 8, 16 (1884) ("사람이 자신의 집에서 공격을 당했을 때, 그는 더 이상 도망치지 않아도 된다. (…) 법은 남성의 집(man's house)을 그의 성(城) 또는 *tutissimum refugium* (역주 – 라틴어로 가장 안전한 피난처(safest refuge)라는 뜻)로 간주하고 이 정도까지 멀리 후퇴한 것을 고려하여 그가 더 이상 그를 공격하는 가해자에게 양보를 할 의무를 지니고 있지 않다.").

50_ 다음과 비교 참조. Jeremy Waldron, *Homelessness and the Issue of Freedom*, 39 UCLA L. Rev. 295, 300 (1991) ("개개인의 장소로 구성된 이 나라에서 우리들 개개인은 적어도 한 장소를 가지고 있지만 노숙자들은 그러한 장소를 가지고 있지 못하다.").

51_ 158 U.S. 550.

52_ 위 자료 참고. 페이지 560.

53_ 위 25번 자료 참고, Beale, 페이지 579-80.

54_ 예시) Brown v. United States, 256 U.S. 335, 343 (1921); Alberty v. United States, 162 U.S. 499, 507-08 (1896); Allen v. United States, 164 U.S. 492, 498 (1896); Rowe v. United States, 164 U.S. 546, 557 (1896); 위 22번 자료 참고, Epps, 페이지 318-22.

55_ *Beard,* 158 U.S. 페이지 560.

56_ 76 Ala. 8, 16. 존스(Jones) 사건은 일터에서 일어난 사건으로 법정은 "남성의 일터란 그 상황에 따라 일시적(pro hac vice) (역주 – 라틴어로, 법률적으로는 변호사가 한 사건에 대하여 다른 주(州) 변호사 자격증이 없을 때 그 사건에 대해서만 변호사 역할을 할 수 있도록 임시 자격을 부여받도록 신청하는 것을 가리킨다. 영어로는 for this turn, for this occasion, for this event란 뜻) 주거지가 된다. 따라서 그곳에서 남성은 침입자에 대항하고 자신의 주거지를 방어해야만 하고 집에서와 마찬가지로 일터라고 하여 후퇴를 해야 하는 더 큰 의무를 지니고 있지 않다."), 위 자료 참고.

57_ 위 자료 참고.

58_ 위 자료 참고.

59_ 107 N.E. 496, 497 (N.Y.).

60_ 위 자료 참고. (위 11번 자료, 1 Hale, 페이지 486 인용함).

61_ *Tomlins*, 107 N.E. 페이지 498.

62_ 예시) State v. Shaw, 441 A.2d 561, 566 (Conn. 1981); Cooper v. United States, 512 A.2d 1002, 1006 (D.C. 1986); State v. Bobbitt, 415 So. 2d 724, 726 (Fla. 1982), overruled by Weiand v. State, 732 So. 2d 1044, 1051—52 (Fla. 1999); Oney v. Commonwealth, 9 S.W.2d 723, 725 (Ky. 1928); State v. Leidholm, 334 N.W.2d 811, 820—21 (N.D. 1983); State v. Grierson 69 A.2d 851, 854—55 (N.H. 1950); State v. Gartland, 694 A.2d 564, 569—70 (N.J. 1997); State v. Pontery, 117 A.2d 473, 475 (N.J. 1955); Commonwealth v. Walker, 288 A.2d 741, 743 (Pa. 1972); Commonwealth v. Johnson, 62 A. 1064, 1064—65 (Pa. 1906); State v. Ordway, 619 A.2d 819, 823—24 (R.I. 1992) (성 안 원칙(castle doctrine)은 방문자(invitee)에게 적용되지 않는다 라고 판결함); State v. Quarles, 504 A.2d 473, 476 (R.I. 1986); see also Linda A. Sharp, Annotation, *Homicide: Duty to Retreat Where Assailant and Assailed Share the Same Living Quarters*, 67 A.L.R. 5th 637 (1999) (이 이슈에 대하여 고민했던 주(州) 중에서 동거주자의 공격을 받았을 때 집으로부터 후퇴해야 하는 의무를 부가하는 것을 지지하는 주(州)는 소수였음을 알림).

63_ 441 A.2d 561 (Conn.), 페이지 563—64 (Conn. Gen. Stat. Ann. § 53a—19 (West 1981) 인용함).

64_ *Shaw*, 441 A.2d 페이지 566 (인용부호 생략함).

65_ 위 자료 참고. 페이지 562.

66_ Lenore E. Walker, The Battered Woman (1979); R. Emerson Dobash & Russell Dobash, Violence against Wives: A Case against the Patriarchy (1979); Violence in the Family (Suzanne K. Steinmetz & Murray Arnold Straus eds., 1974).

67_ Stephen J. Schulhofer, *The Feminist Challenge in Criminal Law*, 143 U. Pa. L. Rev. 2151, 2158—70 (1994); Joan Zorza, *The Criminal Law of Misdemeanor Domestic Violence, 1970—1990*, 83 J. Crim. L. & Criminology 46, 62 (1992).

68_ *Shaw*, 441 A.2d 페이지 566.

69_ High Noon (Republic Pictures 1952).

70_ *Shaw*, 441 A.2d 페이지 566.

71_ 다음과 비교 참조. State v. Bobbitt, 415 So.2d 724, 726 (Fla. 1982) ("그녀의 부엌일

지라도 어머니가 자신의 아들로부터 왜 도망치지 말아야 하는지 그 타당한 이유를 찾을 수 없다.") (인용부호 생략함).

72_ 위 6번 자료 참고, 1 Blackstone, 페이지 *445 n.38.

73_ 남편을 죽인 학대받는 여성들을 위하여 페미니스트들이 주장한 법안 개혁에 대한 논의는 다음 참고. Elizabeth M. Schneider, Battered Women and Feminist Lawmaking 112-47 (2000).

74_ 아래 77번 자료 참고, Gillespie, 페이지 82; 또한 위 17번 자료 참고, Carpenter, (법정이 성 안 원칙(castle doctrine)에 대한 동거주자 예외를 적용하는 것은 개인의 안전보다는 재산 권리 원칙에 의해 주도된 것으로, 이는 학대받는 여성들로부터 정당방어 권리를 탈취하는 효과를 가지고 온다 라고 주장함); Judith E. Koons, *Gunsmoke and Legal Mirrors: Women Surviving Intimate Battery and Deadly Legal Doctrines*, 14 J.L. & Pol'y 617 (2006) (후퇴 원칙과 성 안 원칙(caslte doctrine)은 여성을 종속시키기 위해 실시되는 것이라고 주장함).

75_ 예시) 위 2번 자료 참고, Dressler, § 18.02[C][3], 페이지 246 ("많은 '집 안에서의 정당 방위 사건들' 은 폭력적인 가정 내의 파트너(남편, 남자 친구 등)로부터 자신을 보호해야 하는 여성들과 연관되어 있다.").

76_ 예시) Weiand v. State, 732 So. 2d 1044, 1052 (Fla. 1999) ("집에서 후퇴해야 하는 의무를 부과하는 것은 가정폭력 피해자들에게 악영향을 끼칠 수 있다."); State v. Glowacki, 630 N.W.2d 392, 401 (Minn. 2001) ("후퇴 불필요 법안은 가정폭력 상황에서 살고 있는 사람들(대부분은 여성)이 맞이하고 있는 현실을 인지한다."); State v. Gartland, 694 A.2d at 564, 570 (N.J. 1997) ("남성 파트너에 의해 여성들이 집 안에서 공격당하고 죽임을 당하는 반면, 대부분의 남성은 집 밖에서 공격당하고 죽임을 당하는 것을 고려해볼 때, 이 원칙 역시 여성에게는 불리하게 작용한다.") (다음 인용: Marina Angel, *Criminal Law and Women: Giving the Abused Woman Who Kills a Jury of Her Peers Who Appreciate Trifles*, 33 Am. Crim. L. Rev. 229, 320 (1996)).

77_ 673 N.E.2d 1339 (Ohio). 학대받는 여성 증후군(Battered Woman Syndrome)에 대해서는 다음 자료 참고. Charles Ewing, Battered Women Who Kill: Psychological Self-Defense as Legal Justification (1987); Cynthia K. Gillespie, Justifiable Homicide: Battered Women, Self-Defense, and the Law (1989); Elaine Chiu, *Confronting the Agency in Battered Mothers*, 74 S. Cal. L. Rev. 1223 (2001); Anne M. Coughlin, *Excusing Women*, 82 Cal. L. Rev. 1 (1994); David L. Faigman & Amy J. Wright, *The Battered Woman Syndrome in the Age of Science*, 39 Ariz. L. Rev. 67 (1997); Kit Kinports, *Defending Battered Women's Self-Defense Claims*, 67 Or. L. Rev. 393 (1988); Holly Maguigan, *Battered Women and Self-Defense: Myths and Misconceptions in Current Reform Proposals*, 140 U. Pa. L. Rev. 379 (1991); 아래 108번 자료 참고, Nourse; Richard A. Rosen, *On Self-Defense, Imminence, and Women Who Kill Their Batterers,* 71 N.C. L. Rev. 371 (1993); 위 67번 자료 참고, Schulhofer.

78_ *Thomas*, 673 N.E.2d 페이지 1343.

79_ 위 자료 참고. (다음 자료 인용: 위 76번 자료 참고, Angel; Alison M. Madden, *Clemency for Battered Women Who Kill Their Abusers: Finding a Just Forum*, 4 Hastings Women's L.J. 1 (1993); Paige Bigelow, Comment, *Guilty of Survival: State v. Strieby and Battered Women Who Kill in Utah,* 92 Utah L. Rev. 979 (1992); 위 77번 자료 참고, Maguigan; 아래 117번 자료 참고, Mahoney; Donald L. Creach, Note, *Partially Determined Imperfect Self-Defense: The Battered Wife Kills and Tells Why*, 34 Stan. L. Rev. 615 (1982)).

80_ *Thomas,* 673 N.E.2d 페이지 1343 및 페이지 1346-48 (Stratton, J., 보충〈동의〉 의견(concurring)).

81_ 영국 코먼로 내에서 개인들은 최대한 후퇴하는 시도(자신의 등이 벽에 맞닿을 때까지)를 하기 전에는 폭력을 사용하여 자신을 방어할 수 없었다. 위 10번 자료 참고, Brown, 페이지 4.

82. _ George Fletcher, Rethinking Criminal Law 860-61 (1978).

83_ *Thomas*, 673 N.E.2d 페이지 1343.

84_ 694 A.2d 564 (N.J.).

85_ 위 자료 참고. 페이지 569-70. N.J. Stat. Ann. § 2C:34b(2)(b)(i) (West 1997), *amended by* N.J. Stat. Ann. § 2C:3b(2)(b)(i) (West 2005 & Supp. 2008).

86_ *Gartland*, 694 A.2d 페이지 571.

87_ 위 자료 참고. 페이지 570.

88_ 위 자료 참고. 페이지 570.

89_ 위 자료 참고. (다음 자료 인용함. Maryanne Kampmann, *The Legal Victimization of Battered Women*, 15 Women's Rts. L. Rep. 101, 112-13 (1993)).

90_ *Gartland*, 694 A.2d 페이지 570-71 (다음 자료 인용함. 위 89번 자료 참고, Kampmann, 페이지 112-13).

91_ 76 Ala. 8, 16 (1884).

92_ *Gartland*, 694 A.2d 페이지 570.

93_ 위 자료 참고. (다음 자료 인용함. 위 89번 자료 참고, Kampmann, 페이지 112-13).

94_ *Jones*, 76 Ala. 페이지 16.

95_ *Gartland*, 694 A.2d 페이지 570 (다음 자료 인용함. 위 76번 자료 참고, Angel, 페이지 320).

96_ *Jones*, 76 Ala. 페이지 16.

97_ 다음과 비교 참조. 위 77번 자료, Maguigan.

98_ *Gartland*, 694 A.2d 페이지 571.

99_ 위 자료 참고.

100_ S. 271, 208th Leg., Reg. Sess. (N.J. 1999).

101_ 732 So. 2d 1044, 1051 (Fla.).

102_ State v. Bobbitt, 415 So. 2d 724, 726 (Fla. 1982) (남편과 아내 모두 "성(城) 안에 있을 수 있는 동등한 권리를 가지고 있고" 둘 다 상대방을 내쫓을 법적 권리를 가지고 있지 않다면 성 안 원칙(castle doctrine)은 적용되지 않는다 라고 판결내렸고, 또한 집 안에 있을 때 동거주자로부터 후퇴해야 할 의무를 지니지 않는다 라고 판결함), 다음 판례는 이 결정을 뒤엎음; *overruled by Weiand*, 732 So. 2d 페이지 1051.

103_ *Weiand*, 732 So. 2d 페이지 1051.

104_ 위 자료 참고. 페이지 1052-53 (다음 자료 인용함. State v. Thomas, 673 N.E.2d 1339, 1343 (Ohio 1997)).

105_ *Weiand*, 732 So. 2d 페이지 1053 (다음 자료 인용함. State v. Gartland, 694 A.2d 564, 570-71 (N.J. 1997) (다음 자료 인용함. 위 89번 자료 참고, Kampmann, 페이지 112-13)).

106_ *Weiand*, 732 So. 2d 페이지 1053-54.

107_ 위 자료 참고. 페이지 1054.

108_ 위 자료 참고. 또한 다음 자료 참고. V. F. Nourse, *Self-Defense and Subjectivity*, 68 U. Chi. L. Rev. 1235, 1280 (2001) ("이론상 칼이 여성의 머리를 향해 있었는지 여부와는 상관없이 너무 쉽게 왜 여성이 그 관계를 떠나지 않았는지에 대해서만 의문을 던지는 후퇴 규정에 대한 페미니스트 입장은 일반적으로 비우호적이었다.").

109_ *Weiand*, 732 So. 2d 페이지 1054.

110_ Lenore Walker, The Battered Woman Syndrome 86-94 (1984); 위 66번 자료 참고, Walker, 페이지 42-53.

111_ *Weiand*, 732 So. 2d 페이지 1054 ("후퇴 의무에 관한 배심원 지시 사항(jury instruction)으로 인해 가정폭력에 관한 사회 통념이 더욱 강화될 것" 임을 암시).

112_ State v. Glowacki, 630 N.W.2d 392, 401 (Minn. 2001) (*Gartland* 판례와 *Weiand* 판례 의견을 요약함).

113_ State v. Shaw, 441 A.2d 561, 566 (Conn. 1981).

114_ State v. Thomas, 673 N.E.2d 1339, 1347 (Ohio 1997) (Pfeifer, J., 반대 의견 (dissenting)).

115_ People v. Tomlins, 107 N.E. 496 (N.Y. 1914). 이 판례의 입장이 뉴욕 주 사법부 입장이다. People v. Jones, 821 N.E.2d 955, 957-58 (N.Y. 2004) ("공격자 및 피해자가 같은 집에 살고 있는(소위 같은 성(城)에 살고 있는) 거주자들인 경우 '집 예외' 규정이 확실하게 적용되는 것은 아니지만, 우리는 90년 전 결정된 *People v. Tomlins* 사건 이래로 확고하게 '집 예외' 규정을 적용했다. 우리는 동세대 동거주자 상황에도 성 안 원칙(castle doctrine)을 적용하는 것을 승인한다(affirm). *Tomlins* 사건 이후 이것이 우리가 정한 법이며, 가정폭력 사건에 있어서 이 규정은 더욱 중요하다.") 예시) People v. Lenkevich, 229 N.W.2d 228 (Mich. 1975).

116_ 공격자가 자고 있는 중이거나 공격을 하고 있지 않는 비대립적인 상황에서 자기 방어를 위한 살인을 저질렀을 때에는 진정한 남성 원칙과 성 안 원칙(castle doctrine)이 좋은 본보기를 제공하지 못한다는 것에 주의해야 한다. 물론 잠자고 있는 남편을 죽인 학대받는 여성에 대한 문화적 이미지가 학대받는 여성 증후군(Battered Woman Syndrome)과 연결되어 있지만, 이러한 사건은 학대받는 여성이 남편을 죽인 전체 사건에서 아주 적은 비율을 차지할 뿐이고, 대부분의 사건은 여성이 즉각적인 위협을 두려워하게 만든 대립적 상황과 관련이 있다. 위 77번 자료 참고, Maguigan, 페이지 397; 위

108번 자료 참고, Nourse , 페이지 1253.

117 _ 몇몇 페미니스트 학자들은 학대받는 여성 증후군(Battered Woman Syndrome)을 정당방위 이유로 삼는 것이 여성에 대한 부정적인 고정 관념을 더욱 강화할 뿐이라고 비판했다. 예시) Naomi Cahn, *The Looseness of Legal Language: The Reasonable Woman Standard in Theory and in Practice*, 77 Cornell L. Rev. 1398, 1415−20 (1992); Phyllis L. Crocker, *The Meaning of Equality for Battered Women Who Kill Men in Self−Defense*, 8 Harv. Women's L.J. 121, 137 (1985); Martha R. Mahoney, *Legal Images of Battered Women: Redefining the Issue of Separation*, 90 Mich. L. Rev. 1, 38−43 (1991); Elizabeth M. Schneider, *Describing and Changing: Women's Self−Defense Work and the Problem of Expert Testimony on Battering*, 9 Women's Rts. L. Rep. 195, 197 (1985); 위 77번 자료 참고, Coughlin, 페이지 6.

118_ 예시) Sheila Cronan, *Marriage*, in Radical Feminism 213, 213−21 (Anne Koedt et al. eds., 1973) (결혼은 노예가 되는 일이라고 묘사함); Adrienne Rich, *Compulsory Heterosexuality and Lesbian Existence*, in The Lesbian and Gay Studies Reader 227, 227−54 (Henry Abelove et al. eds., 1993) (결혼 제도란 남성이 여성에 대한 착취 및 여성을 지배하기 위한 도구로 비유함.); Reva Siegel, *Why Equal Protection No Longer Protects: The Evolving Forms of Status−Enforcing State Action*, 49 Stan. L. Rev. 1111, 1131−46 (1997) (현재 법체제가 남편과 아내 사이에 역사적으로 계속 존재해온 불평등성을 영구화시키고 있는 방법에 대해 논의함).

119_ 다음 판례 비교. 예시) 위 82번 자료 참고, Fletcher, 페이지 860−61 (자신의 집과 개인 자율성을 보호하는 "절대적 권리(absolute right)" 에 대해서 논의함); 위 66번 자료 참고, Walker, 페이지 42−54 (1979) ("학습된 무력감(learned helplessness)" 에 관하여 논의함).

120_ 위 2번 자료 참고, Dressler, §18.02[C][2] & n.36, 페이지 243; 위 16번 자료 참고, LaFave, §10.4(f), 페이지 155 (후퇴 의무가 없다는 규정이 과반수가 넘는(majority view) 주(州)가 찬성하는 규정이지만 후퇴를 요구하는 "강력한 소수(strong minority)" 가 있다는 것을 언급함).

121_ Adam Liptak, *15 States Expand Right to Shoot in Self−Defense*, N.Y. Times, Aug. 7, 2006, A1면.

122_ 예시) Editorial(사설), *It Should Be up to Those in Danger to Evaluate the Threat,* Austin American-Statesman, Aug. 19, 2006, A20면 (성 안 독트린(Castle Doctrine)법은 "주 입법부와 대중 그리고 전미(全美) 총포 협회(National Rifle Association) 사이에 분명하게 인기가 많다" 라고 설명함); Alan Gomez, *House Passes NRA-Backed Gun Proposal; Bush to Sign*, Palm Beach Post, Apr. 6, 2005, 1A면 ("문제는 바로, 만약 내가 그것에 대하여 반대 투표를 한다면 당신의 집 안에서 당신 자신을 보호하는 것에 반대하는 투표를 하게 되는 것이다.") (플로리다 주 하원의원 Richard Machek 인용); *Deana Poole, Deadly Force Bill Moving on a Fast Track,* Palm Beach Post, Mar. 24, 2005, 14A면 ("성 안 독트린(Castle Doctrine)에 반대 투표를 던지는 것은 아주 대중적이며 이해가 되는 일이지만 (…) 이로 인해 '범죄에 있어서 너무 약한 대응을 하는 민주당(Democrats)' 으로 보여질 것이다." (플로리다 주 상원의원 Steve Geller 인용); Kelley Beaucar Vlahos, *Floridians' Self-Defense Rights Expanded*, Fox News, May 3, 2005, http://www.fox news.com/story/0,2933,155303,00.html (2009년 1월 11일 마지막으로 온라인 확인) ("나는 이 법률이 너무 싫고, (그렇지만) 찬성 투표를 던졌다.") (플로리다 주 상원의원 Steven Geller 인용).

123_ H.R. 249, 107th Leg., Reg. Sess. (Fla. 2005).

124_ *This Train Keeps a Rollin' : Castle Doctrine Sweeps America*, Nat'l Rifle Ass'n Inst. for Legis. Action (NRA-ILA), July 28, 2006, http://www.nraila.org/ Issues / Articles/Read.aspx?ID=199&issue042 (2009년 1월 11일 마지막으로 온라인 확인).

125_ Manuel Roig-Franzia, *Fla. Gun Law to Expand Leeway for Self-Defense; NRA to Promote Idea in Other States*, Wash. Post, Apr. 26, 2005, A1면; Michelle Cottle, *Shoot First, Regret Legislation Later: Why Florida's "Stand Your Ground" Law is a Bad Idea and One That Could Spread*, Time Mag., May 9, 2005, 80면.

126_ 위 124번 자료 참고, *This Train Keeps a Rollin' : Castle Doctrine Sweeps America,*

127_ State v. James, 867 So. 2d 414, 416 (Fla. Dist. Ct. App. 2003) ("여전히 위험을 피하기 위한 모든 합리적 방법을 사용해야 하는 플로리다 코먼로 의무가 남아 있고, 치명적인 힘(deadly force)을 사용하기 전에 후퇴를 하는 것도 그 방법에 포함된다.").

128_ Danford v. State, 43 So. 593, 598 (Fla. 1907); Weiand v. State, 732 So. 2d 1044,

1050 (Fla. 1999) ("다른 법정들에서는 자신의 집 안에서 공격을 당했을 경우 그 남성은 후퇴의 의무를 지지 않는다고 판결했다.").

129_ *Weiand*, 732 So. 2d 페이지 1049 (죽음 또는 심각한 신체 상해에 직면했을 때 후퇴할 필요가 없음을 언급함).

130_ 이 법은 집과 함께 "사람이 타고 있는 자동차(occupied vehicles)를 포함한다." Fla. Stat. Ann. § 776.013(1)−(1)(a) (West Supp. 2008).

131_ 위 자료 참고. § 776.013(4). Staff of Fla. S. Judiciary Comm., Senate Staff Analysis and Economic Impact Statement, S.B. 436, 페이지 6 (2005) ("법적 추정 (legal presumptions)은 일반적으로 반박될 수 있다. 그러나 위원회 대리(committee substitute)에 의해 만들어진 추정은 결정적인 것으로 보인다."); Staff of Fla. H.R. Judiciary Comm., House of Representatives Staff Analysis, H.B. 249, 페이지 4 (2005); 위 17번 자료 참고, Michael, 페이지 211 (결정적 추정(conclusive presumption)은 "오랜 세월동안 지켜져 왔던 균형성(proportionality)과 필요성(necessity) 개념으로부터 급진적으로 이탈하는 것" 을 나타내고 "코먼로(common law)에서부터 완전한 출발 (profound departure)" 을 하는 법으로 만드는 것이라고 주장함); *Florida Legislation− The Controversy over Florida's New "Stand Your Ground" Law−Fla. Stat.* 776.013 (2005), 33 Fla. St. U. L. Rev. 351, 355 (2005).

132_ Pell v. State, 122 So. 110, 116 (Fla. 1929) ("자신의 집에서 난폭하게 폭행을 당한 남성은 (…) 후퇴할 필요가 없으며, 그의 목숨을 지키고 혹은 심각한 신체 상해를 입는 것에서부터 자신을 보호하기 위해 정면 대결에서 필요한 힘을 사용할 수 있다.") (다음 사건 인용, Allen v. U.S., 164 U.S. 492, 498 (1896)); *Danford,* 43 So. 페이지 596−97 (다음 사건 인용, Allen, 164 U.S. 페이지 498).

133_ Fla. Stat. Ann. § 776.013(3) (West Supp. 2008).

134_ Hedges v. State, 172 So. 2d 824, 827 (Fla. 1965) (후퇴 의무의 면제는 오직 집에만 적용된다).

135_ 정당 방위 이유를 사용하기 위해서 예전에는 안전하게 후퇴할 수 없었다고 그는 주장했었겠지만, 새로운 법 아래에서 그는 심각한 상해를 막기 위해 그 힘의 사용은 필수불가결한 것이었다 라고 주장할 것이다. 실질적으로 이러한 주장은 모두 비슷한 결과를 가져온다. 가능한 결과에 대한 논의는 다음을 참고. Anthony J. Sebok, *Florida's*

New "Stand Your Ground" Law: Why It's More Extreme than Other States' Self-Defense Measures, and How It Got That Way, FindLaw, May 2, 2005, http://writ. news.find law.com/sebok/20050502.html (2009년 1월 11일 마지막으로 온라인 확인).

136_ Fla. Stat. Ann. § 776.032 (West Supp. 2008).

137_ H.R. 249, 107th Leg., Reg. Sess. (Fla. 2005).

138_ 위 자료 참고.

139_ 위 자료 참고.

140_ 위 자료 참고.

141_ 위 자료 참고.

142_ 위 자료 참고.

143_ Fla. Stat. Ann. § 776.013.

144_ 위 자료 참고. § 776.013(1).

145_ 위 자료 참고. § 776.013(3).

146_ 예시) Ala. Code § 13A−3−23 (2006 & Supp. 2007); Ariz. Rev. Stat. Ann. § § 13−411, 13−418, 13−419 (2001 & Supp. 2007); Kan. Stat. Ann. § § 21−3211(c), 213212(c), 21−3218 (2007); Ky. Rev. Stat. Ann. § 503.055 (West Supp. 2007); La. Rev. Stat. Ann. § § 14:19−14:20 (2007); Mich. Comp. Laws Serv. § § 780.951, 780.972, 780.973 (LexisNexis Supp. 2008); Miss. Code Ann. § § 97−3−15(3), 97−3−15(4) (West 2005 & Supp. 2007); Mo. Rev. Stat. § 563.031 (Supp. 2007); Okla. Stat. Ann. tit. 21, § 1289.25 (West 2002 & Supp. 2008); S.C. Code Ann. § 16−11−440 (Supp. 2007); 2007 Tenn. Pub. Acts 210 (to be codified at Tenn. Code Ann. § 39−11−611); Tex. Penal Code Ann. § § 9.31−32 (Vernon 2007).

이번 장은 석지영 교수의 예전 연구 자료를 재구성한 것이다. Jeannie Suk, *The True Woman: Scenes from the Law of Self-Defense*, 31 Harv. J.L. & Gender 291 (2008).

147_ 예시) Alaska Stat. § 11.81.350(f) (2006)); Ga. Code Ann. § 16−3−23.1 (2007); Ind. Code Ann. § § 35−41−3−2(a)(2) & 35−41−3−2(b)(2) (West 2004 & Supp. 2008); N.D. Cent. Code § 12.1−05−07.1 (1997 & Supp. 2007); Ohio Rev. Code. Ann. § 2901.05 (LexisNexis 2006 & Supp. 2008); S.D. Codified Laws § 22−18−4 (Supp. 2007); W. Va. Code § 55−7−22 (2008); Wyo. Stat. Ann. § 6−2−602 (2008).

148_ 이 시기에 관련된 정당 방위법을 상정하거나 통과시킨 주들은 다음과 같다: Arkansas, Colorado, Connecticut, Hawaii, Iowa, Maryland, Massachusetts, Minnesota, Montana, New Hampshire, New Jersey, New Mexico, New York, North Carolina, Oregon, Pennsylvania, Rhode Island, Virginia, Washington, Wisconsin.

149_ *Gov. Bush Signs Florida's New "Castle Doctrine" Self-Defense Law*, NRA-ILA, Apr. 26, 2005, http://www.nraila.org/News/Read/NewsReleases.aspx?ID=5685 (2009년 1월 11일 마지막으로 온라인 확인).

150_ John Carey, Editorial(사설), *Bill Improves Ohio's Right to Self-Defense*, Times-Gazette (Hillsboro, Ohio), Apr. 18, 2006.

151_ NRA-ILA, Florida-HB-249/SB-436 "Castle Doctrine" Bills Pass (Feb. 24, 2005), http://www.nraila.org/Legislation/Read.aspx?ID=1392 (2009년 1월 11일 마지막으로 온라인 확인).

152_ 위 122번 자료 참고, Vlahos.

153_ 위 151번 자료 참고, NRA-ILA.

154_ Marion P. Hammer, *At Last, Balance Shifts Away from Criminals*, Atlanta J.-Const., May 2, 2005, A11면.

155_ 예시) Catharine MacKinnon, Toward a Feminist Theory of the State 161-62 (1989) ("페미니스트 입장에서 국가란 남성이다: 남성이 여성을 바라보고 다루는 방법처럼 법은 여성을 바라보고 다룬다.").

156_ 위 125번 자료 참고, Roig-Franzia.

157_ 위 151번 자료 참고, NRA-ILA.

158_ Alisa Ulferts, *Bill Would Paint Targets on Backs of Intruders*, St. Petersburg Times, Feb. 10, 2005, 1B면.

159_ 위 151번 자료 참고, NRA-ILA.

160_ 위 158번 자료 참고, Ulferts.

161_ Merrie Skinner, *Pistol-Packing Growing Quickly for Women Alone*, New Orleans Times Picayune, Sept. 9, 1990, A2면.

162_ Dara Kam, *Gun Proposal to Trigger Clash over Rights*, Palm Beach Post, Feb. 25, 2006, 1A면.

163_ Scott Gold, *Woman Is Poised to Lead the NRA*, L.A. Times, Apr. 15, 2005, A21면.

164_ Joe Burchell, *Tucson Lawyer Puts Woman's Touch on NRA*, Ariz. Daily Star, May 3, 2003 A1면; 위 163번 자료 참고, Gold.

165_ 위 164번 자료 참고, Burchell.

166_ 위 자료 참고.

167_ 전통적으로 요리에 관한 여성들의 관심을 사냥에 관한 남성들의 관심과 연결함으로써 전미(全美) 총포 협회(National Rifle Association)의 이미지가 페미니스트적으로 변화하게 되었다. 위 자료 참고. (여성의 옷 스타일, 요리법 및 "당신이 잡은 오리에는 어떤 와인을 내놓아야 하는가" 등을 포함하는 "여성의 관점에서 바라보는 수렵(shooting and hunting)" 에 초점을 맞춘 〈Woman's Outlook〉이라고 불리는 월간지에 관한 프로만(Froman)의 설명); 위 163번 자료 참고, Gold (프로만(Froman)은 "그녀의 사냥 먹이를 요리하는데 활용할 만한 새로운 조리법을 종종 찾아다니는 열렬한 *사냥꾼*" 이라고 묘사함).

168_ 개인 자유를 위한 센터(Ctr. for Individual Freedom), 전미(全美) 총포 협회 (National Rifle Association) 전 회장은 플로리다 주 성 안 독트린(Castle Doctrine) 법을 통과시키기 위해 사용된 거짓과 잘못된 정보를 폭로함 〈Former NRA President Exposes the Lies and Misinformation Aimed at Florida's Castle Doctrine Law〉 (Nov. 3, 2005) http://www.cfif .org/htdocs/freedomline/current/in_our_opinion/marion−hammer−nra−interview .htm (2009년 1월 11일 마지막으로 온라인 확인).

169_ State v. Shaw, 441 A.2d 561, 566 (Conn. 1981).

170_ 예시) Ala Code § 13A−3−23(a)(4)(a) (2006 & Supp. 2007); Ariz. Rev. Stat. Ann. §§ 13−411 (Declaration of Policy), 13−419(a)(1) (2001 & Supp. 2007); Ky. Rev. Stat. Ann. § 503.055(2)(a) (West 2006 & Supp. 2007)); Mich. Comp. Laws Serv. §§ 780.951(2)(a), 780.951(2)(e) ((LexisNexis 2001 & Supp. 2007)); Okla. Stat. Ann. tit. 21, § 1289.25(C)(1) (West 2002 & Supp. 2007); Wyo. Stat. Ann. 6−2602(b)(i) (Supp. 2008).

171_ Fla. Stat. Ann. § 776.013 (emphasis added).

172_ 위 자료 참고.

173_ Howard Fischer, *Self−Defense Gun Bill Goes to Napolitano*, Ariz. Daily Star, Apr. 20, 2006, A1면 (아리조나 주 상원 다수파 리더(Arizona Senate Majority Leader) 티몬시 비(Timonthy Bee)의 관점을 특징지음).

또한 다음 자료 참고. Mich. S. Fiscal Agency, Bill Analysis, S.B. 1046 and 1185, H.B. 5142-43, 5153, and 5158 (2006) ("검사들 및 가정폭력 예방과 치료 위원회의 대표 역시 가정 학대자들이 자신들의 행동에 대하여 오히려 정당 방위를 주장할 수 있는 가능성을 염려했다.").

174_ *District of Columbia v. Heller* 사건 고소자 변론 취지서(Petitioner's Brief)에는 "분노의 열 속에서 너무나 자주 권총은 가정폭력을 살인 사건으로까지 몰고간다." 라고 쓰여 있다. Brief for Petitioners 페이지 52, District of Columbia v. Heller, 128 S. Ct. 2783 (2008) (No. 07-290). 또한 다음 자료 참고, Brief Amici Curiae of National Network to End Domestic Violence et al. 페이지 18, District of Columbia v. Heller, 128 S. Ct. 2783 (2008) (No. 07-290) ("권총은 학대자들에게 힘을 더해주고 치명적인 능력을 제공해줌으로써 이미 만연되어 있는 문제를 악화시킨다" 라고 주장함); Nan Stoops & Sue Else, Editorial(사설), *Guns Pose a Deadly Threat to Victims of Domestic Violence*, Seattle Post-Intelligencer, Apr. 22, 2008, B5면.

175_ Matthew Benson, *New Law Bolsters Self-Defense Rights*, Ariz. Republic, Apr. 25, 2006, 1B면; Chris Christoff, *Self-Defense Shooters Get House Boost; New Measures Extend Immunity,* Detroit Free Press, Apr. 20, 2006, 1면; 위 173번 자료 참고, Fischer (아리조나 주 상원 다수파 리더(Arizona Senate Majority Leader) 티몬시 비 (Timonthy Bee)는 "가정폭력 피해자들을 옹호하는 그룹은 이 법이 결국에는 폭력적인 배우자가 상대 배우자를 죽인 후 정당 방위를 주장함으로써 경찰 및 검사 측에서 다른 시나리오를 증명하지 못하게 되어버릴 가능성에 대하여 염려하고 있다는 것을 인지했다. 그리고 이런 일이 일어나면 유죄 판결을 받아내는 것은 더욱 어려운 일이 된다는 것을 인정했다."); *Shoot Down Gun Bill: A "Stand Your Ground" Law Won't Make State Safer; It'll Only Boost Violence, Weaken Property Owners' Rights,* Editorial(사설), Atlanta J.-Const., Jan. 17, 2006, A8면 (앨리스 존슨, Georgians for Gun Safety 의 국장, "함축된 뜻이 얼마나 엄청난지에 대하여 논의함: 가정폭력 상황들, 정신적 질병으로부터 고통받고 있는 불만 가득한 피고용인들"); 위 173번 자료 참고, Mich. S. Fiscal Agency; Maricopa Ass'n of Gov'ts Reg'l Domestic Violence Council, Strategic Planning Minutes 12 (Apr. 26, 2006) ("가정폭력 시나리오에서 만약 학대자가 피해 배우자를 쏘아 죽인다면 그 범법자는 자신이 정당 방위를 행사한 것뿐이라고 주장할 수

있다."); Staff of Colo. H. Judiciary Comm., Final Staff Summary of Meeting Before Colorado House Committee on Judiciary (2006).

176_ Mary Ellen Klas, *Group Opposed to New Gun Law Targets Tourists: Gun-Control Advocates Will Warn Visitors to Florida That a New State Self-Defense Law That Starts Oct. 1 Puts Them in Jeopardy. Gov. Jeb Bush's Spokeswoman Called the Campaign "Ridiculous,"* Miami Herald, Sept. 23, 2005, B1면.

177_ 위 173번 자료 참고, Fischer.

178_ Gary Heinlein, *Lawmakers Pass Bill Allowing Deadly Force*, Detroit News, June 30, 2006, 3B면; Chris Christoff, *Self-Defense Shooters Protected: Granholm Signs Legislation Amid Spat*, Detroit Free Press, July 21, 2006, 1면. 피고인이 "공격자/가해자로서 가정폭력에 관련된 과거사를 지니고 있는" 지금 현 배우자 혹은 전 배우자인 경우 집추정(home presumption)이 적용될 수 없음을 개정안에 도입. S. 1046, 93rd Leg., Reg. Sess. (Mich. 2006) (개정된 법안은 다음과 같다. Mich. Comp. Laws § 780.951(1)(2)(e).

179_ 다음과 비교 참조. , 위 173번 자료 참고, Fischer ("가정폭력 관련 사건일 경우 이미 예전부터 가정폭력 이력이 기록되어 있는 경우가 흔하다. (…) 유효한 접근금지명령 및 예전에 작성된 경찰 기록이 이미 존재한다 (…) 이러한 증거는 다시 소개될 것이고, 관련 피고자는 형사 소추될 것이다.") (아리조나 주 상원 다수파 리더(Arizona Senate Majority Leader) 티몬시 비(Timonthy Bee)의 말을 인용함).

180_ 다음과 비교 참조. Carissa Byrne Hessick, *Violence between Lovers, Strangers, and Friends*, 85 Wash. U. L. Rev. 343, 344-45 (2007) ("저지른 범죄의 대부분이 그 피해자를 알고 있는 사람들에 의해서 저질러졌다는 것" 을 암시함). 법 제정자들은 폭력적 주거 침입에 대항하여 집주인들이 싸울 수 있도록 힘을 불어넣어 주기 위해 성 안 독트린(Castle Doctrine) 법안을 종종 인용하지만, 가정사에 정말 일어날 수 있는 미래 암시 부분에 있어서는 설명을 별로 하지 않는다.

181_ 성 안 독트린 법안(Castle Doctrine laws)을 넘어서, 가정폭력에 대한 염려점들을 총 소지 이점에 관한 정치적이고 수사학적인 목표로 동화시키는데 접근금지명령은 유용하게 이용된다. 펜실베이니아 주에서 현재 논의 중인 법안으로 인해 가정폭력 접근금지명령을 발부받은 사람은 누구나 몸에 숨길 수 있는 무기 소지 임시 허가증을

받을 수 있게 되었다. S. 1173, 191st Gen. Assem., 2007−2008 Reg. Sess. (Pa. 2007); Kate Monaghan, *Gun License for Domestic Violence Victims "Dangerous," Group Says*, CNS News, Oct. 6, 2006, http://www.cnsnews.com/public/content/article.aspx?RsrcID=23131 (2009년 1월 11일 마지막으로 온라인 확인). 접근금지명령의 보호를 받고 있는 가정폭력 피해자가 신분증 제시를 했을 때 임시 총기 허가증을 받을 수 있도록 하는 법은 이미 노스캐롤라이나(North Carolina) 주에서 실행되고 있다. N.C. Gen. Stat. § 14−415.15(b) (2007).

182_ 128 S. Ct. 2783.

183_ 위 자료 참고. 페이지 2787−88.

184_ 미국 헌법 수정조항 제2조(U.S. Const. amend. II) ("잘 통제된 국민군(예비군)이 자유로운 국가 안보에 필요하므로, 국민의 무기 보유 소지 권리는 침해되어서는 안 된다. (A well regulated Militia, being necessary to the security of a free State, the right of the people to keep and bear Arms, shall not be infringed).").

185_ *Heller,* 128 S. Ct. 페이지 2817−18.

186_ 위 자료 참고. 페이지 2788−2817. *Heller* 판례를 시작으로 대중들은 집에 관한 논의를 시작한다. 예시) Janet Pearson, Op−Ed., Next Case, Tulsa World, July 13, 2008, G1면 ("무기 소지가 과연 가정(hearth)과 집(home)을 보호하는데 적당한 방법인지 아닌지를 결정할 권리는 모든 미국 가정에게 있다 라고 나는 생각한다."); Editorial(사설), Up in Arms, St. Louis Post−Dispatch, June 27, 2008, C10면 ("대다수 의견은 바로 '가정과 집(hearth and home)' 을 보호하기 위한 총 소지에 관한 역사적 권리를 특별히 강조하는 것이다.").

187_ *Heller*, 128 S. Ct. 페이지 2818.

188_ 위 자료 참고.

189_ *Heller* 사건을 논의하는 대법원 입장의 한 부분은 바로 육체적으로 힘이 센 남성 공격자들을 물리칠 수 있는 방안들을 여성에게 제공해야 하는 필요성이다. 예시) Brief for the National Rifle Ass'n and the NRA Civil Rights Defense Fund as Amici Curiae in Support of Respondent 페이지 33, District of Columbia v. Heller, 128 S. Ct. 2783 (2008) (No. 07−290) ("많은 여성들을 포함한 대부분의 사람들에게 있어서 권총은 라이플(rifle)이나 엽총(shotgun)보다 그 사이즈가 작고 가벼우며 쏘았을 때 반동이

적기 때문에 정당 방위를 하는데 있어서는 가장 안전하고 효과적인 방안일 것이다."); Brief of Amicae Curiae 126 Women State Legislators and Academics in Support of Respondent at 2, District of Columbia v. Heller, 128 S. Ct. 2783 (2008) (No. 07—290) (워싱턴 D.C.의 총 소지 금지 법안으로 인하여 여성들과 아이들은 집 안에서 남성의 폭력에 대항하여 자신들을 보호할 수 있는 능력에 큰 손상을 입었다 라고 주장함); Brief of Amici Curiae Southeastern Legal Foundation, Inc. et al. in Support of Respondent at 7—16, District of Columbia v. Heller, 128 S. Ct. 2783 (2008) (No. 07—290) (여성 보호에 있어서 총은 필수품임을 보여주는 실증적(경험적) 증거(empirical evidence)를 나열함); Brief of the International Law Enforcement Educators and Trainers Association (ILEETA) et al. as Amici Curiae in Support of Respondent at 17—18, District of Columbia v. Heller, 128 S. Ct. 2783 (2008) (No. 07—290) (1966년도 지역 성폭행/강간 사건의 상당한 감소에 큰 영향을 끼쳤던 여성을 위한 올란도 무기 안전 교육 프로그램(Orlando firearms safety training program for women)에 대하여 상세히 설명함); 같은 자료 참고. 페이지 31—32 (가정폭력에 있어서 권총의 역할을 설명하고 "연구 보고에 따르면, 자신의 총을 소지하고 가해자와 떨어져 살고 있는 폭력 피해자에게 더 높은 위험 부담은 없다" 라는 사실을 언급함); Respondent's Brief 페이지 60 n.23, District of Columbia v. Heller, 128 S. Ct. 2783 (2008) (No. 07—290); Brief of Buckeye Firearms Foundation LLC et al. as Amici Curiae Supporting Respondent at 37—38, District of Columbia v. Heller, 128 S. Ct. 2783 (2008) (No. 07—290) (경찰이 신고를 받고 출동하는 동안 "구타와 강도짓 및 강간을 당하고 서로에게 섹스 행위를 하도록 강요받았던" 세 명의 무기 미소지 여성이 겪었던 엄청난 시련을 설명함).

190_ *Heller*, 128 S. Ct. 페이지 2817—18.

191_ William Safire, *On Everyday Bravery*, N.Y. Times, Oct. 11, 2001, A25면. 또한 다음 자료 참고. Nancy Harvey Steorts, Safe Living in a Dangerous World: An Expert Answers Your Every Question from Homeland Security to Home Safety (2003) (미국인들에게 "오늘날 안전하게 지내는 것" 에 관한 조언을 제공함); David E. Sanger, *A Nation Challenged: The White House; Taking on Another War, Against Mixed Messages*, N.Y. Times, Nov. 4, 2001, B7면 (체니 부통령의 제안; "우리 역사상 처음으로, 우리는 아마 외국에 나가 있는 우리 군대가 겪는 것보다 더 많은 사상자를 바라보는 고

통을 바로 우리의 집과 같은 미국 땅에서 맛보았다.")

192_ Bill Stuntz의 관찰 속에는 흥미있는 대치가 존재한다. 즉, 2001년 9월 11일 이후 생겨난 테러리즘과의 전쟁은 법집행에 대한 요구를 증가시켰고 일상 범죄를 다루는 지역 법집행자들 능력에 영향을 끼침으로써 범죄자들을 잡기 위해 더욱 강력한 경찰의 힘을 필요하게 만들었다. William J. Stuntz, *Local Policing after the Terror,* 111 Yale L.J. 2137, 2138-40 (2002). 이 부분에 있어서 나의 관찰은 정당 방위법의 원인보다는 그 뜻에 초점을 맞추었다. 반면 Bill Stuntz은 더욱 강력한 경찰의 권한에 대한 요구로 인해 법률을 잘 따르는 선량한 시민을 위한 정당 방위법이 더욱 확장되었고, 이를 가능케 한 정치 경제 상호 보완적 이야기가 없을까 고민한다.

193_ 국토 안보(Homeland security)는 "국토 안전 세트(homeland security kits)" 의 형태로 집(home)에 들어오게 되었다. Reg'l Envtl. Hazard Containment Corp., HomeLand Security Kits, http://www.rehcc .com/HomeLand_Security_Recommendation.htm (2009년 1월 11일 마지막으로 온라인 확인); Dep't of Homeland Security, Get a Kit, http://www.ready.gov/america/getakit/index.html (2009년 1월 11일 마지막으로 온라인 확인) (비상용품으로 다음 물품들을 제안함: "도움을 요청할 수 있는 호각" 및 "오염된 공기 정화용 방진 마스크, 장소를 보호하기 위한 플라스틱 판자 및 강력 테이프") 집 안 침입으로부터 보호 받기 위해 설치하는 감시 카메라가 국토 안보와 관련하여 판매되고 있다. Amazon.com, Homeland Security 2.4 GHz Wireless Color Waterproof Camera and Receiver #897N, http:// www.amazon.com/(2008년 8월 20일 마지막으로 온라인 확인) ("Homeland's exciting new line of security cameras and systems provide maximum protection for people and property. In an era where vigilance is more important than ever, Homeland answers the call to duty.") (따옴표 속에 들어있는 물품 전체 이름을 아마존 닷컴에서 찾아볼 것).

194_ Respondent's Brief 페이지 56, District of Columbia v. Heller, 128 S. Ct. 2783 (2008) (No. 07-290).

195_ Brief for the National Rifle Ass'n and the NRA Civil Rights Defense Fund as Amici Curiae in Support of Respondent 페이지 1, District of Columbia v. Heller, 128 S. Ct. 2783 (2008) (No. 07-290); Brief for Amicus Curiae Ass'n of American Physicians and Surgeons, Inc. in Support of Respondent 페이지 19-21, District of Columbia v.

Heller, 128 S. Ct. 2783 (2008) (No. 07-290).

196_ Transcript of Oral Argument 페이지 52, District of Columbia v. Heller, 128 S. Ct. 2783 (2008) (No. 07-290) ("일반인들이 권총을 소지하고 있다면, 권총이란 민간인들이 사용하는 무기일 뿐만 아니라 군인들이 사용하는 무기이다 (…) 따라서 그 무기를 제대로 잘 사용하기 위해 시민들은 준비되어야 한다.") (Alan Gura on behalf of the Respondent).

197_ 위 11번 자료 참고, 1 Hale, 페이지 481.

198_ 위 6번 자료 참고, 4 Blackstone, 페이지 *181 (위 41번 자료 참고, Locke 인용함).

199_ 위 82번 자료 참고, Fletcher, 페이지 860.

200_ 예시) Kimberly Kessler Ferzan, *Defending Imminence: From Battered Women to Iraq*, 46 Ariz. L. Rev. 213 (2004) (이라크 전쟁에 대한 정당 방위 주장과 학대받는 여성이 사용하는 정당 방위 주장 사이에 놓여있는 유사성을 탐구함).

201_ 위 181번 자료 참고, Monaghan.

202_ 위 자료 참고.

203_ 위 자료 참고.

204_ 예시) Kenneth Blackwell & Sandra Froman, Op-Ed., *The Roe v. Wade of Gun Rights*, N.Y. Sun, Mar. 14, 2008, 11면 ("총 소지 금지 조항은 정당 방위 목적으로 총을 소지하고 있던 여성, 소수민족, 노약자 및 장애우에게 지대한 부정적 영향을 미친다."); 다음과 비교 참조. Michael Doyle, *D.C. Groups Ask Court to End Gun Ban*, Charleston Gazette & Daily Mail, Feb. 13, 2008, 9A면 ("유태인 총 소지자들 특히 여성과 상이군인(傷痍軍人) 역시 자신들은 약하고 무기만이 제공해줄 수 있는 보호가 필요하다 라고 주장한다.").

● 제4장. 집 빼앗기(Taking the Home)

1_ 545 U.S. 469 (2005).

2_ 545 U.S. 748 (2005).

3_ Sigmund Freud, *The Uncanny,* in 17 The Standard Edition of the Complete

Psychological Works of Sigmund Freud 217, 220—25 (James Strachey et al. eds. & trans., 1955) (1919).

4_ 예시) Shirley Jackson, The Haunting of Hill House (Penguin Books 2006) (1959); Henry James, The Turnofthe Screw (Peter G. Beidler ed., Bedford Books 1995) (1898); Stephen King, Dolores Claiborne (Viking Penguin 1993); Dolores Claiborne (Warner Bros. Pictures 1995).

5_ Benjamin Weyl, *Activist Tries a Grab for Jurist's Property*, L.A. Times, June 30, 2005, A10면.

6_ 위 자료 참고.

7_ Letter from Logan Darrow Clements, Freestar Media, to Chip Meany, Code Enforcement Offcer, Town of Weare, N.H. (June 27, 2005), 온라인에서 확인 가능 http://www.freestarmedia.com/hotellostliberty1.html (2009년 1월 11일 마지막으로 온라인 확인).

8_ Robert Friedman, *In Search of Souter: First, You Have to Find His House*, St. Petersburg Times, Oct. 28, 1990, D1면; John Tierney, Op—Ed., Supreme Home Makeover, N.Y. Times, Mar. 14, 2006, A27면.

9_ Aaron Zitner, *Town is Quietly Proud of "Country—Boy" Judge*, Boston Globe, July 25, 1990, B1면.

10_ Tinsley E. Yarbrough, David Hackett Souter: Traditional Republicanonthe Rehnquist Court 6 (Oxford Univ. Press 2005).

11_ 545 U.S. 469, 472—89 (2005). 헌법 제5조 획득 조항(Takings Clause)은 다음과 같다: "공정한 보상이 없이는 공공 사용을 위한다는 명목으로 사유 재산을 빼앗을 수 없다. (Nor shall private property be taken for public use, without just compensation.)" U.S. Const. amend. V.

12_ 545 U.S. 페이지 484.

13_ 위 자료 참고. 페이지 484—86 (다음 판례 논의함: *Berman v. Parker*, 348 U.S. 26 (1954) (도시 황폐화(urban blight)), and *Haw. Hous. Auth. v. Midkiff*, 467 U.S. 229 (1984) (독점/과점)).

14_ 예시) Abraham Bell & Gideon Parchomovsky, *The Uselessness of Public Use,*

106 Colum. L. Rev. 1412, 1418 (2006); Marcilynn A. Burke, *Much Ado about Nothing: Kelo v. City of New London, Babbitt v. Sweet Home, and Other Tales from the Supreme Court*, 75 U. Cin. L. Rev. 663, 683 (2006) ("법원이 선례 구속성의 원리 (doctrine of stare decisis)에 따른 것은 별로 특별한 일이 아니다.").

15_ 예시) Charles E. Cohen, *Eminent Domain after Kelo v. City of New London: An Argument for Banning Economic Development Takings*, 29 Harv. J.L. & Pub. Pol'y 491, 500 (2006) ("소위 말하는 공공 사용에 대한 '광범위한 관점' 은 미국 판례법에 깊게 뿌리를 내렸기 때문에 *켈로(Kelo)* 법정이 이에 반대되는 결정을 내리기 위해서는 역사와 선례로부터 급진적 이탈(radical break)을 해야만 한다.").

16_ 예시) Kenneth R. Harney, *Eminent Domain Ruling Has Strong Repercussions*, Wash. Post, July 23, 2005, F1면 ("반발이라고 이름을 붙이는 것은 적당치 못한 처사이다. 판결을 무효화하는 '국가 최고 법원의 반란' 이라고 부르는 것이 좀 더 정확하다.").

17_ Elizabeth Kreul—Starr, Editorial(사설), *Decision Eminently Wicked*, News & Observer (Raleigh, N.C.), June 30, 2005, A11면 ("앞으로의 전망은 정말 두려움으로 가득하다. 5:4 결정을 통해 대법원은 더 많은 세금을 모을 수 있도록 당신의 집을 획득하고 새로운 건물을 짓도록 만드는 권한에 재갈을 물렸다."); Bill Steigerwald, Editorial(사설), *Creepy Deference to Hacks*, Pittsburgh Trib.—Rev., July 3, 2005, D3면 ("스티븐스(Stevens) 대법관이 쓴 과반수 의견에 대한 가장 큰 불쾌감은 바로 다음과 같다. 즉, 대단한 역사적 도시가 지니고 있는 큰 지대를 파괴하고 폐허로 만드는데 수 십년 동안 국가 토지 수용권(eminent domain)을 잘못 사용해온 지역 정치가들의 윤리성, 목적 그리고 그 두뇌에 대하여 스티븐스 대법관이 경의를 표하는 점이다.").

18_ *Susette Kelo Lost Her Right, She Lost Her Property, but She Has Saved Her Home*, Inst. for Justice, June 30, 2006, http://www.ij.org/private_property/ connecticut /6_30_06pr.html (2009년 1월 11일 마지막으로 온라인 확인); John M. Broder, *States Curbing Right to Seize Private Homes*, N.Y. Times, Feb. 21, 2006, A1면 ("당파적 그리고 지리학적 경계선을 가로질러 보기 힘든 전원 만장일치를 보여주면서, 모든 주(州) 의회 의사당 입법자들은 경제 개발 목적을 위해 사적 재산을 획득하는 국토 토지 수용권 행사를 제한하는 법안 및 헌법 수정안을 통과시켰다.").

19_ David Barron, *Eminent Domain Is Dead! (Long Live Eminent Domain!)*, Boston

Globe, Apr. 16, 2006, D1면 (대부분의 *켈로(Kelo)* 반대 법안들은(anti-Kelo bills) "목소리만 커서(have more bark than bite)" "황폐화된 지역 내 재개발을 하는 목적의 국가 토지 수용에 대하여서는 면제 사항을 적용시켜주는 경향이 있고" 또한 "예외 조항이 벌집처럼 군데군데 자리잡고 있어서(riddled with carve-outs) 금지시켜야만 하는 활동을 허락하는 경우가 많이 있다." 라고 언급함).

20_ Associated Press, Voters Reject Proposal to Seize Souter's House, Phila. Inquirer, Mar. 15, 2006, A8면.

21_ Elizabeth Mehren, Political Lightning Rod Planted on New Hampshire Farmhouse, L.A. Times, Aug. 1, 2005, A10면.

22_ Press Release, Freestar Media (June 27, 2005), 다음 온라인 주소 확인 http://www.freestarmedia.com/hotellostliberty2.html (2009년 1월 11일 마지막으로 온라인 확인).

23_ 위 8번 자료 참고, Friedman.

24_ 위 21번 자료 참고, Mehren ("우리는 수터(Souter) 대법관을 그가 만들어낸 법으로부터 보호하지 않을 것이다. (…) 예스럽고 멋있는 마을 여관은 사람들이 머무를 만한 장소이다. 이는 역사적인 건물이 될 것이다: 미국 대법원 대법관에게 한때 속해 있었던 토지이자, 미국 내 작은 마을이 꿋꿋하게 서서 아니다 라고 외쳤음을 보여주는 땅이기 때문이다." 라고 한 웨어(Weare) 지방장의 말을 인용함).

25_ *Souter Visits Groundbreaking for New School, Not a New Hotel,* Union Leader (Manchester, N.H.), Apr. 10, 2006, A7면 ("워싱턴 D.C.에 위치한 대법원에서 근무하는 동안 수터 대법관은 휴가를 보내기 위해 뉴햄프셔 주로 돌아갈 날까지 하루하루를 세고 있다 라고 말했다.").

26_ 다음과 비교 참조. Tyson Lewis & Daniel Cho, *Home Is Where the Neurosis Is: A Topography of the Spatial Unconscious,* 64 Cultural Critique 69, 79 (2006) ("그 호텔은 부르주아적 주제를 비참한 딜레마 속에 가두어둔다. 이 딜레마 속에서 소유권(owernship)은 집에 관한 최고 최악의 특징을 나타내준다.").

27_ 예시) Timothy Sandefur, *A Gleeful Obituary for Poletown Neighborhood Council v. Detroit,* 28 Harv. J.L. & Pub. Pol'y 651, 658 (2005) ("공(公)과 사(私)적인 사용에 대한 구분은 20세기 초까지 계속적으로 침식 붕괴되어 갔다."); 또한 다음 자

료 참고. Nicholas William Haddad, *Public Use or Private Benefit? The Post Kelo Intersection of Religious Land Use and the Public Use Doctrine*, 75 Fordham L. Rev. 1105, 1110 (2006) ("공공 사용에 대한 조건이 정부가 토지를 수용하는 것에 대하여 최소한 약간의 실질적인 제한점을 둔다 라고 하는 일반적 인식에도 불구하고, 공사(公私) 사용을 구분해주는 명확한 규정이 없다."); John M. Zuck, *Kelo v. City of New London: Despite the Outcry, the Decision Is Firmly Supported by Precedent—However, Eminent Domain Critics Still Have Gained Ground*, 38 U. Mem. L. Rev. 187, 229 (2007).

28_ Teresa A. Sullivan, Elizabeth Warren & Jay Lawrence Westbrook, The Fragile Middle Class: Americans in Debt 199 (Yale Univ. Press 2000) ("집 소유권을 가지고 있다면 대부분의 미국인들이 우러러보는 위치에 오른 것이다 (…) 마당 잔디를 손질하고, 지역 학교를 지원하며, 교회에 정기적으로 다니고, 쓰레기도 줍고, 교통법규도 지키면서 공동체를 하나로 만드는 책임감 있는 행동들을 해나가는 안정되고 규모가 큰 그룹의 대들보로서 집주인들은 여겨진다."); Elizabeth Warren, *The Economics of Race: When Making It to the Middle Is Not Enough*, 61 Wash. & Lee L. Rev. 1777, 1787 (2004) ("대부분의 미국 중산층들은 집을 중심으로 사회적 경제적 생활을 꾸려간다. (…) 시간이 지남에 따라 집은 그곳에서 자란 아이들과 나이를 먹어간 어른들을 조용히 상기시키며 가족들이 함께 나눈 기억들이 저장되어 있는 곳이 된다."); Elizabeth Warren, *The Growing Threat to Middle Class Families*, 69 Brook L. Rev. 401, 406 (2004) ("집 소유권이란 존경할 만한 중산층 입지를 굳히는 표상과 같은 것이다." 라는 것을 제안함).

29_ 다음과 비교 참조. Corinne Calfee, *Kelo v. City of New London: The More Things Stay the Same, the More They Change*, 33 Ecology L. Q. 545, 576 (2006). ("켈로(Kelo) 사건에는 백인 중산층 청구자들이 등장한다. 이 이미지는 재산권에 대한 국가 전체적 근심을 다른 비난 사례 때보다 더 크게 불러 일으켰다."); David A. Dana, *The Law and Expressive Meaning of Condemning the Poor after Kelo*, 101 Nw. U. L. Rev. 365, 366 (2007) (중산층 가정으로부터 비난을 불러 일으켰기 때문에 *켈로(Kelo)* 사건은 대중의 격분을 야기시켰다는 것을 암시함.); Wendell E. Pritchett, *Beyond Kelo: Thinking about Urban Development in the 21st Century*, 22 Ga. St. U. L. Rev. 895, 907–08 (2006) ("집 소유권에 대한 미국의 집착을 고려한다면 국가가 시민들의 집을

빼앗아 갈 수 있다 라는 점에 대한 대부분의 대중이 가지고 있는 근심은 그렇게 놀랄 만한 일이 아니다.").

30_ 예시) Marc B. Mihaly, *Living in the Past: The Kelo Court and Public—Private Economic Redevelopment,* 34 Ecology L.Q. 1, 27 (2007) (국가 토지 소유권 내 비난을 "드물고 많은 비용이 드는" 것으로 특징을 지음).

31_ Elizabeth Warren & Amelia Warren Tyagi, *What's Hurting the Middle Class,* Boston Rev., Sept./Oct. 2005 ("자신의 집들을 압류당함으로써 집을 잃어버린 사람들은 바로 중산층이다. 이들은 계약금을 낼 수 있을 만큼 돈을 모았고 소비금융시장(consumer financial markets) 내에서 부과하는 엄격한 신용 검토를 통과했던 사람들이었다."). 주택 모기지 위기는 최근 이렇게 잠재되어 있던 걱정거리를 광범위하게 퍼져 있는 참담한 현실로 바꾸었다. Manny Fernandez, *Helping to Keep Homelessness at Bay as Foreclosures Hit More Families*, N.Y. Times, Feb. 4, 2008, B6면 ("이 상황으로 인해 '필요한 사람의 정의가' 몇 달만에 집주인에서부터 노숙자로서 '가로수가 들어서 있는 중산층 마을에서 일하는 가족' 을 뜻하게 됨으로써 원래의 뜻을 완전히 뒤바뀌게 되었다. 이러한 변화는 정신적이고 정서적인 충격으로뿐만 아니라 재정에 있어서도 충격으로 다가왔다."); Brad Heath & Charisse Jones, *In Denver, Foreclosures and a Dramatic Exodus*, USA Today, Apr. 2, 2008, A1면 ("덴버(Denver) 지역의 대부분 중산층 중 몇 백 명이 넘는 집 소유자들에게 있어서(미국 전체적으로는 120만 명이 넘음) 미국 금융 시장을 뒤엎는 주택 압류의 물결은 재빠르게 미국인의 꿈을 파헤쳐버렸다. 여기서 집을 잃어버린 사람들은 자신들의 꿈이 근심 걱정과 난처함으로 허물어져가는 것을 바라보아야 했던 것을 설명한다."); John Kerry, Op—Ed., *Mortgage Crisis Calls for Defense: Nobody Wins with Foreclosures,* Boston Herald, Feb. 25, 2008, 17면 ("집이 압류당할 때마다 가족의 경제적 꿈은 누더기가 되고, 버려진 건물들은 도시의 황폐화를 가져오며 이웃동네 전체를 말살하는 결과를 가져올 수도 있다."); Brigid Schulte, *"My House. My Dream. It Was All an Illusion." : Latina's Loss in Va. Epitomizes Mortgage Crisis*, Wash. Post, Mar. 22, 2008, A1면 ("미국에서 집을 소유하는 꿈을 더 이상 꾸지 않는" 전 알렉산드리아(Alexandria) 거주자가 겪은 압류 경험을 묘사함).

32_ Carrie Teegardin, Ann Hardie & Alan Judd, *Swift Foreclosures Dash American Dream*, Atlanta Journal—Constitution, Jan. 30, 2005, A1면 ("가족이 집을 잃어버리면

아이들은 학교를 그만두게 되고, 그 가족이 가지고 있던 장기간 경제 안정감에 대한 소망을 잃어버리게 된다. 또한 주택 모기지를 다 갚은 후 퇴직을 했을 때 쉴 수 있게 되는 집은 사라져버린다." (Elizabeth Warren의 말을 인용함).

33_ Barbara Ehrenreich, Fear of Falling: The Inner Life of the Middle Class (Pantheon 1989).

34_ Kelo v. City of New London, 545 U.S. 469, 485 n.13 (2005) (빈민가를 생기게 하는 원인이 되는 상태를 제거하고 전체 지역을 새로 구상하여 (…) 새로운 집뿐만이 아니라 학교, 교회, 공원, 도로 및 쇼핑몰을 포함한 그 지역에 맞는 균형 잡히고 통합된 계획을 계발해야 하는 필요성에 대한 버만(Berman)의 이야기를 인용함) .

35_ 위 자료 참고. 페이지 494 (O'Connor, J., 반대 의견(dissenting)).

36_ 위 자료 참고. 페이지 494−96, 500, 503.

37_ 위 자료 참고. 페이지 494−95.

38_ 위 자료 참고. 페이지 495.

39_ 2006년 미국 인구조사에 따르면 새 유닛(unit, 호)에 이사한 사람들의 평균 이사 연도는 2000년도라고 한다. Bureau of the Census, U.S. Dep't of Commerce, Am. Community Survey, at tbl. B25039 (2006).

40_ 청원자들의 논의 주장 설명서(petitioners' brief)에 따르면 Wilhelmina Dery의 가족들은 1880년대 이탈리아에서 왔다. Brief of Petitioners 페이지 1−2, Kelo v. City of New London, 545 U.S. 469 (2005) (No. 04−108). 다음과 비교 참조. 위 29번 자료 참고, Calfee, 페이지 576 ("*켈로(Kelo)* 사건은 중산층 백인 청원자들과 관련된 사건이다."); 위 29번 자료 참고, Pritchett, 페이지 908 *(켈로(Kelo)* 사건에서 등장하는 집은 "중산층 백인들에 의해 소유된 집이다.").

41_ 위 10번 자료 참고, Yarbrough, 페이지 4.

42_ Sandra Day O'Connor & H. Alan Day, Lazy B 95, 116−17, 297−99 (Random House 2002).

43_ 위 자료 참고. 페이지 viii, 310−11.

44_ 위 자료 참고. 페이지 xi.

45_ 위 자료 참고. 페이지 315.

46_ 위 자료 참고. 페이지 317.

47_ 위 자료 참고. 페이지 298.

48_ 위 자료 참고. 페이지 310–11.

49_ 위 자료 참고. 페이지 308.

50_ 위 자료 참고. 페이지 316.

51_ Kelo v. City of New London, 545 U.S. 469, 496 (2005) (O'Connor, J., 반대 의견 (dissenting)). Richard A. Epstein, *Kelo: An American Original: Of Grubby Particulars and Grand Principles*, 8 Green Bag 2d 355, 356 (2005) ("대부분의 사람들에게 주요 문제는 남성의 집이 그의 성(城)인가에 관한 것이다. 물론 이에 대한 답변은 그 재산이 도로 또는 공원 건설과 같은 전통적 대중적 목적을 지니고 있을 때를 제외하고는 그의 성 (城)이다가 답변이다.")

52_ Kelo, 545 U.S. 페이지 500 (O'Connor, J., 반대 의견(dissenting)).

53_ 위 자료 참고. 페이지 503.

54 _ 다음과 비교 참조. Betty Friedan, The Feminine Mystique (Dell 1963).

55_ 다음과 비교 참조. Peggy Cooper Davis & Carol Gilligan, *A Woman Decides: Justice O'Connor and Due Process Rights of Choice*, 32 McGeorge L. Rev. 895, 897 (2001)

56_ Kelo, 545 U.S. 페이지 522 (Thomas, J., 반대 의견(dissenting)) (다음 인용함: Wendell E. Pritchett, *The "Public Menace" of Blight: Urban Renewal and the Private Uses of Eminent Domain*, 21 Yale L. & Pol'y Rev. 1, 47 (2003)).

57_ 위 자료 참고. 페이지 521–22. *켈로(Kelo)* 사건이 가지고 있는 의미에 대한 논의는 다음 자료 참고. David J. Barron & Gerald E. Frug, *Make Eminent Domain Fair for All*, Boston Globe, Aug. 12, 2005, A17면 (*켈로(Kelo)* 사건 이후 연방 법안 재정에 대한 제안은 "중산층이자 부유한 동네에 살고 있는 사람들은 보호하는 반면에 가난한 동네 에서 정부가 국토 토지 수용권을 행사하는 것에 관해서는 특별한 제한점을 두고 있지 않다."); 위 29번 자료 참고, Dana; Ilya Somin, *Is Post–Kelo Eminent Domain Reform Bad for the Poor?*, 101 Nw. U. L. Rev. 1931, 1932 (2007) ("모든 인구의 권리를 보호하 지는 못하지만 그나마 대부분 사람들의 재산권리를 보호하는 법이 그 누구의 재산을 보호하지 않는 법보다는 낫다." 라고 주장함).

58_ *Kelo*, 545 U.S. 페이지 498 (O'Connor, J., 반대 의견(dissenting)) ("어떤 특별한 경

우 또는 특별한 비상사태일 경우 공공의 목적을 위해 사용되기 위해 정부가 토지를 획득하는 것은 설령 그 토지 재산이 사적으로 사용된다고 하더라도 헌법을 위반하지는 않는다.") (다음 판례 인용함: Berman v. Parker, 348 U.S. 26 (1954) & Haw. Hous. Auth. v. Midkiff, 467 U.S. 229 (1984)). 오코너(O'Connor) 대법관은 *Berman* 사건이 결정될 당시 대법관이 아니었지만, *Midkiff*에서 과점(독점)이 문제시된 경우 정부가 토지 수용권을 행사할 수 있도록 승인하는 과반수 의견을 그녀가 썼다. 다음과 비교 참조, 위 29번 자료 참고, Dana, 페이지 366. ("뉴스 미디어, 주석자들 및 입법자들은 *켈로(Kelo)* 비난에 대항하여 반대의 목소리를 높였지만 그들은 동시에 조용히 *Berman* 법정 비난은 받아들였다.").

59_ *Kelo*, 545 U.S. 페이지 503 (O'Connor, J., 반대 의견(dissenting)).

60_ 위 42번 자료 참고, O'Connor & Day, 페이지 315.

61_ *Kelo*, 534 U.S. 페이지 494 (O'Connor, J., 반대 의견(dissenting)).

62_ 위 자료 참고. 페이지 502.

63_ 위 자료 참고. 페이지 503.

64_ 예시) Reva B. Siegel, *Home as Work: The First Woman's Rights Claims Concerning Wives' Household Labor, 1850–1880*, 103 Yale L.J. 1073, 1093 (1994) ("시장은 경쟁적 자아 발견(competitive self–seeking)에 있어서 남성적 영역인 반면, 집은 여성적 영역으로 집이란 시장에서 분투하며 겪는 우여곡절로부터 고통을 완화시켜주는 정신적 행복감을 보장해주는 공간이다.").

65_ 다음과 비교 참조. Joseph William Singer, *The Ownership Society and Takings of Property: Castles, Investments, and Just Obligations*, 30 Harv. Envtl. L. Rev. 309, 314 (2006) ("재산 하면 떠오르는 가장 흔한 이미지는 바로 성(城)이다.").

66_ 예시) Miller v. U.S., 357 U.S. 301, 307 (1958) (invoking an assertion attributed to William Pitt의 말을 인용했는데, 즉 "가장 가난한 남성이 자신의 통나무집에서만큼은 왕의 모든 권력에 도전할 수 있다. 그 집은 매우 연약할지도 모른다. 지붕이 떨릴 수도 있고, 바람이 그 집을 통과할 정도일 수도 있고, 폭풍우나 세찬 빗줄기가 집으로 들어올 수도 있지만, 영국의 왕은 들어갈 수 없는 것이다. 황폐화된 듯한 주택 입구를 왕은 넘어 들어올 수 없다.").

67_ 다음과 비교 참조. D. Benjamin Barros, *Home as a Legal Concept*, 16 Santa

Clara L. Rev. 255, 296-97 (2006) (켈로(Kelo) 법정이 "국가 토지 수용권과 관련하여 집이란 다르게 다루어질 수도 있는 가능성조차 논의하지 않았다는 것"에 대하여 "놀랍고도 실망스러웠다." 라고 주장함); 다음과 비교 참조. Lorna Fox, Conceptualising Home: Theories, Laws and Policies (2007) (영국의 법적 문맥에서 집의 개념을 탐구하고 법이란 집이 가지고 있는 이익을 고려해야 한다 라고 주장함).

68_ Karl Marx & Friedrich Engels, The Communist Manifesto (1848). 다음과 비교 참조. Richard Posner, *Foreword: A Political Court*, 119 Harv. L. Rev. 31, n.180 (2005).

69_ 545 U.S. 748 (2005).

70_ 위 자료 참고. 페이지 751.

71_ 위 자료 참고. 페이지 752. 접근금지명령은 아버지에게 약간의 방문권리와 육아시간을 정하여 아이와 시간을 보낼 수 있도록 했다. Gonzales v. City of Castle Rock, 366 F.3d 1093, 1097 (10th Cir. 2004).

72_ Castle Rock, 545 U.S. 페이지 753.

73_ 위 자료 참고. 페이지 753-54.

74_ 위 자료 참고. 페이지 754.

75_ 위 자료 참고.

76_ 샤이닝(The Shining) (Warner Bros. Pictures 1980)은 스티븐 킹(Stephen King)의 샤이닝(The Shining) (Doubleday 1977)에 바탕을 두고 있다.

77_ 여기서 나는 미국 고딕풍(역주 - 괴기스러운 분위기에 낭만적인 모험담을 그린 18-19세기 유행했던 문학 양식) 전통(American gothic tradition)을 가리키는 것이다. 예시) Edgar Allen Poe, The Fall of the House of Usher (1839); Nathaniel Hawthorne, The House of the Seven Gables (1851).

78_ 위 26번 자료 참고, Lewis & Cho, 페이지 79 (그 호텔은 "집에서 가장 문제시되는 면모, 소위 재산으로서 집이 유지해야 하는 가치(즉, 우리가 집을 잘 유지 보호해야 하고 다루어야 하고 지켜야 하는 면모)로부터 우리를 자유케 할 것을 보장하지만," "소유권으로부터 탈출하려는 우리의 노력은 마치 스스로 억눌려 있었던 듯이 종종 우리에게 다시 돌아와 성 안에서까지도 가장 혼란스러운 부분이 된다. 호텔 방 침대 시트가 얼룩져 있는 것을 발견하는 안 좋은 기억을 떠올려 보면 이 말이 무슨 말인지 알 것이다."). 겨울 동안 호텔 관리자로서 호텔에 갇혀 있게 되는 주인공은 집이 가지고 있는 문제면

에서부터 탈출할 수 없는 부분을 더욱 눈에 띄도록 만들었다. 또한 웨어(Weare) 지방장이 제시했던 제안, 수터(Souter) 대법관의 집을 다른 사업장이 아닌 호텔로 세울 것을 꿈꾸면서 집이 아닌 집의 기괴한 테마를 배치하는 것을 떠올려 보자. 호텔은 전형적 심리 공포 영화인 알프레드 히치콕(Alfred Hitchcock)의 스릴러 사이코(Paramount Pictures 1960)에 나오는 사건 배경이기도 하다.

79_ 다음과 비교 참조. Frank Manchel, *What about Jack? Another Perspective on Family Relationships in Stanley Kubrick's The Shining,* 23.1 Film Literature Q. 68, 68 (1995) ("영화 샤이닝(The Shining)의 상영회는 백인 중산층 미국인인 잭 토란스(Jack Torrance)를 가부장적 사회가 저지른 죄값을 치를 희생양으로 만들려는 현대 비판적 욕망에 의해 왜곡되었다.").

80_ 제1장 참고.

81_ 미국 헌법 42 U.S.C. §1983을 바탕으로 마을을 고소했다. 정당한 법적 절차(Due Process Clause)에 따르면 "어떤 주(州)도 사람으로부터 생명이나 자유 또는 재산을 정당한 법적 절차없이 빼앗을 수 없다." U.S. Const. amend. XIV, §1.

82_ 제1장 참고.

83_ 배우자 집안침입강도 사건에 관하여 텍사스 주 법정은 다음과 같이 결정했다. 즉 접근금지명령 내 물러나 있기 조항은 아내에게 "소유에 대한 독점적 권리" 를 효과적으로 부여했고, 두 배우자가 함께 살고 있는 결혼집에 남편이 들어갈 수 있는 권리 전부를 "무효화시켰다." Ex Parte Davis, 542 S.W.2d 192, 195−96 (Tex. Crim. Ct. App. 1976).

84_ 제1장 참고.

85_ 예시) Cheryl Hanna, *No Right to Choose: Mandated Victim Participation in Domestic Violence Prosecutions,* 109 Harv. L. Rev. 1849, 1853 (1996) ("학대받는 여성은 종종 협조하지 않을 것이고, 법정에 출두하는 것을 거절할 것이다.").

86_ Gonzales v. City of Castle Rock, 366 F.3d 1093, (10th Cir. 2004).

87_ 위 자료 참고. 페이지 1099−1102. 법정은 이 사건을 다음 사건으로부터 구분시켜야 했다. *DeShaney v. Winnebago County Department of Social Services,* 489 U.S. 189 (1989)에서 대법원은 주(州) 정부 개인적 폭력으로부터 개인을 보호하는 것에 대한 실질적 정당 법적 절차(substantive due process right)가 존재한다는 것을 인정하지 않았다.

88_ *Castle Rock*, 366 F.3d, 페이지 1101 (다음 사건 인용함: Logan v. Zimmerman Brush Co., 455 U.S. 422 (1982); Barry v. Barchi, 443 U.S. 55 (1979); Memphis Light, Gas & Water Div. v. Craft, 436 U.S. 1 (1978); Mathews v. Eldridge, 424 U.S. 319 (1976); Goss v. Lopez, 419 U.S. 565 (1975); Bd. of Regents of State Coll. v. Roth, 408 U.S. 564 (1972); Perry v. Sindermann, 408 U.S. 593 (1972); Bell v. Burson, 402 U.S. 535 (1971); Goldberg v. Kelly, 397 U.S. 254 (1970); Sniadach v. Family Fin. Corp., 395 U.S. 337 (1969)).

89_ 위 자료 참고. 페이지 1109.

90_ 위 자료 참고. 페이지 1102-07.

91_ 위 자료 참고. 페이지 1107.

92_ 위 자료 참고. 페이지 1108.

93_ 위 자료 참고. 페이지 1107 (quoting Transcript of Colorado House Judiciary Hearings on House Bill 1253, Feb. 15, 1994).

94_ 위 자료 참고. 페이지 1107-08. The court then found that Jessica Gonzales had been denied her right not to have her property taken without a hearing when the police failed to heed her calls for enforcement of the order. 위 자료 참고. 페이지 1116-17.

95_ 다음과 비교 참조. Daryl J. Levinson, *Rights Essentialism and Remedial Equilibration*, 99 Colum. L, Rev. 857 (1999).

96_ Town of Castle Rock v. Gonzales, 545 U.S. 748, 761-62 (2005).

97_ 위 자료 참고. 페이지 761 (Colo. Rev. Stat. § 18-6-803.5(3)(a) (1999) 인용함).

98_ 여성을 위한 국가 기구(National Organization for Women)의 회장은 "이는 매우 터무니없는 결정이다. 미국 대법원은 방금 '여기를 쏘시오' 라는 사인을 미국 전체 학대받은 여성들과 아이들의 목에 둘렀다." 라고 선언했다. Press Release, National Organization for Women, *Supreme Court Leaves Women More Vulnerable to Domestic Violence* (June 28, 2005), 다음 온라인 주소에서 확인. http://www.now.org/press/06-05/06-28.html (2009년 1월 11일 마지막으로 온라인 확인). 또한 다음 자료 참고. Sarah M. Buel, Commentary, *Battered Women Betrayed*, L.A. Times, July 4, 2005, 13면 ("이 판결로 인해 도래할 피할 수 없는 결과는 바로 겁 많은 경찰들이 도움

을 요청하는 학대받는 여성들을 무시할 수 있도록 힘을 부여 받은 것이다."); Michelle Kline, *Gonzales Ruling Endangers Women and Children*, Nat'l NOW Times (Nat'l Org. for Women), Summer/Fall 2005, http://www.now.org/nnt/summerfall−2005/gonzalesvcastlerock.html (2009년 1월 11일 마지막으로 온라인 확인).

99_ *Castle Rock*, 545 U.S. 페이지 779 (Stevens, J., 반대 의견(dissenting)).

100_ 위 자료 참고. 페이지 784 ("콜로라도 주 법을 이해하기 위한 결정적인 문맥을 제공하는 가정폭력 법안이 파도처럼 밀려들어오는 것과 법정은 합의를 이루는데 실패했다.").

101_ 컨퍼런스 통지, University of Denver Strum College of Law et al., *Town of Castle Rock v. Gonzales: Some Are Guilty—All Are Accountable: Accountability in the Age of Denial*, http://www.aclu.org/pdfs/gonzalesconference .pdf (2009년 1월 11일 마지막으로 온라인 확인).

102_ 예시) Emily J. Sack, *The Domestic Relations Exception, Domestic Violence, and Equal Access to Federal Courts*, 84 Wash. U. L. Rev. 1441, 1441−42, 1500−10 (2006) *(캐슬락(Castle Rock) 사건은 가정폭력 피해자들에게 주어진 연방 권리를 부정함으로써 여성이 완전한 시민권을 누리는 것을 부정한다 라고 주장함)*; Deborah M. Weissman, *The Personal Is Political—and Economic: Rethinking Domestic Violence*, 2007 B.Y.U. L. Rev. 387, 399 ("법 집행 프로토콜을 개발하고 접근금지명령 위반자들을 체포하도록 하는 새로운 법안을 통과시키려는 노력을 몇 년에 걸쳐 들인 후, 법정은 주(州) 법이 접근금지명령에 대한 강력한 집행을 요구한다고 하더라도 경찰은 그 명령을 집행시켜야 할 의무를 지니지 않는다 라고 판결했다."). 또한 다음 자료 참고. Sara B. Poster, *An Unreasonable Constitutional Restraint: Why the Supreme Court's Ruling in Town of Castle Rock v. Gonzales Rests on Untenable Rationales*, 17 Temp. Pol. & Civ. Rts. L. Rev. 129 (2007); Nicole M. Quester, *Decision in Town of Castle Rock v. Gonzales Continues to Deny Domestic Violence Victims Meaningful Recourse*, 40 Akron L. Rev. 391 (2007); Christopher J. Roederer, *Another Case in Lochner's Legacy, the Court's Assault on New Property: The Right to the Mandatory Enforcement of a Restraining Order Is a "Sham," "Nullity," and "Cruel Deception,"* 54 Drake L. Rev. 321 (2006).

103_ 예시) *Castle Rock*, 545 U.S. 페이지 761 ("경찰 행동의 진정한 지시(a true mandate of police action)" 는 콜로라도 주 입법부가 사용한 언어보다 강한 느낌의 표현으로부터 나타날 수 있다 라고 언급함).

104_ 위 자료 참고. 페이지 768 (법정의 판결은 "정부가 피해자에게 개인적으로 시행 가능한 해결책을 제공할 수 있는 힘을 가지고 있지 않다 라는 뜻이 아니다." 그리고 "콜로라도 주 사람들은 주(州) 법 안에서 자유롭게 그러한 시스템을 구축할 수 있다." 라고 언급함).

105_ 예시) Press Release, American Civil Liberties Union, *ACLU Disappointed with Supreme Court Ruling on Domestic Violence Orders of Protection* (June 27, 2005) ("주(州) 입법부가 가정폭력 피해자 보호에 앞장을 서야 하며, 경찰이 접근금지명령을 심각하게 다루는데 책임을 지도록 하는 법을 통과시켜야 한다."); Diane Carman, *Castle Rock Ruling Needs a Response*, Denver Post, July 5, 2005, B1면 ("우리가 처음에 진행하고 있었다고 생각했던 것에 대하여 명확하게 지시하는 법을 재정해야 한다. (…) 우리가 말하고 추진했던 것은 신고를 받았을 때 기분이 내킬 때만 출동하는 것이 아니었다는 것을 경찰들이 분명하게 알아듣도록 만들어야 한다.") (콜로라도 주 하원의원 Morgan Carroll의 말을 인용함); Editorial(사설), *High Court Wrong on Police's Duties*, Miami Herald, July 1, 2005, 22A면; G. Kristin Miccio, *What Does "Shall" Mean?*, Denver Post, July 17, 2005, E3면 ("우리는 주도(州都)로 가서 콜로라도 입법자들은 자신들이 이야기한 것을 지키라고 요구해야 한다."); Press Release, Oklahoma House of Representatives, *Protection for Abused Women Weakened by Supreme Court: Lawmaker Vows to Strengthen State Law in Response* (June 29, 2005). 여성 대항 폭력법(Violence Against Women Act, VAWA)을 강화시키고 권위를 회복시키도록 의회에 압력을 가하면서 "가정폭력에 종지부를 찍기 위한 국가적 네트워크(National Network to End Domestic Violence)" 는 *캐슬락(Castle Rock)* 판결에 주목했다. Press Release, The National Network to End Domestic Violence, *Statement of Fernando Laguarda, Counsel of Record* (June 27, 2005). 여성 대항 폭력법(Violence Against Women Act, VAWA)은 다시 그 권한을 부여받게 되었고, 현재 "제시카 곤잘레스 피해자 협력자(Jessica Gonzales Victim Assistants)" 를 위해 보조금을 제공한다. "제시카 곤잘레스 피해자 협력자(Jessica Gonzales Victim Assistants)" 는 가정폭력 피해자와 지

역 법 집행부 사이에서 "접근금지명령 집행을 원하는 사람의 안전을 보호하거나 보조해주는" 연락/교섭자 역할을 한다. Violence Against Women and Department of Justice Reauthorization Act of 2005, Pub. L. No. 109-162, § 101 (2005).

106_ *Castle Rock*, 545 U.S. 페이지 764-65.

107_ 위 자료 참고. 페이지 765 (emphasis added).

108_ 위 자료 참고. ("개인에게 끼치는 피해를 제외하더라도" 범법 행위는 "사회 중심에 일격을 가한다." 라고 말한 블랙스톤(Blackstone)의 관점을 인용함).

109_ 예시) Reva B. Siegel, *"The Rule of Love"*: *Wife Beating as Prerogative and Privacy*, 105 Yale L.J. 2117, 2173-74 (1996) ("결혼 폭력(marital violence)을 둘러싼 사생활 근거의 베일을 벗겨내려는 현대 페미니스트 운동의 노력에도 불구하고, 미국인들은 여전히 정서적인 사생활(affective privacy)에 관한 담화 속에서 결혼 폭력에 대한 논의를 진행한다.").

110_ 또한 가정폭력은 국제적 인권 이슈이기도 하다. 예를 들어, ACLU (역주 - 미국 시민자유연맹(American Civil Liberties Union))은 제시카 곤잘레스(Jessica Gonzales)를 대신하여 미주인권위원회(Inter-American Commission on Human Rights)에 청원서를 제출하여 인간의 권리와 의무에 관한 미주 선언(American Declaration of the Rights and Duties of Man)을 위반했음을 고소했다. Gonzales v. U.S., Case 12.626, Inter-Am C.H.R., Report No. 52/07, OEA/Ser/L/V/II.128, doc. 19 (2007) (미주인권위원회(Inter-American Commission on Human Rights)가 곤잘레스 사건을 듣고 결정할 수 있다 라고 판결함). 또한 다음 자료 참고. American Civil Liberties Union, Violence against Women: Jessica Gonzales v. U.S.A., http://www .aclu.org/womensrights/violence/gonzalesvusa.html (2009년 1월 11일 마지막으로 온라인 확인) (해당 사건에 관련된 모든 일어난 일과 서류를 구체적으로 확인할 수 있음).

111_ *Castle Rock,* 545 U.S. 페이지 779-84 (Stevens, J., 반대 의견(dissenting)).

112_ 위 자료 참고. 페이지 766-68.

113_ 위 자료 참고. 페이지 767.

114_ 다음과 비교 참조. 위 자료 참고. 페이지 772 (Souter, J., 보충〈동의〉 의견 (concurring)) (Jessica Gonzales의 정당한 법적 절차(due process) 주장은 "보호되는 재산과 재산을 보호하는 과정 사이의 구분을 붕괴시키고 모든 의무적 주(州) 법을 행정

관련자들에게 향하도록 연방화시키는 결과를 가져올 것이라고 이야기함").

115_ 교차 대구법이란 두 개의 관련된 구가 서로 반대적 비교를 하도록 혹은 서로 교차하는 구조를 갖도록 구성하는 수사학을 가리킨다.

116_ 다음과 비교 참조. Homi K. Bhabha, The Location of Culture 9 (Routledge 1994) ("비 가정적인 순간(unhomely moment)"이란 "집과 세상 사이에 놓여 있는 경계선이 애매해지고, 기괴하게도 공(公)과 사(私)가 서로의 부분이 되는 것"으로 특징지음).

● 제5장. 프라이버시는 여성인가(Is Privacy a Woman?)

1_ Silverman v. United States, 365 U.S. 505, 509 (1961).

2_ 533 U.S. 27 (2001).

3_ 미국 헌법 제4조: "불합리한 압수와 수색에 대하여 신체, 주거, 서류, 물건의 안전을 확보할 국민의 권리는 침해되어서는 아니된다." U.S. Const. amend. IV.

4_ *Kyllo*, 533 U.S. 페이지 29-30. 근대 수색 원리의 범위에 관한 간결한 개관을 살펴보기 위해서는 다음 참고. William J. Stuntz, The Distribution of Fourth Amendment Privacy, 67 Geo. Wash. L. Rev. 1265, 1267-70 (1999).

5_ *Kyllo*, 533 U.S. 페이지 30. 킬로(Kyllo)는 대마초 생산 죄목으로 법률 21 U.S.C. § 841(a)(1) 위반, 기소되었다. 위 자료 참고.

6_ 위 자료 참고. 페이지 34.

7_ 위 자료 참고. 페이지 40 ("헌법 제4조는 '집 입구에 확고한 경계선(a firm line at the entrance to the house)'을 그려 놓았다고 우리는 말해왔다. 우리가 생각하기에 그 경계선은 확고해야(firm) 할 뿐만 아니라 선명해야(bright) 하고, 선명하기 위해서는 영장을 발부받도록 요구하는 감시 감독 방법에 대하여 명확한 세부 사항들이 마련되어야 한다.") (Payton v. New York, 445 U.S. 573 (1980) 인용함).

8_ 위 자료 참고. 페이지 31 (Silverman v. United States, 365 U.S. 505, 511 (1961) 인용함).

9_ 위 자료 참고. 페이지 32 (Dow Chem. Co. v. United States, 476 U.S. 227, 234-35, 239 (1986) 인용함).

10_ 위 자료 참고. 페이지 34.

11_ 위 자료 참고. 페이지 35—36.

12_ 사생활(privacy)과 첨단기술(technology) 사이에 존재하는 긴장감에 관한 최근 토론은 다음 자료 참고. Jeffrey Rosen, The Unwanted Gaze: *The Destruction of Privacy in America (2000); Orin S. Kerr, The Fourth Amendment and New Technologies: Constitutional Myths and the Case for Caution*, 102 Mich L. Rev. 801 (2004); Orin S. Kerr, *Searches and Seizures in a Digital World*, 119 Harv. L. Rev. 531 (2005); Jonathan Zittrain, *Searches and Seizures in a Networked World,* 119 Harv. L. Rev. F. 83 (2005).

13_ *Kyllo*, 533 U.S 페이지 40.

14_ 위 자료 참고. 페이지 43 (Stevens, J., 반대 의견(dissenting)).

15_ 위 자료 참고. 페이지 37—38 (과반수 이상 법원 의견(majority opinion)).

16_ 위 자료 참고. 페이지 37.

17_ 위 자료 참고. 페이지 38.

18_ 예시) M. W. Ellsworth & F. B. Dickerson, The Successful Housekeeper 473 (1882) ("집 안의 레이디는 상석에 앉아 있는 사람(the head of the table)과 집 안의 주인(the master of the house)을 동등하게 여긴다."); The Habits of Good Society 886 (1869) ("명함을 남길 때에는 한 장은 집 안의 레이디(lady of the house)를 위해, 또 다른 한 장은 그 집의 주인을 위해 두 장을 남겨야 한다.").

19_ 법적 사생활(legal privacy)을 건설함에 따라 "다각적이고 생겨날 수 있는 가치 (multiple and contingent values)" 에 관한 유용한 논의는 다음 자료 참고. Peter Galison & Martha Minow, *Our Privacy, Ourselves in the Age of Technological Intrusions*, in Human Rights in the "War on Terror" 258—94, 268—73, 268 (Richard Ashby Wilson ed., 2005) (법적 사생활(legal privacy)을 "다원성에 바탕을 두며 어떤 경우에는 사회적 가치와 조화를 이루지 않는 것" 으로 묘사함) .

20_ 대법원 의견에 대한 담화는 다음 자료 참고. Robert Post, *The Supreme Court Opinion as Institutional Practice: Dissent, Legal Scholarship, and Decisionmaking in the Taft Court*, 85 Minn. L. Rev. 1267, 1289 (2001) ("대법원 의견은 단순히 법에 관한 선언문이 아니다. 그것은 특정 독자를 향하여 쓰여진 중재 간섭이고 특별한 결과를 성

취하기 위해 구성되었다."); Peter Brooks, Troubling Confessions 4 (2000); Catherine
Gallagher & Stephen Greenblatt, Practicing New Historicism 9 (2000); 다음과 비
교 참조. Robert L. Caserio, *Supreme Court Discourse vs. Homosexual Fiction*, 88.1
S. Atlantic Q. 267, 272, 277 (1989); Deborah Nelson, Pursuing Privacy in Cold War
America (2002).

21_ Griswold v. Connecticut, 381 U.S. 479, 485—86 (1965) ("경찰이 피임 사용의 명백
한 흔적을 찾을 수 있도록 결혼 방의 신성한 구역까지 수색할 수 있도록 우리가 허락해
야 하는가?").

22_ 위 자료 참고.

23_ 혐오스러운 행동(repulsive conduct)이란 물론 감시하기 위해 스파이처럼 기웃거
리는 행동(snooping)을 가리키는 것이지만 또한 섹스 행위를 가리키는 것일 수도 있
다. 다음과 비교 참조. David Allen Sklansky, *"One Train May Hide Another" : Katz,
Stonewall, and the Secret Subtext of Criminal Procedure*, 41 U.C. Davis L. Rev. 875,
916—18 (2008) (동성 섹스를 감시하는 것을 혐오하는 것은 아마도 동성 섹스 자체에 대
한 혐오감이 전이된 것임을 제안함).

24_ 394 U.S. 557 (1969).

25_ 그리스 시인 칼리마코스(Callimachus)에 따르면, 아테네 여신은 그 위반을 용서할
수도 있었지만 그 피해의 결과가 그녀의 분노가 아니라 그녀 아버지가 세운 법에 반하
는 것이었기 때문에 여신은 용서를 할 수가 없었다 라고 한다. Callimachus, The Fifth
Hymn (A. W. Bulloch ed. & trans., 1985).

26_ Ovid, Metamorphoses 55—58 (A. D. Melville trans., 1986).

27_ *2 Samuel* 11—12:25.

28_ *Daniel* 13:1—64 (New American Bible, 1991). 로마 가톨릭 성당에서는 성서에 수
잔나의 이야기를 포함한다. 그러나 개신교에서는 수잔나 이야기를 성경으로 인정하지
않는다. Dictionary of the Bible 315 (David Noel Freedman et al. eds., 2000); John J.
Collins, Daniel 27—28 (1984). 마찬가지로 히브리 성경에서도 수잔나 이야기는 제외시
킨다.

29_ 수잔나와 장로들(Susanna and the Elders)의 주제는 "카타콤(catacomb) 그림에
서 시작하여 유서 깊고 긴 역사를 가지고 있으며, 16세기 중반이 지나면서 이탈리아에

서 특별한 인기를 누렸다." Edward J. Olszewski, *Expanding the Litany for Susanna and the Elders*, 26.3 Source: Notes in the History of Art 42, 42, 46 (2007); Susanne Dunlap, *Susanna and the Male Gaze: The Musical Iconography of a Baroque Heroine*, 5 Women & Music 40, 40 (2001) ("구약 성경의 외경인 수잔나 이야기는 예술적 주제로 다양한 미디어를 통해 오랜 인기를 누렸다.").

30_ 다음과 비교 참조. Babette Bohn, *Rape and the Gendered Gaze*: Susanna and the Elders *in Early Modern Bologna*, 9 Biblical Interpretation 259, 261, 265 (2001); K. A. Smith, *Inventing Marital Chastity: The Iconography of Susanna and the Elders in Early Christian Art*, 16 Oxford Art J. 3, 3 (1993).

31_ 예시) John Keats, *The Eve of St. Agnes*, in The Poems of John Keats 299–318 (Jack Stillinger ed., Belknap Press 1978) (1820).

32_ Herodotus, The Histories, book 1, ch. 8–12 (A. D. Godley trans., 1920).

33_ Georgia v. Randolph, 547 U.S. 103, 115 (2006).

34_ Minnesota v. Carter, 525 U.S. 83, 100 (1998) (Kennedy, J., 보충〈동의〉 의견 (concurring)). 또한 다음 판례들 참고. 예시) Wilson v. Layne, 526 U.S. 603, 609– 10 (1999); Carter, 525 U.S. 페이지 94 (Scalia, J., 보충〈동의〉 의견(concurring)); Payton v. New York, 445 U.S. 573, 596 (1980); Miller v. United States, 357 U.S. 301, 306–08 (1958); Harris v. United States, 331 U.S. 145, 164 (Frankfurter, J., 반대 의견(dissenting)); Weeks v. United States, 232 U.S. 383, 389–91 (1914).

35_ Clare L. Costley, *David, Bathsheba, and the Penitential Psalms*, 57 Renaissance Q. 1235, 1265 (2004)

36_ Kyllo v. United States, 533 U.S. 27, 50 (2001) (Stevens, J., 반대 의견(dissenting)) (문서상 인용부호 생략함).

37_ 위 자료 참고. 페이지 47.

38_ 위 자료 참고. 페이지 44.

39_ 위 자료 참고.

40_ 위 자료 참고. 페이지 36 n.3 (과반수 이상 법원 의견(majority opinion)).

41_ 위 자료 참고. 페이지 36.

42_ 위 자료 참고. 페이지 40.

43_ 위 자료 참고. 페이지 43 (다음 사건 인용함. Silverman v. United States, 365 U.S. 505, 509 (1961)) (Stevens, J., 반대 의견(dissenting)).

44_ 547 U.S. 103 (2006).

45_ United States v. Matlock, 415 U.S. 164 (1974).

46_ *Randolph*, 547 U.S. 페이지 107.

47_ 위 자료 참고. 페이지 106-07.

48_ 위 자료 참고. 페이지 107.

49_ 위 자료 참고.

50_ 위 자료 참고.

51_ Henry James, *Emerson*, in The American Essays of Henry James 51, 53 (Leon Edel ed., Princeton Univ. Press 1989) (1887).

52_ 공판 조서(Transcript of Oral Argument) 페이지 3-4, Georgia v. Randolph, 547 U.S. 103 (2006) (No. 04-1067).

53_ 위 자료 참고. 페이지 4.

54_ *Randolph*, 547 U.S. 페이지111.

55_ 위 자료 참고. 페이지 113.

56_ 다음과 비교 참조. 예시) William H. Freivogel, *Courtly: Souter is Formal But Relaxed*, St. Louis Post-Dispatch, July 26, 1990, 1C면("친구들은 수터(Souter) 대법관을 '전통을 사랑하는 19세기 남성' 으로 묘사한다"); David Margolick, *Bush's Court Choice; Ascetic at Home but Vigorous on Bench*, N.Y. Times, July 25, 1990, A1면 ("친구들은 수터 대법관을 '18세기 기질을 타고난 사람' 으로 묘사한다. 수터(Souter)는 '장식적 서체(calligraphy)와도 같은 화려한 필적' 을 가지고 있으며, 언제나 한결같이 대단히 공손하고 예의바르다."); Margaret Carlson Washington, *An 18th Century Man*, Time, Aug. 6, 1990 ("수터 대법관의 사회활동은 18세기 신사 활동과 비슷하다."). 또한 다음 자료 참고. Henry James, The Ambassadors (1903); Henry James, The American (1877); Edith Wharton, The Age of Innocence (1920); Edith Wharton, House of Mirth (1905).

57_ 예시) Charles William Day, Hints on Etiquette and the Usages of Society; with a Glance at Bad Habits 11 (1844) ("에티켓이란 '법' 이 관여할 수 없는 범죄로부터 보

호해주는 방어막으로 사회는 이 방어막을 중심으로 구성된다."); Karen Halttunen,
Confidence Men and Painted Women: A Study of Middle—class Culture in America,
1830—1870, 페이지 102, 112 (1982); A Woman of Fashion, Etiquette for Americans 5
(1898); 위 자료 참고. 페이지 11 ("인생에서 다른 것과 마찬가지로 매너란 규정을 통해
배워야 한다."); Social Etiquette of New York 5 (1892) (뉴욕의 사회 에티켓을 "옛 것에
매이지 않고 자체의 결정에 따르는 것(a law unto itself)" 이라고 묘사함).

58_ 위 57번 자료 참고, Etiquette for Americans, 페이지 52 ("일정한 시간에 집에 있겠
다고 당신이 이야기했습니다; 가벼운 옷차림의 당신의 친구들은 당신을 기다립니다.");
위 57번 자료 참고, Social Etiquette of New York, 페이지 92—93 ("앳 홈(at home)" 형
식을 사용하여 차와 커피 시간에 초대하는 관례적인 형식을 설명함).

59_ 위 57번 자료 참고, Etiquette for Americans, 페이지 48—49 ("이 나라의 남성들은
방문을 하기 전에 먼저 방문을 해도 된다는 초청을 받아야만 했다. (…) 초청을 받는 즉
시 그 남성은 빠른 시일 내 방문을 한다."); 위 자료 참고. 페이지 49—50 ("방문에 답하
는 사람은 물론 항상 여성이다. (…) 남편이 아닌 아내가 방문자를 맞는다."); 위 57번 자
료 참고, Social Etiquette of New York, 페이지 78—79 ("신사가 레이디에게 소개되어진
후, 서로 알고 있는 친구들을 통해 아는 사람이 좋은 영향을 미쳐, 그 레이디가 자신의
집 문을 그 신사에게 열어줄 때까지 그는 기다려야 한다. 형식적으로 맞이하는 날들이
정해지면 방문을 먼저 할 수 있도록 허락되는 것이다.").

60_ 위 57번 자료 참고, Social Etiquette of New York, 페이지 78—89 (신사를 위한 방
문 카드를 설명함).

61_ 위 57번 자료 참고, Etiquette for Americans, 페이지 47 ("홀(로비) 내의 편리한 장
소에 당신의 카드를 놔두거나, 집안 기사 또는 하인이 있는 경우 그가 들고 있는 쟁반
위에 당신의 카드를 올려 놓으면서 당신의 이름을 말할 수도 있다. 그 기사나 하인은 대
부분 그 카드를 쟁반 위에 받고, 당신이 들어올 수 있도록 커튼을 한 쪽으로 잡아주는
동시에 알아들을 수 있을 만큼의 목소리로 당신의 이름을 부를 것이다.").

62_ 위 57번 자료 참고, Social Etiquette of New York, 페이지 82.

63_ Emily Post, Etiquette in Society, in Business, Politics and at Home 43—45 (New
York 1922) ("집 안 입구에서 하인이 '집에 안 계신다(Not at home)' 라고 대답한다면,
그 뜻은 바로 집에 사는 레이디가 '방문객에게 있어서만 집에 없는 것(not at home to

visitors)'이라는 뜻이다. 이 대답은 존스 여사(Mrs. Jones)가 집에서 나가셔서 안 계시다 라는 것을 뜻하는 것도 아니고, 그런 의미를 함축해 나타내려는 것이 절대 아니다."). 위 57번 자료 참고, Halttunen, 페이지 112.

64_　Frances Trollope, Domestic Manners of the Americans 100 (Alfred A. Knopf 1949).

65_　위 57번 자료 참고, Halttunen, 페이지 6.

66_　위 자료 참고. 페이지 82.

67_　위 57번 자료 참고, Social Etiquette of New York, 페이지 14.

68_　위 자료 참고. 페이지 9.

69_　위 자료 참고.

70_　위 57번 자료 참고, Day, 페이지 11.

71_　그렇다고 모든 방문자들이 신사는 아니었다. 위 57번 자료 참고, Social Etiquette of New York, 페이지 77 (레이디의 방문 에티켓에 대하여 설명함).

72_　반대로, *United States v. Matlock*, 415 U.S. 164 (1974) 사건에서 법정은 다른 동거 주자가 부재시 한 명의 거주자가 동의를 하는 경우, 경찰은 그 집에 들어갈 수 있다고 판결했다. 수터(Souter) 대법관은 다음과 같이 의견을 썼다. 그래프 여사(Mrs. Graff)가 그랬듯이 누군가 "아기를 등에 업고" 가정집 문 앞에 나타난다면, 그녀는 그 장소에 산다는 것을 간접적으로 보여주는 것이고, 그녀가 그곳에 혼자 서 있었다는 사실은 다음을 보여주는 것이다. 즉 그 장소에서 그녀가 다른 사람들과 함께 거주하고 있는 경우, 함께 살고 있는 입주자들은 흔히 그 장소에 대하여 공동 권한을 가지고 있다고 생각하고 그 공동 권한에 따른 권리를 그녀가 가지고 있다고 믿을 것이다. 입주자들 모두는 자기들 중 누구라도 방문객을 들일 수 있고, 자신들 중 누구 한 명에게 아주 불쾌한 사람이라 할지라도 그 사람이 부재시 다른 입주자들이 그 방문객을 들일 수 있다는 사실을 인정하고 살아간다. Georgia v. Randolph, 547 U.S. 103, 113 (2006). 아기를 등에 업고 문을 열어주는 여성과 방문객을 맞이하는 여성을 대립시키는 효과는 경찰이 들어가는 집의 종류와 들어가지 않는 종류의 계층에서 나는 차이점을 교묘하게 보여주는 것이다. *Matlock* 사건은 전통적 결혼집에 살고 있는 질서 잡힌 핵가족과 깊은 관련이 없는 가정 환경을 그려냈다. *Matlock*, 415 U.S. 페이지 166 ("마샬(Marshall) 부부가 그 집을 임대한 것이지만, 그 집에 거주하는 사람은 마샬(Marshall) 부인과 자신의 딸 Gayle Graff와

딸의 세살박이 아들 그리고 피고인이었다.").

73_ 위 57번 자료 참고, Social Etiquette of New York, 페이지 7.

74_ 위 자료 참고.

75_ *Randolph*, 547 U.S. 페이지 113.

76_ 예시) Daphne Merkin, Behind Closed Doors: The Last Taboo, N.Y. Times, Dec. 3, 2000, § 6 (Magazine), 페이지 117 ("우리 시대는 순수하지 못한(Un-innocence) 시대라고 할 수 있다. (…) 오늘날 사회 행동에 관한 전통적 규정들(classic codes of social behavior)은 더 이상 적용되지 않는다.").

77_ Randolph, 547 U.S. 페이지 139 (Roberts, C.J., 반대 의견(dissenting)).

78_ 위 자료 참고. 페이지 131.

79_ Elizabeth M. Schneider, Battered Women and Feminist Lawmaking 87 (2000).

80_ 예시) Elizabeth Pleck, Domestic Tyranny 7-9 (1987); Reva B. Siegel, *The Rule of Love": Wife Beating as Prerogative and Privacy*, 105 Yale L.J. 2117 (1996).

81_ 예시) R. Emerson Dobash & Russell Dobash, Violence against Wives: A Case against Patriarchy (1979); Del Martin, Battered Wives (1976); 위 79번 자료 참고, Schneider.

82_ 예시) 위 80번 자료 참고, Siegel.

83_ *Randolph*, 547 U.S. 페이지 139.

84_ 위 자료 참고. 페이지 118 (과반수 이상 법원 의견(majority opinion)) ("가정폭력으로부터 거주자를 보호하기 위해 경찰이 그 집으로 들어간 권한에 대하여 그 누구도 이의를 제기하지 않았다.").

85_ 위 자료 참고.

86_ 예시) Catharine A. MacKinnon, *The Road Not Taken: Sex Equality in Lawrence v. Texas*, 65 Ohio St. L.J. 1081 (2004); Elizabeth Schneider, *The Violence of Privacy*, 23 Conn. L. Rev. 973 (1991); 다음과 비교 참조. Ruth Gavison, *Feminism and the Public/Private Distinction*, 45 Stan. L. Rev. 1 (1992) (공사(公私) 구분을 페미니즘에 있어서 "악당(villain)" 이라고 특징지음). MacKinnon 비판에 대한 반론을 포함한 여성의 가정 사생활에 대한 논의는 다음 자료 참고. Anita L. Allen, Uneasy Access: Privacy for Women in a Free Society 58-81 (1988).

87_ *Randolph*, 547 U.S. 페이지 120.

88_ 위 자료 참고. 페이지 118-19.

89_ 위 자료 참고. 페이지 117-18.

90_ 위 자료 참고. 페이지 119.

91_ 위 자료 참고. 페이지 125-26 (Breyer, J., 보충〈동의〉 의견(concurring)).

92_ 위 자료 참고. 페이지 127.

93_ 위 자료 참고.

94_ 위 자료 참고. 페이지 124 (Stevens, J., 보충〈동의〉 의견(concurring)).

95_ 예시) Reva B. Siegel, *The Modernization of Marital Status Law: Adjudicating Wives' Rights to Earnings, 1860-1930*, 82 Geo. L.J. 2127 (1994) ("코먼로 유부녀 법(common law of coverture)은 수백 년 동안 남편들에게 아내의 재산과 수입에 대하여 권리를 주장할 수 있도록 권한을 부여했고, 이 법으로 인해 아내들은 계약을 맺을 수 없었고, 법 소송을 할 수 없었으며, 유언을 남길 수 없고, 자기 재산을 자신에게 등록시키는 것을 금지 당했다.").

96_ *Randolph*, 547 U.S. 페이지 124-25.

97_ 위 자료 참고. 페이지 125.

98_ 위 자료 참고. 페이지 144-45 (Scalia, J., 반대 의견(dissenting)).

99_ 위 자료 참고. 페이지 145.

100_ Aya Gruber, *The Feminist War on Crime*, 92 Iowa L. Rev. 741, 791-800 (2007).

101_ Nancy Cott는 이러한 페미니스트 운동을 다음과 같이 특징짓는다: "만약 가정폭력이 형사 기소가 될 수 있고, 아내에게 섹스를 강요하는 것에 대한 성폭행 면제 특권이 남편으로부터 배제된다면, 가정 사생활 구역은 공개되어야 하고 '남성의 집은 그의 성(城)이다' 라는 관념은 묻어가게 되는 것이다." Nancy F. Cott, Public Vows: A History of Marriage and the Nation 210 (2000) (인용부호 생략함).

102_ 예시) Lenore Walker, The Battered Woman (1979); Sarah M. Buel, *Fifty Obstacles to Leaving, a.k.a., Why Abuse Victims Stay*, 28 Colo. Law. 19 (1999) ("가정폭력 피해자들은 정말 많은 이유 때문에 그 관계 속에 계속 머문다. 변호사들과 판사들 그리고 법률 공동체는 살인, 폭행 및 다른 학대적 행동들의 뿌리를 뽑기 위해서는 그들이야말로 학대 관계 속에 계속 머물고 있는 이유들을 이해해야만 한다.").

103_ 공판 조서(Transcript of Oral Argument) 페이지 39, Georgia v. Randolph, 547 U.S. 103 (2006) (No. 04-1067).

104_ Hammon 판례는 *Davis v. Washington,* 547 U.S. 813 (2006) 판례와 마치 짝꿍인 듯 더불어 결정되었다.

105_ 미국 헌법 제6조에서 이와 관련된 부분은 다음과 같이 쓰여 있다. "모든 형사 절차에서 피고인은 (…) 자신에게 불리한 증인을 대면할 권리를 보장받는다." U.S. Const. amend. VI.

106_ 예시) Cheryl Hanna, *No Right to Choose: Mandated Victim Participation in Domestic Violence Prosecutions,* 109 Harv. L. Rev. 1849, 1856 (1996) ("폭행자들의 형사기소 절차에 피해자가 참여하도록 명령하는 것이 가지고 있는 함축된 의미" 를 탐구함).

107_ *Davis,* 547 U.S. 페이지 819.

108_ 위 자료 참고. 페이지 819-20.

109_ 위 자료 참고. 페이지 825-26, 829.

110_ 같은 기간 중에 집에 들어가는 것에 관한 또 다른 헌법 제4조 사건에서, 대법원은 경찰이 거주자가 심각하게 상해를 당했거나 급한 상해 위협을 받고 있다고 믿고 그에 대하여 객관적으로 합리적인 근거를 제시할 수 있다면, 영장을 발부받지 않고도 그 집에 들어갈 수 있다 라고 판결했다. Brigham City, Utah v. Stuart, 547 U.S. 398 (2006). 여기에서 경찰은 십대들이 격렬한 언쟁을 하고 있던 시끄러운 파티에 관한 전화를 받고 출동했다. 위 자료 참고. 페이지 400-01. 법원 의견에서는 가정폭력에 관한 함축성을 명시하지 않았지만 변론 취지서(brief)와 구두 변론(oral argument)에서는 가정폭력 가능성에 대해서 이야기했다. 예시) Brief for the United States as Amicus Curiae Supporting Petitioner 페이지 20, Brigham City v. Stuart, 547 U.S. 398 (2006) (No. 05-502) ("가정폭력 관련 신고 전화는 '심각한 신체 상해 및 죽음' 을 부를 수 있는 격해지기 쉽고 가장 흔한 환경이다. 당연한 것이겠지만, 거의 모든 죽음과 심각한 신체 상해는 가정 관계(즉, 배우자 및 자녀 학대)에서부터 오는 결과물로서 이는 집 안에서 일어나며, 집 안으로 경찰이 들어오지 않을 경우 다른 사람들의 도움을 받기가 어려운 장소가 바로 집 안이다.") (인용부호 생략함); 공판 조서(Transcript of Oral Argument), 페이지 10, Brigham City v. Stuart, 547 U.S. 398 (2006) (No. 05-502) (*"Georgia v.*

*Randolph*에서 대법원이 내린 최근 결정에서는 가정폭력 사건에서 생기는 피해를 방지하기 위해 경찰들이 빠른 조치를 취해야 하는 필요성에 대하여 분명히 언급했다.").

111_ 가정폭력에 대항하여 보호해야 하는 필요성과 관련한 헌법 권리에 대하여 법관들 사이에 비슷한 토론이 이루어지는 것을 다음 사건에서 명확하게 살펴볼 수 있다. *Giles v. California,* 128 S.Ct. 2678 (2008).

112_ 공판 조서(Transcript of Oral Argument) 페이지 17, Georgia v. Randolph, 547 U.S. 103 (2006) (No. 04−1067).

113_ *Randolph*, 547 U.S. 페이지 142 (Roberts, C.J., 반대 의견(dissenting)).

114_ 위 자료 참고.

115_ 445 U.S. 40 (1980).

116_ 위 자료 참고. 페이지 52 (Stanton v. Stanton, 421 U.S. 7, 14−15 (1975) 인용함).

117_ 위 자료 참고. 페이지 52−53.

118_ 다음과 비교 참조. Catherine A. MacKinnon, *Feminism, Marxism, and the State: Toward Feminist Jurisprudence,* 8 Signs 635, 643 (1983) ("급진적 전략은 여성들을 주(州)에 맡겼다. 좌파 이론은 우리를 강간 범법자들과 폭행자들에게 넘겨버린 것이다.").

119_ 페미니즘 내에 존재하는 분열은 경쟁의 역사를 가지고 있다. Janet Halley, Split Decisions: How and Why to Take a Break from Feminism (2006); 또한 다음 자료 참고. Mary Joe Frug, Postmodern Legal Feminism (1992); Nancy Levit & Robert R. M. Verchick, Feminist Legal Theory (2006); Feminist Legal Theory (Katharine T. Bartlett & Rosanne Kennedy eds., 1991); Feminist Legal Theory (Nancy E. Dowd & Michelle S. Jacobs eds., 2003).

120_ Linda Gordon, Heroes of Their Own Lives 251 (1988).

121_ 529 U.S. 598 (2000).

122_ 예시) Catharine A. MacKinnon, Comment, *Disputing Male Sovereignty: On United States v. Morrison*, 114 Harv. L. Rev. 135 (2000); 또한 다음 자료 참고. 예시) Martha Chamallas, Introduction to Feminist Legal Theory 113 (2d ed. 2003).

123_ 505 U.S. 833 (1992). 다음과 비교 참조. Hodgson v. Minnesota, 497 U.S. 417, 439−40, 450−51 (1990) (학대적인 아버지(혹은 어머니)에게 통지하는 것은 자녀나 배우자에게 폭행을 하게 되는 결과를 가져올 수 있기 때문에, 미성년자들이 낙태를 하려고

할 때 양쪽 부모 모두에게 통지해야 하는 필요조건은 부분적으로 헌법에 합하지 않는 다 라고 판결함).

124_ 410 U.S. 113 (1973).

125_ *Casey*, 505 U.S. 페이지 892-93.

126_ 위 자료 참고. 페이지 894.

127_ 위 자료 참고.

128_ 위 자료 참고.

129_ 위 자료 참고. 페이지 897.

130_ 위 자료 참고. 페이지 898.

131_ 위 자료 참고.

132_ 위 자료 참고. 페이지 896-97 (*Hoyt v. Florida*, 368 U.S. 57, 62 (1961) 인용함).

133_ 위 자료 참고. 페이지 892-93.

134_ 위 자료 참고. 페이지 899.

135_ 위 자료 참고. 페이지 898.

136_ Roe v. Wade, 410 U.S. 113, 163 (1973) ("이 사건에서 정한 '강력한(compelling)' 지점(point)에 도달하기 전에는 담당의사가 환자와 상의하여, 주(州)에서 부가하는 규정 과는 상관없이, 그 의사의 판단으로 볼 때 환자의 임신 상태를 종결해야 한다 라고 자 유롭게 결정할 수 있다.").

137_ 다음과 비교 참조. Friedrich Nietzsche, Beyond Good and Evil 6 (Helen Zimmem trans., Wilder 2008); 다음과 비교 참조. Barbara Johnson, *Women and Allegory,* in The Wake of Deconstruction 52-75, 52-61 (1994) .

138_ Hoyt v. Florida, 368 U.S. 57, 62 (1961) (남편을 야구 방망이로 죽인 피고인의 반 론 주장을 법원은 거절했음. 피고인은 여성들이 배심원으로 봉사할 의도를 등록했을 때 에만 여성 배심원 서비스를 받을 수 있다 라고 정한 주(州) 법이 헌법 제14조에 반한다 라고 주장했음).

139_ 예시) Planned Parenthood v. Casey, 505 U.S. 833 (1992); Carey v. Population Services, 431 U.S. 678 (1977); Roe v. Wade, 410 U.S. 113, 163 (1973); Eisenstadt v. Baird, 405 U.S. 438 (1972); Griswold v. Connecticut, 381 U.S. 479 (1965).

140_ Stanley v. Georgia, 394 U.S. 557, 558 (1969). *Stanley* 사건에서 경찰이 집에서부

터 압수한 필름은 정부가 법원에 제출한 변론 요지서(brief)에 "소도미(sodomy) (역주
– 비역 도는 남색(男色), 동성 간 혹은 사람과 짐승 간의 성 행위를 가리킴), 누드, 성 행
위를 묘사하는 필름 (…) " 이라고 쓰여 있다. Brief for Appellee on the Merits 페이지 7,
Stanley, 394 U.S. 557 (No. 293).

141_ *Casey*, 505 U.S. at 915 (Stevens J., 부분 보충〈동의〉 및 부분 반대 의견(concurring
in part and dissenting in part)) (Stanley, 394 U.S. 페이지 565 인용함) (내용에 기재된
인용부호는 생략).

142_ 내가 위에서 논의한 *Randolph* 살펴볼 것.

143_ 539 U.S. 558 (2003).

144_ 다음과 비교 참조. Ariela R. Dubler, *Immoral Purposes: Marriage and the
Genus of Illicit Sex*, 115 Yale L.J. 756, 812 (2006) ("불법 섹스 종류에서서부터 법적 섹스
종류로 성적 관계를 이동시키면서 그 관계 자체는 결혼에 대한 주장을 전혀 하지 않았
다는 것을 분명하게 언급했던" *로렌스(Lawrence v. Texas)* 사건은 "괴짜 결혼(marriage
cure)" 에 대한 "최후 배격(final repudiation)" 을 대표한다 라고 주장함).

145_ Laurence Tribe, *Lawrence v. Texas: The "Fundamental Right" That Dare Not
Speak Its Name*, 117 Harv. L. Rev. 1893, 1937 (2004).

146_ *Lawrence*, 539 U.S. 페이지 562.

147_ 위 자료 참고. 페이지 567.

148_ 위 자료 참고. 페이지 562.

149_ 위 자료 참고. 페이지 567.

150_ 위 자료 참고..

151_ Dale Carpenter, *The Unknown Past of Lawrence v. Texas*, 102 Mich. L. Rev.
1464, 1475–81 (2004).

152_ Erving Goffman, The Presentation of Self in Everyday Life 107 (Anchor Books
1959) (1956) ("전방 지역(front region)" 내에서 행하는 사람의 행동을 "전방 지역 내 그
의 행동이 '예의 바름' 또는 '예의 범절' 과 같은 어느 정도의 기준에 합한다 라는 것을
보여주기 위한 노력" 이라고 설명함); 위 자료 참고. 페이지 111–12 ("후방 지역(back
region)" 은 "잘 배양해온 인상에 먹칠을 할 수 있는 '금지되어 있는(suppressed)' 행동들
이 서서히 드러나는 장소" 라고 설명함).

153_ 위 자료 참고. 페이지 123 (전방 지역(front region)과 후방 지역(back region)을 구분하는 것은 "저소득층 가정을 제외한 모든" 집에 존재한다 라고 언급함).

154_ *Lawrence,* 539 U.S. 페이지 567.

155_ 위 자료 참고. 페이지 562.

156_ 이는 *로렌스(Lawrence)* 사건에 관련하여 2005년 뉴욕 대학교 로스쿨(New York University School of Law)에서 스칼리아(Scalia) 대법관과의 공개 질의 응답시간을 마련했을 당시 주목된 점이다. 이 때 한 로스쿨 학생은 스칼리아 대법관에게 "당신의 아내에게 강압적으로 섹스를 합니까? (sodomize)" 라고 질문했다. 후에 학급 친구들에게 쓴 편지에서 그 질문을 했던 학생은 자신이 질문을 한 의도를 밝혔다. "그의 친밀한 관계를 그가 거만하게(기사답게) 다른 이들에게 적용했던(필요한 경우 강제로라도) 심사 기준(scrutiny)에 똑같이 적용시키도록 하기 위함이었다고 그 학생은 설명했다." 그 당시 모든 사람들은 그 호기심이 얼마나 중요한 것인지 알고 있었다. *Debriefing Scalia,* The Nation, April 18, 2005, http://www.thenation.com/doc/20050502/berndt (2009년 1월 11일 마지막으로 온라인 확인).

157_ Eliza Leslie, Miss Leslie's Behavior Book: A Guide and Manual of Politeness; Being a Complete Guide for Ladies 4 (1857).

158_ Lawrence H. Tribe, American Constitutional Law § 15−21, 페이지 1428 (2d ed. 1988).

159_ 예시) Katherine Franke, *The Domesticated Liberty of Lawrence v. Texas,* 104 Colum. L. Rev. 1399 (2004).

160_ *Lawrence v. Texas,* 539 U.S. 558, 574 (2003) (다음 판례 인용함. *Planned Parenthood v. Casey,* 505 U.S. 833, 851 (1992)).

161_ 위 자료 참고. 페이지 588 (Scalia, J., 반대 의견(dissenting)).

석지영의 법의 재발견

지은이 | 석지영

옮긴이 | 김하나

펴낸이 | 박영발

펴낸곳 | W미디어

등록 | 제2005-000030호

1쇄 발행 | 2011년 7월 17일

주소 | 서울 양천구 목동 907 현대월드타워 1905호

전화 | 6678-0708

팩스 | 6678-0309

E-mail | wmedia@naver.com

ISBN 978-89-91761-48-3   93360 | 값19,800원